地理教育发展与改革研究

李家清 编著

图书在版编目(CIP)数据

地理教育发展与改革研究/李家清编著. —北京:北京大学出版社,2023.10
ISBN 978-7-301-34235-0

Ⅰ.①地… Ⅱ.①李… Ⅲ.①地理教学－教学研究 Ⅳ.①K9

中国国家版本馆 CIP 数据核字(2023)第 137651 号

书　　　名	地理教育发展与改革研究
	DILI JIAOYU FAZHAN YU GAIGE YANJIU
著作责任者	李家清　编著
责 任 编 辑	李淑方
标 准 书 号	ISBN 978-7-301-34235-0
出 版 发 行	北京大学出版社
地　　　址	北京市海淀区成府路 205 号　100871
网　　　址	http://www.pup.cn　新浪官方微博:@北京大学出版社
微信公众号	通识书苑(微信号:sartspku)　科学元典(微信号:kexueyuandian)
电 子 邮 箱	编辑部 jyzx@pup.cn　总编室 zpup@pup.cn
电　　　话	邮购部 010-62752015　发行部 010-62750672　编辑部 010-62767857
印 刷 者	天津中印联印务有限公司
经 销 者	新华书店
	787 毫米×1092 毫米　16 开本　20.25 印张　450 千字
	2023 年 10 月第 1 版　2023 年 10 月第 1 次印刷
定　　　价	79.00 元

未经许可,不得以任何方式复制或抄袭本书之部分或全部内容。
版权所有,侵权必究
举报电话:010-62752024　电子邮箱:fd@pup.cn
图书如有印装质量问题,请与出版部联系,电话:010-62756370

内容简介

本书梳理了百年来特别是近四十年来我国地理课程发展与改革的历史脉络、剖析了其中的影响因素和内在逻辑,前瞻了国外地理课程发展与改革的趋势,综合了我国地理教材发展与变化的基本路径以及课程改革背景下地理新教材的鲜明特色。基于学生取向,提出了地理教材编写的基本策略和"好教材"的评价准则,论述了地理教学的理论基础,厘定了地理教学设计的基本规范。依据学科特性,揭示了地理课堂教学改革的重点范畴和实现机理,探索了面向地理核心素养培养为目标的学业评价及试题命制的方法。以地理教师专业发展为要旨,确立了地理教师关键能力发展的指向,并进行了评测实践。

本书能作为地理专业师范本科生、研究生研究学习的参考文献,能为中学地理教师专业能力发展与提升提供指导。

序　言

家清教授又出书了。在我的印象中,他的著书立说是呈现"加速度"态势的。在这一点上,我是自叹不如。他是我生活中的挚友,也是学术上的伙伴。记得1994年我们相识在山东师范大学举办的一次学术年会上,似乎有缘,一见如故,畅谈研究体会直至深夜。我们一起做过课题,一起合撰过专著,还一起主持过地理教学专业委员会下属的高师"课程教学论专委会"的工作。

家清教授的教学很严谨。他指导的硕士生、博士生的论文,无论在学术性还是规范性方面,都有让人眼前一亮的感觉。家清教授做学问不知疲倦,认真扎实,从地理课程到地理教材,从地理教学到地理评价,从地理实践活动到地理教师专业发展,涉及领域有广度,问题探讨有深度,与时俱进有速度。面对新时代、新形势与新任务,他的一部题为《地理教育发展与改革研究》的力作又脱稿了。我有幸成为他的最早的读者。读后,我产生了许多感悟与联想。

我们深谙,任何一个学科都要经历萌芽、发生,到成长发展漫长的历史阶段,只有经过不断积淀,逐渐夯实,才有可能走向成熟。其间,她需要无数执着笃行的学者为学科大树的成长浇灌"智慧的水肥",使之枝繁叶茂,才能绽放出学科发展的生命之美!她需要无数执着砥砺前行的学者为学科大厦不断"添砖加瓦"使之宏伟高大,才能成为具有指引学术方向的瞭望之塔。事实上,唯有无数社会学家们的长期研究,才能揭示人类社会发展的基本规律:人类社会的基本矛盾是生产力和生产关系的矛盾、经济基础和上层建筑的矛盾。这两对基本矛盾存在于一切社会形态之中,规定社会的性质和基本结构,贯穿于人类社会发展的始终,推动着人类社会由低级向高级发展。同样,唯有诸多教育学家们的长期研究,才阐明了教育的基本规律:一是社会发展与教育发展的辩证关系;二是人的发展与教育发展的辩证关系。这些基本规律,已经成为指导社会发展、教育发展的强大思想武器。

毫无疑问,我国是世界上的地理教育大国。先行者们为我国的地理教育发展事业做出了许多贡献,使我国从地理教育大国逐步走向地理教育强国。我国在地理教育研究方面的成果十分丰厚。这些成果从不同的角度、不同层次揭示和阐明了地理教育的基本规律。近几十年来,特别是新课程改革以来,地理教育理论与实践研究进入了一个前所未有的创新时期。《地理教育发展与改革研究》视野开阔,内容丰富,学术海拔高;条理清晰,逻辑性强;思想深邃,有许多创新观念与真知灼见,具有引领性、指导性;方法多样,无论在研究还是教学层面,对推进地理教育改革实践,有深刻的启迪、借鉴和指导作用。

课程始终位居学校教育的核心,需要探寻课程发展的内在逻辑。第一章"地理课程发展与改革研究"系统梳理了百年来,特别是近四十年来我国地理课程思想、课程目标、内容结构、课程方法等的阶段转换、历史演进,条分缕析,深刻地揭示了我国地理课程发展的基本规律,对地理课程未来趋势的论述极具前瞻性;探索前沿问题,深化高中地理课程改革,培养现代公民必备的地理素养,构建课程改革深化背景下的核心素养体系,以及研究西方地理课程知识范式的转换等,能为修订课程标准、变革教学实践,实现"立德树人"教育宗旨,培养学生的地理核心素养,提供具有动力性的课程策略。

教材是学生最重要的学习资源,需要构建我国的教材编制理论。第二章"地理教材发展与改革研究"从"开启与动荡:中华人民共和国成立前(清末·民国时期)地理教科书的图像系统研究(1904—1948)""承前启后 积极过渡 中华人民共和国成立初期的小学地理教科书评介(非人教版)""引进借鉴 探索前行'学苏'时期的小学地理教科书评介(非人教版)""主动求索 曲折发展'精简调整'时期的初中地理教科书评介(非人教版)""难中求进:中华人民共和国非人教版地理教科书发展近30年(1949—1976)"等的系统研究,论述了不同历史时期的教科书体系结构、内容选择、图像系统、作业系统等的发展变化,展示了我国地理教科书的演变图谱;提出的高中地理新教材活动性课文的设计与开发的策略新颖独到,是对地理教材编写理论的重要发展。教学性是教材最基本的属性。改革开放以来我国高中地理教科书课程难度变化的定量分析为评价教材提供了基本依据。对高中地理新教材提出的评价"好教材"的标准是"利教乐学",这种独树一帜的评价"标准",简洁深刻,意义深远。

教学改革一直是教育改革的重点,是教育目标得以实现的主战场。第三章"地理教学发展与改革研究"直面问题、探寻理论、分条析理、奉献策略、指导实践。"深化课程与教学关系认识、推进地理教学改革实践""我国地理教学论30年发展回顾与展望""我国学科教学论研究方法的现状透视与未来展望"等内容,研究深入,清晰地阐明了地理课程与地理教学的关系,论述了地理教学论发展的未来向度;"地理教学设计的理论基础与基本方法""走进新课程:论地理教学的设计与创新"等研究内容,系统地探讨了地理教学设计的基础理论问题,论述了地理教学目标差异性设计的理论依据与实践策略。"我国深度教学研究热点、现状与展望""概念图:新课程时期地理教学研究的回眸与前瞻""地理教学中学生认知过程的体现"揭示了教学的机理,提出了教学如何"做"的路径。"地理课堂教学动力策略设计初探""论新课程高中地理课堂教学行为的价值取向"揭示了地理课堂教学动力的机制与相关策略和课堂教学行为的价值取向。

学业质量评价是新课程改革的亮点、重点,也是难点之一。地理教学评价有许多问题亟待解决。在第四章"地理教学评价发展与改革研究"中,"新课程高中地理教学评价的实做研究"对"过程与方法"评价提供了翔实的操作步骤。"我国学生表现性评价的探索过程及其在地理教学中的应用现状""新阶段以SOLO分类为基础的学习质量评价研究"关注了应用SOLO分类理论改善聚焦核心素养的学习评价问题。"面向核心素养培养的地理学业评价:方向与实践"(上,下)从评价特征、基本结构和价值追求等方面进行深入分析,对地理核心素养学业质量评价提供了案例示范和指导策略。

教师是教育发展的第一资源。唯有教师强，教育才强。党的十八大以来，加强教师队伍的建设已被提升到前所未有的高度。国家颁布了一系列政策，出台了一系列促进教师发展的"专业标准""能力标准"。第五章"地理教师专业能力发展与测评研究"，通过"引领教师教育改革 促进地理教师专业发展""论基于《专业标准》的职前教师专业能力形成机理""创新地理教学论课程模式 培养专家型地理教师"等方面的专题研究，探索了"专业标准"下的地理教师专业素养的提升路径，创造性地进行了职前教师教育实践能力动态评估的实验研究，通过定性梳理、定量分析，提出了教师课程能力评价指标体系，为教师专业能力精准发展、有效厘定、客观诊断提供了行动方案、实操工具。

阅读书稿，掩卷沉思，不觉有许多感慨、感动之言悠然而至。我以为，该书是充满时代气息的，是鲜活的。这些命题、话题都是我国地理教育改革与发展中需要认真研究加以解决的问题。而对这些问题从设计到探讨，十分完美地构成了具有缜密规划的整体性研究系列，它包含了丰富的概念体系，涵盖了知识论、方法论、思想论的丰富内容。书稿凝聚了家清教授的辛勤劳动，多角度地呈现了他精心指导的硕士生、博士生多年来学习研究的智慧结晶。

"人生中最美的珍藏，正是那些往日时光"，正所谓"回忆那些在一起的时光，友谊的岁月，是记忆里最美好的画面！"。今天，家清教授《地理教育发展与改革研究》的出版是我国地理教育的一件好事、喜事！我当热烈祝贺，是为序！

华东师范大学
课程与教学研究所教授、博士生导师　夏志芳
2022 年 2 月

前　　言

《地理教育发展与改革研究》（以下简称《发展与改革》）是我和我指导的硕士研究生、博士研究生们倾情地理教育发展与改革，潜心钻研、不断探索的成果汇集，它涉及地理课程、地理教材、地理教学、地理教师发展等多个方面。这些成果自20世纪90年代至21世纪以来先后发表在《课程·教材·教法》和地理教育类等杂志上，被人大复印报刊资料转载的有35篇，经遴选整理成本书内容。《发展与改革》既是为了对以往曾经忙碌无隙岁月的存念，也是为了对未来繁荣兴旺时代的期许！这些成果，兴许有一些还是青涩的、橘黄色的，当然相信也会有一些是红彤彤的！旨在供读者撷取，鉴赏！

《发展与改革》是我国地理教育改革与发展大道上虔诚的行者、亲历者、参与者、推进者。它是对近四十年来我国地理教育改革与发展这一伟大时代命题认知不断深化的成果。这四十年，是我国社会经济快速发展的四十年！这四十年，是我国教育宗旨、教育方针、教育理念与社会同频，且不断更新、不断变革、与时俱进的四十年！这四十年，也是地理教育快速发展的四十年。《发展与改革》以崇尚改革为己任，以砥砺前行为风格，为了姹紫嫣红、春色满园的地理教育踔厉前行！

《发展与改革》的创作过程是艰苦的，每个命题从发现问题、分析问题、到解决问题，既需要深谙前人，又需要分析当下，更需要前瞻未来。写作的过程中，需要理论假设、实验实证、纵横比较、归纳演绎、分条析理、锲而不舍；有一些困难挫折，也有一些收获的喜悦；有过困惑窘境，也有过满足的惬意；有山重水复的疑虑，也有水到渠成的自信！

《发展与改革》是有血有肉的，是一个感情与生命投入的过程。它反映了致力于地理教育发展的一群学者们探寻理论、实践检验、锐意改革的满满情怀！立足于中国教育国情、地理教育实情，从教育目标、教育理念，到教育实践中，重视"双基"、发展智力，关注能力提高，再到培养素养，一个个新的命题都展现了独特的时代意义和教育内涵。《发展与改革》努力探索和阐明中国地理教育特色的内在机理，发展中国地理教育的基本理论！

《发展与改革》的创作是一种钻研、是一种奋力向上的攀爬，是主动寻求促进地理教育质量提升根本性方法与可靠性依据的过程。地理课程、地理教材、地理教学、地理教师发展是地理教育改革与发展的一级命题，它们本身都是一个个复杂的功能系统，都有其独特的历史性、发展性、科学性、学科性、逻辑性、教学性。实际上这些命题在地理教育的发展研究和实践中往往又密切关联，相互作用，有着十分复杂的内在联系，承担着地理教育的育人重任。《发展与改革》揭示了地理教育改革与发展的一些规律，可能还只是触及其表层，希冀后来者跟进。

《发展与改革》是有取向的、有温度的、有灵魂的,它呈现了一群学者们对地理教育基本问题进行改革的教育主张、思想理念、策略方法、宏图愿景!所提出的教学理念、教学原则、教学策略、教学方法、教学模式等能为地理教学实践提供指引。

　　《发展与改革》的创作是一种工作方式,或者说更是一种生活方式,是教与学中的"一日三餐""与影随行",是在思考如何客观准确地回答什么是教育,什么是地理教育,过去曾经是怎样的,现在是一个什么样态,如何向历史致敬,怎样向未来前行!

　　《发展与改革》的创作是一种陪伴!我在进入华中师范大学之前,有过十多年中学地理教学的实践经历,后在华中师范大学工作已逾三十年。1992年我开始承担地理教学论教学工作,1994年开始招收培养地理硕士研究生,2007年招收培养地理课程与教学论博士研究生。《发展与改革》,像空气、像阳光、像风风雨雨的陪伴。三十年间寒来暑往、春夏秋冬,年复一年,一届又一届,有近二百名硕士研究生、博士研究生在《发展与改革》的陪伴中提升了学力,完成了学业,意气风发地走向祖国的四面八方!

　　《发展与改革》的创作是一种快乐!我相信智者所说的"每一颗熬过冬天的种子,都会有一个怒放的春天。"生活不只眼前的苟且,还有诗和远方的田野。《发展与改革》的创作过程丰富了我的经历,也拓展了我生活的广度、深度!

　　感谢华东师范大学教授、博士生导师夏志方老师为《发展与改革》作序!

　　感谢北京大学出版社李淑方编辑对《发展与改革》的热情支持和悉心扶正!

　　感谢时光!感恩这个时代!感谢我的研究生们一直以来的尊重、关心和真诚陪伴!

　　感谢我家夫人——湖北省地理特级教师严英老师一直以来对我工作的支持、建议和欣赏!

编著者
2022.4

目 录

序言 …………………………………………………………………………………… 1

前言 …………………………………………………………………………………… 4

第一章　地理课程发展与改革研究 ………………………………………………… 1
　　第一节　我国地理课程思想的历史演进 …………………………………… 2
　　第二节　地理新课程改革愿景及其实现 …………………………………… 25
　　第三节　国外地理课程的发展趋势前瞻 …………………………………… 48

第二章　地理教材发展与改革研究 ………………………………………………… 62
　　第一节　地理教材发展变化的路径综核 …………………………………… 63
　　第二节　新课程地理教材特点及教学功能 ………………………………… 104

第三章　地理教学发展与改革研究 ………………………………………………… 123
　　第一节　地理教学理论基础的丰富与发展 ………………………………… 124
　　第二节　地理教学设计系统模式的构造实践 ……………………………… 153
　　第三节　地理课堂教学改革机理的内在逻辑 ……………………………… 163

第四章　地理教学评价发展与改革研究 …………………………………………… 202
　　第一节　面向地理核心素养培养的学业评价 ……………………………… 203
　　第二节　地理教学评价的改革与高考试题 ………………………………… 234

第五章　地理教师专业能力发展与测评研究 ……………………………………… 246
　　第一节　地理教师关键能力及发展指向 …………………………………… 247
　　第二节　地理教师关键能力的评测实践 …………………………………… 271

第一章　地理课程发展与改革研究

　　课程是培养人才的蓝图。课程是学校教育工作的心脏。课程是学校教育通向社会的桥梁。课程是教育改革发展的抓手。课程是教师工作的基本遵循。课程研究是教育研究中的核心领域。课程研究是探索走向未来教育的瞭望塔、指向标、千里眼……本章撷取2004—2015年期间发表的10篇文章,其中有对我国学校地理课程的历史追溯,有对当下地理课程改革的深邃探究,有对国外地理课程的评介引荐,其间的观念推进、方法创新、案例剖析、实践审视等能多维度地给读者带来新的享受与心灵的激荡。

　　以1904年《奏定学堂章程》颁布为标志,地理课程正式成为我国中小学的必修课程。百年来,地理课程在我国经历了几度含着中断的转换,然而却在跌宕起伏中始终向前发展。"百年来我国学校地理课程思想演进审视"(上、下),通过对浩繁地理文献的逻辑梳理,从课程性质(地位)、课程目标、课程内容、课程结构与课程实施等要素,论述了我国地理课程思想的历史演变,有益于前瞻地理新课程思想实践之路,提高其对当前地理新课程深化改革的理性引导作用。

　　改革开放四十多年是我国地理课程改革研究扬帆奋进、成就辉煌的四十多年。"创新之路:我国地理课程教学研究与发展30年""走向辉煌:我国地理课程思想变革与发展30年",将改革开放30年划分为富于创造的振兴时期、认真反思的回落时期、全面推进的改革时期三个时期,从课程目标取向、课程类型设置、课程内容选择、课程实施思想和课程评价思想五个方面阐述了我国地理课程思想的时代演进。

　　新课程改革新的愿景如何实现?这是事关我国地理课程改革与发展的全局性、前瞻性、长远性的问题,也是地理新课程改革初期讨论的热点话题。"探索前沿问题,深化高中地理课程改革"将这些问题进行了梳理概括;"走进新课程:论'培养现代公民必备的地理素养'"阐述了地理素养的基本内涵、基本特征和基本功能。这些研究对于深化地理教育改革、实现高中地理课程改革的基本目标具有启示意义。

　　培养核心素养是我国实现教育价值和确立人才质量标准的基础与核心,是促进课程改革全面深化的新思路和新引擎。"课程改革深化背景下的核心素养体系构建""核心素养:深化地理课程改革的新指向"在界定地理核心素养内涵与特征的基础上,提出了建构地理核心素养体系的设想,并对课程标准修订、教学实践变革以及教师专业发展等方面的深度跟进提出了建议。

　　温古知今,止于至善。梳理和探究西方地理课程发展的根源及脉络,已成为理解当前我国地理课程改革与发展的借镜。"西方地理课程知识范式演进审思"阐述了西方地理课程知识范式的转换,并指出未来地理课程知识范式致力求真、致用、启智、向善、趋美和谐统一的范式取向。"澳大利亚维多利亚州地理分支标准的特点及启示"分析了该州地理分支标准的框架结构及特点,并提出了对我国地理课程标准编写的启示。

追求课程现代化一直是我国地理课程梦寐以求的理想。探讨地理课程的改革发展,务必根据地理科学发展、社会需要和国际教育动态做出明智判断,并将反映时代文化和体现时代精神作为第一要著。当今时代,以落实国家"立德树人"的根本任务,培育学生地理学科核心素养的地理新课程深化改革已经启航。我们深信,在应对"百年未有之大变局",实现"中国梦",向世界贡献"中国方案"的新征程中,我国学校地理课程必将繁花似锦,春色满园!

(注:本章卷首语执笔人户清丽,师从李家清先生攻读博士学位,现为陕西师范大学地理科学与旅游学院教授、博士生导师、教师教育中心主任。)

第一节 我国地理课程思想的历史演进

一、百年来我国学校地理课程思想演进审视(上)[①]

1904年,清末政府颁布《奏定学堂章程》,地理课程正式成为我国中小学的必修课程。一个世纪以来,地理课程在我国经历了高低错落不平坦的行进过程,然而却百折不挠地始终向前发展。不同历史阶段的地理课程反映出不同的地理课程思想,或者说,正是缘于不同时代地理课程思想的引领,地理课程方呈现出鲜明的历史阶段性特征。梳理百年来地理课程思想的历史演进,前瞻地理新课程思想发展之旅,有利于提升我国学校地理课程思想的生命力,发挥其对当前地理新课程深化改革的指导作用。

(一)发展谱:百年来我国学校地理课程思想的五次历史性演变

我国学校地理课程的百年发展大致以中华人民共和国成立为界,划分为两大时期;又可根据地理课程设置与地理课程标准(见表1-1)所反映出的课程性质(地位)、课程目标、课程内容、课程结构与课程实施的基本状态和主要特征,划分为清末地理课程(1904—1911)、民国地理课程(1912—1948)、中华人民共和国成立初期地理课程(1949—1956)、"文化大革命"时期地理课程(1957—1976)和改革开放之后的地理课程(1977—现在)五个阶段,每个阶段都呈现出富于时代特色的地理课程思想。

1. 增知育情:清末地理课程思想

清末地理课程主要引自日本和德国。追思其引进原因,虽然直接表现在学术上,但深层次上则是当时中国社会不可避免地要从封闭的中国变为世界的中国,且不受列强欺侮的需要,即"开眼看世界"和"中体西用"。此"用",一为增知,普及基本地理知识,"破其乡曲僻陋之见";二为育情,使儿童爱国爱乡土,"养成其爱国心性志气"。

---

① 李家清,户清丽.百年来我国学校地理课程思想演进审视(上)[J].中学地理教学参考,2011(Z1):13-16.

受近代夸美纽斯"百科全书式"课程知识观和我国古典地方志的影响,地理课程表现为一门记述地理学。

2. 国民教育:民国地理课程思想

民国地理课程对清末地理课程的内容进行了精简,删除了诸如关于官制、财政、教育等不属于地理知识的内容,突出了地理课程的社会价值和科学价值,认为"中学地理科为实现三民主义教育最重要之一科目"[①],其目的在于培养健全的国民。这一课程思想在地理学家竺可桢教授的《地理教学法之商榷》中给予了明确阐述:"使学生能以世界眼光推论时事;陶冶学生,能以科学的眼光观察事物,而其目的,皆在于养成健全的国民。"民国地理课程在引进方向上表现为"弃日德效美国",但都是在"学西方",因而,这一时期地理课程思想带有欧美的地理环境决定论色彩。

3. 服务政治和生产:中华人民共和国成立初期地理课程思想

中华人民共和国成立初期,地理课程发生了引进方向的第二次整体转向,由"学西方"转向"学苏联"。我国于1956年颁布的第一套完整的中小学地理教学大纲基本上是参照苏联大纲制订的。结合当时国内外形势,我国确立了"为无产阶级政治服务,与生产劳动相结合"的地理课程思想,删除了反动的政治观点和明显的地理环境决定论的内容,增加了政治地理与经济地理内容;但同时又受苏联地理学思想的影响,割裂人地关系,批判人文地理学思想,出现夸大"人定胜天"的唯意志论偏向。

4. 开门办学:"教育革命"和"文化大革命"时期地理课程思想

1957年,教育战线在"教育大革命"和实用主义思想影响下,主张"开门办学",地理课程的教学内容和课时大量缩减,初中的一门自然地理课程和高中的两门经济地理课程都被取消,这是地理教学质量大滑坡与萎缩的时期。虽然1963年进行的地理教育改革试验对上述情况做了调整,中小学地理教学质量有所回升,但其微弱成效很快又被"文化大革命"的汹涌浪潮冲击,地理教育一度面临停顿。

5. 公民素养教育:新时代地理课程思想

"文化大革命"结束后,教育战线着手拨乱反正,地理课程也开始对一些基本理论问题和地理课程的发展作出前所未有的深刻反思,并在改革开放的背景下,贯彻"三个面向"精神,重新睁眼看世界,出现了中国地理课程引进方向的第三次整体转向,即通过多种途径学习引进和借鉴国外(包括苏联和西方各国)现代地理课程思想,由此带来的不仅是思想的解放,也是学术的解放。在"地理学要研究人与地理环境的协调问题"的国际背景下,我国确立了"以人地关系为主线,培养学生具有正确的人口观、资源观、环境观"的现代地理课程思想,对青少年进行环境教育、国情教育和爱国主义主题思想教育。21世纪以来,我国坚持地理科学素养与人文精神的统一,进一步确立了以"培养未来公民必备地理素养"为核心的地理新课程思想。

[①] 课程教材研究所.20世纪中国中小学课程标准·教学大纲汇编·地理卷[M].北京:人民教育出版社,2001:2.

表 1-1　百年来我国地理课程标准(含教学大纲)一览

时期	学段	地理课程标准(含教学大纲)
清末时期	小学	《奏定初等小学堂章程》(1904年);《奏定高等小学堂章程》(1904年)
	中学	《奏定中学堂章程》(1904年);《学部奏变通中学堂课程分为文科实科折》(1909年)
民国时期	小学	《小学校教则及课程表》(1912年);《高等小学校令施行细则》(1916年)
	中学	《中学校令施行规则》(1912年);《中学校课程标准》(1913年);《六年制中学地理课程标准草案》(1941年)。 《新学制课程纲要初级中学地理课程纲要》(1923年);《初级中学地理暂行课程标准》(1929年);《初级中学地理课程标准》(1932年);《初级中学地理课程标准》(1936年);《修正初级中学地理课程标准》(1940年);《修订初级中学地理课程标准》(1948年)。 《高级中学普通科地理暂行课程标准》(1929年);《高级中学地理课程标准》(1932年);《高级中学地理课程标准》(1936年);《修正高级中学地理课程标准》(1940年);《修订高级中学地理课程标准》(1948年)
中华人民共和国成立初期	小学	《小学地理课程暂行标准草案》(1950年);《小学地理教学大纲草案》(1956年);《全日制小学地理教学大纲草案》(1963年)
	中学	《中学地理教学大纲草案》(1956年);《关于中学历史、地理、物理、生物等科教科书的精简办法》(1957年);《全日制中学地理教学大纲草案》(1963年)
"文化大革命"时期		
改革开放阶段	小学	《全日制小学地理教学大纲》(1986年)
	中学	《全日制十年制学校中学地理教学大纲(试行草案)》(1978年);《全日制十年制学校中学地理教学大纲(试行草案)》(1980年);《全日制中学地理教学大纲》(1986年);《全日制中学地理教学大纲(修订本)》(1990年)。 《九年制义务教育全日制初级中学地理教学大纲(初审稿)》(1988年);《九年义务教育全日制初级中学地理教学大纲(试用)》(1992年);《九年义务教育全日制初级中学地理教学大纲(试用修订版)》(2000年);《全日制义务教育地理课程标准(实验稿)》(2001年)。 《全日制普通高级中学地理教学大纲(供试验用)》(1996年);《全日制普通高级中学地理教学大纲(试验修订版)》(2000年);《普通高中地理课程标准(实验)》(2003年)

(二) 变奏曲:百年来我国学校地理课程思想内涵的发展

不同时期地理课程思想对各个时期地理课程设置和地理课程标准制定具有统领作用,也具体涵化在不同时期地理课程设置和地理课程标准所反映出的地理课程性质(地位)、课程目标、课程内容、课程结构和课程实施的基本状态和主要特征中。

1. 地理课程地位在跌宕起伏中曲折发展

(1) 1904—1956:地理课程高位发展的五十余年

总体而言,从 1904 年地理课程正式成为我国中小学的必修科目到 1957 年"教育革命"这 50 多年间,我国中小学地理教育的水平,跟文化、科学发达国家的水平相差不大。[①]在学校课程设置上,地理课程也一直处于重要学科的地位。清末地理课程地理学习年限之长(中小学学制 14 年,中学 5 年)、课时之多(1909 年中学课时达 12 课时,占总课时 6.1%),在我国地理课程史上绝无仅有。民国初期(1912—1927)中小学学制为 11 年,中学地理课时合计 8 课时,比重为 5%。1923 年,效仿美国"六三三"学制,将高中地理列为选修科目,1929 年,在竺可桢先生的批评建议下,高中地理又由选修改为必修。自 1932 年"正式课程标准"颁布起,中学六年各学年都开设地理课,总计每周达 12 课时,为前一时期的三倍,课时比重平均为 6%~6.5%,此后,地理课程长期维持着这种高位发展。中华人民共和国成立初期(1949—1956)是我国地理教育兴旺时期。解放初期,地理课程暂时沿用中华人民共和国成立前的中小学课程体系,中学各年级地理每周总课时 12 课时,课时比重达 6.7%。1953 年,我国地理教育吐故纳新,在批判和借鉴苏联地理课程经验基础上,创建了小学、初中、高中内容、结构相互衔接的地理课程新体系,中小学各学年周课时总量达 16 课时(中学 12 课时),是我国学校地理学习年限较长、课时较多的时期之一。

(2) 1957—1976:地理课程下滑衰落的二十年

20 世纪 60 年代以来,发达国家在中学阶段通过地理学和地理课,对学生加强空间科学、环境科学、资源、能源、城市和人口地理等方面的教育,而我国地理课程却在"教育革命"与"文化大革命"的汹涌浪潮下,课程地位直线下降,地理教育水平与国际水平差距逐渐拉大。1957 年,在减少课程门类、课程要精简的思想指导下,中学地理授课年级由原来的 5 个缩减到 2 个,各年级总课时由 12 课时减为 5 课时。1958 年,将初一年级自然地理课程取消,把高中两门经济地理先合并,1959 年又全部取消,仅在初一、初二年级设地理课,每周课时分别为 3 课时、2 课时,整个中学地理课时减少了 59%。1963 年,在总结"教育革命"的经验教训时,认为高中不设地理课不妥,决定将初二年级的世界地理课程移至高一年级,每周 3 课时,但"文化大革命"随即爆发,高中地理课程未得以实施。

(3) 1977 年以来:地理课程在探索中踏上复兴之路

"文化大革命"结束后,我国地理教育恢复发展并进行了一系列重大调整和改革。20 世纪 80 年代初,中小学学制恢复到 12 年制,高中、小学地理课相继开设。1986 年,教育部颁发了《全日制小学地理教学大纲》和《全日制中学地理教学大纲》,确立了"小学讲地理常识,初中授区域地理,高中授以人地关系为主线的系统地理"的地理新课程体系,我国地理教育又重新焕发勃勃生机。1993—1994 年,为减轻学生负担,各地在高考科目中逐步取消地理与生物两门课程,由此产生了学生地理学习兴趣低、

---

① 陈尔寿.地理教育与地理国情[M].北京:人民教育出版社,1998:148.

教师地理教学信念低、地理教学质量低的"三低"现象,我国地理课程地位再次出现危机。20世纪末,面对工业文明带来的资源短缺、生态恶化、人口压力、人地失和等诸多困惑与问题,人们日益认识到地理科学教育的重要性,许多国家纷纷为迎接21世纪的到来进行基础教育改革,地理课程改革作为重要的组成部分,我国也于新世纪以《全日制义务教育地理课程标准(实验稿)》和《普通高中地理课程标准(实验)》的颁布为标志,展开了规模浩大的地理新课程改革。地理新课程相关标准规定,初中阶段单独设置两年的地理课程,每周2课时;高中地理课程由必修课程与选修课程组成,三个必修模块每个模块2学分,共6学分,每周3课时,共108课时;7个选修模块每个模块36课时,累计每周4课时,建议学生在7个选修模块当中修满4学分。从此,地理新课程实践健康有序地运行,这标志着我国地理课程在几经波折和不断探索中,正行进在复兴之路上。

2. 地理课程目标从简单的混沌走向复杂的综合

(1)知识学习+情感教育:清末地理课程目标

在当时"开眼看世界"和"中体西用"教育思想的引领下,清末地理课程着重地理知识教育和爱国情感教育,尤其突出后者。当时的地理课程目标没有单列,而是与教学要求、实施方法等混杂在一起陈述;另外,知识目标与情感目标也是笼而统之地提出,未及分化,如《奏定高等小学堂章程》规定的地理要义是:在使知地球表面及人类生计之情状,并知晓中国疆域之大概,养成其爱国发奋之心;更宜发明地文地质之各类公用,大洋五洲五代之区别,人种竞争与国家形势利害之要端。

(2)知识学习+个人修养:民国时期地理课程目标

从1923年起,地理课程目标以"目的"形式明确设置为中小学地理课程标准的第一部分。地理课程目标仍旧凸显了知识课程取向,"使知"[①]"了解"[②]"使……明了"[③]"讲明"[④]"阐明"[⑤]等目标表述均反映出了这种知识授受取向。情感目标取向则发生了变化,受当时蔡元培"既要明确区分政治和教育,但并不割断政治与教育关系"思想的影响和西方自由主义、个性独立解放思想的浸润,地理课程目标开始出现政治意识相对淡化,而强调个人修养等更为丰富的内涵。如王伯祥等起草的1923年《新学制课程纲要 初级中学地理课程纲要》中的教学目的就颇有新意:"研究地理与人生的关系……以扩充民族及国际的同情心,以培养自助、自决的精神,培养审美的观念"。由竺可桢所校,张其昀所编的《新学制高级中学教科书本国地理》明确提出高中地理教育应有两重目标:一为学者之修养功夫,一为公民之修养功夫。[⑥] 但总体上看,政

---

① 课程教材研究所.20世纪中国中小学课程标准·教学大纲汇编·地理卷[M].北京:人民教育出版社,2001:55.
② 同上书,48.
③ 同上书,50.
④ 同上书,9.
⑤ 同上书,100.
⑥ 杨尧.中国近现代中小学地理教育史(上册)[M].西安:陕西人民教育出版社,1991:125-126.

治色彩鲜明的"三民主义"原则始终贯穿在民国地理课程目标中。

（3）地理知识与技能学习＋思想政治教育：中华人民共和国成立初期地理课程目标

中华人民共和国成立后，除了继续强调地理基础知识教学和思想政治教育以外，地理技能也列为课程目标的重要组成部分。1950年颁布的《小学地理课程暂行标准草案》中首次提到了"使儿童具有学习地理的初步技能"；1956年《小学地理教学大纲草案》又进了一步，提出"使儿童获得……初步的地理知识，技能和熟练技巧"；1963年《全日制中学地理教学大纲草案》则正式将"掌握运用地图等基本技能"列为教学目的之一，我国中学地理"双基"教学由此正名，并形成了地理基础知识、地理基本技能和思想政治教育的"三分法"地理课程目标。

（4）由"双基"目标到三维目标：改革开放以来的地理课程目标

20世纪80年代以来，中学地理课程在重视地理基础知识和基本技能教学的同时，也非常重视培养学生智力和发展学生能力，并增加了与地理有关的国情国策知识，深入进行爱国主义、全球观念和环境伦理教育。尤其是新世纪以来，我国地理新课程构建了以知识与技能、过程与方法、情感态度与价值观作为三维目标的新课程目标体系，三维目标既清晰具体又综合系统，着眼学生作为"整体的人"的发展，既强调基础的重要性，也高度关注学生创新精神和实践能力的发展，重视培养学生核心地理能力和核心地理观点，坚持学生地理科学素养与人文精神的统一。

二、百年来我国学校地理课程思想演进审视(下)[①]

课程内容与课程结构的变革历来是课程思想演变的核心，因为课程类型设置、课程目标取向等最终都要落实到课程方案制订过程中课程内容的选择与课程结构的优化上；课程实施则是将课程方案付诸实践的过程，从某种意义上讲，课程实施决定着课程改革的成败。因此，研究百年来地理课程内容、课程结构与课程实施方法的演进，对于激扬我国学校地理课程思想的本土生命力，提高其对地理新课程改革的指引力具有重大意义。

（一）地理课程内容在扬弃与创新中与时俱进

1. 方志之学："百科全书"式的清末地理课程内容

清末地理课程以区域为取向，以"百科全书"式的编辑法，采用我国古典地方志的论述体，以罗列各地地理事物为主，内容庞杂，而对各种地理要素相互联系、相互制约的关系则缺少分析，表现为有"地"少"理"的"地名"＋"物产"形式。和当时的地理学一样，研究对象并无严格限定，空间范围从宇宙天体到地球，研究对象常与哲学、历史、文学和天文学等混杂在一起，处于学科尚未分化的"宇宙学"时期。但在当时对于学生开阔眼界、了解国内形势和寰球格局，还是有益的。

---

① 李家清，卢清丽.百年来我国学校地理课程思想演进审视(下)[J].中学地理教学参考，2011(3):12-14.

2. 突破"方志": 兼顾经验与活动的民国地理课程内容

民国地理课程突破了清末方志学的框架,吸收了当时国内外地理科学研究的初步成果,课程内容的科学性和思想性有了很大提高。如南京中山书店出版的高中本国地理、中国区域地理部分摒弃了地方志框架,而以竺可桢所划的全国八大气候区为纲。民国地理课程除了继续关注地理知识课程外,开始兼顾经验课程与活动课程,注重学生经验性知识与操作性知识的获得。如1923年《新学制课程纲要初级中学地理课程纲要》中提出了让人耳目一新的"程序":"用家庭设计,以研究气候和衣、食、住的关系;由环境观察以了解山丘、河流、平原等自然地理的名物关系;以实地或用沙盘等设计,以了解位置及地势等。"①

3. 由学科逻辑到生活逻辑: 演进中的中华人民共和国成立后地理课程内容

中华人民共和国成立后60多年时间里,我国基础教育课程发生了多次重大改革,地理课程内容也相应发生了多次重大演变。中华人民共和国成立初期,我国学习苏联重视地理知识体系的构建,注重知识的学科逻辑,却忽视知识的生活逻辑,贬抑人文精神,漠视人类生活,不能科学辩证地看待人地关系。1978年以来,我国地理教育既抨击了"非人生"的自然地理学,也抨击了"非自然"的经济地理学,按照人与自然辩证统一的观点,建立了"以人类和地理环境关系为中心"的现代地理课程体系。进入新世纪,结合社会需要、学生需求和学科发展,建构了"以人地关系为主线,以可持续发展为思想,以区域学习或专题学习为基本结构"的地理新课程体系,让学生学习具有生活逻辑的地理知识,实现地理课程对于人类现实生活和人的持续发展的教学意义。

(二)地理课程结构向系统化与结构化演进

1. 由单一到综合: 地理课程类型设置走向系统化

从1904年到改革开放前,我国地理课程类型单一,基本上是必修课一统学校地理课程设置,当然,民国初期(1922—1927)高中地理只作为选修科目,未设置必修课则是另一种单一化的表现,课程类型也只有学科课程。高中地理从1990年开始增加选修课,并在1996年首次作为独立学段制订地理课程计划,建立了以学科课程为主、活动课程相辅的课程结构,打破了多年来学科课程一统学校的局面。按照高中课程计划,高一年级开设地理必修课,高二、高三年级开设限定性选修课;修订版2000年大纲在高一必修课时不变的情况下,又将选修课时进行了调整,并增加了研究性学习课题。2001年,初中地理新课程通盘考虑了义务教育的"九年一贯制",将初中地理课程学习分为两个阶段:3~6年级设置"科学"及"社会"综合课程;7~9年级设置"地理"分科课程或与"历史与社会"综合课程并行。2003年,普通高中地理新课程更是加大了选修课程的力度,建议学生在设置的7个选修模块当中修满4学分。地理课程类型由单一到综合的系统化演进,是我国地理课程改革中的一个明显特点。

---

① 课程教材研究所.20世纪中国中小学课程标准·教学大纲汇编·地理卷[M].北京:人民教育出版社,2001:9.

2. 由混合到分化：地理课程三大板块关系走向结构化

通观我国地理课程发展史，改革开放前的地理课程通常表现为以区域地理知识为架构，以自然地理知识为重点，人文地理知识则相当匮乏。一般来说，自然地理知识和人文地理知识是融合在区域地理知识教学中的，但在某些时期也出现过单独设置的情况。如1904年，中学第五年(高中第二年)授地文学即自然地理；1912—1921年，中学第四年授自然地理概论和人文地理概论，这也是"人文地理"课程名称首次出现在中学地理教学计划中，再次出现已经是1996年了，当时作为限定性选修课出现在高中地理课程中；1932—1947年，第六学期讲授自然地理，1948年，按照减少科目教学时数、简化和调整课程内容的精神，不再单独开设高中自然地理。中华人民共和国成立初期，初级中学一年级授自然地理，高中授两门经济地理，不足之处在于将自然地理与经济地理割裂，并以经济地理取代人文地理。1978年以来，我国地理教育摆脱苏联教育思想的影响，高中地理课程重新设置，初步形成了小学讲授地理常识、初中讲授区域地理、高中讲授系统地理的结构化体系。进入新世纪，地理新课程进一步对高中地理进行了系统改革，加强了自然地理、人文地理和区域地理三者之间的相互联系和有机整合，构建了以自然地理和人文地理知识为基础，以认识人地关系和解决区域可持续发展问题为归宿的高中地理新课程结构。

3. 由循环罗列到统筹编制：区域地理课程结构走向科学化

区域地理内部的课程结构包括高小、初中、高中区域地理之间，中国地理与世界地理之间，中国地理与世界地理各自内部之间三种结构关系。从高小、初中、高中区域地理的结构关系来看，中华人民共和国成立前的区域地理采取圆周式、循环三次的排列方式组织教学，虽然三个阶段所讲的区域地理知识详略有所不同，但不可避免地多有重复。中华人民共和国成立后学习苏联重视地理知识体系的完整性，对三个阶段的区域地理课程内容作了通盘研究，与中华人民共和国成立前相比，系统性强，重复较少。现行地理新课程则进一步对初中区域地理和高中区域地理进行了合理分工，初中区域地理"原则上不涉及较深层次成因问题"，而高中区域地理则在初中区域地理知识的基础上，引导学生从更高层次上去认识区域。[①]关于中国地理和世界地理的先后顺序问题，一直存在争议，中华人民共和国成立后曾出现"先中国后世界"和"先世界后中国"两种编排方式的反复变更。至于哪种组织方法更有利于学生学习，还需要进一步通过教学实践加以检验。关于中国地理和区域地理内部结构的编排方法，以改革开放为界，在此之前，无论中国地理还是世界地理，均大体采用了"总－分－总"的八股罗列形式。改革开放以来，经过多次改革调整，在"不追求学科体系的完整性和增加课程的开放性与弹性"课程思想的指导下，确立了地理要素"单列"或与"区域结合"等不同的呈现方式，克服传统的八股罗列的不足而突出区域特征。

---

① 李家清.地理课程与教学论[M].武汉：华中师范大学出版社，2010：227.

（三）地理课程实施向人本化与建构化演进

1. 强调讲解：清末地理课程实施

清末中小学地理课程实施非常强调教师的讲解。如初、高两等小学堂的"奏定章程"都规定："各科教授详细节目，讲授之时不可紊其次序，误其指挥；凡教授之法，以讲解为最重，讲解明则领悟易"。强调教师讲解在当时是有着时代进步意义的，对于克服封建社会"课读"法所造成的呆读死记弊端具有对症下药的功效。

2. 新法纷呈：民国地理课程实施

民国时期，随着儿童本位课程思想的引进，自学辅导法、设计教学法、问题教学法、范例教学法、理解法（演绎法、归纳法）均纳入我国中小学地理课程实施方法中。1922 年，竺可桢教授在《地理教学法之商榷》一文中提出了"自已知至未知""须洞察儿童之能力，揣摩儿童之心理，而伸缩其所授之教材""讲求地理环境对于人类之影响"和"凡各种科学非实验不为功"等地理教学法的重要观点，至今也颇具启发性。1929 年《初级中学地理暂行课程标准》还详细列出了故事法与条理法（教材之形式）、游历法与鸟瞰法（教材之次序）、约取法与博观法（教材之分量）、演讲法与设计法（教材之运用）等"教法要点"；在"附设备"中还指出了对"特设之地理教室"的设备要求，并分别指出了挂图、气象仪器、模型标本和幻灯的类型和优点。1943 年 4 月，田世英著《中学地理新教法》，针对当时中学地理教学刻板陈腐的状况，提出了"用中心问题组织地理教案"的教学新法，很有研究价值。但总体来看，民国时期地理课程对课程实施方法的追求仍然是以关注地理知识的获取效率为落脚点。

3. 从知识授受到促进发展：中华人民共和国成立后地理课程实施

中华人民共和国成立初期，初、高中地理均注重"双基"教学，强调教学过程的逻辑顺序和连贯性，课程实施"课程、教材、教师""三中心"的知识授受式教学方式。20 世纪 80 年代以来，地理课程向"教师主导，学生主体，以培养学生主体性为目标"的现代实施观转移，这一点可以从"指导儿童直接观察""指导儿童认识""指导儿童学会"[1]等课程目标表述中反映出；"直接观察""概念思维""活动体验"[2]等目标还突出了学生作为学习主体的实施原则。进入新世纪，地理新课程改革进一步吸纳了建构主义、人本主义等教育教学思想，更加关注学生富于个性的全面发展，积极倡导探究式学习，注重学生的自主学习与合作交流，并突出了现代信息技术在课程实施中的应用。

纵观百年来我国学校地理课程发展史，我们会发现，我国地理课程的发展是在跌宕沉浮中曲折前行的。这种"发展"的结果表明地理课程尚缺乏严格意义上的学科地位和学科发展，对于学校地理课程的性质与功能定位，地理课程的内容及其教育教学意义，尚欠缺科学理性的认知。地理课程思想建设也存在不少问题：课程设置表现出一种简单的拿来主义，其本土化过程一直受着异质文化、本土文化、体制文化的多

---

[1] 课程教材研究所.20 世纪中国中小学课程标准·教学大纲汇编·地理卷[M].北京：人民教育出版社，2001：201.

[2] 同上书，227.

重约束;课程编制过于依赖经验总结,缺乏深入的科学研究和理论阐释;地理课程价值取向偏于功利性的实用主义,忽偏于政治、忽偏于经济,而对于地理之与生活、地理之与公民素养的关系考虑较少;地理教学一贯奉行忠实取向的课程实施观,对人的需要、潜能、兴趣、个性等关照不够。

(四)前进路:激扬我国地理课程思想本土生命力

探寻百年地理课程思想渊源,借鉴外国地理课程思想精华,更多关注地理课程本土化改革与实践过程中生成的鲜活的地理课程思想,其主旨正是激扬我国地理课程思想的本土生命力,推进我国当前地理新课程改革深化发展,永葆我国地理课程自我更新发展的原始驱动力。

首先,进一步明确地理课程的性质与功能。确定学科性质是研究课程建设的首要问题、奠基问题,也是地理课程改革与发展的逻辑起点。我们应突破其狭隘的实用功能和思维训练功能,立足地理课程的本原,站在现代地理学凸显空间性与过程性的自然理性、强调要素联系与人地关系的哲学理性,以及关注人类生活和人的发展的人文理性高度,突出地理过程,强调地理应用,体现地理文化。

其次,进一步明确地理课程目标的制定。新课程改革三维目标的确立,对于实现"整体的人的发展"的培养目标产生了鲜明的导引作用。但是我们应警惕地理教学实践中将三维目标彼此分割看待、隔离达成的新误区,这样极易导致"$\frac{1}{3}+\frac{1}{3}+\frac{1}{3}<1$"的缩水现象。所以,正本清源,我们还应返回到地理课程目标制定的原点,那就是《地理教育国际宪章》序言中所提到的:"深信:地理教育为今日和未来世界培养活跃而又负责任的公民所必需;意识到:地理在各个不同级别的教育中都可以成为有活力、有作用和引起兴趣的科目,并有助于学生终身欣赏和认识这个世界;知道:在一个日渐缩小的世界上,学生需要更强的国际交往能力,以便在经济、政治、文化、环境和安全等广泛的项目上进行有效的合作"。只有具有了这样的教育视界,才能走出地理教育目的观的肤浅和狭隘。

再次,进一步明确地理课程的研究与学习领域。建立与完善自己独有的研究与学习领域,确保地理学科的地理性已成当下中学地理课程建设的当务之急。巴斯卡尔认为,"每门学科之所以能独立存在并得到发展,最基本的原因是它具有一个特定的研究对象或领域。"[①]否则,就会出现地理学科领域不断被其他学科领域侵蚀肢解,而至无法确保其学科地位的境地,面对当前中学地理学科边缘化的现实,我们没有理由漠视这个问题。对于地理新课程实施过程中出现的诸多教育问题,如初中地理与高中地理的合理衔接、区域地理与系统地理的有机整合、自然地理与人文地理的筛选机制、中国地理与世界地理的编排原理,还有许多需要进一步思考斟酌的空间。统整各种地理课程的价值取向,对现有地理课程在伦理反思和伦理辩护下进行理性重建,这是我们需要做的一项重要工作。

---

① 王爱民.地理学思想史[M].北京:科学出版社,2010:3.

最后,地理课程实施需力争实现以"参与、合作、体验、探究"为特征的发展性教学。从地理学科的自然属性和人文属性出发,"指导学生开展观察、实践、探究和研究活动",实现学生地理"知识主体"与"活动主体"的统一,这是永葆地理课程生命力的真谛所在。地理新课程改革应将视角从地理课程实施本身延伸到教育体制和社会制度层面上去思考问题症结,争取在田园课堂上取得较大的突破,回归地理课程的应有本色,让学生在"参与、合作、体验、探究"中,经历知识形成的学习过程,让学生学会理性地思考与表达,从生活中发现问题,使学生领悟生活与知识的关系,从而自我建构具有生活意义和持续生长性的地理知识。培养学生地理学习的需要和兴趣,端正学生地理学习的态度,教授学生正确的地理学习方法,这恐怕是当前激扬地理课程生命力的引擎。

三、创新之路:我国地理课程教学研究与发展30年[①]

(一)扬帆奋进、成就辉煌的30年

2008年是我国改革开放30年的纪念年!改革开放30年,中国实现了近30年的高速发展,令世界瞩目。30年来,我国的地理教育得到了快速发展,这30年是高歌猛进、成就显著的30年。本研究内容旨在回顾、梳理我们的经历,分析推动我国地理教学理论研究和实践运用的直接动力,以利于我们更理性地认识地理教学改革的客观性、必然性,掌握当下、关注将来,提高地理教学改革研究的自觉性。

笔者收集了改革开放30年来我国出版的中学地理教学改革研究的著作近200本。这些著作基本上代表了30年来我国地理教学改革研究的发展历程。笔者采用文献统计方法,通过对不同年份地理教学研究著作数量的统计分析(见图1-1),发现地理教学研究著作出版的第一个高潮是1992年(15本),第二个是2001年(27本)。1992年和2001年分别是我国地理教学改革研究的两个拐点。依据这两个拐点的基本特征,我们划分了三个时期(见表1-2)。

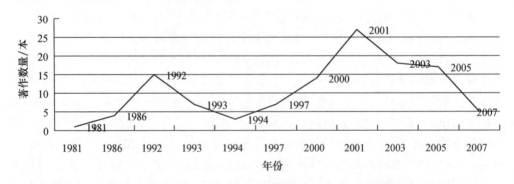

图1-1　30年(1978—2007)来我国地理教学研究著作数量统计图

[①] 李家清,张胜前.创新之路:我国地理教学改革研究与发展30年[J].地理教学,2008(7):10-13.

表 1-2 1978—2007 年不同时期地理教学改革研究著作数量统计表

时间段	1978—1992	1993—2000	2001—2007
数量/本	30	51	89
所占比例/%	18	30	52

(二)起伏跌宕、各具特色的三个时期

1. 富于创造的振兴时期(1978—1992)

1976 年"文化大革命"结束,1977 年停滞 10 年的"高考"恢复。1978 年国家确立了改革开放的伟大战略思想。在这样的背景下,我国地理教学的改革研究进入了振兴时期。这一时期广大的地理教育研究工作者以极大的热情投入地理教学研究与改革创新,取得了多方面的成果,积极引导和推进了地理教学改革实践。据统计,这一时期共出版了近 30 本地理教学研究著作(见图 1-2),并主要体现如下特点。

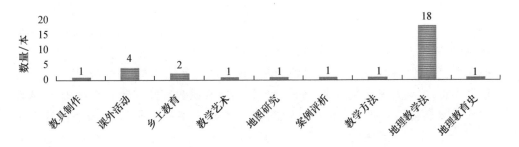

图 1-2 1978—1992 年地理教学研究著作分类统计图

(1)高度重视地理教学法研究

这个时期的地理教学法研究成果最多,其总量(其中包括中学地理教材教法和地理教育学,但以地理教学法命名的著作较多)占当时出版的教学研究著作一半以上。这是中华人民共和国成立以后我国真正开始自己教学法研究的最活跃时期,参与研究的人员多,有多个版本的著作、教材出版,呈现出百花齐放的局面(褚亚平 1981、褚绍唐 1982、王毓梅等 1983、金正扬 1984、褚亚平 1985、教育学院系统地理教材协编组编 1986、课程教材教法编辑部 1987、刁传芳 1987、褚亚平等 1988、李涵畅 1990、关伟等 1990、刁传芳 1991、郑宿等 1991、孙大文 1992、陆希舜 1992、刁传芳 1988、曹琦等 1989、孙大文 1992、单树模等 1992、关伟等 1992、褚亚平 1992)。

(2)积极探索乡土地理教学

1978 年颁布的《全日制十年制学校中学地理教学大纲(试行草案)》中规定:"乡土地理是中国地理教学内容的重要组成部分,一般可包括本省(自治区、直辖市)地理和本县地理"。在这种背景下,出现各地编写乡土地理教材的高潮,积极探索乡土地理教学,还出版了乡土地理教育研究的专著(杨镇德 1992,陈胜庆 1992)。

(3) 十分关注地理课外活动

1978年、1980年、1986年、1988年、1990年的相关中学地理教学大纲中强调"积极开展地理课外活动"。在地理教学大纲指令性要求的引领下,这个时期的地理教学法、地理教材教法等著作中不仅有课外活动的专题论述,还出现了专门研究地理课外活动的专著(人民教育出版社地理室编1986、张承胜1989,单树模和陈尔寿1992,陈树杰1992)。

(4) 开始细化研究层次

研究层次的细化不仅是地理研究发展的表现,也是地理教学问题研究的深入。这一时期出现了地理专题研究方面的著作,如王民的《地理教学方法》就是第一本关于地理教学方法细化研究的专门著作。此外,地理案例的分析和地理教学艺术的研究成果也表明地理教学研究层次更加细化,重视地理教学改革研究对地理教学实践的指导作用。

2. 认真反思的回落时期(1993—2000)

1992年是地理教学研究振兴的顶峰时期,但就在同年国家教委宣布自1993年起,高考文科类不考地理。这一决定对地理教学研究人员的积极性造成了很大的负面影响,但同时也促使一些有责任感的地理教育研究专家、学者开始认真反思地理教学研究所存在的问题。这种反思对地理教学研究的良性循环是非常有益的。这一时期国家颁布《中华人民共和国义务教育法》和实施素质教育的方针政策,也为地理教学的研究发展提供了新的契机,地理教学研究取得许多重要成果。据统计,这一时期共出版近50种地理教学研究著作。按照内容特点,我们将这些著作分为18类(见表1-3)。

表1-3 1993—2000年地理教学研究著作分类统计

类别	三板技能	乡土教育	地理实习	国情教育	素质教育	比较教育	外国研究	地图研究	环境教育
数量(本)	1	3	3	3	2	1	6	1	4
类别	多媒体	教学模式	评价研究	教学设计	学习指导	教学心理	课标研究	教材研究	地理教学论
数量(本)	2	1	1	3	7	1	1	2	9

根据统计分析,我们认为这一时期的地理教学研究具有如下显著特点。

(1) 重视地理学习理论研究

"教"是为了"学"。这个时期的地理教学研究开始把研究的视野转向地理学习理论研究,出版了7部地理学习理论研究的著作。例如,关伟等的《中学生学习方法与技巧》、陈澄《中学生学习手册》、林培英《计算机辅助地理学习》、江晔《中学地理教学心理研究》、王树声《特级教师谈学习策略:初中地理》等,这些研究著作分别从学生学习方法、学习技巧、学习策略、学习心理等角度论述了中学生的地理学习基本理论。

(2) 拓展地理教学研究视野

这一时期,不少学者将地理教学研究的视角从国内转向了国外,研究的著作较多。例如,王民《国外中小学环境教育课程设置方式》《日本、德国中小学地理课程与教科书》《德国—中国地理教科书视野的扩展》;林培英、曾红鹰《国外中学实验——地理》;陈可馨、宫作民《地理教育比较研究》等。从内容层次上看,这个时期对国外地理教学研究基本上处于翻译、介绍层面,深入进行国内外地理教学比较研究的著作较少。

(3) 注重国情和环境教育研究

1991年,国家教委颁布了《中小学加强中国近代、现代史及国情教育的总体纲要》以及《中小学地理学科国情教育纲要(试用)》。在两个"纲要"的指导下,这一时期的地理教学研究者围绕地理相关的国情教育和环境教育主题做了大量较为深入的研究。例如,陈尔寿编著的《地理教育与国情教育》、袁书琪等的《地理国情知识学习指导》、李元松等的《地理国情荟萃》、林培英的《环境、人口与发展教育教师参考资料》、北京师范大学、华东师范大学和西南师范大学环境教育中心编的《可持续发展教育教师培训手册》、王民的《中国中小学环境教育研究》《环境意识及测评方法研究》等。

(4) 积极探索地理素质教育

1993年2月,中共中央、国务院制定发布的《中国教育改革和发展纲要》中指出:"中小学要从'应试教育'转向全面提高国民素质的轨道,面向全体学生,全面提高学生的思想道德、文化科学、劳动技能和身体心理素质,促进学生生动活泼地发展,办出各自的特色。"在这种时代背景下,地理教学研究开始关注素质教育,探索地理素质教育的内涵、特点及其规律,出版了素质教育方面的专著。例如,孙家镇、钟作慈主编的《地理教育与素质教育》、王树声主编的《学科素质教育丛书:中学地理》等。

(5) 研究领域逐步系统化

相对前一个时期而言,这一时期地理教学研究的领域逐步系统化,研究成果上,出版了地理教学模式、地理教学评价、地理教学设计、地理课程标准、地理教材研究等方面的专著。研究层次上也在不断深化,如乡土地理教育研究、地理教学媒体的选择与应用研究等。

3. 全面推进的改革时期(2001—2007)

2001年,国务院颁布《国务院关于基础教育改革与发展的决定》。经过充分酝酿和研究,教育部制定了《基础教育课程改革纲要(试行)》。我国新一轮基础教育课程改革在世纪之交启动。2001年和2003年教育部分别颁布了《全日制义务教育地理课程标准(实验稿)》和《普通高中地理课程标准(实验)》,开始了新课程实验。至此,我国地理教学研究进入全面推进改革的昌盛时期。这一时期地理教学改革研究视野开阔、研究思维活跃,研究成果大量涌现。几年间的研究成果总量超过以往几十年的历史积累(见表1-4)。

表 1-4 2001—2007 年地理教学研究著作分类统计

类别	地理美育	教学艺术	地理素养	比较研究	外国研究	地图研究	实践活动	地理园地
数量（本）	1	1	1	3	2	1	3	1
类别	创新研究	必修选修	案例评析	环境教育	辅助教学	教学技能	教学方法	评价研究
数量（本）	2	3	6	6	10	2	1	5
类别	教学设计	社会课程	实施指南	学习论	课标研究	教材研究	地理教学论	研究性学习
数量（本）	6	1	1	3	9	1	15	3

据统计，这一时期大约出版了近 90 种地理教学研究著作教材，并具有以下显著特点。

（1）出现地理课程理论与实践研究高潮

2001 年和 2003 年年初、高中地理课程标准颁布以后，为了帮助一线的地理教师更好地理解课程标准，树立"课程意识"，对课程标准进行深入解读，关于地理课程标准的研究成果不断出现。例如，上海市中小学（幼儿园）课程改革委员会编著的《上海市中学地理课程标准解读》；陈澄、樊杰主编的《普通高中地理课程标准（实验）解读》；袁孝亭、王向东编著的《新课程理念与初中地理课程改革——〈全日制义务教育地理课程标准（实验稿）〉解析"》；地理课程标准研制组的《全日制义务教育地理课程标准（实验稿）解读》。有的是进行课程标准和教学大纲比较研究，如王民主编的《课程标准与教学大纲对比分析·高中地理》等。许多地理教学研究人员将研究的视野从"教学"领域转向了"课程"领域，即研究"教什么"以及"为什么教"的问题，如夏志芳的《地理课程与教学论》、王民的《地理课程论》。还有专家从社会课程的角度阐述了地理课程的演变及趋势，如丁尧清《学校社会课程的演变与分析》。

（2）深化国内外地理教育比较研究

通过比较表 1-3 和表 1-4 中的比较教育和外国教育研究，我们发现，这个时期的研究改变了前一个时期单一的翻译、介绍层面的研究，开始转向更深层面的国内外地理教育的比较研究。例如，张超、段玉山编著的《地理教育展望》；宫作民、仲小敏等编著的《国内外地理教育研究》；王民主编的《国际地理教科书比较研究》；张亚南主编的《中外地理测试》等。这个时期也有一些单纯介绍国外地理教育方面的著作，但数量较前一个时期少，如丁尧清主编的《（国外）地理课程标准》、王民主编的《国外地理教育动态》等。

（3）重视地理教材的编制研究

地理教材是学生进行地理学习最重要的学习资源。地理教材编制质量的影响举足轻重。因此，这个时期的专家学者们围绕地理教材编制问题进行了一系列研究。比如，夏志芳、李家清主编的《基于课程新理念的高中地理教科书编制研究》，该书从国内外地理教材编写的比较研究、地理教材编写的理论研究、地理教科书编写的评价研究、地理教科书的实验调查研究等方面进行了系列研究。

（4）提升地理学习理论研究层次

前一个时期关于学生学习研究主要的是从经验层面研究学生学习的一些方法、策略等，这个时期更多的是从学生学习机制的理论层面进行研究。比如，陈澄主编的《地理学习论与学习指导》；夏志芳著的《地理学习论》等。这些关于学习理论研究的著作一般都涉及地理学习的心理特点（年龄差异、个体差异、性别差异）、地理学习的动机、地理学习中的感知、理解、记忆等原理性的问题。

（5）加强多媒体辅助地理教学研究

前一个时期已经出现了多媒体研究，但大多是关于地理课件的制作的，并且研究著作很少。这个时期的著作数量多，涉及的类型也较多。有关于信息化时代尤其是信息技术的发展对地理教学的影响方面的研究，如李治洪、段玉山的《地理信息技术基础教程》、段玉山的《信息技术辅助地理教学》；有关于课件尤其是网络课件的制作方面的研究，如方其桂的《中学地理课件制作实例》、毕超等的《地理学科网络课件拼装教程》；有关于计算机辅助地理教学方面的研究，如胡良民的《计算机辅助地理教学理论实践》、林培英、朱剑刚的《计算机辅助地理教学》。

（6）积极探索地理教学评价研究

评价研究作为课程改革的一个"瓶颈"，在前两个时期涉及较少。这个时期，随着课程改革力度的不断推进以及一些新理念的提出，一些研究者开始关注教学评价问题。有的是从测量与评价的角度对地理教学评价进行方法性的研究，例如，段玉山主编的《地理新课程测量评价》；陈澄主编，陈昌文等编著的《地理教育测量与评价》。有的按照新地理课程标准中的关于教学评价的要求从学生学业评价的角度进行了研究，如张哲江主编的《地理教学与学业评价》。

（7）关注地理课堂改革实践研究

"关注课堂"是这个时期地理教学研究的又一大特色。这个时期的地理教学研究范式发生了很大的转变，即从"文本式"研究[①]转向"田野式"研究。[②] 很多学者亲临中学地理教学一线，通过"田野式"研究的方法写了很多相关著作。例如，陈澄主编的《地理教学研究与案例》，蔡建明、孙有坚、周顺彬、姜建春主编的《走进课堂——高中地理新课程案例与评析》，济南市教学研究室编的《地理教学案例分析》，林培英主编的《课堂决策——中学教师课堂教学行为及案例透视》，林培英、陈澄主编的《走进课堂——初中地理新课程案例与评析》，陈澄主编的《地理典型课示例》，李苍编的《中学地理信息化教学设计指导案例》，段玉山主编的《地理新课程教学方法》等。从上面的著作中，我们可以发现，这个时期的很多研究是对地理教学设计进行案例评析，但有的学者如林培英开始从教师课堂教学行为这个微观层面进行研究。

---

① 课程教材研究所.20世纪中国中小学课程标准·教学大纲汇编·地理卷[M].北京：人民教育出版社，2001：248-291.

② 袁孝亭，王向东.新课程理念与初中地理课程改革[M].长春：东北师范大学出版社，2002：91-98.

改革开放30年,为中国喝彩!改革开放30年,地理教学研究硕果累累!国家教育方针是正确的导向,改革是直接的动力。历史将不断延续。目前,我国的地理教学研究也出现了几个新的趋势:在研究的视角上,开始从"教学"领域研究教学转向从"课程"领域研究教学;在研究范式上,开始从"文本式"研究转向"田野式"研究;在研究的深度上,开始从经验总结层面逐步上升到理论层面。

根据国际地理教育发展的趋势和当前我国地理教育改革与实践的需要,我们迫切需要加强以下研究:中学地理课程史研究、地理学科在综合实践活动中的作用的研究、学生学习地理的非智力因素研究、中学地理新教材应用策略研究、国内外地理教学微观层面的比较研究、地理课堂教学行为研究等。

四、走向辉煌:我国地理课程思想变革与发展30年[①]

2008年是多事之秋,亦是盛事之年,是值得庆贺的改革开放30年的纪念之年!

30年来,我国各项事业都取得了举世瞩目的成就,我国地理基础教育也得到了空前的变革与发展。在这个变革与发展中最具有引领作用的是地理课程思想的变革与发展。因为"课程(curriculum)作为学校教育这个系统中的"软件",是最重要的、最繁难的教育问题之一。教育的实践,就是以课程为轴心展开的"[②]。地理教学大纲与地理课程标准的变革与发展是我国地理课程思想发展变化的集中代表。我们试以改革开放30年来国家颁行的地理教学大纲与地理课程标准为研究对象,进行纵向梳理,总结认识,回眸地理课程思想变革与发展历程,前瞻走向辉煌的新课程思想的实践之路,将有益于认识和理解当前的地理课程改革,推动其深化发展。

(一)与时俱进:地理课程思想的三次变革

1. 拨乱反正,实现地理教育回归

地理课程思想第一次变革以《全日制十年制中学地理教学大纲(试行草案)》为标志。

1978年,教育部颁发了《全日制十年制学校教学计划(试行草案)》,同年,颁布了《全日制十年制学校中学地理教学大纲(试行草案)》。这是"文化大革命"后我国颁布的第一部地理教学大纲。1981年中小学学制恢复到12年制,高中、小学相继开设地理课程;1986年,教育部颁发了《全日制小学地理教学大纲》和《全日制中学地理教学大纲》[③]。这两部大纲完整地规定了小学、初中、高中阶段地理教学的目的与任务、教学要求、教学内容要点和教学中应注意的问题等。至此,我国中小学地理课程在经历了"文化大革命"的曲折道路后得到恢复和发展。对此前过分强调地理课程直接为政治和生产服务的观念进行了变革,纠正了地理课程思想认识上的偏差与错误,实现了地

[①] 李家清,李文田.中学地理课程改革30年回顾与启示[J].中学地理教学参考,2009(Z1):4-6.

[②] 钟启泉.现代课程论[M].上海:上海教育出版社,2001.

[③] 课程教材研究所.20世纪中国中小学课程标准·教学大纲汇编·地理卷[M].北京:人民教育出版社,2001:248-291.

理教育的回归。

2. 遵循法规,调整地理教育内容

第二次地理课程思想变革出现在义务教育全日制初级中学地理教学大纲中。

1986年全国人大审议通过《中华人民共和国义务教育法(草案)》。1988年国家教委颁布《九年制义务教育全日制初级中学地理教学大纲(初审稿)》,1990年国家教委对1986年颁布的《全日制中学地理教学大纲》进行了修订。1996年国家教委颁布了同义务教育相衔接的《全日制普通高级中学地理教学大纲(供试验用)》。2000年教育部颁发《九年义务教育全日制初级中学地理教学大纲(试用修订版)》和《全日制普通高级中学地理教学大纲(试验修订版)》。

这次地理课程思想的变革主要是试图改变前期地理课程知识深、难、重的问题,适当降低教学要求,增加地理学习内容的广度,使学生获得比较系统的自然地理和人文地理基础知识,强调培养学生的地理基本技能,发展学生的地理思维能力,强调对学生科学的人口观、资源观、环境观的培养,并加强"地理国情"知识的教育。

3. 面向生活,培养公民必备的地理素养

第三次地理课程思想变革以新课程《全日制义务教育地理课程标准(实验稿)》和《普通高中地理课程标准(实验)》为标志。

1999年和2001年国务院先后颁布《中共中央 国务院关于深化教育改革 全面推进素质教育的决定》和《国务院关于基础教育改革与发展的决定》,并批准教育部《基础教育课程改革纲要(试行)》。这些政策的出台,标志着我国基础教育课程改革全面启动。2001年教育部颁布《全日制义务教育地理课程标准(实验稿)》,2003年教育部颁布《普通高中地理课程标准(实验)》。本次地理课程思想变革的宗旨是全面推进素质教育,建立以全面提高学生素质为核心的地理课程体系;改变课程内容过分强调学科体系、脱离社会发展以及学生实际的状况;面向生活,培养公民必备的地理素养;突出地理课程的有用性、基础性、时代性、均衡性和选择性。

(二)面向现代化:地理课程思想内涵的拓展深化

地理课程思想变革就其实质而言,是地理课程思想现代化的问题,就是以现代化的理念、价值追求来统摄地理课程,更好地解决社会需求、学科知识、学生发展三者之间的关系问题。它是一个多层面、多要素渐进互动的变化过程,具有丰富的内涵。

1. 地理课程目标取向的发展变化

地理课程目标是对学生通过地理课程学习在知识与技能、过程与方法、情感态度与价值观等方面期望达到的程度或水平的陈述。地理课程目标的取向是地理课程思想变革的关键,它引导着地理课程改革的发展方向。30年来我国地理课程目标的取向有重大发展变化,如表1-5所示。

表 1-5 30 年来我国地理课程目标取向的发展变化

时间与名称	提法	地理课程目标
1978年《全日制十年制学校中学地理教学大纲(试行草案)》	教学目的	中学地理的教学目的,是使学生掌握中国、世界各大洲、大洋和主要国家的地理基础知识;使他们掌握运用地图的初步本领;培养他们的辩证唯物主义的观点,无产阶级爱国主义和国际主义的精神,把祖国建设成为社会主义的现代化强国的雄心壮志
1986年《全日制中学地理教学大纲》	教学目的	中学地理的教学目的,是在小学地理教学的基础上,使学生获得比较系统的地理基础知识和基本技能,并积极发展学生的地理思维能力和智力,培养他们学习地理的兴趣、爱好和独立吸取地理新知识的能力 中学地理教学应是学生进一步受到爱国主义、国际主义、辩证唯物主义、历史唯物主义的思想政治教育以及有关的政策教育,还要对学生进行科学的资源观、人口观和环境观的教育。此外,还应结合乡土地理的教学,对学生进行热爱家乡的教育,使他们树立把祖国建设成为社会主义现代化国家的雄心壮志
1996年《全日制普通高级中学地理教学大纲(供试验用)》	教学目的	1. 使学生获得比较系统的自然地理和人文地理基础知识,了解当代中国地理区域研究所面临的重要课题。 2. 培养学生的地理基本技能,发展学生的地理思维能力,以及独立学习地理知识的能力;能够运用地理科学观念、知识和技能对人类与环境之间的问题作出判断和评价。 3. 帮助学生形成科学的人口观、资源观、环境观,以及可持续发展的观念;深化对国情、国力以及国策的认识,积极参加协调人类与环境关系的活动。 4. 深入进行爱国主义教育,培养学生热爱祖国的深厚感情,以及对社会的责任感
2003年《普通高中地理课程标准(实验)》	课程目标	高中地理课程的总体目标是要求学生初步掌握地理基本知识和基本原理;获得地理基本技能,发展地理思维能力,初步掌握学习和探究地理问题的基本方法和技术手段;增强爱国主义情感,树立科学的人口观、资源观、环境观和可持续发展观念。 课程目标从知识与技能、过程与方法、情感态度与价值观三个维度来表述,这三个维度在实施过程中是一个有机的整体

分析 30 年来我国地理课程目标取向的变化,可以形成以下结论。

(1) 提法更科学。1978—2000 年所有相关地理教学大纲中"课程目标"均被称为"教学目的",而在 2001 年和 2003 年颁布的相关地理课程标准中将"教学目的"改称为"课程目标",这不是简单的称谓更替,而是使这一提法更具科学性。地理课程目标是地理教育目的、地理教育目标的下位概念,是地理教学目标的上位概念,具有承上启下的重要作用,具体体现地理学科的教育价值。与地理教育目的相比,地理课程目标也是一个相对开放的概念,能够在动态变化中得到不断发展与完善。

(2) 构成更合理。从构成上看,1978—2000 年地理教学大纲中的地理教学目的,在内容上都比较清晰地规定了"知识、技能、思想政治"的要求,但没有分别列出;2001 年和 2003 年相关地理课程标准中的课程目标首先规定了义务教育地理课程和普通高中地理课程的总体目标,之后分别从"知识与技能""过程与方法""情感态度与价值观"三个维度进行表述,内容具体、层次清晰,显得更为合理。

(3)内涵更丰富。与教学大纲相比,新课程标准一是把原有"知识目标"与"能力目标"中的技能部分整合为一个领域,称为"知识与技能";二是增加了"过程与方法"领域,突出了"过程"的重要性并包含了原有"能力目标"中的方法部分;三是用"情感态度与价值观"取代了"思想政治目标"的提法,使目标的界定更具针对性与操作性。"知识与技能"目标并不是以前两部分的简单叠加,而是被赋予了新的内涵,强调以能促知,知能合一;"过程与方法"目标突出对过程的参与,注重科学方法的习得,有其特定的含义;"情感态度与价值观"目标注重国家意识、全球意识和可持续发展观的培养,更加丰富了"思想政治目标"的教育价值。①

2. 地理课程类型设置的发展变化

地理课程类型设置是指关于地理课程安排的方案,包括开设哪种地理课程,在哪一学习阶段开设以及开设的时间等。它反映学校地理课程类型的整体结构。地理课程类型设置是否合理,能否贯彻地理课程目标的意图,将影响地理课程目标的达成。地理课程思想变革的重要方面就是对以往地理课程类型设置进行改造与完善,以实现地理课程类型设置的优化。30年间,我国地理课程设置发生很大变化,如表1-6所示。

表1-6 改革开放以来我国中学地理课程设置概况(括号内为周课时数)

年份	初一 (七年级)	初二 (八年级)	初三 (九年级)	高一	高二	高三	合计
1978—1980	中国地理(3)	世界地理(2)					5
1981—1989	中国地理(3)	世界地理(2)		高中地理(2)			7
1990—1995	中国地理(3)	世界地理(2)		高一必修(3)		高三选修(4)	12
1996—2000	中国地理(3)	世界地理(2)		高一必修(3)	高二选修(1)	高三选修(2)	11
2001—	地球与地图、中国地理(3)	世界地理(2)		高一必修(3)	高二选修(2)	高三选修(2)	12
2003—	地球与地图、中国地理(2)乡土地理(1)	世界地理(2)		高中必修(地理1、地理2、地理3),高中选修7个模块,学生应选修其中2个模块,每模块36学时			12

我国地理课程类型设置发展历程表明,1978—1989年间,地理课程类型设置单一,必修课一统学校地理课程设置,1990年开始在学校地理课程设置中增加选修课;1996年首次把高中作为独立学段制订地理课程计划,并明确提出普通高中地理课程的培养目标,建立以学科类课程为主、活动类课程为辅的课程结构,打破了多年来学

---

① 袁孝亭,王向东.新课程理念与初中地理课程改革[M].长春:东北师范大学出版社,2002:91-98.

科课程一统学校课程的局面,以优化必修课、规范选修课、加强限定选修课的原则构建学科课程体系。按照高中课程计划,高一年级开设地理必修课,每周3课时,高二、高三年级开设限定性选修课,高二每周1课时,高三每周2课时;2000年大纲修订版在高一必修课时不变的情况下,又将选修课时调整为累计每周4课时。2003年普通高中地理新课程更是加大了选修课程的力度,对"满足学生不同的地理学习需要"具有重要意义,并建议学生在设置的7个选修模块当中修满4学分(每个学分18个学时)。地理课程设置类型的变化,是我国地理课程思想在更好地吸纳地理科学新成果,适应社会发展和满足学生发展需求的体现。

3. 地理课程内容选择的发展变化

地理课程内容的变革历来是地理课程思想变革的核心,因为地理课程目标的取向、地理课程类型设置的优化等,最终都要落到地理课程内容的选择上。地理教育要实现"三个面向",必须以地理课程内容的革新作为突破口。

表 1-7　改革开放 30 年我国地理课程内容选择的变化

时间与名称	确定教学内容的原则
1978年《全日制十年制学校中学地理教学大纲(试行草案)》	1. 以马克思列宁主义、毛泽东思想为指导;2. 以区域地理知识为基本内容;3. 以自然地理知识为重点;4. 适当讲点地理学的基本原理
1986年《全日制中学地理教学大纲》	1. 正确阐明人地关系;2. 贯彻"教育要面向现代化、面向世界、面向未来"的精神;3. 根据教学计划对地理学科的要求与安排,以及地理学科的性质、特点,学生的年龄特征,精选教材内容
1988年《九年制义务教育全日制初级中学地理教学大纲(初审稿)》	1. 从培养社会主义公民的需要出发;2. 以环境、自然资源、人类活动为线索,正确阐明人地关系;3. 广度和深度要适当;4. 有利于启迪智能和参加社会实践活动
1996年《全日制普通高级中学地理教学大纲(供试验用)》	使学生获得比较系统的自然地理知识和人文地理基础知识。关于高中地理必修课和选修课的具体教学内容,分别用表列出
2003年《普通高中地理课程标准(实验)》	高中地理课程内容的设计以可持续发展为指导思想,以人地关系为主线,以当前人类面临的人口、资源、环境、发展问题为重点,以现代科学技术方法为支撑,以培养国民现代文明素质为宗旨,从而全面体现地理课程的基本理念

由表1-7可知,改革开放之初,地理课程内容的选择以强调政治思想为指导,呈现重自然地理轻人文地理、重区域地理轻系统地理的取向。1986年首次提出:"以人地关系为主线,培养学生正确的人口观、资源观、环境观";贯彻"三个面向"精神,根据地理学科的性质、特点及学生的年龄特征,精选教材内容。1988年强调课程内容的选择应从培养社会主义公民的需要出发和以环境、自然资源、人类活动为线索,正确阐明人地关系。1996年提出在内容的选择上要求使学生获得比较系统的自然地理基础知识和人文地理基础知识,高一地理必修课程内容为地理环境的基础知识和人地关系;高二和高三年级地理选修课程内容为人文地理基础知识和中国地理区域研究。2000年修订地理教学大纲进一步强调,在课程内容的选择上要注重从整体出

发,加强自然地理与人文地理的相互渗透,课程内容要体现基础性、综合性与实践性。2003年的高中地理课程标准贯彻可持续发展思想,以培养国民现代文明素质为宗旨,把人类面临的人口、资源、环境、发展问题作为主题,强调现代科学技术方法,形成了以人地关系为主线的高中地理课程内容。

在区域地理内容的选择上,发展变化也十分明显。1992年以前的地理教学大纲中,中国分区地理涉及全国所有省级行政区,世界分区地理涉及50多个国家。1992年地理教学大纲区域地理内容选择有了明显的变革,中国分区地理内容分为四个地区,以及台湾、香港和澳门;世界分区地理减少到20多个国家。1996年以后更加强调精简分区地理的内容,强调分区地理与部门地理的综合。2001年有关的义务教育地理课程标准提出,世界地理和中国地理的分区部分,"只列出区域的基本地理要素和学习区域地理必须掌握的基础知识与基本技能,以及必选区域数量(一个大洲、五个地区和五个国家),而不再规定必须学习哪些区域,具体区域的内容选择由教材编写者和教师决定,以增强课程的开放性和弹性"。地理课程内容选择的发展,不再以单纯追求知识内容的数量为取向,而重在"学习对生活有用的地理,学习对终身发展有用的地理","培养现代公民必备的地理素养"。这既是新课程内容的基本理念,也是我国地理课程思想在内容选择方面所达到的科学境界。

4. 地理课程实施思想的发展变化

课程实施是指将课程方案运用于实践的过程。随着课程改革的不断深入,课程实施问题越来越受到人们的重视。30年来,我国地理课程实施思想经历了较为明显的忠实取向—适应取向—创生取向的转化。比如,1978年的相关的中学地理教学大纲规定:在教学中,教师要始终注意指导学生,包括指导他们开展课外活动等。1988年和1992年的地理教学大纲规定:要充分发挥教师的主导作用,通过课内外多种教学活动形式,培养学生学习地理的兴趣,调动学生学习的主动性和积极性。1996年和2000年相关的中学地理教学大纲规定:要依据大纲,对学生传授地理基本知识,培养学生的地理基本技能,训练地理学习方法,着重提高学生的素质。这些规定无疑体现了对教学规律和师生关系的合理理解。但遗憾的是,它忽视了学生地理学习的主动性,学生的"主体性"被嵌入教师的"主导"作用之中,影响了学生主体性的发挥以及自主学习与创新精神、实践能力的发展。新课程改革在地理课程实施思想上发生了重大变化,倡导学生主动参与、乐于探究、勤于动手的地理学习方式。2001年的有关义务教育地理课程标准要求:要根据学生的心理发展规律,联系实际安排教学内容,引导学生从现实的经历与体验出发,激发学生对地理问题的兴趣,培养学生地理学习能力,鼓励积极探究,使学生了解地理知识的功能与价值,形成主动学习的态度。2003年的有关普通高中地理课程标准在地理课程实施中要求:重视对地理问题的探究,倡导自主学习、合作学习和探究学习,开展地理观测、地理考察、地理实验、地理调查和地理专题研究等实践活动。

5. 地理课程评价思想的发展变化

自改革开放之初至20世纪90年代末,地理教学大纲均强调要发挥地理课程评价的功能,但评价内容主要是学生地理知识的掌握与地理能力的发展,对学生情感态度与价值观等地理素养没有给予应有的重视。评价方法和评价目标单一化。在评价的重心上,主要侧重于结果评价,忽略过程评价。例如,1988年相关地理教学大纲指出:大纲中列出的地名、物产、数据等地理事实材料要求学生记住。大纲中所列的地理规律和原理要求学生理解。1996年相关地理教学大纲规定:本学科的考试和评估应以教学大纲为依据。对学生学业成绩的考察,要注重基础知识的掌握和运用。可采取笔试、口试和作业检查等方式。2000年地理教学大纲规定:对学生学业成绩的考察,要注重对基础知识的掌握和运用,特别是学生能力的提高程度的考察。可采取笔试、口试、作业检查、调查报告和小论文检查等方式。考察范围除课本学习外,还应包括从事野外观察、社会调查等活动的能力。在评价思想上比以前发生了较大的变化。新课程改革对课程评价提出了新的要求。2001年相关的义务教育地理课程标准提出:建立学习结果与学习过程并重的评价机制。地理学习评价,既要关注学习结果,也要关注学习过程,以及情感、态度、行为的变化。实现评价目标多元化、评价手段多样化、形成性评价和总结性评价并举、定性评价与定量评价相结合,创设一种"发现闪光点""鼓励自信心"的激励性评价机制。[1] 2003年《普通高中地理课程标准(实验)》规定:注重学习过程评价和学习结果评价的结合。重视反映学生发展状况的过程性评价,实现评价目标多元化、评价手段多样化,强调形成性评价与总结性评价相结合、定性评价与定量评价相结合、反思性评价与鼓励性评价相结合。

(三)走向辉煌:新地理课程思想的实践之路

1. 从地理知识课程走向地理知识、经验、活动三维一体的地理课程

地理课程思想的变革是一个连续的、渐进的历史过程,很难用一个固定的标准去分割,只是为了方便说明问题,我们才将改革开放30年地理课程思想的变革作了大致的时间段划分。总体而言,改革开放30年来地理课程思想的三次变革经历了恢复、调整、创新的阶段,在认识上一次比一次深刻、科学;在内容上一次比一次更为深入、全面。新的地理课程改革正从地理知识课程逐步走向地理知识、经验、活动三个维度组成的地理课程。地理新课程以促进学生的全面发展为目标,以引领学生的主动发展、积极发展为导向,坚持课程的基础性、时代性和选择性,契合了国际地理课程改革发展的潮流,体现了当下新课程思想的先进性和科学性,也是我国21世纪地理教育走向辉煌的旗帜!

2. 从"理想课程"走向"实践课程"

在新的地理课程思想指引下,我国地理新课程作为一种"理想课程"已进入实验阶段。实验表明,新课程环境的变化,出现了"理想课程"与"实践课程"之间存在一定程度甚至较大程度的"剪刀差"的现象。地理课程思想变革与地理课程改革从来都不是一蹴而就的,需要一个不断探索、实践认识的过程。只有实践探索,才能缩小"理想课程"与"实践课程"之间的"剪刀差"。目前,应围绕高中地理新课程的实践问题展开以下

---

[1] 夏志芳.地理课程与教学论[M].杭州:浙江教育出版社,2003:67.

研究。

　　高中课改地理新教材跟踪比较研究。例如,高中课改地理新教材落实"三维目标"的跟踪比较研究;高中课改地理新教材中改变学习方式的跟踪比较研究;高中课改地理新教材中教材科学性与时代性的跟踪比较研究;高中课改地理新教材中教材教学性的跟踪比较研究;高中课改地理新教材中教材教育性的跟踪比较研究;高中课改地理新教材中培养学生地理思维能力的跟踪比较研究。

　　高中地理选修课程教学实践研究。例如,高中地理选修课程的选择指导机制研究;高中地理选修课程管理研究;高中地理选修课程资源开发研究;高中地理必修与选修的课程关系研究;高中地理选修课程与必修课程的教学衔接研究;高中地理选修课程教学评价研究。

　　高中地理新课程有效教学研究。例如,高中地理新课程目标设计研究;高中地理新课程教学模式研究;高中地理课堂教学策略研究;地理课程资源的开发利用与有效利用研究;高中地理新课程"三维"目标的实践研究;高中地理新课程教学互动研究;高中地理新课程合作学习研究;高中地理新课程讨论式教学研究;高中地理新课程发现式教学研究;高中地理新课程案例教学实践研究;高中地理新课程问题解决式教学实践研究;高中地理有效教学与低效教学差异研究;多元性地理学习发展性评价研究等。

　　高中地理新课程教与学的心理研究。例如,地理教师心理发展研究;地理教师教学创新力研究;学生地理学习内驱力研究;学生地理学习认知力研究;学生地理学习差异性研究;高中生地理学习效能研究;地理必修课程的学习心理研究;地理选修课程学习心理研究;减轻地理学业负担的教学研究;地理学习倦怠心理干预机制研究;地理"学困生"的学习指导研究等。

　　30年改革开放,奠定了发展的坚实基础。成就未来,尚需艰苦努力。走向辉煌,是新地理课程思想的实践之路!

第二节　地理新课程改革愿景及其实现

一、探索前沿问题,深化高中地理课程改革[①]

　　2003年,教育部颁布《普通高中地理课程标准(实验)》。至2007年,已有15个省区实施高中地理新课程。从整体上看,改革已经进入攻坚阶段。实践表明,需要对改革进行梳理,明确问题,寻求解决策略,推动地理课程改革进程;需要进行前瞻性研究,为课程改革实践指向引航。为此,我们做出以下探索。

(一) 高中地理课程改革的前沿问题

　　高中地理课程改革研究的前沿问题是事关我国高中地理课程改革与发展的全局

---

① 李家清,张胜前.探索地理教育前沿问题　深化高中地理课程改革[J].地理教学,2007(12):8-11.

性、前瞻性、长远性问题；在研究方向上，应以基础教育课程改革精神为指导，以全面落实《普通高中地理课程标准（实验）》为目标，以新课改后课程标准与教学内容适切性为主线，以探究高中地理课程教学实践中出现的问题为重点，运用理论研究与实践研究相结合的方法，形成一批具有标志意义的成果，发挥地理教育理论所具有的描述与解释、规范与指导、启迪与唤醒和增长教学实践智慧的功能，推动高中地理课程改革进程。

高中地理课程改革研究的前沿问题主要体现在以下几个方面。

1. 高中地理课改新教材跟踪比较研究

地理教材是学生进行地理学习最重要的课程资源，在一定意义上说，地理教学质量在很大程度上取决于教材的优劣。高中新课程改革实验的省（区），均使用高中地理课改新教材。供使用的新教材有"人教版""中图版""湘教版"和"鲁教版"共4个版本（以下简称4个版本新教材）。

4个版本新教材在实践课程改革目标中发挥了不可低估的重要作用，功不可没。由于多种原因，新教材存在这样或那样的一些问题。在新教材使用过程中，不少教师曾针对某个版本或某个方面进行过指瑕，或提出过修改建议；也有教师针对高中地理新教材编写的理论与实践发表过研究论文；或深入实验区进行过某个版本使用效果的调查分析。但迄今为止，还没有人从整体上对高中新教材展开研究，总结编制理论，揭示一般规律。进行高中课改地理新教材跟踪比较研究，以《普通高中地理课程标准（实验）》(2003年)为依据，以4个版本为研究对象，对新教材使用效果进行跟踪比较和实践总结，以期提出体现基础教育课程改革精神、符合《普通高中地理课程标准（实验）》(2003年)要求的高中课改地理新教材编写范式，为进一步提高教材质量，提供理论依据和实践支持。

高中课改地理新教材跟踪比较研究可以围绕以下问题展开，例如，高中地理课改新教材落实"三维目标"的跟踪比较研究；高中地理课改新教材中改变学习方式的跟踪比较研究；高中地理课改新教材中教材科学性与时代性的跟踪比较研究；高中地理课改新教材中教材教学性的跟踪比较研究；高中地理课改新教材中教材教育性的跟踪比较研究；高中地理课改新教材中培养学生地理思维能力的跟踪比较研究；高中地理课改新教材中卫生学、美学方面跟踪比较研究；高中地理课改新教材编制的基本理论和高中地理课改新教材编制的基本方法研究等。

2. 高中地理选修课程教学理论与实践研究

课程结构要体现均衡性、综合性和选择性，课程结构调整是基础教育课程改革的具体任务。高中地理新课程设置了"宇宙与地球""海洋地理""自然灾害与防治""旅游地理""城乡规划""环境保护""地理信息技术应用"7门选修课程。这是课程选择性的具体体现，是实践基础教育课程改革具体目标的重要举措，为适应我国地域差异大、满足不同学生的地理学习需要提供了条件。按课程标准规定，除不具备条件的学校可暂缓开设"地理信息技术应用"模块外，原则上各个学校都应开设其他地理选修模块，最大限度地满足学生选择课程的要求。但从课程实施的角度看，要满足选修课程实施的需求,无论教师数量或质量,还是教学理论和教学实践,都给高中地理课程实施带来了严峻挑战。目前,高中地理师资严重不足,选修地理课程的开设随意性大,"选修"的初衷已大大缩水。积极开展高中地理选修课程教学理论与实践研究,是新课程改革的呼唤,是当务之急。

高中地理选修课程教学理论与实践研究,可以围绕以下问题展开,例如,高中地理选修课程的选择指导机制研究;高中地理选修课程管理研究;高中地理选修课程资源开发研究;高中地理必修与选修的课程关系研究;高中地理选修课程与必修课程的教学衔接研究;高中地理选修课程教学评价研究;高中地理选修课程教学论研究,可包括宇宙与地球教学论、海洋地理教学论、自然灾害与防治教学论、旅游地理教学论、城乡规划教学论、环境保护教学论、地理信息技术应用教学论等研究专题。

3. 高中地理新课程有效教学与课堂行为研究

"聚焦课堂的有效教学""关注课堂的有效教学"是当下课程改革的热点之一,也是前沿问题。有效教学的实质是圆满完成预期教学目标。有效教学关注学生的全体发展和全面发展。高中地理课堂教学是高中地理课程改革的主阵地,"没有课堂行为的变革,就没有素质教育的落实,就没有新课程目标的真正实现"。高中地理课堂教学的效果关系到课程改革的成败。地理教学行为的适当性是地理教学行为有效性的基础。因此,首先,要认识地理课堂行为具有的教学特性,深入研究行为与教学的内在联系。其次,要树立正确的地理课堂教学行为的价值取向,符合课改精神。最后,要着力优化地理课堂教学行为,提升课堂教学的生产力。这些是进行地理课堂教学改革,实践"课改"目标的关键。

地理课堂行为的基本单位是动作。地理教学过程中有:①教师的教学行为,包括教学组织、讲解、讲述、讲读、演示、实验等,教师的教学动作中表示出的表情(如欣赏的表情)是教学行为,手势动作等肢体语言也是教学行为。②学生的学习行为,包括朗读、讨论、算写、读图、用图、绘图、练习、制作、观察、欣赏、体验、演讲、互动、辩论、游戏、上网、角色扮演等。③师生的互动教学行为,如计算机多媒体及其交互活动等。这些行为,能帮助学生学习知识与技能,理解和掌握方法,形成正确的情感态度与价值观。任何行为都有其动机,动机是行为的导向。在地理教学过程中,客观上存在不同效果的课堂行为甚至影响教学效果的教学行为,如教师在上课时接听手机就必然会影响教学进程并产生不好影响。

近年来,围绕有效教学与课堂行为的讨论在不同程度上开展过,但深入性和系统性都满足不了高中地理课堂改革实践的需要。高中地理新课程有效教学与课堂行为研究可以围绕以下一些问题展开研究:课改区高中地理教学面临的问题调查研究;高中地理新课程有效教学理论研究;高中地理新课程有效教学目标设计研究;高中地理新课程有效教学模式研究;高中地理课堂有效教学的策略研究;地理课程资源的开发利用与有效教学研究;高中地理新课程课堂改革落实"三维"教学目标的实践模式研究;高中地理新课程课堂师生互动行为研究;高中地理新课程课堂合作学习的有效性研究;高中地理新课程课堂讨论教学的有效性研究;高中地理新课程课堂发现教学有效性研究;高中地理新课程课堂案例教学行为实践研究;高中地理新课程课堂问题解决教学行为实践研究;高中地理有效教学与低效教学的课堂行为差异研究;发展性地理学习评价研究;初中科学课程与高中地理教学衔接问题研究等。

4. 高中地理新课程教与学的心理研究

教与学的过程在一定意义上讲是教师教的心理活动与学生学的心理活动的基本过程。教育和心理学的密切关系已成为一种常识。高中地理新课程在课程的基本理念、课程设计思路、课程目标、内容标准、实施要求等方面与课改前的高中地理有诸多方面的变化和创新发展。高中地理课程环境的变化必然引起高中地理教与学的心理发展和变化。因此,地理教师的心理学素养、创新教学理念的形成、教学策略的选择和教学方法的运用是否符合心理学的规律,成为提高地理教学质量的重点。学生是地理教学系统中的核心因素。在新课程的基本理念、教学目标和教学内容要求下,如何针对高中生地理学习的心理特点,包括学习兴趣、学习动机、情感态度、价值取向、认知结构、个性差异、地理智力、创新意识等特点,开展教学实践,都需要心理学的理论指导。

高中地理新课程教与学的心理研究可以围绕下列问题展开:高中地理新课程教师心理特征研究;地理教师教学创新能力培养的心理机制研究;高中地理新课程下学生地理学习动机与学习兴趣研究;高中地理新课程学生地理学习的认知特征研究;高中地理新课程学生地理学习的个性差异研究;高中学生地理学习潜能开发与提高学习效能研究;高中地理必修课程的地理学习心理研究;高中地理选修课程的地理学习心理研究;优化地理过程以减轻学业负担的心理学研究;学生地理学习倦怠的心理机制与干预策略研究;高中地理"学困生"的学习机制研究;学习理论的地理教学应用研究等。

5. 高中地理新课程与教师成长及教学行为变化研究

21世纪国际教育委员会认为:教学质量和教师素质的重要性无论怎样强调都不过分。高中地理课程改革带来的课程环境变化,既给地理教师提供了充分展示教学智慧的宽广平台,创造了发展机遇,也带来了新的甚至是严峻的挑战。研究高中地理新课程与教师成长特点是不可逾越的时代命题。走进新课程,促进教师专业成长是课程改革赋予教师的时代责任。

教师成长的基本标志是教学行为的变化,并可以以是否"改变学生的学习方式"为判断。改变课程实施所强调的接受学习、死记硬背、机械训练的状况,倡导学生主动参与、乐于探究、勤于动手,培养学生搜集和处理信息的能力、获取新知识的能力、分析和解决问题的能力以及交流与合作的能力。新课程对教师教学行为要求的变革是深刻的、明确的、具体的。它要求教师必须尽快地从传统的角色中走出来,成为新课程的研究者、实施者和创造者。

高中地理课程改革实验以来,教师专业成长取得明显的进步,不少教师在如何转变教师教学行为方面做出了许多极有价值的探索,提出了许多新的观念。例如,教师的行为转变应由注重"教"向注重"学"转变;注重"传授"向注重"引导"转变;教师由传统的知识传授者成为学生学习的参与者、引导者和合作者;教师由传统的教学支配者、控制者成为学生学习的组织者、促进者和指导者;教师由传统的静态知识占有者成为动态的研究者;由注重"结果"向注重"过程"转变;教师要树立服务意识,引导学生自主探究;建立合作关系,积极调动多边互动、实施创新教育,培养创新型人才;立足课程标准,开放教学内容;既要注重全体,又要注重学生个性发展;要活用地理教材,努力开发课程资源等。这些观念在转变教师的教学行为过程中富有指导意义,实践表明也取得了一定成果。

当前,需要总结经验,深化高中地理新课程与教师成长及教学行为变化研究,要能够为在全国推行高中地理新课程、促进地理教师更好更快成长提供示范。这些研究包括:新课程下促进高中地理教师成长的机制研究;新课程高中地理教师教学行为特征研究;新课程优秀高中地理教师教学经验研究;新课程专家型地理教师与普通地理教师教学差异比较研究;新课程地理教师角色调适能力的成长与实践研究;新课程地理教师课堂教学能力的成长与实践研究;新课程地理教师探究教学能力的成长与实践研究;新课程地理教师反思能力的成长与实践研究;新课程高中地理教师专业化发展标准研究;新课程高中地理教学评价标准研究等。

6. 高中地理新课程改革的相关问题研究

我们认为,以上所论述的是当前和今后一段时期内应该重点研究和解决的问题,是当务之急,要优先研究解决。高中地理新课程改革是一个系统工程,规模极其宏大,涉及地理课程编制、地理课程开发、地理课程实施、地理课程评价等多个领域,与高中地理新课程改革有关的问题还有很多,随着高中地理新课程改革的深化,也需要研究和进一步解决。尤其在繁荣地理课程文化、发展地理课程与教学论方面,需要开拓式的研究。例如,高中地理课程编制理论与编制技术研究;高中地理课程编制理论与课程实践的整合研究;高中地理新课程改革实践的国际比较教育研究;高中地理课改后考试与评价制度创新研究;地方特色课程建设研究;高中地理校本课程开发研究;高中地理教学技术与传播研究;地理双语教学的价值、理论与实践研究;地理实践活动理论与实践研究等。

(二) 高中地理课程改革前沿问题的解决策略

纵观我国学校地理教育发展的历程,可以发现,当下正在进行的高中地理新课程改革是一次前所未有的伟大实践。伟大的实践需要伟大的理论,伟大的实践产生伟大的理论,伟大的理论指导伟大的实践。总之,高中地理新课程改革的深化,需要举全国之力,需要全国广大高中地理教师勇于实践、不断探索,需要在实践的基础上,总结经验,解决课程改革中的前沿问题。在解决前沿问题的策略上,要注意以下三个方面的路径。

1. 在教学行动中成长

在我国,许多优秀的地理教师为地理教育事业做出过卓越贡献。他们的成功之路就是在"课堂拼搏"中成长起来的,就是在"学会教学"中成长的,所谓"实践出真知",就是这样的道理。这些"真知"就是极其宝贵的教学实践经验。如总结性论文"新课标下的高中地理课堂教学设计""高中地理新课程案例教学的实施策略""做好新课程下高中地理的'加减法'""谈新高中地理活动设计"等。试想,如果把这些"真知"再进行纵向或横向的梳理,上升为地理教育教学理论高度,其指导价值就明显增加,能够在推进高中地理基础改革中发挥重要作用。解决高中地理课程改革前沿问题,需要大批地理教师积极投入实践。在高中地理教学行动中成长,是高中地理课程改革前沿问题解决的基本路径之一。

2. 建立学习共同体

高中地理课程改革的许多前沿问题是比较重大的理论课题,需要对其进行比较深入的学习研究。因此,有必要建立包括地理教育专家、地理教学研究人员、地理教师等组成的学习共同体,有计划地开展一些专题学习研究,彼此之间经常进行学习交流,分享相关学习资源,共同完成学习任务。

3. 建立研究共同体

高中地理课程改革的许多前沿问题具有重大性、系统性和全局性等特点。可以预见,探索和解决这些问题往往还需要多方协同、团队合作,需要建立高效率的高中地理课程改革研究共同体。因此,我们建议在中国教育学会地理教学研究会的引导下,充分发挥各省、市、地区地理教学研究会的协调功能,以研究课题或研究专题为纽带,组织广大高中地理教师参与制订研究规划(如项目制)、提出预期成果标志要求,形成一批自下而上或自上而下的研究共同体,其中,有校本研究共同体,有跨校、跨区、跨市或跨省区联合研究共同体,研究共同体可把高中地理课程改革的前沿问题,从理论研究和教学实践两个层面推进,为深化高中地理课程改革和实现高中地理课程改革目标而努力奋斗。

二、走进新课程:论"培养现代公民必备的地理素养"[①]

——解读高中地理课程标准

2003年,教育部颁布了《普通高中地理课程标准(实验)》,高中地理新教材进入编写阶段。"培养现代公民必备的地理素养"是高中地理课程改革的基本理念。讨论"培养现代公民必备的地理素养",对于教材编写和课程实施,深化地理教育改革,实现高中地理课程改革的基本目标具有重要意义。

(一)"培养现代公民必备的地理素养"是高中地理课程改革的核心理念

教育部《普通高中课程方案(实验)》(教基〔2003〕6号)的培养目标指出:普通高中教育是在九年义务教育的基础上进一步提高国民素质、面向大众的基础教育。普通高中教育应为学生的终身发展奠定基础。

高中地理课程改革提出了"培养现代公民必备的地理素养"的基本理念。同时还提出了"满足学生不同的地理学习需要;重视对地理问题的探究;强调信息技术在地理学习中的应用;注重学习过程评价与学习结果评价结合"的基本理念。这些理念分

---

① 李家清,张丽英,陈芳.走进新课程:论"培养现代公民必备的地理素养"——解读高中地理课程标准[J].中学地理教学参考,2004(Z1):17-18.

别从某一方面提出了新的要求,都是为了实现"培养现代公民必备的素养"的目标。因此可以说,"培养现代公民必备的地理素养"是高中地理课程改革的核心理念。它对应了普通高中教育的培养目标,体现了基础教育改革的基本精神。

(二)"培养现代公民必备的地理素养"规范了高中地理教育的基本功能

1. 关于"素养"的界定

何谓"素养"?"素养"的词源学的意义即"修养""平日的修养"。"修养"的义项有二,一是指理论、知识、艺术、思想等方面的一定水平:理论修养、文学修养;二是指养成的正确的待人处事的态度。"素养""修养"中的"养",系培养、教育、养成之意。因此,高中地理教育是"培养现代公民必备的地理素养"的最基本的途径。

2. 基本特征

公民的地理素养是一个动态的、发展的概念。不同的历史时期,由于社会形态和人地关系的特征差异,对公民的地理素养要求是不同的。比较我国不同时期的地理教学大纲中关于地理教学目的的规定,就可以看出,对公民的地理素养的要求具有动态性和不断发展的特点。

公民的地理素养具有多元性和整体性的特征。这是因为认识人地关系和协调人地关系,需要多方面的地理素养;各种地理素养之间的相互作用和影响使得地理素养具有整体性。

3. 基本构成

21世纪是知识经济和信息社会的世纪。21世纪的现代公民必备的地理素养应该包括地理知识的素养、地理技能的素养、获取地理信息的素养、探究地理问题的素养、关爱乡土的素养、关爱祖国的素养、关爱全球的素养、可持续发展的素养、学会生存的素养、学会学习与合作的素养。2003年《全日制普通高中地理课程标准(实验稿)》(以下简称"课标")十分强调培养现代公民必备的地理素养的重要性,并从知识与技能、过程与方法、情感态度与价值观三个维度进行整合。

4. 基本功能

以"培养现代公民必备的地理素养"作为高中地理新课程的核心理念,其意义十分重大。它明确了高中地理教育阶段的基本目标和价值取向,规范了高中地理教育的基本功能。教材编制、课程实施和课程评价都应以"培养现代公民必备的地理素养"为依据。因此,探讨"现代公民必备的地理素养"基本的内涵及其特征,是进行地理课程与地理教材编制之必需,是进行地理教学改革研究之必需,是进行地理教学评价研究之必需。

(三)现代公民地理素养的基本内涵

1. 地理知识素养

地理知识素养是指现代公民必须学习和掌握的现代地理科学的基本知识,在地理素养中地理知识素养处于基础地位,是其他相关地理素养培养和形成的基本载体。"课标"中的内容标准要求学生"获得地球和宇宙环境的基础知识;理解人类赖以生存的自然地理环境的主要特征,以及自然地理环境各要素的相互关系。了解人类活动对地理环境的影响,理解人文地理环境的形成和特点;认识区域差异,了解区域可持续发展面临的主要问题和解决问题的途径。"这些地理知识既是现代公民必备的地理知识素养的基本内容,也是学生学习地理技能、过程与方法、形成正确的情感态度与价值观的基础。

2. 地理技能素养

地理技能是学习与掌握地理知识的方法手段。地理技能的训练与地理知识的学习是地理教育的两大方向,地理知识素养的重要性不容置疑,如果拥有熟练的地理技能素养,有助于学生形成地理知识素养。

地理技能素养主要包括:地图运用技能、地图分析技能、地理图表绘制技能、地理观察与调查技能、地理统计与计算技能、地理观测仪器操作技能、地理教具和学具的使用技能等。

"课标"中对地理技能素养的培养有明确要求,如"运用教具或学具,或通过计算机模拟,演示地球的自转与公转,解释昼夜更替与四季形成的原因";"观察某种天文现象,并查阅有关资料,说出自己的观察结果及其体会";"绘制示意图,或利用教具、学具,说明地球的圈层结构";"运用图表说明大气受热过程";"绘制全球气压带、风带分布示意图,说出气压带、风带的分布、移动规律及其对气候的影响";"运用简要天气图,简要分析锋面、低压、高压等天气系统的特点";"运用示意图,说出水循环的过程和主要环节,说明水循环的地理意义";"运用地图,归纳世界洋流对地理环境的影响";"运用地图分析地理环境的地域分异规律";"绘制社区的主要文化、教育、体育设施的分布草图,分析其布局是否合理"等。

3. 地理信息素养

21世纪人类需要借助新兴的科技手段来观测地球。例如"数字地球"的概念刚刚出现,"数字中国""数字城市"已呼之欲出。信息资源在开发资源、改善环境的作用越来越大,在社会经济发展中的地位愈来愈突出。地理信息素养是指运用信息技术手段获取地理信息的能力。地理信息素养在现代公民的生产生活中具有重要作用,已引起世界各国的高度关注。公民应具备较好的地理信息素养。如澳大利亚新南威尔士州规定,在地理学习中应学会获取地理信息,提出地理问题,辨别和搜集地理信息,处理地理信息,组织和综合地理信息,交流地理信息,回答地理问题;并把应用地理信息,作为活跃的和知情的公民参与社会公务的基本要求。

"课标"十分重视培养高中生获取地理信息的素养,在"内容标准"中规定了学习"地理信息技术应用"的基本内容。例如,"结合实例,了解遥感(RS)在资源普查、环境和灾害监测中的应用。""举例说出全球定位系统(GPS)在定位导航中的应用。""运用有关资料,了解地理信息系统(GIS)在城市管理中的功能。""了解数字地球的含义"。同时,在"活动建议"中要求通过"收看相关电视节目,如DISCOVERY(《探索》)等,了解在野外考察中GPS的功能";"用电子地图(网络或光盘形式)查询城镇、交通、旅游等相关信息",通过搜集和分析地理信息,培养学生获取地理信息和运用地理信息的能力。

4. 探究地理问题的素养

认识地理环境，协调人地关系，促进可持续发展，需要探究地理问题，解决地理问题。培养高中生探究地理问题的素养也是培养创新意识和创新精神的基本途径。美国《国家地理课程标准》为了加强培养学生探究地理问题的素养，指出学生的地理学习过程应有五个步骤，即提出地理问题——搜集地理资料——组织地理资料——分析地理资料——回答地理问题。我国高中地理"课标"强调了探究地理问题在地理学习中的重要性，要求联系实际探究地理问题。如"以本地自然资源开发利用的变化为主题，分组开展研究性学习，交流学习结果"；"联系本地实际，讨论某一工业企业的布局特点，以及该工业企业的原料的供应和市场联系"；"模拟设计某地区交通运输线路和站点的布局方案，简述设计理由"；"运用本地人口资料，绘制本地人口的发展模式和探究人口迁移的特点"；"联系本地实际，讨论某工厂对地方经济的带动作用，以及所造成的环境污染，进而提出改进措施"等。这些内容标准要求和活动建议对培养高中生探究地理问题的素养，具有重要作用。

5. 关爱乡土的素养

现代公民也是家乡社会经济发展的建设者、生态环境的保育者。地理教育的重要目的之一，在于使学生更充分认识自己的家乡，从而激发爱乡之情。"课标"要求培养学生关爱乡土的素养。例如，在"活动建议"中要求"搜集家乡某条河流的资料，分析其变化的主要原因，并对该河流的治理和开发提出自己的设想"；"联系本地实际，讨论某一工业企业的布局特点，以及该工业企业的原料供应和市场联系"；"结合实际，与家人交流对环境问题的看法，并参与宣传环境保护的活动，为改善本地环境做力所能及的事"等。

6. 关爱祖国的素养

"国富民强""有国才有家"。爱国是现代公民的基本职责，公民应具备关爱祖国的素养。爱国需要认识国情，国情地理教育有其独特作用。国情地理是反映国情的基础组成部分，是进行爱国主义教育的基本内容。"课标"要求通过学习区域地理环境与人类活动、区域可持续发展、区域农业生产的条件和布局特点、区域能源和矿产的合理开发与区域可持续发展的关系、我国的主要自然灾害等内容，使学生能从正态和负态、多维度、多方面地认识国情，培养学生关爱祖国的素养。

7. 关爱全球的素养

当今世界，经济全球化的趋势已现端倪。这种世界发展的全球化也要求教育能培养出相适应的"世界公民"。一个地区、一个国家的发展必须依赖相关地区和相关国家的支持和发展；一个地区、一个国家的资源问题、生态问题和环境问题必然影响到相关地区和相关国家，乃至全球。《地理教育国际宪章》指出"保护世界持续发展的关键在于向全人类和各个阶段推行环境和发展教育"。地理教育在培养学生关爱全球的素养中，具有重要作用。"课标"中"根据有关资料，说明全球气候变化对人类活动的影响""运用地图，说明世界主要自然灾害的分布""归纳当前人类所面临的主要环境问题""举例说明某一区域的生态环境问题对其他区域的影响""举例说明人类与环境的相互关系,形成正确的环境伦理观""举例说出当前全球环境问题的管理与国际行动""理解个人在环境保护中应具备的态度、责任和行为准则"等内容对于培养学生关爱全球的素养有重要意义。

8. 可持续发展的素养

"只有一个地球"已成为全世界人民共同的口号。可持续发展理念是世界各国决策和行动的指针,对学生进行深入的可持续发展意识教育,培养可持续发展素养,争做21世纪合格公民,是地理教育的重要职责。"课标"在"内容标准"中要求树立正确的人口观、资源观和环境观,在学习人类与地理环境的协调发展的内容时,了解人地关系思想的历史演变;根据有关资料,归纳人类所面临的主要环境问题;联系"21世纪议程",概述可持续发展的基本内涵,举例说明协调人地关系的主要途径;领悟走可持续发展之路是人类的必然选择;认识在可持续发展过程中,个人应具备的态度和责任。在"活动建议"中要求通过"举行'保护环境,从我做起'主题班会,制定本班爱护环境的守则";"联系本地实际,撰写环境治理或生态保护的小论文,并展示交流"等形式,把培养学生的可持续发展素养与学生的生活实践相联系,通过活动体验,加深对可持续发展重要性的理解。

9. 学会生存的素养

当今世界面临许多问题,人类的生存和发展存在诸多挑战。"要解决我们世界面临的主要困难,需要全人类世世代代的全心投入。下列问题都有很强的地理成分:人口动态、食物和饥荒、城市化、人口迁移、动植物的灭绝、荒漠化、自然灾害、气候变化、空气污染、资源限制……地球太空船全球化等,上述问题所造成的冲突向有志于给人类以希望、信心和能力,以建设一个更美好世界的地理教育工作者们提出了挑战(引自《地理教育国际宪章》)。"学会生存是现代公民应有的素养,地理教育对培养现代公民必备的学会生存的素养,有明显的学科优势。"课标"中要求结合学习内容开展"模拟赴热带雨林、热带草原、热带荒漠、高山地区等的旅行,描述在不同地区所能观察到的主要地理景观和地理现象,说出到上述地区旅行应携带的主要生活用品";"结合实际,讨论在日常生活中如何应对突发性灾害";"模拟以自然灾害为背景的救援演习"等活动,培养学生学会生存的素养。

10. 学会学习与合作的素养

知识经济时代意味着知识正在不断地变革,可谓日新月异。"教育应该较少地致力于传递和储存知识,而应该更努力寻求获得知识的方法,学会如何学习"[①]。高中地理教育应该培养学生学会学习的素养。"课标"把"过程与方法"作为课程目标的重要组成,并用说出、分析、简述、选择、解释、说明、归纳、概述、推断、区别、提供、预测、检索、整理、设计、质疑、撰写、解决、检验、计划、总结、推广、证明、模拟、运用、举例、例证、观察、绘制、收集、调查、类推、扩展、完成、制定等行为动词描述"过程与方法"的结

---

① 联合国教科文组织国际教育发展委员会.学会生存——教育世界的今天和明天[M].华东师范大学比较教育研究所,译.北京:教育科学出版社,1996:158.

果性目标和体验性目标。实际上这些既是学习目标,有利于培养学生的创新精神和实践能力,又是学习方法,有利于培养学生学会学习的素养。

同时,我们应该让学生知道,"在一个日渐缩小的世界上,学生需要更高的国际交往能力,以便在经济、政治、文化、环境和安全等广泛的项目上进行有效的合作"。高中地理教育还应该培养学生学会合作的地理素养。"课标"中关于"讨论、提出、参与、寻找、交流、分享、组织、访问、考察、领悟、认可、接受、欣赏、关注、拒绝、树立、坚持、追求"等学习目标、过程与方法,旨在培养学生的合作意识和合作素养。

三、课程改革深化背景下的核心素养体系构建[①]

2014年4月,教育部颁布《关于全面深化课程改革 落实立德树人根本任务的意见》(以下简称《意见》)。该文件深入回答了"培养什么人、如何培养人"的问题,并提出将"学生发展核心素养体系"的研制与建构作为着实推进课程改革深化发展的关键环节,以此来推动教育发展。当前,全面深化课程改革已进入深水区,我们需要总结经验,思考和探索新出路、新做法,而《意见》的出台,为我们指清了方向,同时也提出了挑战。落实立德树人是课改的核心和根本任务,培养学生核心素养是育人的途径和载体,那么如何基于核心素养来设计和实施课程、如何修订普通高中课程标准、如何完善学业质量评价标准等问题成为我们不能回避的议题。我们通过梳理"素质教育"走向"核心素养"的时代发展历程,分析核心素养的内涵、特征与价值取向,尝试提出课程改革背景下的学生核心素养体系建构的思路。

(一)核心素养提出的时代背景

教育一直是提升国家综合实力的重要议题。从20世纪80年代开始,我国开始进行素质教育思想和实践的探索,随着素质教育的不断发展和完善,全面推进素质教育成为我国教育事业的一场深刻变革,其中课程改革是落实素质教育发展的重要途径。

从1957年开始到十一届三中全会这段时间里,我国各方面的发展都停滞不前,学校教育也沦为重灾区。改革开放后,邓小平同志直接领导教育领域的拨乱反正工作,他敏锐看到了人口素质是事业成败的决定因素,开始思考如何将素质纳入教育发展中,"素质教育"理念由此萌芽。1993年,国务院颁发《中国教育改革和发展纲要》,明确指出中小学要从应试教育转向全面提高国民素质的轨道。1994年8月,中共中央发布《中共中央关于进一步加强和改进学校德育工作的若干意见》,第一次正式使用"素质教育"的概念,并以此指导德育工作的开展,至此,我国的教育发展正式步入素质教育时代。

1999年6月,中共中央、国务院印发的《关于深化教育改革 全面推进素质教育的决定》中规定:"实施素质教育,就是全面贯彻党的教育方针,以提高国民素质为根本宗旨,以培养学生的创新精神和实践能力为重点。"在政府主导下,素质教育在全国范围内铺开实施,给学校课程设置、教学实践方式带来了较大的影响,也为新一轮基

[①] 常珊珊,李家清.课程改革深化背景下的核心素养体系构建[J].课程·教材·教法,2015,35(9):29-35.

础教育课程改革奠定基础。2001年，教育部启动新一轮课程改革，以素质教育的宗旨与内涵为指导思想，进一步理清教育实践中存在的突出问题，旨在建立落实素质教育理念的教育课程体系，并以此为核心带动人才培养的一系列变革。十余年的课程改革实践，是素质教育取得突破性进展的关键阶段，使得课程建设、教材改革、教学创新等都取得了重大进步和发展。

2010年3月通过的《国家中长期教育改革和发展规划纲要（2010—2020）》中将"坚持以人为本、推进素质教育"作为教育改革发展的战略主题，重点是面向全体学生、促进学生全面发展，着力提高学生服务国家人民的社会责任感、勇于探索的创新精神和善于解决问题的实践能力；同时要做到"坚持德育为先、坚持能力为重和坚持全面发展"。为了进一步提高国民综合素质，培养时代和社会发展所需的创新人才，充分地发挥素质教育在人才培养中的核心地位，教育部正式印发《意见》，文件中明确提出："研究提出各学段学生发展核心素养体系，明确学生应具备的适应终身发展和社会发展需要的必备品格和关键能力，突出强调个人修养、社会关爱、家国情怀，更加注重自主发展、合作参与、创新实践。"此文件为全面推进课程改革提出新要求、新指向，并从指导思想、基本原则、工作目标、主要任务等方面给予新指示。至此，我们迎来了素质教育与课程改革发展的新阶段——核心素养的培育。

素质教育发展至今，已经深入人心，硕果累累，尤其改革开放以来，我们的教育水平取得了历史性进步，得到教育界内外的普遍认可，但仍存在着诸多问题，令人担忧，比如：学生的总体发展水平不够高，可持续发展能力不够强，迫于升学压力，身心发展受到一定损害，学习能力、创新能力、生存能力、心理素质等不能完全适应社会经济变革的要求，不能很好地满足国际竞争的需求，禁锢了人的本性，束缚了人的发展。因此，只有改变思路，才能突破教育改革的瓶颈，而发展学生的核心素养体系应以素质教育的成果为基础，通过丰富和完善素质教育命题，将教育改革推向一个高质量发展阶段。

（二）核心素养的内涵、特征与价值取向

1. 核心素养的内涵

核心素养的提出，是我国教育变革时期对人才质量标准的重新定位，也是教育发展赋予改革的重要使命。我国对核心素养的研究尚处于起步阶段，目前关于核心素养的内涵未做出一个精准定义，国外关于核心素养的研究成果较为丰厚，理论架构较为成熟，我们通过梳理大量外文文献，归纳了几个代表国家或组织的观点。

英国继续教育联盟（Further Education Unit，FEU）是最早使用核心素养进行课程设计的组织，曾列出100多个关键能力，这些能力被描述为经验和素养（包含技能、知识和态度）的术语系列，对于帮助个体获得幸福生活和增加工作机会是必备的。这些核心素养被分成10个领域，分别为：① 个人和职业发展；② 工业、社会和环境研究；③ 交往；④ 社会技能；⑤ 计算；⑥ 科学和技术；⑦ 信息技术；⑧ 创新发展；⑨ 操作技能；⑩ 问题解决。

1992年，澳大利亚梅耶委员会（Mayer Committee）致力于研制核心素养体系，对核心素养的内涵、构成、评价准则等方面的研究都取得了显著的成果。梅耶委员会认为核心素养是个体高效率地参与工作与融入社会所不可或缺的基本素养，指向于能以整合的方式将知识和技能应用于工作情境中，并提出了 7 大核心素养分支：① 搜集、分析和整理信息的能力；② 交流思想和信息的能力；③ 计划与组织活动的能力；④ 与他人合作的能力；⑤ 运用数学方法与数学技术的能力；⑥ 解决问题的能力；⑦ 使用技术手段的能力。

到 21 世纪初，经济合作与发展组织（Organisation for Economic Cooperation and Development，OECD）启动的"素养的界定与遴选：理论和概念基础"项目（Definition and Selection of Competencies：Theoretical and Conceptual Foundations，DeSeCo）是一个标志性的举措，该项目研制的核心素养总体参照框架为世界各国纷纷建立本土化核心素养体系提供了重要的参考模型。DeSeCo 项目研究的起点是要搞清楚个人的成功生活和社会的良好运行需要什么样的素养，确定核心素养的过程是通过明确社会和个人的愿景，充分考虑文化背景和人口的多样性，构建理论模型和界定概念，通过协商，达成共识。该项目通过多学科的整合，归纳出"能互动地使用工具""能在异质社群中进行互动"和"能自律自主地行动"等方面的核心素养。具体分类如表 1-8 所示。

表 1-8　经济合作发展组织的核心素养结构

一级素养	二级素养
能互动地使用工具	互动地使用语言、符号和文本
	互动地使用知识和信息
	互动地使用新技术
能在异质社群中进行互动	与他人建立良好的关系
	团队合作
	管理与解决冲突
能自律自主地行动	在复杂的大环境中行动
	形成并执行个人计划或生活规划
	保护及维护权利、利益、限制与需求

2006 年，欧洲联盟（European Union）采用了欧盟议会（European Parliament）和欧盟理事会（European Council）提出来的"终身学习核心素养"。该项目研究为了支持国家课程改革的教育政策，满足终身教育的需要，将核心素养的概念界定如下：核心素养是一系列可移植的、具有多种功能的知识、技能和态度，是个体获得个人成就和自我发展、融入社会、胜任工作的必备素养。同时它指出这些素养的培养应该在义务教育阶段完成，且成为终身教育的基础。在此基础上，欧盟提出终身学习八大核心素养，其类型及内涵具体见表 1-9。

表 1-9 欧洲联盟"终身学习核心素养"体系[①]

核心素养类型	核心素养内涵
母语交往	能够适当地、创造性地使用口语和书面表达来解释概念、想法、感觉、态度和事实,且能够运用语言在不同的社会和文化情境中进行交往,如教育、工作、休闲和日常生活
	语言对他人的影响以及如何通过积极的、对社会负责的方式使用语言越来越得到人们的关注
外语交往	能够学会口语和书面表达,在不同的社会和文化情境中使用外语解释概念、想法、感觉、态度和事实
	跨文化地理解技能的发展
数学素养和基本的科学技术素养	能够使用知识和方法来解释自然世界,并能够发现问题,进行事实分析得出结论
	技术素养被认为是应用科学知识和科学方法的一个重要条件
信息素养	信息素养是一个人在工作、个人和社会生活、人际交往中能够自信和批判性使用信息与通信技术的一个重要条件
	基本的信息与通信技术技能:能够使用计算机实现对信息的检索、评估、存储、创建、显示和互换,通过互联网开发合作网络
学会学习	学会坚持学习和管理个人学习,包含在自主学习和合作学习中高效率地管理学习时间和学习信息
社会和公民素养	在人际交往和互相合作方面的素养
主动和创新意识	个体将想法转化为行动的能力,包括创造力、创新、敢于冒险、规划和管理项目的能力
	管理个体工作、社会生活和日常生活的能力基础
文化意识和表达	创造性地表达在艺术和媒体方面的想法、经验和情感,包含音乐、舞蹈、喜剧、文学和视觉艺术
	这里的文化包含当地以及国家的知识和意识,欧洲文化遗产以及个人在世界中的地位

梳理国外核心素养的研究成果,我们可以从思想基础、具体内容、呈现方式三个维度来解读核心素养的内涵:首先,学生核心素养培育的思想基础是"人的全面发展",具体诠释学生经历教育后必须拥有怎样的基本素养和能力,成为怎样的人才。其次,核心素养的内容包括知识、能力、情感等多方面,如国际上重视的语言交往、信息素养、问题解决、社会合作、创新意识等素养,都是学生获得知识、习得能力、发展情感后相互融合的产物。再次,核心素养以三维整合的方式呈现,侧重学生的生存能力和人文素养,有较强的综合性和实践性。总之,核心素养是个体适应社会需要、获得

[①] 资料来源:作者通过网站数据整理而来:http://europa.eu/legislation_summaries/education_training_youth/lifelong_learning/c11090_en.htm。

全面发展、提高生存能力的必备素养,是满足终身学习的基本条件,是提升国民素质的重要保障。

2. 核心素养的特征

理解核心素养的本质,重在把握其内在特征。

(1) 具备关键性和普遍性

"素养"一词的内涵丰富,覆盖面较广,如果我们通过有限的学校教育得到全面培养,恐怕难以尽善尽美,因此有所取舍才能缓解"有限"与"无限"之间的矛盾,发挥教育的理想功效。而核心素养重视个体适应未来社会生活和终身发展所必须具备的关键素养,其本质上应是一般素养的精髓和灵魂,在数量上则应该少而精。因此,关键性或必备性应该成为核心素养的首要特征。另外核心素养不是只适用于特定情境、特定学科或特定人群,而是适用于所有情境,也是所有公民都应获得的素养,才能体现"核心"的普遍价值。例如,现代地图学知识相当丰富,中学地理课程中选择"地图知识"进行地图素养的培育,仅要求学习地图"三要素",即方向、比例尺和图例,且重在通过地图的学习培养学生获取、整理和运用地图信息的能力,满足学生的生活和生存需要,这体现了对地图学知识的取舍,也是所有公民应该具备的基础素养,因此成为地图素养中的关键素养。

(2) 体现广泛性和融合性

核心素养的内涵比"能力""技能"等更加广泛,它是知识、能力、态度和情感的融合,不仅包含学生的认知发展,还包括学生的非认知发展,如我国提出的"社会关爱、家国情怀"等,更加侧重学生品性修养、态度养成和情感发展。这一超越知识和技能的内涵,可以矫正过去重知识、轻能力、忽略情感态度与价值观的教育偏失,更加完善和系统地反映教育目标和素质教育理念。另外,核心素养并不指向某一特定学科,而是个体发展、适应生活所必需的综合素养,是学生在学科教育过程中获得的共性素养,具备一定的学科融合性。例如,全球性问题逐步融入人们的日常生产与生活活动中,社会结构多样性与趋同性并存,知识与信息爆炸式发展,使得新时代学生的信息获取能力成为一个必不可缺的素养内容;同时国际竞争日趋激烈,人才强国战略深入实施,时代和社会发展需要进一步提高国民的综合素质,培养创新人才,提高创新意识成为教育发展的新命题。而信息素养和创新素养的培育是每一个学科课程共同的价值追求,体现了素养要求的广泛性和融合性。

(3) 突出个体性和生长性

核心素养具备普遍性的同时表现出个性化的特征,如"个性修养、自主发展"等内容是学生共同发展、普遍发展中的个性发展,具备一定的自我性和排他性,能够弥补现有教育内容的缺失。同时,核心素养总是在特定的情境和需要中反映出来的,需要不同教育阶段的长期培养,具有一定的生长性:在纵向发展上看,学生核心素养的获得是一个循序渐进、不断深化的过程,需要教育的连续培养;在横向发展上看,核心素养是学生踏入社会后能够不断延伸、拓展和生长的开放体系,随着社会经验的丰富、个体发展需求的增加,素养的内涵会得到丰富和完善。例如,在中学化学课程中物质结构的相关知识是化学学科体系的核心知识,是学生需要发展的核心素养。在不同的阶段,学生认识物质结构的角度和方式是存在差异的,随着认识角度和认识方式的不断扩大,学生能够形成更加深刻的对物质结构的全面理解。同样,学生在完成诸如元素化合物、化学概念及基本原理规律的学习中,也需要在适当的条件下运用物质结构的知识解释实际问题,论证观点,而且在实践中运用物质结构的知识更加复杂多变,需要"审时度势",表现出来的就是核心素养的纵向和横向上的生长特性。

3. 核心素养的价值定位

核心素养提出的根本目的是落实我国的教育宗旨,提升国民综合素质。通过国际比较,我们发现核心素养的内涵已经表现出较高的国际化趋势,且有共同的价值取向,具体如下。

(1) 适应社会发展与技术进步

教育通过培养人才来促进社会发展,反过来,社会的发展与进步也必然带来教育变革,因此国家层面的教育决策要符合社会需求,体现时代发展对人才培养的要求。国际教育核心素养体系中重点关注信息素养、科学技术素养、创新素养等内容,反映出知识经济时代的发展动态,体现出科学技术进步对人才素质的新要求。而我国核心素养的提出正是在国际趋势下,聚焦人才培养的创新模式,顺应时代的要求,使得我们培养的人在创新精神、实践能力、社会责任感等方面,都能有显著的提升。

(2) 关注全面发展与终身发展

全面发展与终身发展是素质教育的根本宗旨,是各国确定核心素养的基本价值取向。国际组织及世界各国对核心素养的遴选都涉及学生全面发展及终身发展所需要的知识、技能、态度和价值观等方面,如学会学习、语言交往能力、问题解决能力、合作能力、数学素养、表达能力等,这些素养关乎学生的自我发展、社会价值及个人竞争力,关乎适应现在及未来社会发展的素质。

(3) 重视生活品质与生存质量

核心素养就像是房屋的地基,其稳固程度决定了楼房的高度与坚韧度,而核心素养的培育对人的终身发展具有重要的导向作用,关乎个体的生活品质和生存质量。当前国际上的核心素养体系,除了生存必备的能力之外,还涉及了文化意识、环境研究、个体职业发展、生活规划、管理与解决冲突等,这些指标体系涵盖学生的个人品质、文化素养和精神境界,影响着他们与社会、自然的相处和互动方式,也决定着日常生活的品位和品质,真正体现着以人为本的教育思想。

(三)"课改"深化背景下学生核心素养体系的构建

从素质教育走进核心素养培育的新时期,构建学生素养核心体系是教育改革发展的新命题,一方面我们应清楚地认识它将给课程改革深化发展带来新机遇,有利于实践教育改革的育人价值;另一方面,需要进一步厘清课程改革的思路,站在新的历史起点上寻求新突破。而建立核心素养体系是一个庞大而复杂的系统工程,它的提出、推进和落实必须经历一个自上而下、不断演化的漫长过程,同时也需要教育工作者不断地摸索与实践,才能使之更好地服务于教育实践,成为提升国民素养的重要途径。在此,笔者就如何建立核心素养体系提出几点思考。

1. 横向整合,融会贯通学科素养

核心素养,作为政府主导、国家提出的一项教育方针,它的推进与实施包含三层含义:从国家层面来看,建构学生核心素养理论体系框架属于顶层设计,对教育实践起导航、指引的作用;从教育实践层面看,应将核心素养落地和转化为具体的学科教学素养,明确支撑和实现培育核心素养的手段和方法;从学科层面看,知识、能力与情感并不是孤立存在于单一学科中,在适应社会、发展自我时,需要个体运用学科综合知识来应对多种复杂情境,解决各种实际问题。因此,核心素养体系建构必然要注重学科融合性。

透过国外核心素养体系,我们不难发现,语言素养、数学素养、信息素养、问题解决能力、创新能力等各国普遍重视的素养内容,绝非通过语文或数学等单一学科课程来获得,它们融合了各学科赋予人素质发展的综合要求,体现了不同学科教育的共同价值,具有高度的概括性和统合性。但融合取向并不代表学科素养与学科特色相冲突,两者是相辅相成的:首先,核心素养会强化学科素养的养成,学科教学为核心素养的培育提供实践途径。其次,学科素养以核心素养达成为基础,同时兼顾学科特点,发挥学科特长,才能体现学科特色价值。因此,建构学科核心素养体系,重在揭示这种学科的特殊性,找出最能直接体现该学科特殊要求与特殊问题的特殊能力。

2. 纵向衔接,构建垂直教育体系

教育实践表明,个体素质的习得是一个连贯持续、终身发展的过程。《意见》中明确指出修订课程方案和标准要增强整体性,即"强化各学段、相关学科纵向有效衔接和横向协调配合。"从核心素养的价值导向来看,它不仅限于让学生在学校教育期间获得学业上的成就感和未来的工作机会,还要面向学生的现在生活和未来生活,重在提高学生的个人竞争力,适应时代发展,应对社会挑战;从学生发展的角度来看,其身体和心理发展具有一定的连续性、阶段性,核心素养的制定与实施只有符合学生的发展规律,才能真正实现其价值,因此,从这两点来看,摆在我们面前的重要问题就是如何保证核心素养培育的一致性与连贯性。

笔者认为在建立核心素养体系时,应从学生心理发展的逻辑性出发,从学生终身发展的视角切入,深入剖析各教育阶段学生素养的形成机制和水平特点,建立将中小学一贯课程向下扎根到学前教育、向上衔接到高中教育,并延伸至高等教育,乃至终身教育的垂直教育体系,实现"小学打基础、中学提质量、大学谋发展、社会看迁移"的螺旋上升体系。具体到实施层面,我们需要考虑将核心素养分层次分阶段地融入各学段的教育中,保证各学段均能体现核心素养的内涵,实现纵向衔接、层层递进的培育模式。

3. 整体推进,同步实施课程改革

《意见》中指出:"课程是教育思想、教育目标和教育内容的主要载体,集中体现国家意志和社会主义核心价值观,是学校教育教学活动的基本依据,直接影响人才培养质量。"因此,实现核心素养的培育目标,需以推进和深化课程改革为依托。处理核心素养与课程体系的关系问题需要深入研究。国外经验表明有三种形式：第一种是核心素养独立于课程体系之外，由专门的机构进行研制和开发，之后逐渐与课程和教学相融合的模式；第二种是在国家的课程体系中规定了要培养学生哪些核心能力和素养，并指导课程的内容与设置；第三种是学生的核心能力和素养没有单独的体系做出规定，但国家的课程体系中的许多部分都体现了培养学生核心能力和素养的宗旨。

在我国，课程标准是具有指导性质的纲领性文件，对核心素养的教育实践起着引领作用。《意见》中指出："依据学生发展核心素养体系，进一步明确各学段、各学科具体的育人目标和任务，完善高校和中小学课程教学有关标准。"根据核心素养培养目标的提出，课程标准中课程理念、课程目标、课程内容等应有所调整和改变，为课程体系的建构提供指导。第一，优化原有的课程标准制定的思路和方向，以培育学生核心素养为指向，确立以提升学生终身学习能力为课程理念。第二，课程目标的设置凸显核心素养体系，体现方向性、整体性、层次性和可操作性。第三，课程内容选取应进一步改变以现有的追求知识体系完整的学科取向，转变到以培育学生核心素养为宗旨的能力取向，体现依据学生心理发展阶段和核心素养体系的层级特点，分学段安排课程内容，精选重点知识，突出关键能力，培育核心品格。总之，应聚焦学生发展核心素养，以提升学生终身学习能力为理念，以培养学生全面发展为愿景，精心修订课程标准，科学设计课程体系，推进基于核心素养发展的教学改革。

4. 分级测评，完善质量评价标准

随着素质教育的不断深化，教育评价作为实施素质教育重要的制约因素，越来越受到关注，但目前还缺少指导教育评价体系改革的系统理论，也还缺少成熟的实践模式，教育评价思想与素质教育观念相脱节。目前已走向核心素养时代，摆在我们面前的教育质量观念以及测评标准仍是亟待解决的难题。苏格兰的经验为我们提供了一定借鉴：苏格兰核心素养课程体系中建构了一个由低到高的理论量表，用五级水平描绘了学生不同阶段的成长水平，将学生核心素养的连续培养状态清晰地展现出来，使3~18岁的课程学习成为一个整体，并且能够清楚地判断学生的发展水平处于哪个等级。

我国的课程标准中，难以看到具体细化的质量测评标准，给相关部门、学校、教师甚至家长的评价实施带来了很大的困难，因此容易陷入重知识轻能力的泥潭中。《意见》明确指出：根据核心素养体系，明确学生完成不同学段、不同年级、不同学科学习内容后应该达到的程度要求，指导教师准确把握教学的深度和广度，使考试评价更加准确反映人才培养要求。在基于核心素养发展的教学改革中，应着力研制核心素养质量测评标准，开发评价工具和评价手段，探索有效的评价方式；应根据学生发展核心素养，建立从知识向能力、从能力向素养不断提升的发展水平等级标准，借以对学生发展核心素养进行深入观察、等级评估，实现对学校教育教学行为的有效反馈与指导，引导学校教育从知识教育走向能力教育，进而走向核心素养教育。

核心素养的提出具有鲜明的时代特征，对于中国教育发展是一个新机遇，对课程改革全面深化是一个挑战。我们要紧随立德树人的核心任务指向,立足社会主义核心价值观体系,打破和冲出原有思维方式,探索并实施未来教育的新使命,发展中国教育的新高度,切实推进课程改革的深化发展,在世界教育改革的大势中赢得先机!

四、核心素养:深化地理课程改革的新指向 [①]

2014年3月30日,《教育部关于全面深化课程改革 落实立德树人根本任务的意见》正式下发,文件对课程改革的深化发展给予了高度的关注,提出了:"教育部将组织研究提出各学段学生发展核心素养体系,明确学生应具备的适应终身发展和社会发展需要的必备品格和关键能力。"修订课程方案和课程标准依据学生发展核心素养体系,能为不同学段、不同学科明确育人目标与任务,优化高校和中小学课程教学相关标准。核心素养已经置于深化课程改革、提升国民素养的关键地位,它将指引地理课程改革进入一个崭新的发展时代,成为引领教育改革的核心理念。笔者对地理核心素养内涵与特征进行了深入论述,阐明了地理核心素养体系的基本结构,对修订课程标准、变革教学实践以及教师专业发展等提出了许多建议。

(一)地理核心素养的内涵与特征

素质教育是我国20世纪80年代以来对"培养什么样的人"的问题的教育式回答。核心素养培养是我国素质教育发展的新阶段。核心素养的提出明确了基础教育课程改革的理念和方向。在"素质教育"的引领下,地理新课程提出了"培养未来公民必备的地理素养"的基本理念,它着实地推进了地理教育的发展。目前,素质教育步向核心素养培养新阶段,认识和厘清"地理核心素养"这一新范畴、探索并阐释"地理核心素养"的内涵与特征,将成为推动和深化发展地理课程改革的理论基础。

1. 地理核心素养的内涵

据考证,"素养"最初含义是指基本的修养,包括由训练和实践而获得的技巧或能力,具体指个体平时修养而成的知识、能力、品德、观念、方法等。根据其属性不同,可以将素养分门别类。例如,根据应用领域不同,可以将素养学科化,如语文素养、数学素养、化学素养、地理素养等;根据素养对个体发展的必需程度和功效不同,可以将素养分为核心素养以及由核心素养延伸出来的一般素养等。

地理素养就是一个人能够从地理学的观点来观察事物且运用地理学的技能来解决问题的内在涵养。而地理核心素养应是在"地理素养"的基础上,更加关注个体适应未来社会生活和个人终身发展所必须具备的关键素养,其在本质上应是一般地理素养的精髓和灵魂,在数量上是少而精的,在功能上是最重要和最必要的地理素养。

2. 地理核心素养的特征

地理核心素养是地理学科教育赋予人的发展的价值体现,是满足学生终身发展所需要的关键素养。培养今日和未来社会活跃又负责任的合格公民为宗旨的地理核心素养体系,应具备以下特征。

[①] 李家清,常珊珊.核心素养:深化地理课程改革的新指向[J].地理教育,2015(4):4-6.

（1）关键性

关键性或者说不可或缺性是地理核心素养的首要特征。在个体终身发展的过程中，每个人都需要具备许多素养来满足生活需求、应对社会发展与挑战。地理科学的不断进步，也使得人们能获得的地理素养愈发丰富。然而，有些素养并不是每个人所必需的，如果通过地理课程体系得到完全培养，恐怕难以尽善尽美，只能有所取舍，才能使地理教育功效最大化。地理核心素养应该是个体在社会中生活与生存所应该具备的最重要的地理素养，对学生而言，应是最有用的地理知识、最为关键的地理能力、最需要满足终身发展所必备的地理品格。因此，关键性应该成为地理核心素养的基本特征。

（2）动态性

核心素养总是具有时代特征的。核心素养与社会发展及其变革有着密切联系，它体现了社会发展对人的根本需求。地理科学以研究人地关系为主线、探索可持续发展路径为主旨，随着全球生态、环境、人口等问题的日益突出，社会对公民的地理素养和创新能力要求愈来愈高。因此，地理核心素养必然紧密结合社会发展，与时代要求接轨，体现出不断更新、动态发展的特征。例如，《普通高中课程标准（实验）地理2》中所要求的"联系'21世纪议程'，概述可持续发展的基本内涵，举例说明协调人地关系的主要途径"，说明了走可持续发展之路是人类的必然选择。

（3）生长性

核心素养总是在特定的情境和需要中反映并生长的。从学生终身发展的需求上看，地理核心素养应具备一定的生长性。在纵向发展上看，不同教育阶段的地理核心素养的培养在地理课程中表现出来既具有共同指向，又具有层次层级的阶段差异性特点，是一个循序渐进、不断深化的发展过程，例如，义务教育地理课程原则上不涉及较深层次的地理成因问题，而高中地理课程则要求注重与实际相结合，要求学生在梳理、分析地理事实的基础上，逐步学会运用基本的地理原理探究地理过程、地理成因以及地理规律等；在横向发展上看，地理核心素养是学生踏入社会后能够不断延伸、拓展和生长的开放体系，随着社会经验的丰富、个体发展需求增加，能够在已有素养的基础上获得自我丰富和完善。例如，高中地理课程中比较重视区位因素、区位原理的学习，帮助学生认识区域地理环境与人类活动的关系，以培养区域地理素养。实际上，社会实践中的生产要素在时空上的聚集与变化，比理论学习的区位因素更复杂、更动态，更需要"审时度势"，它表现出来的就是核心素养的生长性。

（二）地理核心素养的体系建构

素质教育发展到核心素养培养新阶段，伴随着时代发展、科技进步、课程改革的推动，也是顺应国际教育改革潮流的结果。我们可以通过深度分析国际地理教育的发展态势，着力挖掘现代社会发展对地理人的素养需求，客观梳理地理课程目标的嬗变，紧密结合地理学的学科特性等为地理核心素养体系的建构提供思考的方向。

1. 视角一：国际地理教育的发展态势

20世纪90年代以来，国际基础地理教育蓬勃发展，各国都纷纷研制或修订地理课程标准，推动了国际基础地理教育的改革与发展，所体现出的如下发展趋势为我国建构地理核心素养体系提供启示。

首先,地理核心素养需要关注学生的生命发展质量及终身发展所需的地理素质。如《地理教育国际宪章》指出:"地理教育必须有助于发展学生解决当前和未来空间组织问题的地理技能"。美国《国家地理标准》指出:"地理学是生活化的、终生的、维持生活、提升生活的"。日本的《学习指导纲要(地理篇)》指出:"养成地理的见解与看法,并培养作为国际社会的重要个体而存在的日本人的自觉性与素质"。由此可见,地理素养中包含学生生活质量、生命发展质量以及终身发展需要的素质应该成为地理核心素养的重要组成成分。

其次,地理核心素养体系需体现全球化趋势与区域性问题。如《地理教育国际宪章》中指出:"在各个教育阶段里,都体现国际度量和全球观点"。美国《国家地理标准》中提出:"在全球经济竞争、环境保护、文化交流以及分析国际事务中具有地理的视角和能力"。英国《国家地理课程》中的环境地理和人文地理重点反映了全球性的人口、资源、环境等问题。因此,地理核心素养体系应包含国际理解、合作意识以及全球性观念等地理思想。

最后,地理核心素养体系应包含现代化地理信息技术等相关科学素养。现代信息技术手段的应用为地理教学开创了一个崭新的育人环境,国际地理教育改革也十分重视现代信息技术手段的应用。例如,美国《国家地理标准》明确提出了地理信息系统(GIS)是地理课程学习的主体之一,英国《国家地理课程》对学生每个阶段的地理信息技术学习都提出了明确的要求。因此,体现地理信息技术的科学素养应该成为地理核心素养的追求之一。

2. 视角二:现代社会发展的需求

地理核心素养体系作为时代发展的产物,它的建构只有立足于社会、经济、文化、科技等因素发展的基础,才能从根本上满足与顺应现代社会发展对地理课程教育的价值诉求。从社会发展的大背景来看,全球性问题逐步融入人们的日常生产与生活活动中,社会结构多样性与趋同性并存,知识与信息爆炸式发展,经济与科技水平直线式进步,国家重大政策的制定、部署与实施,重大工程的规划、建设与完善,都需要以地理科学知识、能力和技术作为支撑,尤其是近年来受到广泛关注的突出问题,如环境污染、资源枯竭、人口膨胀、粮食危机、城市化进程与人口迁移问题、区域经济发展等,迫使地理教育必须在社会的改良和发展中担负起应尽的职责,地理课程内容发展出现"环境化"的趋向,地理信息获取手段呈现出"现代化"的特征。因此,地理核心素养体系的建构应以关注现实社会问题为导向,以关注社会生产、生活中使用频率高、价值大的地理知识与能力为重点,以解决地理实际问题为落脚点,并着重体现环境保护、资源节约、人地观念、可持续发展观等具有鲜明地理学科特色的观念培育与价值认同。

3. 视角三:地理课程目标的嬗变

中华人民共和国成立以来,地理教育发展历程跌宕起伏,地理课程目标也不断演变。梳理中华人民共和国成立以来地理课程目标的嬗变,认识其内在联系,能够为地理核心素养的建构找到历史依据。

第一,中华人民共和国成立以来的地理课程目标内容在不断深化和丰富。由原来的单纯强调知识与技能目标逐步发展到今天融"三维"为一体、体现学生全面发展的地理课程目标。例如,1986年之前的地理教学大纲仅仅要求学生具备使用地图的技能,1992年之后的地理课程教学大纲加强了对地理观察、记忆、想象、思维能力的重视,21世纪初的新课程改革发展到注重对学生获取地理信息,以及分析和解决地理问题能力的培养。由此可见,地理课程目标提高了对学生进行地理活动、探究和解决地理问题能力的要求,以地图为基础的活动、探究和解决地理问题的能力也是地理核心素养的重要构成。

第二,中华人民共和国成立以来的地理课程目标逐步凸显出学科人文价值。这一特征在情感目标的演变中体现得尤为明显。例如,1992年之前的地理情感目标大多重视"爱国主义、国际主义、辩证唯物主义"的教育,新课程进一步提出了增强爱国主义情感,树立科学的人口观、资源观、环境观和可持续发展观,重视挖掘地理学科本身科学价值、人文价值的趋向,能为我们建构地理核心素养提供重要的价值取向。

4. 视角四:地理科学的学科特性

地理科学是关于人类的生存空间的一门学问,空间观主要是对地理现象的分布格局及其空间关系的基本认识,涉及"它在哪里""它是什么样子的""它是什么时候发生的""它为什么在那里"等问题。地球表面上的一切地理现象、一切地理事件、一切地理效应、一切地理过程,统统发生在以地理空间为背景的基础之上,因而空间性是地理学科的基本特性,是地理学区别于其他学科的最突出特征,而大多数存在的地理问题归根到底都指向于空间问题,如以地图为基础的地理技能、国际理解、全球意识、资源观、环境观、人口观等地理观念,也都以空间视角的形成为前提和基础,涉及空间联系、空间格局、空间规律、空间思维等概念。因此,地理核心素养的构成必然以空间性为基本的特征体现。

基于上述分析,我们认为地理核心素养体系包括基于地理空间视角下的地图技能、地理信息技术能力、国际理解、全球意识、人地观念、可持续发展观。这六大方面,不论哪一种素养,其培育的关键在于学生空间观念的建立,都以学生空间观念的形成为前提和基础。其中地图技能、地理信息技术能力侧重于学生地理科学素养的形成,国际理解、全球意识侧重于学生地理文化素养的养成,人地观念、可持续发展观侧重于学生地理素养的养成,这六种素养相辅相成,互相联系,共同构成具有地理学科特色的地理核心素养体系。

(三)基于地理核心素养深度跟进的地理课程改革

走进新时代,进入核心素养培育的新时期,是地理教育改革发展的新阶段,它将给地理课程改革带来新机遇,站在新的历史起点上寻求地理教育价值实现的新突破。

1. 地理核心素养的培育应成为课程标准修订的重要导向

探讨地理核心素养体系,指导地理课程改革实践。地理课程标准是指导地理课程实践的纲领性文件,对学生核心素养的培养有着方向性的引领作用。修订地理课程标准是顶层设计,应在课程理念、课程目标、内容标准、教学建议、评价建议等部分修订中体现地理核心素养培育指向。

第一,优化原有的课程标准制定的思路和方向,以培育学生地理核心素养为指向,确立提升学生终身学习能力为课程理念。第二,课程目标的设置凸显地理核心素养体系,体现方向性、整体性、层次性和可操作性。第三,课程内容选取应进一步改变以现有的追求知识体系完整的学科取向,转变到以培育学生核心素养为宗旨的能力取向,体现依据学生心理发展阶段和核心素养体系的层级特点,分学段安排地理课程内容,精选重点知识,突出关键能力,培育核心品格。第四,教学建议应为核心素养的培育策略、方法等提出指导,为创新地理核心素养培育指引方向,成为促进地理核心素养形成的保证。第五,课程评价应提出地理核心素养形成的评价理念先进、目标明确具体、评价方法多样、可操作性强的质量测评体系,为教师教学实践和相关部门进行地理核心素养学业评价提供依据。

2. 地理核心素养的培育应成为引领教学改革深化的根本动力

地理核心素养的培育离不开学生的学习实践与生活实践,它的培育、养成遵循着一般素养养成的原则与路径,即以学生知、情、意的形成与内化为认知基础,以学生地理核心素养行为的体现为根本标志。学生地理核心素养的形成是学习与生活发生连接、内化走向外显的复杂动态过程,学生认知领域的丰富、认知水平的提高能够为素养养成奠定基础,帮助学生具备行为倾向性,才能表现出一定的地理素养。地理教学改革应以提高学生的终身学习能力为追求,以贯穿地理核心素养的养成为主线,以学生的学习生活实践为依托,成为深化改革的动力源。

在地理教学的逻辑上,首先,应以夯实学生的认知基础为基本前提。地理知识是学生地理学科能力、创新能力以及情感态度与价值观形成的基础,知识是发挥能力的基础和保障,能力是知识的行为体现。地理学科知识作为教学的载体来帮助学生获得发展,是一种能力取向、发展取向,唯有扎实的基本知识、基本技能才能为地理核心素养的形成提供保证。其次,教学过程应以紧密联系学生的生活实践为根本途径。通过地理生活实践,学生可以发现生活中的地理现象与地理问题,学生因关心身边的事而积极主动实践,培养用地理视角、地理观念、地理方法观察、分析、解读身边地理现象的习惯,增强地理学习的内驱力,进而逐步促进地理行为表现,养成地理核心素养。

3. 地理核心素养的培育应成为教师专业发展的重要组成

地理教师专业水准是完成学生地理核心素养培育任务的关键。地理核心素养的培育应成为教师专业发展的重要组成。教育部《中学教师专业标准(试行)》的颁布为地理教师的专业发展提出了基本规范,对教师专业理念、专业知识、专业能力的构成及其内涵说明了基本要求,对地理教师的专业发展具有明确的导向作用。因此,地理教师专业发展与地理核心素养的培育应密切结合,应成为地理教师专业发展的显著特征。

第一,地理教师应明晰地理核心素养培育是地理课程的基本任务,教师的专业发展应与承担的任务密切联系,能秉承核心素养培育的观念、能将地理教学内容中的素养价值充分挖掘、能以"空间"观念贯穿于教学过程中,帮助学生在感知空间、分析空间、领悟空间的基础上促进人地观念、国际理解、全球意识等地理核心素养的养成。第二，教师应不断更新实现核心素养培育的知识构成。地理核心素养体系紧随国际发展的趋势、社会发展的需求，呈现出动态性的特征，且以全球问题、人地关系为主要研究范畴，应关注时代发展的重大议题，用地理的视角去发现社会的、国家的以及身边的地理事项，成长自己的教学智慧，潜移默化地影响学生地理观念的更新，实现地理教师的专业发展与学生地理核心素养培育的效率、效果、效益共进共赢！

第三节 国外地理课程的发展趋势前瞻

一、西方地理课程知识范式演进审思[①]

在全球性人口、资源、环境问题日渐突出的今天，地理教育倍受世界各国所关注，而地理课程知识问题在地理教育中的地位日显重要则是现实的趋势。地理课程知识有什么教育价值？以什么样的知识形态展现这种教育价值？通过何种知识解释体系实现其教育价值向受教育者个性素质的转化？通过对西方地理课程不同历史时期知识范式具体形态的考察与梳理，有助于廓清地理教育活动中地理课程知识的教育学意义，资以理解并推进当前我国基础教育地理课程知识范式进一步改革。

（一）描绘世界，求真为本：地理课程知识范式的初显

1. 作为"地球描述"的（课程）知识观

古代地理课程发轫于古希腊时期。在当时重形式轻实用教育思潮下，地理知识所蕴含的科学价值、社会价值尚未得到开掘与重视，地理仅被看作记载、描述地理事象的"内容学科"。[②] 最早使用"地理"（Geography，前缀 ge 意为"地球"，graphe 意为"描述"）一词的是希腊地理学家埃拉托色尼（Eratosthenes），地理即"地球描述"，《荷马史诗》是最早的地球描述。古希腊人将自然界看作一个有机的整体——地球家园，出于对地球家园的好奇心与探索兴趣，围绕"它在哪里？""它是什么样子？""它意味着什么？"等地理问题展开描述。当时的地理课程发展是极端缓慢的，地理课程知识与地理知识并未真正分离开来，而且地理课程知识大都是凭感性直觉所得，零星散乱且真伪参半，但在古时候已经很不简单了。

2. "宇宙学"状态的课程知识型

受当时整体论思想影响和地理科学发展水平的限制，地理课程知识常与哲学、历史、文学和天文学等混沌共生在一起，处于学科尚未分化的"宇宙学"状态。不过，在希腊最早的学术中心米利都城，有学者试图将大量混乱零散的地理知识按照某种可以理解的方式组织起来，地理课程的三大知识板块已初显。约公元前 6 至 7 世纪的

[①] 李家清，户清丽. 西方地理课程知识范式演进审思[J]. 教育科学研究，2012(5)：63-67.
[②] 钟启泉. 现代课程论[M]. 上海：上海教育出版社，1989：6.

泰利斯(Thales)从事地球表面事物定位和测量研究,最早进行了自然地理的研究;①可能出生于泰利斯逝世前后的赫卡特(Hecataeus),第一个将汇集在米利都的地理资料进行收集并分类,其地理散文著作之一《地球的描述》(*Gesperiodos*)是区域地理的雏形;②公元前5世纪的希罗多德(Herodotus)将历史研究与地理研究结合起来,记述了许多民族聚居地区的宗教信仰、风俗习惯和政治经济情况,提供了今天称之为人文地理的很好的例证。③

3. 演绎与归纳为主的知识解释方式

古希腊地理主要围绕两个问题展开知识解释:一是自然居住的地球表面是什么样子,特别是离自己较远的地方是什么样子;二是地球是什么样子,它在宇宙中处于什么位置等。④ 对于这些地理问题的解答,古希腊地理运用整体论思想和逻辑思辨法对人类家园进行描述和解释。古希腊西方文化中最伟大的思想家之一柏拉图(Plato)和古希腊伟大的哲学家、科学家和教育家之一亚里士多德(Aristotle),前者采用演绎推理法,后者则采用归纳法,均推导出了"地球是圆的"这一论断。不过,以直观臆断甚至虚构代替事实的研究,以牵强附会的解释代替科学的证明,也留下了一些惯性谬误。比如,"地球中心说"统治人们思想长达十几个世纪,直至地理大发现。公元5—15世纪的欧洲社会,"地理视野再度封闭","'地理'一词从日常词汇表中消失"了。⑤在基督教神学统治下,修道院的僧侣学者煞费苦心地编辑和解释相关地理知识,以维护《圣经》的经典与权威,地理知识"描绘世界,追求真知"的本真意义被遮蔽,沦落为宣扬上帝造化神功的"下贱婢女",刚刚开启的地理课程知识范式遭受钳制而复归隐遁。

(二)征服世界,致用为本:地理课程知识范式的成型与异化

1. "追逐实利"的课程知识观

15—17世纪的地理大发现和18—19世纪的产业革命,商业发展和交往联系不断扩大,新兴资产阶级主张课程应当适应现实生活,地理学科的意义与价值得到首肯与重视,学校地理课程逐渐形成。1632年,捷克著名教育家和实践家夸美纽斯(Jan Amos Komenský)基于"教育为未来生活做准备"思想,首次在他的《大教学论》中专门论及了地理单独设科的意义和价值。受夸美纽斯课程思想影响,德国著名实验物理学家弗兰克(James Franck)和物理学家、量子力学的先驱赫兹(Gustav Hertz)发现电子和原子的碰撞规律,创办的"实科学校"引入了地理课程。但是,直至19世纪,在课程中占支配地位的还是人文主义胜于现实主义。19世纪后,工业时代的规模化生产和商品贸易的流动性使单纯以知识拥有量来决定个人生存及发展的现象失去其历史基础,如何"征服世界、改造自然"的理性能力成为社会普遍追求的对象。出于资产阶

---

① 杰弗里·马丁. 所有可能的世界:地理学思想史[M]. 成一农,王雪梅,译. 上海:上海世纪出版社,2008:23.
② 同上书,24.
③ 同上书,27.
④ 教育部《基础教育课程》编辑部. 中学新课标资源库·地理卷[M]. 北京:北京工业大学出版社,2004:52-53.
⑤ 杰弗里·马丁. 所有可能的世界:地理学思想史[M]. 上海:上海世纪出版社,2008:51.

级"实用"功利主义思想,地理知识在政治、经济、军事、科考、旅游等方面的实用功能被充分发掘,地理学科被引进中小学课程的倾向显著起来。

2. 百科全书式的课程知识型

在"泛智主义"和"仓库理论"思想下,被称为"百科全书"式的分科课程迅速崛起,近代地理课程呈现出四个倾向。一是百科全书式倾向,表现为将世界各地的地理资料进行百科全书式的知识汇集。如夸美纽斯在《大教学论》中,基于泛智主义宏愿和结合学生年龄阶段,设想了母育学校开设"天文学入门"和"地理学初步"、国语学校开设"宇宙学要点"、拉丁语学校开设"天文学"逐级深化地理知识体系。① 二是专门化倾向。综合一统化的"宇宙学"地理课程走向解体,学校地理课程分化出数字地理或天文地理、自然地理、人文地理、区域地理、政治地理、商业地理、乡土地理等多个分支。三是区域化倾向。区域地理是近代整个地理课程的前沿,"经典"区域地理通常遵循由地形、气候、植被、农业、工业、人口等组成的序列。四是环境决定论倾向。受德国地理学家拉采尔(Friedrich Ratzel,1844—1904)地理环境决定论思想的影响,环境影响被无限夸大,最典型的理论是将人类文明与气候和气候变化联系起来,反映在地理教材上,全球划分的若干个大自然区域,通常是以气候参数为依据。

3. 经验实证与因果分析为主的知识解释方式

经德国地理学家、博物学家、气象学家亚历山大·冯·洪堡(Alexander von Humbolalt,1769—1859)和地理学家、近代地理学创建人之一李特尔(Ritter Carl,1779—1859)著名的开创性工作,近代地理学从根本上改变了古代地理记载、描述、直觉性或逻辑化推断的探究传统,形成了重观测实验、重因果分析、重理论构建和解释的特质。② 近代地理课程借鉴这些思想和方法,采用经验实证法和因果分析法对地理事象和地理环境的发生、发展、演变成因和规律进行分析解释,大大加强了课程知识解释的科学性。以经验实证法为指导思想,夸美纽斯采用适应自然原则和直观教学原理编写了《世界图解》这一不朽的地理教科书;运用分析还原法,古希腊罗马时代整体论思想下的自然界被分解为三个独立的"界"——动物界、植物界和无机界;对于地球上事物与事态间的相互关系,已经能够运用因果分析法展开分析与解释;受洪堡野外实地考察法和李特尔区域地理研究法的影响,实地考察、实验观测、动手操作等地理活动课受到推崇。

伴随着课程知识价值取向的日趋功利化,地理课程的知识意义也走向异化,日益堕落为资产阶级"追逐实利、满足欲望的工具——海角和海湾地理";③课程知识形态偏重于静态、繁杂,而忽视地理事象多变量的相互作用、有序的组织结构和地理环境的整体性。地理课程"仅作为现成的学科来教,知识仅作为知识被成块地供应、保存起来","成为经常发生的不相关联的支离破碎的大杂烩。"④地理逐渐远离了社会现实

---

① 夸美纽斯.大教学论[M].傅任敢,译.北京:人民教育出版社,1984:230-237.
② 王爱民.地理学思想史[M].北京:科学出版社,2010:174.
③ R.J.约翰斯顿.地理学与地理学家[M].唐晓峰,等译.北京:商务印书馆,1991:48.
④ 约翰·杜威.民主主义与教育[M].王承绪,译.北京:人民教育出版社,2001:228.

和儿童生活。19世纪末20世纪初,随着资产阶级民主主义和工业化色彩越来越浓厚,工业革命"征服自然"带来的恶果使人们开始反省人地关系,强调人地相关、运用整体性思想架构地理课程知识的观念被提及。如美国著名哲学家、教育家、心理学家、实用主义的集大成者杜威(John Dewey)在《民主主义与教育》中指出:"地理学科之所以有理由被设置,就在于它们能阐明人和自然的相互依赖关系。"[①]"如果把自然作为一个整体来研究,好比从地球的种种关系来研究地球,那么,自然界的种种现象就和人类生活发生自然的同情和联想的关系。"[②]杜威这番地理课程知识观与知识体系建设的见解,尽管像一道闪电划破了黑漆漆的夜空,却未能带来一场范式变革的暴风雨,但无疑是超越时代的。

(三)理解世界,启智为本:地理课程知识范式的现代化建构

1. "培养卓越地理智能"的课程知识观

20世纪50年代末至60年代末,一场肇始于美国的课程现代化改革运动在西方世界蓬勃展开,课程改革的着眼点在于追求课程知识的现代化和科学化,最大限度地挖掘儿童的智慧潜能,致力于"培养足够数量的科学家与工程师"的总目标。呼应当时社会需要和课程改革目标,地理课程拔高了课程程度,注重课程内容的科学技术性和社会应用性,以培养学生适应现代生活的卓越地理智能为目标。如美国高中"ES-CP"(地球科学课程设计)以物质、能量、力、运动、空间、时间六个基本概念为线索确定地学的基本概念和统一结构,以反映现代地学的新理论、新技术和培养学生综合的自然观。[③]苏联也在20世纪60年代重新修订地理课程,过去4年学完的自然地理内容变为3年内学完,主要目标是使学生掌握本学科广泛的基础知识,能洞悉技术性程序和具有实用技能,使学生为参加工作能达到最佳准备状态。[④]

2. 强调学科逻辑的课程知识型

20世纪60年代,地理课程内容仿照现代地理科学内容构建,偏重地理课程的学科逻辑结构,地理课程知识形态呈现以下三个趋向。一是强调概括性的、普遍性的地理知识。大量削减区域地理关于自然的和人文的"事实罗列",而加强以自然地理和人文地理系统分析为基础的系统地理。二是空间主题代替区域主题。如这期间所确立的人文地理基本上就是对社会空间组织和人类空间行为的关注。三是突出时代性与科技性。把现代地理科学的最新成果完整、及时地反映在学科结构中,如美国的创新性教学计划有"中学地理计划"(HSGP),课程内容涉及诸如网络分析、区域系统分析、扩散模型以及城市规划等现代地理科学成就。

3. 重科学性轻人文性的知识解释方式

在"理解世界,启智为本"思想下,地理课程知识解释偏重科学性却相对忽视人文

[①] 约翰·杜威.民主主义与教育[M].王承绪,译.北京:人民教育出版社,2001:227.
[②] 同上书,230.
[③] 钟启泉.现代课程论[M].上海:上海教育出版社,1989:27.
[④] 江山野.简明国际教育百科全书·课程[M].北京:教育科学出版社,1991:401.

性。一是强调数量化分析。大量引入数学方法,定量与定性相结合的分析阐释法,改变了传统地理课程朴素、直观的落后面貌。二是强调学科知识结构的理解。精心编制具有高质量内容的课程,注重学问之基础——基本概念的掌握,以形成"结构化"的知识体系,却相对忽视学生的个别差异、学习兴趣和学习态度。三是强调问题发现与解决。引入专题性问题,如环境问题、人口迁移、空间规划等,要求学生根据教科书提供的材料和生活经验发现地理问题和探求解决方案。如布鲁纳所领导的哈佛认知设计中心曾经设计了"让学生在一幅绘着自然特征和天然资源但没有地名的地图上找出该地区主要城市的位置"的探究学习实验,①以培养学生的探究发现能力。

(四)建设世界,向善趋美:地理课程知识范式的现代化重构

1."人格发展资源"的课程知识观

20世纪70年代以后,由于只关注改进学科知识,反映社会进步和学科成就,却"很少讨论到学生对地理教育的愿望及地理在他们心目中的地位",②"学问"中心地理课程倍遭质疑与诟病;面对工业文明引发的"人口—资源—环境—发展"问题链,人的生存发展问题日益受到关注;知识经济的蓬勃兴起和信息技术的快速发展,也愈加强调提高作为现代公民必备的科学素养和人文精神,改革地理课程,重新发现地理课程与社会生活、地理科学与儿童发展意义关系的讨论日益激烈。1992年,国际地理联合会地理教育委员会发布了《地理教育国际宪章》,其"序言"高屋建瓴地提出了地理课程的核心教育价值:"深信地理教育为今日和未来世界培养活跃而又负责任的公民所必需"。③ 地理课程唯科学主义取向的知识智力观遭到解构,以现代公民"人格和谐发展"为旨归的发展资源知识观逐渐彰显出来,它是一个由生命、智力、品德、审美"四要素"构成的金字塔结构(见图1-3)。其中,生命要素是塔基,智力要素、品德要素是塔壁,审美要素则是塔的内核,四者之间既相互渗透、有机融合又存在一种内在递进的关系。发展资源知识观关照人的幸福生活,关注人类可持续发展,不仅强调更深层次的认识世界、理解世界,而且向善趋美,重视现代公民品德素养和审美素养的养成与生长,以使"地理在各个不同级别的教育中都可以成为有活力、有作用和有兴趣的科目,并有助于终身欣赏和认识这个世界"④为核心价值追求。

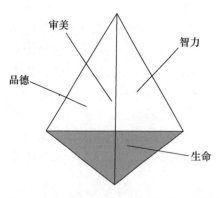

图1-3 地理课程发展资源知识观金字塔

---

① 布鲁纳.教育过程[M].邵瑞珍,译.北京:文化教育出版社,1982:39.
② 王民.国外地理教育动态[M].北京:北京师范大学出版社,2001:2.
③ 国际地理联合会地理教育委员会.地理教育国际宪章[J].地理学报,1993,48(3):289.
④ 同上书,289.

2. "人性、理智、社会相协调"的课程知识型

20世纪80年代以来,国际地理课程一方面努力提高学科内容的学术水准,另一方面又试图建立一种使人性、理智同社会相互协调的新型课程,课程知识形态呈现四个明显趋向。一是知识结构日趋具有复杂综合性。地理课程进一步削减了区域地理的比重,向计量地理、系统地理和应用地理等全方位发展,[①]在此基础上,又加强了各分支学科相互间的渗透与整合,呈现出由分化向综合的钟摆式运动状态。二是基础性与开放性相结合。一方面,精选现代地理科学经典知识与最新科技成果,组成地理课程基础知识;另一方面,又淡化知识逻辑结构,提供开放式课程,设置包含"事实领域、可争辩的真理领域、开放的探究领域"知识群,以供不同能力和不同需要的学生选择。三是课程内容由具有学术性转变为具有生活性。地理课程把涉及个人、公众及日后职业生活的素材作为课程知识范畴,并将其置于人类与社会的交互作用之中,以人地关系为主线、以可持续发展为核心进行构建。四是关注课程知识的国际化。将全球意识、国际伦理、多元文化认同等内容渗透到课程知识中,体现对国际化社会所需的交流协作能力、策略谋划能力和行动应对等诸项能力的关照。

3. 着眼地理素养的知识解释方式

着眼学生地理素养的培养,地理课程知识解释方式将传统方法与现代方法有机融合,呈现出多样化、人本化与信息化的趋势。一是方式多样化。既运用对比分析、归纳演绎等传统方法来描述、解释地理现象,分析地理区域,也更多运用模仿地理科学研究过程的探究发现式设计,让学生亲历和体验地理知识的发生过程。二是凸显人本化。基于培养"完整的人"的立场,课程知识解释强调对地理环境整体性、关联性与不可分割性的理解与阐述,强调对"现实世界"和"生活世界"多元化的洞察力和理解力。三是强调信息化。随着遥感(RS)、地理信息系统(GIS)和全球定位系统(GPS)等地理信息技术的出现和快速发展,地理课程也将相关技术与知识引入课程内容中,使课程知识能够从宏观或微观层面更好更直观地揭示地理事物空间分布格局形成与演变规律。

(五)西方地理课程知识范式演进的启示

1. 范式演进迂回曲折却日趋科学化

地理课程知识范式在求真—致用—启智—向善—趋美的历史演进过程中,其课程知识的意义与价值虽然遭受过蒙蔽和扭曲,但却不断开掘,日渐丰富,日趋向好;地理课程知识形态也在开显与退隐、成型与异化、建构与解构中逐步科学化;地理课程知识解释不仅一直致力于认识世界、理解世界、建设世界方法的科学性与先进性,也越来越关注知识解释的道德性与伦理性,强调知识获取与素质积淀的关系。

2. 范式转换是基于社会文化的理想选择

地理课程知识的范式演进并非仅是穿行在社会真空中,而是与社会文化有着无

[①] 江山野.简明国际教育百科全书·课程[M].北京:教育科学出版社,1991:400.

可剥离的契合与互动关系,每一次范式转换都是依据一定社会文化背景作出的理想选择。探讨地理课程知识范式的演进与未来发展,务必在社会文化视野下,根据地理科学发展、社会需要和国际教育动态作出判断,并将反映时代文化和体现时代精神作为理想范式的基本取向。

3. 未来范式将日趋统整与开放

范式是相对的,永恒的变革才是本质。作为一种极富生命力的思想文化资源,未来地理课程将更加关注知识的内在价值,把精神陶冶和人格提升作为自觉追求;课程知识形态日趋统整与开放,不仅倾力统整被割裂的科学世界和生活世界的联系,还致力于精神的、道德的、文化的、智力的诸教育目标间的关系的统整;知识解释方式将获取地理知识、拓展地理视域的方法价值,探索、感悟、想象、反思地理事象特性和环境演变规律的思维范式,和"'按照美的规律来构造'(马克思语)人类世界[1]"的行为模式有机融通,以求真、致用、启智、向善、趋美的和谐统一为追求。

4. 我国地理课程知识范式改革的借镜

梳理和探究西方地理课程知识范式演进与地理课程发展,正是为当下我国基础教育地理课程知识范式改革这个核心问题奠定基础。相比国际地理课程,我国地理课程知识仍存在较大的滞后性,课程内容脱离学生现实生活,地理学科本身所具有的价值体现不足。[2] 审思地理课程知识范式演进利弊得失,统整地理课程知识价值取向,对我国现有地理课程知识范式在伦理反思和伦理辩护下进行理性重建,这是亟待我们去做之事。

二、澳大利亚维多利亚州地理分支标准的特点及启示[3]

为了保证国家对基础教育的整体把握,澳大利亚统一规定全国基础教育必须保证八个核心学习领域,即英语、数学、外语、科学、技术、社会与环境教育、健康与体育、艺术。基于这八个核心领域,每个州也分别制订了具体的实施方案——"课程标准"。维多利亚州是澳大利亚文化教育最发达的地区之一。该州于 2003 年修改并再次出台的课程标准无疑代表了澳大利亚较为先进的教育理念。

"地理"分支隶属于"社会与环境教育"和"科学"两个核心学习领域。"社会与环境教育"核心领域由社会与环境(SOSE)[4](水平 1~3)、历史(SOHI)(水平 4~6)、地理(SOGE)(水平 4~6)、经济学和社会学(SOES)(水平 4~6)4 个分支组成,但在社会与环境(水平 1~3)这一综合分支中有地理方面的内容。"科学"核心领域由化学科学、物理科学、生命科学、地球和空间科学四个分支组成。我们主要介绍"社会与环境

---

[1] 王道俊.知识的教育价值及其实现方式问题初探——兼谈对杜威教育思想的某些认识[J].课程·教材·教法,2011(1):18.

[2] 袁孝亭,王小禹.1978 年—1992 年中学地理教育发展综述[J].中学地理教学参考,2010(12):6.

[3] 张胜前,李家清.澳大利亚维多利亚州地理分支标准的特点及启示[J].课程·教材·教法,2010,30(4):78.

[4] 同上.

教育"核心领域中的涉及地理的分支标准的基本内容、特点以及对我国地理课程标准修订的启示。

（一）澳大利亚维多利亚州地理分支标准的基本内容

澳大利亚维多利亚州地理分支标准根据学生学习水平分为6个水平。标准规定,达到水平6的学生可以获得"维多利亚教育资格认证"（VCE）证书。地理分支标准包括四个要素：课程目标、课程重点、学习成果和评价指标。

1. 课程目标

地理为学生提供机会,使其建立相应的知识和技能,以解释人类和自然现象在空间上的相互作用和依赖。这一由空间视角所支持的分支,提供了一种工具,描述和解释影响地球的自然现象和过程,使得学生成为更加有学识的、有责任感的、积极的社会公民。

澳大利亚维多利亚州地理分支标准的课程目标由知识和技能两部分组成。在知识层面上,地理目标围绕"地区""分布""人与环境之间的关系""全球视野""生态的可持续发展"五个主要概念制定；在技能层面上,地理目标主要是使学生能够理解地理知识和概念,研究空间形式,使用一系列地理媒介去交流信息资料。例如,应用地理学的技能,确定方向和比例尺,具体找出地图上的坐标及图例、利用指南针确定方位；解释地图；在实地工作中利用调查、访问、笔记、照片、统计、草图、测量等形式搜集资料和处理资料等。[①]

2. 课程重点

在课程的每一个学习水平,标准提供了需要学习的主要内容,并指明了课程重点。课程重点向教师提供了一些指导意见,帮助教师确定教学重点,并制订课程计划,这类似于我国课程标准中的教学建议。下面以水平6为例来说明：水平6的学生将了解主要自然系统的分布与功能；自然系统与人类活动的相互作用；人口构成类型的变化以及变化动因；人类与环境的关系以及促进生态可持续发展政策的形成。在这一水平,学生要形成这样的认识：主要自然系统的作用都是生物圈的一个组成部分,如水的循环。学生要研究人们利用环境获取资源的方式,以及这种获取方式对环境的影响。学生需要了解确保资源储备的必要性,并通过考察有关案例以了解地方、区域、国家和全球范围内节能的普遍原则。通过研究影响全世界范围的人类问题,如人权和获得净水的途径,学生建立起对于公民这一概念的理解。通过研究热带雨林或中纬度澳大利亚森林和灌木丛,学生需要了解在自然和人文环境中物质与人类活动的相互作用。从不同的角度研究植物的净化作用,包括种植业对于世界贸易的贡献（全球范围）、对于风景的影响（区域范围）、对动植物栖息地减少的影响（本地范围）。学生需要运用地理术语建立起对人与自然系统相互作用方式的理解,并且设计对未来的回应方式。

---

① 丛立新,等.澳大利亚课程标准[M].北京：人民教育出版社,2005：389.

3. 学习成果

澳大利亚维多利亚州地理分支标准的一个显著特征就是详细论述学习成果标准，即期望学校面向全体学生，教学目标力求达到的标准。这些标准可以被测量，从而帮助教育研究者、学生、家长和决策者做出决定。表1-10简单介绍水平6的不同水平和水平6拓展下的不同学习成果。

表1-10 不同水平下的学习成果

分支	水平	学习成果概述
社会与环境	1	1.1 描述在家庭环境中学生生活的各个方面。（SOSE0101） 1.2 说明为什么家庭和其他群体有规则，以及这些规则怎样应用。（SOSE0102） 1.3 具体解释人们如何利用和保护家庭环境。（SOSE0103）
	2	2.1 考察本社区及环境伴随时间所发生的变化。（SOSE0201） 2.2 说明在学校和社区的其他群体中成为积极成员的意义。（SOSE0202） 2.3 说明社区的资源是怎样使用和管理的，以及为什么这样做。（SOSE0203）
	3	3.1 说明不同的文化对于澳大利亚多样化社会成长的贡献。（SOSE0301） 3.2 考察在澳大利亚社会中个人及群体的权利和责任。（SOSE0302） 3.3 比较在澳大利亚人们如何利用环境。（SOSE0303） 3.4 比较本地社区工作和企业的不同类型。（SOSE0304）
地理	4	4.1 使用地图和其他地理工具，指出并说明澳大利亚和全球重要的自然和人文特征。（SOGE0401） 4.2 描述澳大利亚的人口分布，并且解释土地使用方式的变化。（SOGE0402） 4.3 分析关于澳大利亚土地使用和保护的不同观点。（SOGE0403）
	5	5.1 比较澳大利亚和世界上重要地区的特征。（SOGE0501） 5.2 解释自然过程和人类活动怎样改变着环境。（SOGE0502） 5.3 说明人类如何利用自然，以及人类环境怎样随着时间改变。（SOGE0503） 5.4 设计一份强调变化带来影响的计划。（SOGE0504）
	6	6.1 说明人与主要的自然系统之间的相互作用及过程。（SOGE0601） 6.2 评价各种不同的因素如何影响和刺激人口的分布。（SOGE0602） 6.3 选择一个自然和人文环境预测资源发展和利用带来的影响。（SOGE0603） 6.4 为了解决一个有关自然和人类环境的利用及管理问题，建立一项综合策略。（SOGE0604）
	6(拓展)	6.5 评价一项致力于资源的可持续发展的环境政策的实施。（SOGE0605）

4. 评价指标

对于每一个水平的学习成果，课程标准设置了相应的评价指标，来说明学生获得该学习成果时，应该达到的水平。这些水平是考查学生获得学习成果的重要依据，也是告诉人们如何评价学生所取得的学习成果。下面以水平6的学习成果和评价指标为例，加以说明（见表1-11）。

表 1-11　水平 6 的学习成果和评价指标

学习成果	评价指标
在水平6,学生应能够：	当学生获得这种学习成果时,他们能够：
6.1 说明人与主要的自然系统之间的相互作用及过程(SOGE0601)	1. 描述主要的自然系统的位置和分布。 2. 描述驱动主要自然系统的过程。 3. 分析人类活动对于自然系统的影响。 4. 提出控制人类活动对于自然系统影响的策略
6.2 评价各种不同的因素如何影响和刺激人口的分布(SOGE0602)	1. 认识一系列导致人口变化的因素。 2. 应用有关因素解释人口的分布形式。 3. 分析有关因素以说明影响人口变化的动因。 4. 利用当前和历史的资料预测未来的人口分布形式
6.3 选择一个自然和人文环境预测资源发展和利用带来的影响(SOGE0603)	1. 概括当前对于环境的利用与资源可使用性之间的关系。 2. 说明资源的获取和利用对于自然环境可能产生的影响。 3. 对于自然和人文环境的可持续性发展提出具体方法
6.4 为了解决一个有关自然和人类环境的利用及管理问题,建立一项综合策略(SOGE0604)	1. 利用一系列地理学媒介描述环境。 2. 对于各种致力于解决利用和管理环境问题的因素进行评价。 3. 识别为解决上述问题而形成的策略。 4. 说明一项控制环境的具体策略的合理性

表 1-11 描述了如何了解学生是否达到了预期的学习成果,如果学生达到右边的"评价指标",学生就获得了左边的"学习成果"。

(二) 分支标准的特点

1. 综合性

地理分支作为"社会与环境教育"核心领域的一个分支,体现了核心领域课程所具有的综合性的特点。从表 1-10 中的前三个水平下的学习成果概述,可以发现综合性的特点在初级阶段表现得尤为明显。这是因为"社会与环境教育"核心领域定位于复杂的、综合的知识范围,其中包括了传统科目和有助于就业的和综合的学科,包括历史、地理、经济、法律和政治。"社会与环境教育"核心领域提供了一个框架让学生了解有关澳大利亚社会的过去和现在、城市和自然环境。它把澳大利亚视为亚太区域之内的一个地区,是更为广大的国际共同体的一部分,并进一步将这样的知识拓展为全球性的观点。学生在这门课程中所获得的知识、技能和价值观,将使他们能够作为自信的、有责任感的、积极的公民加入社会中去。

2. 整合性

该课程标准的另一个显著特点就是通过一些"概念"整合标准。概念是对多种事例加以分类的组织性观念,虽然在不同场景中例子会有所不同,但都具有共同的特性,因此具有很强的整合性。比如,"社会与环境教育"核心领域知识层面的目标围绕"澳大利亚和它的所有民族""公民与公民教育""环境意识""全球理解""经济""经营技能"六个重要的知识概念领域建立。在"社会与环境教育"核心领域概念的指导下,地理分支目标则围绕"地区""分布""人与环境之间的关系""全球视野""生态的可持续发展"五个核心概念制定。利用这些概念形成的课程标准,能让思维达到整合水平。它是通过概念核心来实现整合课程这个目标的,如果没有核心概念,学生就不能达到更高层次的课程和认知的整合。①

3. 层次性

英国《国家地理课程标准》提出了学生学习的四个关键阶段和教学要求的10个层次水平。② 由于受英国的影响,澳大利亚在基础教育发展过程中继承了英国的特点,地理分支标准的层次性就是其中一个特点。标准的层次性体现在两个方面:一是学习成果的层次性(见表1-10)。地理主要集中在水平4~6,但在水平1~3中也包含有地理的内容。这些学习成果由低到高,层层递进,步步深入,体现了标准的连续性和层次性。二是评价标准的层次性(见表1-11)。比如,为了实现水平6中"说明人与主要的自然系统之间的相互作用及过程"这一学习结果,评价标准是从"描述主要的自然系统的位置和分布""描述驱动主要自然系统的过程""分析人类活动对于自然系统的影响""提出控制人类活动对于自然系统影响的策略"四个方面来评价的。"描述""分析"和"提出"三个词体现了评价标准的层次性。

4. 拓展性

地理是一门空间性很强的学科。但人活动的空间是有限的,随着活动范围的不断扩大,空间也不断拓展。澳大利亚课程标准充分体现了学生活动空间不断拓展的特点(见图1-4)。从表1-10的学习成果概述中可以发现,不同水平层次中学生所关注的活动范围是不同的。比如,水平1集中于"家庭"、水平2集中于"社区"、水平3集中于"澳大利亚",其他几个水平集中于"澳大利亚"和"世界"。标准将家庭、社区、学校等场所结合起来,使它们共同成为地理学习的基地,从而让学生意识到地理存在于生活中,而不只是在课堂上。学生因此获得了更广泛接触地理的机会。这种地理空间上的拓展性符合学生认知发展的特点,有利于学生从自己的经验出发,将自身的知识和经验在课堂活动背景中加以利用,由此帮助他们理解不断拓展的世界的其他方面。

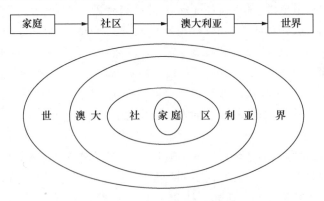

图1-4 不同水平的空间拓展图

---

① Erickson. 概念为本的课程与教学[M]. 兰英,译. 北京:中国轻工业出版社,2003:74.
② 毕超. 英国《国家地理标准》[J]. 课程·教材·教法,1994(3):58.

5. 实践性

澳大利亚维多利亚州分支标准很注重技能的培养,具有较强的实践性。标准比较注重通过学生参与实地考察,在获取和处理资料的过程中学习和提高地理技能。比如,水平 4 中建议学生访问附近的地方,像加利维尔德国家公园和巴马州森林,通过这些活动可以搜集影响社区和本州问题的资料,能够帮助学生提出解决问题的方法;水平 5 中建议学生通过实地考察研究地域特点及改变环境的自然过程和人类活动,鼓励学生参与社区有关活动,如盐碱化,以此对地方管理者出谋划策;水平 6 中建议学生在本地区开展实地考察,收集、核对、分析和评价数据,学生从实地考察中搜集证据,说明并且预测自然过程和人类活动对环境的影响,思考人们对于变化的反映方式,像关于土地的使用。学生应用地理学技术,包括多变量的数据和复杂的地图表达,使用一系列地理学媒体说明、解释环境的变化,并且处理在实施考察中所搜集的资料数据。

(三) 对我国地理课程标准修订的启示

2007 年,教育部在北京召开了义务教育课程标准修订工作会议。这标志着已经实施了 6 年的义务教育阶段课程标准全面进入了修订阶段。随着高中新课程改革的不断推进,高中地理课程标准也将进入修订阶段。澳大利亚维多利亚州地理分支标准的一些特点对我国地理课程标准的修订具有启发作用。

1. 制定学习领域标准,加强学科之间的综合性

在澳大利亚,全国统一规定,在整个基础教育阶段必须开设八个核心学习领域并制定相应的标准。"社会与环境教育"领域针对地理的学科特点,考虑到不同年龄学生对地理的接受性和不同学科之间的融合性特点,实行低年级先综合学习、高年级后分科学习的顺序。在综合学习中始终明确各分支学科的独立特征与作用,分科学习又在保持学科独立性的基础上适当综合。这种系统规划保证了教学的连贯性以及学科之间的综合性。随着新一轮课程改革的进行,我国也开始尝试综合的课程结构,如高中设置了"人文与社会""科学"等学习领域。但到目前为止还没有制定学习领域标准,还是分科制定标准。因此,在修订课程标准的过程中可以组织学习领域专家、学者以及一线教师确定相应的学习领域标准。

2. 提炼地理核心概念,提高学科内容的概括性

澳大利亚维多利亚州地理分支标准的一个显著特点就是围绕"地区""分布""人与环境之间的关系""全球视野""生态的可持续发展"五个核心概念制定。此外,美国 1994 年颁布的《国家地理课程标准》也是围绕"空间术语中的世界""地区和区域""自然系统""人文系统"和"社会与环境"五个核心概念制定。[①] 由此可见,以"概念"为本的标准编写模式已成为国际趋势。美国著名教育家林恩·艾里克森(H. Lynn Erickson)认为"通过概念整合学习主题,可以产生元认知学习。学习的一个目的就是要超越对主题知识进行记忆的限度,概念为取代具体主题和知识片段的学习确立了目标。

---

① Erickson. 概念为本的课程与教学[M]. 兰英,译. 北京:中国轻工业出版社,2003:78.

教与学的重心变为思维的形成,它可以进一步发展并被应用于新的而又相关的学习情境中。在学生围绕那些可随时间和跨文化迁移的更重要的概念来整合其思维时,主题起到工具性的作用,使学生把新的知识应用到原有知识当中。"① 但通过分析我国初高中地理课程标准,发现我国地理课程标准是以主题为本的标准编写模式,而且主题较多、较杂。这种以主题和相关事实为中心的模式不利于学生思维能力、迁移应用能力的培养,也不利于教师对地理课程标准的把握和落实。因此,在地理课程标准修订中要提炼地理学科的核心概念,通过核心概念统率地理学科内容。

3. 尝试分级编写模式,加强各个阶段的连贯性

如何系统连贯、有梯度地安排学习内容,使其既符合学生的发展水平,又能通过教学促进学生的发展,且做到前后内容既不重复,也无遗漏,还能递进提升,澳大利亚维多利亚州地理分支标准的设计值得我们借鉴。它的6个水平按照学科逻辑及学生的发展水平(学生生活范围的扩大及知识水平的提高)两个维度来设计,层层深入,循序递进,使各水平的学习既相对独立又相互联系。由水平1至水平6,学习难度逐渐加深,接触的材料及设备更广泛,作业的要求更高,专门化的程度更强。

4. 增加复杂层次目标,体现三维目标的完整性

美国著名教育目标分类学家布卢姆(B. S. Bloom)根据复杂程度将教育目标分为"知识""领会""运用""分析""综合"和"评价"六个层次。这六个层次在澳大利亚维多利亚州地理分支标准中都有所体现,但从表1-10,可以发现澳大利亚很注重"评价"层次在标准中的设计。比如,水平6中的"评价各种不同的因素如何影响和刺激人口的分布"以及水平6拓展中的"评价一项致力于资源的可持续发展的环境政策的实施"。通过分析统计我国初高中地理课程标准,可以发现我国标准基本上是围绕"知识""领会""运用""分析"四个层次设计,而"综合"层次涉及较少,"评价"层次基本没有涉及。比如,关于"人口"内容,初中标准是这样设计的:"说出我国人口总数,运用有关数据说明我国人口增长趋势,说出我国的人口国策;运用人口分布图说出我国人口的分布概况。"② 高中相关标准是这样设计的:"分析不同人口增长模式的主要特点及地区分布、举例说明人口迁移的主要原因、说出环境承载力与人口合理容量的区别。"③ 因此,在"课标"修订过程中,要考虑增加复杂层次目标,尤其是作为价值判断层面的"评价"层次,这有利于培养学生的思维能力,有利于在知识与技能获得的过程中培养情感态度与价值观。

5. 完善学习评价标准,提高课程标准的操作性

澳大利亚维多利亚州地理分支标准的显著特征就是有鲜明的评价标准。每一个水平下都有相应的学习成果,评价指标对应于学习成果,这对于课程的设计者、使用

---

① 地理课程标准研制组.全日制义务教育地理课程标准(实验稿)解读[M].武汉:湖北教育出版社,2002:225.

② 中华人民共和国教育部.全日制义务教育地理课程标准(实验稿)[M].北京:北京师范大学出版社,2001:5.

③ 地理课程标准研制组.普通高中地理课程标准(实验)解读[M].南京:江苏教育出版社,2004:302.

者都有着积极的作用。教师可以由此来评价学生,检验自己的教学效果;学生可以自我评价有没有达到预定的"指标",有没有获得"学习成果"。相比之下,我国的地理课程标准在评价体系上有着明显的不足。我国课程有课程性质、基本理念、设计思路、课程目标、内容标准、实施建议等主要内容,只是在实施建议中有评价建议,但评价建议是从总体上指导"评价"。例如,《普通高中地理课程标准(实验)》提出:"地理学习评价,要在知识与技能评价的基础上,关注对学生评价判断能力、批判性思考能力、社会责任感、人生规划能力形成状况的评价。"这是比较粗略的评价,具体如何操作,却没有给出。因此,在修订过程中要完善学习评价标准,提高标准的可操作性。

6. 确定标准修订指标,提高标准修订的针对性

对标准的修订首先要对标准进行评价,在评价时应该事先确定一些指标。美国 Thomas B·Fordham 基金会公布的《州地理标准:对 38 个州以及哥伦比亚特区地理标准的评价》中使用六个指标来评价各州标准。六个指标分别为清楚性、确切性、平衡性、是否运用能够衡量学生进步的有力动词、是否包含基准以及对教师的指导。此外,该"评价"还对"空间术语中的世界""地区和区域""自然系统""人文系统"和"社会与环境"等内容制定了全面性和严密性的指标。这些评价指标的确定加强了标准评价以及修订的针对性,这些指标对于我国地理课程标准的修订具有借鉴作用。

第二章 地理教材发展与改革研究

狭义的教材也称教科书。光绪二十八年（1902年）南洋公学的张相文编写的《初等地理教科书》被认为是首次使用"教科书"一词。教科书是课程内容的具体呈现，教科书是学科育人价值的载体，教科书是教学实施的依托，教科书也是国家意志、民族文化、社会进步和科学发展的集中体现，是实现课程目标的最直接的文本。随着我国课程改革的推进，地理教材已经形成了"一标多本"的编写发行格局，地理教材编写理论研究和实践探索成为当前研究的热点问题。本章撷取了1996年至2017年期间发表的10篇文章，其中有对不同历史时期教科书的育人功能、学科价值、编写特征、难度水平的梳理分析；有对新时期背景下教材设计、功能优化、理论升华的探索；也有对国外教材的比较借鉴。本章展示的多维研究视角，给人以深省与启迪！

我国地理教科书的发展历经120多年的历史。"难中求进：中华人民共和国非人教版地理教科书发展近30年（1949—1976）"将新中国改革开放前的教科书发展分为继往开来的过渡期、仿效苏联的摸索期、开拓创新的小热潮和峰回路转的蛰伏期四个阶段，体现了教科书与政治、经济、文化活动的互动关系。"改革开放以来我国高中地理教科书课程难度变化的定量分析"利用课程难度模型对我国改革开放以来的地理教科书难度进行了评价，能为教科书改革编写提供参考。"开启与动荡：中华人民共和国成立前（清末·民国时期）地理教科书的图像系统研究（1904—1948）""承前启后 积极过渡 中华人民共和国成立初期的小学地理教科书评介（非人教版）""引进借鉴 探索前行 '学苏'时期的小学地理教科书评介（非人教版）""主动求索 曲折发展 '精简调整'时期的初中地理教科书评介（非人教版）"对不同历史时期的教科书体系结构、内容选择、图像系统、作业系统等进行的梳理，展示了我国地理教科书的演变脉络。

教学性是教科书区别于其他文本的本质属性，编写出"便于教师教，利于学生学"的教科书是教材编写者的永恒追求，探索教材编写理论是提升教材编写质量的重要途径。"我国中学地理教材评价研究的学术审思"对我国改革开放30年的地理教材评价研究进行量化研究，分析了当前研究中的得失及其原因，展望未来地理教材评价的发展路径。"对编写高中地理新教材的认识与建议"在我国课程改革即将启动之际，从教材结构新意、学生乐学、教师乐教等角度对21世纪的新教材编写提出了建议。"论高中地理新教材活动性课文的设计与开发"从教材活动性栏目的特征入手，提出了活动性栏目设计的思路，以提升教材的新功能。

进入21世纪，我国的课程改革也带来了教材的变革，比较研究教材为教材编写创新提供了更多思路。"国外中学地理教材的特点探析"介绍了美、英、德、日等国地理教材编写的新特点，不同国家和地区的地理教材特点与其课程目标、育人价值追求有密切关系，也为我国新课程地理教材编写提供了重要借鉴。

教科书建设是关系到"培养什么样的人"的重大问题,是基础教育改革的重要内容,是培养地理核心素养、落实立德树人根本任务的重要途径。中共中央、国务院在加强教材建设的相关文件中强调,要"以全面提高教材质量为目标,以提升教材的思想性、科学性、民族性、时代性、系统性为重点,推动大中小学教材整体建设"。随着课程改革的不断推进,地理教科书的研究和教材建设仍然为我们留下了十分广阔的探索空间。

需要说明的是:本章中改革开放以前的地理教科书特点研究内容是参考由人民教育出版社主持的国家社科基金重大项目"中国百年教科书整理与研究"地理卷的研究成果。

(注:本章卷首语执笔人龙泉,师从李家清先生攻读硕士学位、博士学位,现为华中师范大学城市与环境科学学院讲师。)

第一节　地理教材发展变化的路径综核

一、难中求进:中华人民共和国非人教版地理教科书发展近 30 年(1949—1976)[1]

1949—1976 年近 30 年间,中国的政治、经济不断变革。受此影响,非人教版地理教科书的编辑出版工作在曲折中前进。一些版本曾是当时主流或最主要的地理教科书,且"文化大革命"十年,人教版地理教科书空缺,非人教版地理教科书发挥了不可磨灭的作用。

(一) 1949—1952:继往开来的过渡期

中华人民共和国成立初期,中小学地理教科书承前启后、积极过渡。1949 年第一次全国教育工作会议确立了"以老解放区新教育经验为基础,吸收旧教育有用经验,借助苏联经验,建设新民主主义教育"的教育改革方针。由于时间紧迫,对老解放区和国统区教材进行修订、改编是当时出版地理教科书的基本方式。小学阶段,多采用华北新华书店 1948 年 3 月出版的"高小地理"课本。下面以此介绍本阶段的特点。

1. 区域取向的编写架构

本套教科书包括四册,以区域地理为主,前两册为中国分省地理,第三册内容包括中国地理概论、地球以及分大洲地理(无南极洲),第四册内容为国家地理。

(1) 厚中薄外,注重基本的国情教育

中国地理内容以省分章逐一介绍,帮助学生认知家乡和祖国的地理概况;世界地理介绍亚洲、大洋洲、欧洲、非洲和美洲,并选择与我国相邻、具有世界影响力的 16 个国家、3 个地区,开阔学生的视野。小学阶段,"厚中薄外"可以使儿童认识祖国地大、

---

[1] 刘学梅,李家清.难中求进:新中国非人教版地理教科书发展 30 年(1949—1976)[J].地理教学,2017(17):7-13.

物博、人众等现状,奠定热爱祖国的基础。

(2) 由近及远,遵循儿童的认知规律

先中国,后世界,由近及远,符合小学生的认知规律。中国地理"先分后总",先分省介绍中国地理,并以河北省为起点,分别向北向南、由东向西逐一介绍。总论部分以地理要素为线索,先自然,后人文。世界地理内容按照"地球—大洲—国家"结构,以亚洲为中心,由近及远,分章介绍各大洲以及主要国家的地理概况,选择我国邻近国家及具有世界影响力的国家。

(3) 要素俱全,区域特征不明显

区域介绍知识点繁多,要素俱全,但相互缺乏关联,遗留地方志痕迹。这种"面面俱到"但又"蜻蜓点水"式的设计,虽然可以扩大学生的知识面,但是由于内容太多,区域特征不明显,不利于提高学生的学习兴趣。

2. 弘扬爱国主义教育精神

认识新中国,拥护中国共产党和新政权成为这一阶段地理教科书爱国主义教育的首要目标。一是注重革命战争的介绍,表达对祖国统一的信念与期盼。二是介绍革命历史,颂扬中国共产党。通过解放前后的对比,表达对中国共产党的颂扬,对中国人民自强不息的民族精神的讴歌。三是突出国防教育内容,捍卫国家主权。四是坚持实事求是的科学态度,没有过度意识形态化。

3. 相对完整的体例结构

本套教科书内容由课文、问题、作业、注释以及插图五部分组成,体例相对完整。

(1) 描述性为主的课文

课文是教科书的绝对主体。因为是小学教科书,文中多文字描述地名、地理数据、地理景观等地理基本事实,而很少涉及地理基本概念、基本原理知识。文字简练,概述精要,甚至出现以纲目表述的形式。

(2) 数量不多且较单一的图像

图像数量较少,如第一册教材共 15 篇课文,仅包含 13 幅图像。图像色彩单调,以黑白色为主,印刷质量不高(图略)。此外,类型单一,除地图外共使用了 2 幅专题地图与 3 幅示意图。

部分地图内容有不当之处,一是部分地图缺乏关键性的比例尺、图例、方向标识,且山脉与河流符号过于相似,很难区分开来。二是部分主题不明确。三是部分区域地图使用的比例尺不当,如比例尺过大,反而不利于学生对某地理位置的确定。

(3) 记忆知识为主的作业

课文最后的"问题"与"作业"构成了本套教科书的作业系统,难度都较小。另外,少量涉及乡土地理的调查实践类活动,不利于激发学习地理的兴趣。

(二) 1953—1957:仿效苏联的摸索期

这一时期,地理教科书在学习苏联中摸索前进。这期间我国新编的地理教科书不多,尤其是小学阶段的。东北人民出版社出版的《高级小学适用地理》作为当时的主流教科书,发行量大,使用范围广,代表了当时教科书的编写水准。

1. 继承区域地理传统，保持教材的连续性

三册教科书内容以区域地理为主。中国地理按照"分—总"思路设计的内容较多，世界地理采用"总—分"结构的内容较少。前两册首先分述中国各省，第三册先以地理要素为单位总结中国自然地理环境，然后简述世界上的大洋和大洲，再以分章论述各洲（无南极洲），没有专门论述国家。

（1）强调区域和要素的完整性，继续分省设章

中国地理按省分章，完整地介绍各省的范围、地形、气候、农业、工业、矿产、港口等相关内容，要素齐全，区域完整，同时不可避免地导致区域特征显示度不够。分省的排列顺序，以北京为起点，按照自北向南、由东向西的方位原则介绍当时我国六大行政区和内蒙古自治区及西藏行政区域。

（2）调整个别行政区，凸显重要城市

由于当时行政区划的变革，教科书对一些区域相应作出调整，如安徽省被长江分为"皖南行署区和皖北行署区"，江苏省以长江为界，分为"苏北行署区和苏南行署区"。

此外，标题中重要城市与其省区并列，凸显重要的城市。如"湖北省和武汉市"，突出武汉九省通衢的交通枢纽地位。

（3）开始关注地理要素间的联系，重视地理环境整体性观念

例如，我国气候的相关表述，不再简单概括气候特点，而是论述地形、地理位置等要素对气候要素的影响，从而萌发地理环境整体性的观念。

（4）与生产生活相结合，强调人对自然的改造

受苏联影响，教科书非常强调人类改造自然的主观能动性，如"现在人民政府结合群众胜利完成了导沂工程，并且进行治淮工作，开凿苏北灌溉渠道，开始建设沿海防风林区，把原来土质较差和洪水泛滥的地区，变成肥美的良田"。

2. 继续弘扬爱国主义教育，丰富政治思想教育意蕴

本阶段学习苏联"有高度的政治思想，有立场，有原则，充满对劳动人民的热爱和对剥削制度的仇恨"。继续弘扬爱国主义精神，同时思想政治教育内涵丰富，强调国家的政权性质，明确"敌我阵营"立场。

（1）重视意识形态教育

首先，对资本主义国家的政治与经济持强烈的批判态度，同情和支持处于民族解放运动中，以及仍处于殖民地和半殖民地的地区和国家，帮助学生能够分清立场。其次，如通过中华人民共和国成立前后淮河发生的巨大变化，突出社会主义国家和人民民主国家的建设成就，体现不同的社会制度下人类利用自然和改进自然的差异，进行社会主义教育、爱国主义教育。

（2）加强民族团结的教育

帮助学生认识不同民族的差异，认识各兄弟民族的友爱合作和团结一致的重要性。

（3）全面渗透爱国主义教育

其一，维护祖国统一的教育。帮助学生坚定政治立场，自觉维护国家统一，树立

报效祖国的伟大志向。其二,加强乡土教育。启发儿童认识当地的自然界,认识当地居民的生产活动和当地的主要建设活动,从而培养学生将来积极参加家乡和祖国建设的热情。其三,强调国情与国策的教育。例如,学完分省地理的内容后,再学习总论中国地理概况,让学生通过与世界地理相比,认识到祖国领土广袤、人口众多、资源丰富、民族友爱、制度优越,培养学生的民族自尊心和自豪感,激励学生自觉地、积极地投身于祖国的社会主义建设。

3. 清晰简洁的结构,相对稳定的体系

教科书以章为基本单位,有正文、图像、注解、问题、作业等栏目,体系清晰完整。

(1) 表述条理清晰的课文系统

课文包括正文和注解。课文是教科书的核心部分,所占篇幅最大。课文主要是对地理现象的描述,几乎没有涉及地理原理与规律。

第一,课文表述思路清晰,逻辑清楚。如对中国气候内容的表述,先论述气候的要素,后简述地理位置与地形要素对气候的影响,再分气温、风向、雨量三方面论述不同地方的气候特点。按照"总—分"结构,表述条理简洁。

第二,区域尺度微观细化,导致行文烦琐。如对北京的描述,区域尺度把握欠妥,内容表述过于微观,最后成为对地名的描述,显得烦琐累赘。可见,对这种"直辖市"尺度区域的表述,地理教科书的编写仍处于探索之中。

(2) 日渐丰富的图像系统

本套三册教科书图像数量较之前有所增加,采用黑白印刷,较为简单。共计53幅各种图像,其中地图占绝大部分,另外有少量的示意图、统计图等。

首先,专题地图增加。中国地理要素基本配齐专题地图,如中国山脉分布略图、中国雨量分布图、中国矿产图、工业区域图等。

其次,出现不同尺度的图像。专题地图中出现不同比例尺的图与原来统一的全国尺度的图有所区别。

最后,图像有些粗陋,在图文关联与配合、图像数据说明、图例使用、图像重要信息等方面存在一些瑕疵,易造成学习障碍。

(3) 重视乡土实践的作业系统

由"问题"和"作业"组成的作业系统的位置固定在每章最后。"问题"内容主要涉及位置与物产,帮助学生理解与巩固课文内容。"作业"内容涉及画图及调查等,帮助学生结合乡土生活,培养绘图、调查等地理实践技能。

此外,也有部分习题设计不当,学生难以完成,对教学带来一定影响。

(三) 1958—1965:开拓创新的小热潮

1958年开始,全国掀起"大跃进"高潮,中小学地理课程受其影响,内容不断被压缩。1958年8月中共中央办公厅、国务院发布《关于教育事业管理权力下放问题的规定》,允许地方自编教材,因而地理教材出现多种多样的局面,并掀起一个创新的小热潮。笔者以发行量大、具有一定影响力的1962年《北京市初级中学试用课本》为例,概括本阶段教材的主要特点。

1. 具有创新意义的区域地理结构

教科书共四册三篇,以区域地理、中国地理为主。三篇分别为:地球的基本知识、中国地理、世界地理。

(1)地球的基本知识:事实和原理相辅相成

内容选择一些地理基础性知识,为后续学习做好铺垫。同时既有地名、地理数据、地理事物的演变和分布的状况的介绍,也有地理事物的演变和分布的规律,以及形成这种规律的原因等的介绍。前者是地理知识的基础,后者是理解地理事物和现象发展、变化的"钥匙"。

(2)中国地理:跳跃式的结构

中国地理部分,先总论中国的概况,后论述中国的自然概貌,再学习各省区地理,最后论述中国的人文概貌。即概论与分区交织在一起,系统地理与区域地理混合,这种跳跃式或混合式的结构很少见。这种结构虽有利于学生建立空间概念,理解自然要素之间的联系,掌握系统的自然地理知识,但内容有些凌乱,且自然地理要素和人文地理要素被割断。另外,中国地理部分还有如下特点。

一是重视自然地理要素,论述自然地理基本原理。不仅着重论述了某些自然要素的分布规律,还结合主要自然条件,探讨某些自然资源的形成、发展的基本原理。

二是简化地理要素,突出区域特征。中国概况省略土壤、生物等要素。而省区地理简化地理要素,抓住最本源要素和最特色要素,如对上海的描述——"优越的地理位置""全国最大的工商业城市"。此外,通过比较学习,学生可进一步理解区域特征,如"比较说明塔里木盆地和准噶尔盆地在自然环境和农业生产等方面的特点有何异同"。

三是强调地理要素的联系,突出地理环境的整体性。讲述我国的省区地理时,按照地理要素之间的有机联系列出专题。如讲述安徽省时,分三步"地形""气候和农产""工矿业和城市",突出要素之间的相互联系,从而强调地理环境的整体性。这种用专题讲述区域的方式,突破了传统地理教科书编写的体例。

(3)世界地理:详略有别的众多国家

世界地理涉及的国家总数达59个,区域数量过多。顺序基本按照地理位置排列,但依据与我国的政治关系程度及其世界影响力,不同国家所占篇幅不一,如对苏联(唯一单独列为一节的国家,当时中苏关系虽恶化,但没有完全决裂)的论述占16页,而美国占7页半,英国占3页半。

2. 革命意识澎湃,高扬国际主义和爱国主义旗帜

中国地理据实对比新旧中国的状况,世界地理处处强调国家政权性质。其根本目的是培养学生热爱共产党、热爱祖国、热爱社会主义的感情。同时,注重分析世界局势,培养国际主义精神教育。

一是鼓舞学生保护国家领土完整,鼓舞学生投身社会主义建设事业。二是贯穿国家领导人的活动,摘录领导语录,培养学生热爱共产党、热爱领袖的思想感情,并逐步培养学生工人阶级的阶级观点、劳动观点、群众观点。三是注重国际主义精神的培养。宣扬"全世界无产者联合起来"反对国际资本主义,建立无产阶级专政,实现共产主义。如在论述非洲的时候,专门用一页论述非洲的"民族独立运动的发展"。四是强调人类对自然资源的合理开发与利用,培养学生因地制宜的辩证法思想。

3. 活动性课文的发轫

本套教科书主要由读图(活动)、课文、图像、小字阅读材料、作业、脚注、附录等模块组成,表征地理教科书活动性课文的发轫。活动性课文,一般是指教科书中呈现以学生参与某种活动形式来表达教学(学习)内容的课文。① 本套教科书中:一是沿用苏联区域地理教材的做法,自第二篇开始各章正文之前,一般设有三道读图题目。创设情境,帮助学生建立空间概念。二是镶嵌在正文中的阅读材料,或提供感性材料,或对正文补充与延伸。三是正文中穿插练习,如月平均气温的计算。总之,本套教科书编制体例上有所创新,标志活动性课文已开始萌芽。

此外,开始关注学生的学习需要,每册教科书都安排了附录表,方便学生查阅相关资料。例如,第三册的为"亚洲各国面积、人口、首都简表"。

（1）日益完善的课文系统

栏目丰富。本套教科书的结构丰满,栏目较多。如每册教科书前有"教材的几点说明"(包括教学安排、内容说明、使用方法、教学建议等)、扉页彩图、课后附录等。

语言生动。一改过去语言枯燥乏味的表达现象,用生动的语言描述地理事物。但部分内容难度大,不适宜作为初中教科书,如我国地形的地质基础、主要气压带与风带的形成。还有一些与地理学科无关或关系不大的表述,如对工业的部门分类以及中华人民共和国成立后的找矿运动。

（2）从边缘向中心过渡的图像系统

教科书中共有278幅图,图像较为丰富,每种类型都有所增加。地图与景观图所占比例较大。

类型多样化,图表兼备。黑白图与彩色图并存,地图、示意图、景观图、统计图以及照片同在。不仅有静态的分布图,还有动态的形成过程图,甚至还有剖面图。尤其是照片的使用,更是开创了地理教科书的先河。

地图交互功能加强。如围绕简图设置启发性问题,引导学生深入挖掘图像的内涵;地图中适当"留白",让学生去填图、画图,从而加强互动性,激活地图,让地图不再是静态的画面,而是流动的、跳跃的、衍生的活地图。如"在中国暗射地图上,填注我国主要铁矿、煤矿、油田和有色金属矿的分布地"。

形式逐渐规范。充分使用图例、比例尺等;讲究图文配合,或以图释文,或以图补文;图像中有数据说明,而不是简单的直观比较(见图2-1)。

---

① 李家清,闻民勇,刘学梅.论地理新教科书活动性课文的设计策略[J].地理教学,2005(9):10-13.

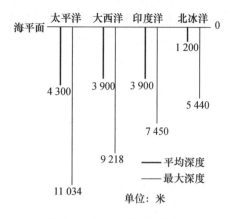

图 2-1　四大洋深度的比较

总之,该套教科书图像数量增多,但其作用主要还是对课文有图释与拓展的作用,还没有独立担当起传播地理知识的作用,因此还在走向核心的道路上。

(3) 承载技能培养的作业系统

该套教科书作业编排灵活,课前、课中、课后都有呈现,主体在课后。

作业弹性化。设计大量作业,每节都安排有 3 至 10 道作业题,可以选做。

活动类型丰富化。具有思考类、作图类、观测类、调查类以及搜集信息类等。虽以地理知识的记忆与复习为主,但逐渐重视地理实践技能培养。为了培养学生阅读地图的技能与习惯,区域地理每节之前设置"读图"栏目,甚至有些读图活动还贯穿在课文之中。此外,还注重培养学生的地理观测技能(包括气象观测与天气预报、识别矿石等)、信息搜集与处理能力。如"利用课余时间,搜集当地的天气谚语,并加以验证"。

活动内容生活化。以乡土地理为研究对象,学生可联系生活经验解决问题。如"解放后,你们学校附近新建了哪些工厂?你知道最近北京又有哪些工厂投入生产?"

(四) 1966—1976:峰回路转的蛰伏期

1966 年 5 月"文化大革命"开始后,学校地理课程受到严重冲击,地理教科书也在不断变动。1972 年 10 月,国务院科教组召开地理教育工作座谈会,确定由科教组分大区交流编写出版教材的经验,组织协作编写,然后采用分科设点、择优推荐、集体修订、分工出版的办法,出版一批质量较高的教材。1973 年 6 月,广东人民教材编写组编写出版的教科书《广东省中学试用课本地理》是值得称道的。

1. 分区分国的高中地理

本套教科书初中地理与高中地理有所分工,初中地理只讲概况,高中中国地理讲分区,世界地理主要讲分国。这种体例结构在中学地理教科书史上也少见。本套高一地理教科书分为两编,第一编为中国区域地理,第二编为世界地理,除两章讲述世界的海洋与气候外,其他都属于区域地理。

(1) 中国地理"分区"讲述,打破"省级"行政区划

本套教科书中国地理不是"分省"而是"分区"讲述,把全国分为东北、黄河下游等

十二个区域,并且以黑龙江为起点,按顺时针顺序选取区域讲述。这种论述方式,争议较大,有人认为易为儿童接受,不会让人感到死板乏味;也有学者认为分省讲述更贴近实际生活且更有效。

(2) 中国地理突出区域特征

中国地理覆盖我国所有的省、自治区、直辖市,着重突出各区域特征。如对东北三省用了三个专题:"山环水绕、平原广阔""我国第一个重工业基地""稠密的铁路网"。

(3) 分洲地理知识分散

世界地理内容包括自然地理总述和分国地理,各洲地理知识分散在国家地理中。除南极洲之外,国家地理按洲讲述。其中单独讲授的国家有48个,内容较为详细的有21个。选取与论述国家的原则为:一是对当时国际政治有重要影响的,特别是对国际共产主义运动、民族独立运动和反帝斗争的内容,介绍较为详细;二是对面积大、人口多或地理位置很重要的地区,介绍较详细;三是对其他国家则是按照位置分地区综述。

(4) 重视经济地理

贯彻"理论与实际相结合以及教育与生产劳动相结合"的原则,对我国工农业的描述具体详细。

2. 思想政治教育为重

这一阶段,在"教育为无产阶级政治服务"的方针指引下,已经把地理教科书的编写定性为无产阶级教育革命服务。但与其他版本比较起来,"课本内容虽有形势变化中的材料,但不严重"。

一是毛主席语录进入教材,宣扬无产阶级政治。这在当时是各地编印的中小学教材普遍现象,不独以地理教材为然。二是明确国家性质,进行反帝斗争宣传。世界地理特别注重国家性质的描述,在每个国家描述中均会穿插"政治地图",地图上标有军事分界线。三是介绍革命纪念地,歌颂革命传统精神。四是批判苏联,引导学生走革命化的道路。中苏友好关系彻底破裂后,不仅把苏联放在欧洲的最后一个国家进行介绍,而且对"社会帝国主义国家"也进行了强烈谴责和批判。五是关注资本主义国家的环境污染问题。

3. 简洁清晰的结构体例

本套教科书采用"编—章—节"的整体结构,结构较为简单,主要栏目包括正文和思考练习。思考练习在每章或每节后出现,每节2~3个题目,一般包括问答以及填图两类,检查学生对本章或本节内容的掌握情况。

(1) 夹叙夹议的文字表述

地理教科书的叙述方式可以分为三种:即客观介绍、主观阐释、开放讨论。[①] 正文在客观介绍地理事实的同时,还进行了许多"革命性或阶级性"的主观阐释,这种夹杂政治形势的内容,削弱了地理基础知识的客观性。

(2) 突出读图技能培养

首先,图像占有一定分量,由插图与附图组成。该套教科书两册192页,图像85

---

① 王民.中学地理教科书叙述方式介绍与探讨[J].课程·教材·教法,2001(8):11-13.

幅,图像所占篇幅之大,可谓首屈一指。图像主要有示意图、景观图、地图三类。其中地图数量最多,覆盖每个国家和地区。主要为黑白图像,但每册最后一页有一宽幅的彩色"世界政区图",方便学生平时的学习。

其次,强化读图技能训练。各种图像贯穿课文,培养学生利用地图学习地理的习惯。同时,每章每节的思考练习中至少有一道读图填图题目,或要求在地图上指出某区域的地理事物分布,并要求说明或分析其特点;或要求在暗射地图上填注相关地理事物的分布。

(3) 注重比较法在区域地理学习中的应用

教科书多处使用比较法帮助学生学习区域地理,如"说明英、法两国在经济上的相同点和不同点"这种比较,有助于学生理解地理事物之间的相互联系,把握不同区域的地理特征。同时也有一些地理性不强的题目,如简述马里和几内亚独立后经济发展的情况。

1949—1976年近30年间,非人教版地理教科书内容有以下特点:第一,区域地理为主,呈现区域数量总体减少,地理要素精简,人文地理内容加重,强调区域特征的取向。区域选择标准在经济实力、与我国的关系(地理位置关系、政治关系)中徘徊。学习目标注重对具体区域的认识。第二,爱国主义教育是永恒主题,尤其突出思想政治教育。第三,特别重视读图和绘图技能的培养。图像数量在不断增加,类型日益丰富,表格开始涌现,且图像日益规范,功能日益强大。作业系统坚持不懈地要求学生读图或绘图。第四,教学性日益增强,从仅仅承载知识到开始承载教学方法,但总体上仍存在对学生心理的忽视、教学性不足等问题。第五,内容出现现代人地关系思想的萌芽,如因地制宜的辩证法思想、环境保护意识等。随着人教版地理教科书的优势显现,非人教版地理教科书地位日益衰微。

总之,教科书是政治、经济、文化活动等共同作用的结果。教科书常常很明确地尝试创建一个新文化世界。1949—1976年非人教版地理教科书是这个时代的掠影,虽有曲折起伏,但难中求进,坚持在变动的年代有所创新,既为未来地理教科书的发展积累了有益经验,也在我国地理教科书发展史上发挥了不可替代的作用。当然,还留下许多值得深思的问题,如经典知识与时代知识的矛盾、思想教育性与学科性的矛盾、学科逻辑与学生心理逻辑的矛盾、区域地理与系统地理的顺序问题、中国地理中分省地理与分区地理孰优孰劣的问题等,为我国地理教科书的创新发展提供了广袤的空间。

二、改革开放以来我国高中地理教科书课程难度变化的定量分析[①]

——以"宇宙中的地球"为例

课程难度是衡量教科书质量的重要指标,华南师范大学黄甫全教授于20世纪90年代就课程难度问题发表了系列论文,[②③④]分别对课程难度、课程难度阶梯、课程难

[①] 李文田,李家清.改革开放以来我国高中地理教科书课程难度变化的定量分析——以"宇宙中的地球"为例[J].课程·教材·教法,2011,31(5):35.

[②] 黄甫全,王晶.课程难度刍论[J].东北师范大学报(哲学社会科学版),1994(4):91-96.

[③] 黄甫全.关于课程难度阶梯的初步探讨[J].华南师范大学学报(社会科学版),1995(2):104-108.

[④] 黄甫全.对中小学课程难度灰色模型GM-s(1,1)的探索[J].系统工程理论与实践,1995(10):63-70.

度灰色模型等进行了理论上的研究和探索。进入21世纪,东北师范大学史宁中教授构建了刻画教科书课程难度的定量模型,并对我国义务教育"几何"教科书的课程难度进行了研究。[1] 之后,这一模型分别被运用到数学、化学、物理等教科书的研究之中。[2][3][4][5][6][7] 截至目前,尚未见到以此模型为依据进行地理教科书研究的相关成果。鉴于此,笔者依据该模型对改革开放以来我国高中地理教科书的课程难度变化进行分析,从定量的角度对我国地理教科书的变化作一探究。

(一)课程难度模型构建及样本选取

史宁中教授认为,课程难度至少受三个基本要素的影响:课程深度、课程广度和课程时间。其中,课程深度是指课程内容所需要的思维深度,既涉及概念的抽象程度及关联程度,还包括课程内容的推理和运算步骤。课程广度是指课程内容所涉及的范围和领域的广泛程度。课程时间是指完成相应课程内容所需要的时间。以 N 表示课程难度,以 S 表示课程深度,以 G 表示课程广度,以 T 表示课程时间,则课程难度与上述三个基本影响因素之间的函数关系可以简单表示为:

$$N = f(S, G, T \cdots\cdots)$$

在建构课程难度模型时,有如下假定:"我们所研究的课程内容,只要有足够的时间,绝大多数学生都是可以理解的。"[8]这就是说,对于同一课程内容,课程时间越长,学生理解和接受的难度相对越小;课程时间越短,学生理解和接受的难度相对越大。如果课时相同,同一课程主题思维层次越深,课程的深度就越大,也就是课程难度越大。同样可以说,对于同一课程内容,课程时间相同,课程内容范围越广,课程的广度就越大,课程的难度也就越大。这就意味着:课程难度与课程时间成反比,与课程深度及课程广度成正比。于是,单位时间的课程深度 $\frac{S}{T}$ 与单位时间的课程广度 $\frac{G}{T}$ 就成为刻画课程难度的重要指标,分别将其称为"可比深度"与"可比广度"。很明显,"可比深度"与"可比广度"越大,课程难度也越大。于是可以将课程难度函数关系转化为以"可比深度"与"可比广度"表示的课程难度模型:

$$N = \alpha \frac{S}{T} + (1-\alpha) \frac{G}{T}$$

模型中 α 为加权系数,满足 $0 \leqslant \alpha \leqslant 1$,$\alpha$ 反映了课程内容对"可比深度"与"可比广度"

---

[1] 史宁中,孔凡哲,李淑文.课程难度模型:我国义务教育几何课程难度的对比[J].东北师范大学学报(哲学社会科学版),2005(6):151-155.
[2] 孔凡哲,史宁中.四边形课程难度的定量分析比较[J].数学教育学报,2006(1):11-15.
[3] 孔凡哲,史宁中.现行教科书课程难度的静态定量对比分析[J].教育科学,2006(3):40-43.
[4] 杨承印,韩俊卿.义务教育新课标教科书课程难度定量分析[J].教育科学,2007(1):32-35.
[5] 王后雄,黄郁郁.高中化学新课程教科书课程难度的静态定量对比分析[J].教育理论与实践(B),2007(12):27-29.
[6] 仲784庄,郭玉英.高中物理课程标准教科书内容难度定量分析[J].课程·教材·教法,2010(4):67-71.
[7] 李高峰.课程难度模型运用中的偏差及修正[J].上海教育科研,2010(3):46-49.
[8] 史宁中,孔凡哲,李淑文.课程难度模型:我国义务教育几何课程难度的对比[J].东北师范大学学报(哲学社会科学版),2005(6):151-155.

的侧重程度。α取值的大小,反映了具体教科书的编写方式及编写风格。高中地理教科书的编写既要具有基础性又要具有发展性,基础性要求教科书的内容在广度与深度上不宜过大,也就是说系数α的取值不可过大。发展性要求教科书必须为学生进一步学习提供必备且相对系统的地理知识,教科书内容的广度与深度又要保持在一定的程度,也就是说α的取值也不可过小。一般而言,α取值为0.5,笔者也以此值为准。

改革开放以来,我国高中地理教科书的编写依据主要是相关地理教学大纲和地理课程标准。不同时期地理教学大纲与地理课程标准的变化必将影响地理教科书的变化,相应的课程难度也会有差异。笔者以改革开放以来人民教育出版社分别于1983、1995、2000及2008年出版的高中地理教科书"宇宙中的地球"内容为例,对其课程难度进行计算和分析(以下分别简称1983年版、1995年版、2000年版和2008年版)。之所以选择"宇宙中的地球"单元,一是因为本内容历来是高中地理教科书的经典部分;二是不同时期高中地理教科书对本内容均采取集中编排的方式,形式比较统一;三是本内容的编写与处理能较好地反映高中地理教科书的设计理念和编制水平。

(二) 改革开放以来我国高中地理教科书课程难度的计算

1. 影响因素赋值

课程深度—S。这是一个较难量化的因素,笔者根据课程内容学习目标的不同要求分别将赋值予以量化。即依据教学大纲、课程标准、教师教学用书中对具体内容学习目标的不同层次要求,对课程内容的深度进行赋值,然后求其平均。教学大纲、课程标准及教师教学用书对课程内容的学习要求设置了不同的水平层次,并使用具体的行为动词予以描述。其中知识性目标的要求层次为了解、理解和应用,课程深度赋值分别为1,2,3;技能性目标的要求层次为模仿、独立操作、迁移,课程深度赋值分别为1,2,3;体验性目标的要求层次为经历、反应、领悟,课程深度赋值分别为1,2,3,具体见表2-1。

表2-1 课程深度的赋值说明

目标类型	水平要求	教学大纲、课程标准或教师教学用书中使用的行为动词	赋值
知识性目标	了解	说出、了解、认识、辨认、列举、描述、回忆等	1
	理解	解释、说明、归纳、分类、比较、推断、区别、分析、阐述等	2
	应用	应用、使用、验证、解决、评价、掌握、撰写等	3
技能性目标	模仿	模拟、重复、模仿、再现等	1
	独立操作	读图、制定、测量、实验、解决、观测、完成、绘制、制作等	2
	迁移	转换、联系、灵活运用、举一反三等	3
体验性目标	经历	感受、经历、参与、讨论、体验、考察、参观等	1
	反应	认同、遵守、接受、同意、承认、反对、珍惜、关注等	2
	领悟	养成、内化、形成、具有、树立、建立、追求等	3

课程标准中对"地球在宇宙中的位置"的要求是"描述地球所处宇宙环境"[①]。知识性目标的要求层次是"描述",深度赋值为1;技能性目标没有要求,深度赋值为0;体验性目标没有要求,深度赋值为0。其余"知识点"的赋值依照同种方式进行,具体赋值见表2-2。

表2-2 不同时期高中地理教科书"宇宙中的地球"中的知识点及课程深度赋值

1983年版	1995年版	2000年版	2008年版
天体和天球(3,0,1)	天体(3,0,1)	人类观测到的宇宙(1,0,0)	地球在宇宙中的位置(1,0,0)
恒星和星云(1,0,0)	天球(1,0,0)	宇宙中的地球(2,0,1)	太阳系中的一颗普通行星(1,0,0)
星座(3,2,0)	恒星和星云(1,0,0)	太阳辐射对地球的影响(1,0,0)	存在生命的行星(2,0,0)
天体系统(3,2,0)	星座(3,2,0)	太阳活动对地球的影响(1,0,0)	太阳为地球提供能量(1,0,1)
太阳概况(1,0,0)	天体系统(3,2,0)	宇宙探测的发展(2,0,0)	太阳活动影响地球(1,0,0)
太阳的外部结构(3,0,0)	太阳概况(1,0,0)	开发宇宙(1,0,1)	地球运动的一般特点(1,1,0)
太阳活动对地球的影响(3,0,0)	太阳外部结构(3,0,0)	保护宇宙环境(1,0,1)	太阳直射点的移动(2,0,0)
太阳能量的来源(2,0,0)	太阳活动对地球的影响(3,0,0)	地球的自转(1,1,0)	昼夜交替和时差(2,2,1)
太阳系(1,0,0)	太阳能量的来源(2,0,0)	地球的公转(1,1,0)	地表水平运动物体的偏移(1,0,0)
太阳系的成员(1,0,0)	太阳系(1,0,0)	地球自转与公转的关系(2,0,1)	昼夜长短和正午太阳高度(2,0,0)
九大行星(3,0,0)	太阳系的成员(1,0,0)	昼夜交替(2,1,0)	四季和五带(2,1,0)
地球上存在生命的条件(3,0,1)	九大行星(3,0,0)	地方时(2,3,0)	
自转方向和自转周期(1,0,0)	地球上存在生命的条件(3,0,1)	地表水平运动物体的偏移(1,0,0)	
自转速度(1,0,1)	自转方向和周期(1,0,0)	昼夜长短和正午太阳高度(2,2,0)	
地球自转的地理意义(1,1,0)	自转速度(1,0,1)	四季和五带(2,0,0)	
公转的轨道和周期(1,0,0)	地球自转的地理意义(1,1,0)		
黄赤交角及其影响(1,0,0)	公转轨道和周期(1,0,0)		
地球公转的地理意义(3,0,0)	黄赤交角及其影响(1,0,0)		
四季更替(1,0,1)	地球公转的地理意义(3,0,0)		
	四季更替(1,0,1)		

注:各"知识点"后括号内的数值依次为知识性目标、技能性目标和体验性目标的赋值。

教科书的课程深度则采用该部分所有"知识点"深度的平均值来量化,不同版本时期高中地理教科书的课程深度分别为:$S_{1983}=2.37, S_{1995}=2.30, S_{2000}=2.27,$

[①] 中华人民共和国教育部.普通高中地理课程标准(实验)[S].北京:人民教育出版社,2003:7.

$S_{2008}=2.09$。

课程广度—G。依据课程广度的定义,采用教科书内容涵盖"知识点"的多少来进行量化。根据不同时期高中地理教科书[1][2][3][4]"宇宙中的地球"涵盖"知识点"的数量,确定其课程广度分别为:$G_{1983}=19, G_{1995}=20, G_{2000}=15, G_{2008}=11$(具体见表2-3)。

课程时间—T。完成课程内容教学所需要的时间,采用课时数来量化。根据教学大纲[5]、各教科书及配套教师(教学)用书[6][7][8]中提出的课时建议,确定不同时期高中地理教科书的课程时间分别为:$T_{1983}=7, T_{1995}=8, T_{2000}=6, T_{2008}=5$。

2. 课程难度计算

根据各影响因素的赋值,计算可得不同时期高中地理教科书"宇宙中的地球"单元课程难度的相关数据,见表2-3。

表2-3 不同时期高中地理教科书"宇宙中的地球"单元课程难度的相关数据

版本名称	课程广度 G	课程时间 T	课程深度 S	可比广度 G/T	可比深度 S/T
1983大纲版	$G_{1983}=19$	$T_{1983}=7$	$S_{1983}=2.37$	$G_{1983}/T_{1983}=2.71$	$S_{1983}/T_{1983}=0.34$
1995大纲版	$G_{1995}=20$	$T_{1995}=8$	$S_{1995}=2.30$	$G_{1995}/T_{1995}=2.50$	$S_{1995}/T_{1995}=0.29$
2000大纲版	$G_{2000}=15$	$T_{2000}=6$	$S_{2000}=2.27$	$G_{2000}/T_{2000}=2.50$	$S_{2000}/T_{2000}=0.38$
2008课标版	$G_{2008}=11$	$T_{2008}=5$	$S_{2008}=2.09$	$G_{2008}/T_{2008}=2.20$	$S_{2008}/T_{2008}=0.42$

将表2-3中相关数据代入课程难度模型 $N=\alpha\dfrac{S}{T}+(1-\alpha)\dfrac{G}{T}$,并取 $\alpha=0.5$,计算得到不同时期高中地理教科书的课程难度情况如下:

$N_{1983}=1.53; N_{1995}=1.40; N_{2000}=1.44; N_{2008}=1.26$。

(三)比较与分析

可比广度方面,1983年版高中地理教科书的最大,1995年版和2000年版居中且相同,2008年版最小。2008年版是1983年版可比广度的81%,是1995年版及2000

---

[1] 陈尔寿,等.高级中学课本(试用本)地理上册[M].北京:人民教育出版社,1983:1-36.

[2] 陈尔寿.高级中学课本地理下册(必修)[M].北京:人民教育出版社,1995:1-39.

[3] 人民教育出版社地理社会室.全日制普通高级中学教科书(实验修订本·必修)地理上册[M].北京:人民教育出版社,2000:1-28.

[4] 地理课程教材研究开发中心.普通高中课程标准实验教科书地理1(必修)[M].北京:人民教育出版社,2008:1-27.

[5] 课程教材研究所.20世纪中国中小学课程标准·教学大纲汇编·地理卷[S].北京:人民教育出版社,2001:280,439-440.

[6] 高中地理教学参考书编写组.高级中学地理上册教学参考书[M].北京:人民教育出版社,1984:5.

[7] 高中地理教学参考书编写组.高中地理上册教学参考书[M].北京:人民教育出版社,1995:7.

[8] 地理课程教材研究开发中心.普通高中课程标准实验教科书地理1(必修)教师教学用书[M].北京:人民教育出版社,2006:5.

年版的 88%。总体而言,改革开放以来我国高中地理教科书的可比广度是逐渐变小的,主要原因可能源于我国历次地理课程改革所强调的"减轻学生负担,减少知识容量"的具体要求。

可比深度方面,2008 年版高中地理教科书的可比深度最大,1995 年版最小,1983 年版和 2000 年版可比深度居中。1995 年版高中地理教科书的可比深度仅为 2008 年版教科书可比深度的 69%,1983 年版与 2000 年版高中地理教科书的可比深度分别为 2008 年版高中地理教科书可比深度的 81% 及 90%。究其原因,可能主要在于课程时间的变化,1995 年版高中地理教科书的课程深度比 1983 年有所降低,但课程时间没有减少反而有所增加,这使得其可比深度进一步减小,2000 年及 2008 年版高中地理教科书的课程深度虽然依次下降,但两者课程时间减少的影响更为突出,所以,两者的可比深度相应增大。

整体课程难度上,1983 年到 2008 年高中地理教科书的课程难度经历了"难、易、难、易"的波浪式发展过程。1983 年版的课程难度最大,2008 年版最小,中间经历了两次波动,2000 年版课程难度大于 1995 年版。2008 年版分别为 1983 年版、1995 年版及 2000 年版课程难度的 82%、90% 及 88%。究其原因,1995 年版课程难度的降低,可能主要受 1990 年国家《现行普通高中教学计划的调整意见》(以下简称《意见》)的影响,《意见》将普通高中课程分为必修课和选修课两部分,高中地理教学大纲比之前的要求相对降低,据此修订的教科书在总体难度上也相应降低。2000 年版课程难度相对于 1995 年版的增大,其原因可能主要在于课程时间的减少,二者"可比广度"相同,由于课程时间的缩短,明显增加了 2000 年地理教科书的"可比深度",导致其课程难度增加;地理新课程改革后,在课程标准指导下,虽然课程时间有所减少,但在课程广度与课程深度上均明显降低,致使整体课程难度并不大。

(四) 结论与讨论

由改革开放以来我国高中地理教科书课程难度变化的比较,可得出如下结论与讨论。

第一,在课程时间保持不变的前提下,无论是课程深度与课程广度的单独变化或同时变化,都将引起课程难度的变化。在课程时间不变的前提下,如果希望改变课程难度的大小,那么,既可以从课程广度入手,也可以从课程深度入手,但是如何对二者进行适度的把握是问题的关键。在保持课程时间不变的前提下,如果同时增大课程的广度和深度,这种"广而深"的教科书编写方式必然造成课程难度的绝对增大;如果同时降低课程的广度和深度,这种"窄而浅"的教科书编写方式必然造成课程难度的绝对降低。事实上,"广而深"及"窄而浅"的教科书编写方式在实际教学过程中都是不可取的,因为一个可能导致学生学业负担的加重,另一个可能难以满足学生地理学习的相应需求。

第二,在课程难度不变的前提下,如果希望课程的可比广度增大,那么,课程的可比深度必然要适当降低;增加课程的可比深度,则意味着课程可比广度的适当压缩。"广而浅"和"窄而深"的教科书编写方式哪个更适合和满足地理教科书的变化需求呢？就地理教科书的编写而言，"窄而深"的做法有助于精选学科核心知识，让学生能更好地掌握地理核心概念及原理，使学生的地理学习内容"少而精"。"广而浅"的做法有助于地理教科书内容的扩展，突出地理学科的综合性，开阔学生地理学习的视野。但无论"广而浅"的教科书编写或"窄而深"的教科书编写，都有导致"过难"或"过易"课程难度的可能。编写教科书时，在降低课程深度的同时，如果对课程广度把握不准，或者在扩大课程广度的同时，对课程深度处理不当，都可能实现不了降低课程难度的目的。一个较"好"的做法应该是：在课程时间保持不变的前提下，在课程难度基本确定的基础上，对课程的可比深度和可比广度做出合理的统筹和优化。

三、开启与动荡：中华人民共和国成立前（清末·民国时期）地理教科书的图像系统研究[①]（1904—1948）

图像系统与课文系统、作业系统一样，是构成地理教科书表层结构体系的重要组成部分，它不但能够彰显地理学科特色，而且在优化教科书编写、培养学生综合素养方面发挥着不可替代的作用。地理教科书图像系统在组织编写中会受到政治、经济和文化的影响，受到科技水平、教育制度以及地理学科发展水平的制约，并在不同程度上表现出特定历史时代的印记。进行百年中小学地理教科书图像系统变迁梳理研究，不仅可以让我们清楚百年来图像系统发展脉络，还能够为我们编写地理教科书提供借鉴和历史经验，反思当前地理教科书在编写过程中存在的问题，从而推进地理教科书的发展进步，深化地理新课程改革，具有重要的历史意义和现实意义。我们以中华人民共和国成立前（1904—1948）代表性初中地理教科书中的图像系统为例，通过对其编写社会背景、总体特征以及各类图像的详解等研究，梳理出中华人民共和国成立前地理教科书图像系统的发展轨迹，以期增进对其的认识与了解。

（一）研究样本选取说明

由于每一时期的社会文化背景不同，致使地理教科书在数量上和质量上存在一定差异性，而具体到每一学段上则差异更大。表2-4反映，在现存的百年地理教科书中，1985年至今没有小学地理教科书，1901—1927年和1966—1976年基本上没有高中地理教科书，而只有初中地理教科书从清末一直延续到现今，具有较好的连贯性（如表2-4所示）。因此，笔者以初中地理教科书的图像系统为研究对象进行梳理。

[①] 李家清，宋健.开启与动荡：新中国建国前（清末·民国时期）地理教科书的图像系统研究（1904—1948）[J].地理教学，2014(23)：4-9.

表 2-4 百年来我国中小学地理教科书出版数量情况统计,单位:册

时期	小学阶段	初中阶段	高中阶段	合计
清末 1901—1912 年	51	21	0	72
民国 1913—1927 年	148	45	0	193
民国 1928—1937 年	70	81	13	164
民国 1938—1948 年	71	92	18	181
"文化大革命"前 1949—1965 年	138	232	45	415
"文化大革命"时期 1966—1976 年	20	121	0	141
"文化大革命"后 1977—1999 年	74(1985 年后无教科书)	314	95	483
2000 年至今	0	44	40	84
合计	572	950	211	1733

注:该数据结果来源于对"中国百年中小学教科书全文图像库"中电子版地理教科书数量统计。

我们所研究的中华人民共和国成立前(1904—1948)这一时期具体又包括清末时期(1902—1912)、民国初期(1913—1927,主要为北洋军阀统治时期)、民国中期(1928—1937,国民政府统治时期)和民国后期(1938—1948,全面抗战和解放战争时期)。从表 2-5 可看出,中华人民共和国成立前各时期都出版了大量的初中地理教科书,且多数在编写中都涉及图像系统。为便于深入研究,笔者将从每一时期中选取一到两本在当时上具有一定代表性和影响力的地理教科书作为样本进行梳理研究,如表 2-5 所示。

表 2-5 笔者使用的中华人民共和国成立前(1904—1948)初中地理教科书样本信息

教科书名称	主编	册数	出版社与出版年份	所属时期
最新中学教科书瀛寰全志	谢洪赉	全 1 册	上海:商务印书馆,1904 年	清末时期
中国地理学教科书	屠寄	全 1 册	上海:商务印书馆,1909 年	
新学制地理教科书	王钟麒	全 2 册	上海:商务印书馆,1923—1924 年	民国初期
新中华本国地理	钟毓龙、杨文洵	全 2 册	上海:中华书局,1933—1935 年	民国中期
初中外国地理	葛绥成、丁绍桓	全 2 册	上海:中华书局,1937 年	
初级中学地理	任美锷、沈汝生、夏开儒、张德熙	全 6 册	上海:商务印书馆,1946—1947 年	民国后期

(二)中华人民共和国成立前初中地理教科书图像系统编写的社会背景

1840 年鸦片战争爆发后,我国开始步入近现代化,社会处在急剧变革与动荡不

安时期。此时的政治、经济、文化、科技、教育等领域的重大变革都对地理教科书图像系统的编写产生了巨大影响。

1. 政治和经济背景

清朝末年,我国开始进入半殖民地半封建社会,国家遭受着列强政治和经济的双重侵略,处于内忧外患的局面。国门的开放迫使统治阶级开始向西方学习,激发了国民对国外地理知识的求知欲,为清末地理教科书编写工作的开启奠定基础。民国初期,孙中山领导的资产阶级建立了中华民国,但不久革命果实被袁世凯窃取,国家开始进入北洋军阀混战的局面。混乱的政权变动使得地理教育发展步履维艰。民国中期,蒋介石领导的国民党完成了国家形式上的统一,社会相对稳定,实行"以党治国",积极加强工农业生产,经济建设取得巨大成就,为地理教科书的发展营造了良好环境。民国后期,国家先后经历了全面抗日战争和解放战争,国共两个政权并存,社会动荡不安,经济遭受严重打击,"抗战建国"的基本国策使得此时国民政府尤为重视地理学科教育。

2. 文化科技背景

清朝末年,西方先进的地学知识开始逐渐被引进我国,影响了我国地学和地理学的发展,开始有专人进行外文专著和教科书的翻译,且西方先进的教科书编写和印刷技术开始在我国得到运用,这都为地理教科书的编写和出版提供支撑。民国初期,爆发了新文化运动,有力地打击了封建传统思想和文化,推动了现代科学在中国的发展,同时也利于国外先进的地理学知识在中国的传播与发展,丰富了地理教科书内容。民国中期,社会相对稳定,我国的文化科技事业得到稳步发展,但此时国民党实行"以党治国"和党化教育,将大量经费投入军事,地理教育事业因教育经费短缺而受到限制。民国后期,我国注重引进和传播西方近代地理学说,开始出现地理考察活动,但因长期战乱影响,地理教科书的编写和出版条件受到极大限制。

3. 教育发展与改革背景

1904年,清政府正式颁布《奏定学堂章程》,推行"癸卯学制",规定中小学开设地理课程,并相应出版大量地理教科书。这些地理教科书的出现,开启了我国近现代地理教科书编写之先河,成为我国地理教材体系的雏形。地理教科书逐步实现了由翻译、编译国外地理教科书转向国人自主编写,教科书审定制度逐渐由"国定制"转变为"编审制"。此外,清末出版的地理教科书种类比较多,但因缺乏统一编写指导纲要,教科书之间差异很大。民国初期,蔡元培、范源濂等人进行了深入的教育改革,先后推行实施了"壬子癸丑学制""1922年新学制",之后颁布推行了《普通教育暂行课程标准》《中学校令》《新学制课程纲要初级中学地理课程纲要》等文件,地理课程的开设更加规范。此时的地理教科书编写也在日益规范化、制度化,教科书质量得到明显提升,相关出版机构数量也在不断增加。民国中期,教育部先后颁布《小学法》《中学法》等法令,对各科课程的目标、教材大纲、教学时数、实施办法作了具体规定,同时确定了"三民主义"教育宗旨及其实施教育方针,并对课程大纲作了进一步完善,促进了地理课程的发展,此时的地理教科书发展进入了兴盛时期。民国后期,为适应抗战需要,民国政府教育部公布了《初级中学地理课程标准》,并对地理课程的课时安排作了规定。1946年12月10日,陕甘宁边区政府发布了《陕甘宁边区战时教育方案》,指出了教育的任务与方针、教育实施的原则、教育内容与组织形式等,随后制订了新的初级中学课程计划,对地理课时进行了明确安排。

(三) 中华人民共和国成立前初中地理教科书图像系统的总体特征

通过对中华人民共和国成立前代表性初中地理教科书图像系统的统计与梳理,可知其图像系统发生了较大变化。以下笔者将从图像数量和密度、图像结构、图像质量等方面来阐述其总体特征。

1. 图像数量和密度:起伏差异大,且总体数量相对较少,密度相对较低

图像数量和密度分别指教科书中各类图像的总数量和平均每页所包含的图像数量。通过对中华人民共和国成立前代表性初中地理教科书图像数量和密度的统计,得出如表2-6所示的结果。

表2-6 1904—1948年代表性初中地理教科书中图像数量和密度

教科书名称	总页数	图像总数量	图像密度
最新中学教科书瀛寰全志(清末)	543	353	0.65
中学地理学教科书(清末)	421	63	0.15
新学制地理教科书	335	196(117+79)	0.59
新中华本国地理	356	74(27+47)	0.21
初中外国地理	293	147(71+76)	0.50
初级中学地理	570	162(22+31+42+33+10+42)	0.28

注:清末的两册教科书的确分别为543和421页。

依据表2-6,在数量上,本时期图像数量差异较大,多则如《最新中学教科书瀛寰全志》达353幅图像,少则如《中学地理学教科书》只有63幅。而具体到每册教科书中时,《初级中学地理》第五册甚至仅有10幅。此外,与当前初中地理教科书相比,本时期的图像数量仍相对较少,不足以满足学生地理学习需求。在密度上,本时期图像密度高则如《最新中学教科书瀛寰全志》达平均每页图像0.65幅,低则如《中学地理学教科书》的平均每页图像0.15幅,而具体到每册教科书中时,《初级中学地理》第五册甚至低至平均每页图像0.11幅,而且图像密度总体上偏低,最高也不到每页一幅图。可见,中华人民共和国成立前的地理教科书仍以文字课文系统为主,不利于激发学生的地理学习兴趣。

2. 图像结构特征:以地图和景观图为主,图像类型较少

根据图像系统的表现形式,可以将地理教科书中的图像分为地图、景观图、示意图、统计图表、卡通漫画、组合图以及其他图像等类型,它们共同构成了地理图像系统,这也是笔者梳理研究的重点。笔者依据以上图像类型划分,对中华人民共和国成立前代表性初中地理教科书中图像类型进行统计,得出如表2-7与图2-2所示的结果。

表 2-7　1904—1948 年代表性初中地理教科书中不同类型图像数量

	地图	景观图	示意图	统计图表	组合图	其他
最新中学教科书瀛寰全志(清末)	0	307	4	28	0	14(页面装饰图)
中学地理学教科书(清末)	0	33	2	27	0	1(页面装饰图)
新学制地理教科书	34	117	20	21	0	4(民族文字)
新中华本国地理	48	0	10	15	0	1(民族文字)
初中外国地理	78	52	1	13	3	0
初级中学　地理	104	54	3	1	0	0

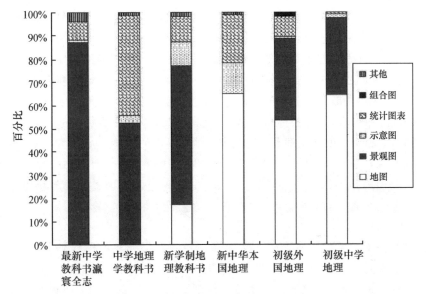

图 2-2　1904—1948 年代表性初中地理教科书中各类图像比重分布图

通过表 2-7 和图 2-2 可看出,本时期主要由地图、景观图、示意图和统计图表等四类图像构成,其中地图和景观图成为图像系统的主体。而组合图等其他类图像无论在数量还是所占比重上都很小,且没有涉及卡通漫画。具体来看,地图从无到有,在图像系统中的比重逐渐增长;景观图虽然占据较大比重,但却呈现波动下降的趋势,甚至在其中的《新中华本国地理》中出现没有景观图的现象;示意图数量则是先增长,后持续下降,但总体数量极少;统计图表比重在急剧下降,且总体数量较少;组合图仅在《初中外国地理》中有 3 幅;其他图像仅在清末民初出现,且数量很少。总体来看,这一时期的图像类型呈现出先增多后减少的趋势,这主要是受当时动荡的社会背景的影响。

3. 图像质量：以黑白图像为主,图像清晰度不高,图幅大小相对适中

图像质量通常涉及图幅大小、图像色彩线条的美观度和图像清晰度等方面。中华人民共和国成立前的初中地理教科书图幅大小相对适中,但受当时技术条件限制,图像色彩主要以黑白为主,且图像清晰度不高,只有部分教科书使用了少量彩色图像。笔者所梳理的教科书中仅有《新学制地理教科书》和《新中华本国地理》各使用了两张大幅小比例尺彩色地图(图略),图幅均占据一个页面,这在当时是一种进步。此外,本时期大部分初中地理教科书图像系统的图名中均没有标注图序,且所有图像在课文中没有一定指导语来引导学生阅读插图。因此,中华人民共和国成立前的地理图像质量总体上不高。

(四)中华人民共和国成立前初中地理教科书图像系统分类详解

由于本时期各类图像所占比重及所发挥的教育功能不尽相同,笔者将具体结合各类图像中的典型案例对其分别进行解读分析。

1. 地图

地图是按一定比例运用符号、颜色、注记等描绘显示地球表面的自然地理、行政区域、社会经济状况的图像,包括普通地图和专题地图。依据表2-7,本时期的地图实现了从无到有、从少到多的发展,且占总图像数量的比重逐渐上升,除普通地图外也出现了一些专题地图,这说明地图的作用开始受到重视。地图在课文中主要起到以图补文和以图释文的作用,有助于学生形成关于地理事物空间位置、空间分布和空间结构的正确观念,提高地理空间思维能力,同时也有助于学生更加直观地理解教科书中的文字内容。但此时几乎所有教科书中的地图都不能完全表达地图基本的三要素(比例尺、图例和方向),例如,"南洋火山带图"缺少一定比例尺和方向,而"湖北省交通图"缺少图例和方向,其中方向是所有地图都缺少的要素。因此,中华人民共和国成立前教科书中地图的出现虽然是一种进步,但在规定内容科学表达上仍不够规范。

2. 景观图

景观图是对自然地理事物或人文地理现象的真实形象的储存和再现,包括景观素描图和景观照片。从表2-8可知,景观图主要集中于清末民初,且为最主要图像类型,主要以素描图为主。之所以大量使用景观图,是因为景观图能够逼真地反映地理事物的外部特征,真实反映地理事物与环境之间的关系,是学生获取地理感性知识的最主要直观图像,有助于学生建立鲜明、生动、真切的地理表象,这也大大增强了地理教科书的直观性和形象性,利于学生理解和记忆。但到了民国中后期,景观图数量急剧下降,甚至出现诸如《新中华本国地理》等教科书没有景观图的现象,这主要受当时的社会环境影响。值得一提的是景观照片从清末时期便开始运用于地理教科书中,这主要得益于西方摄影技术与出版印刷技术在我国得以运用,但照片清晰度普遍不高。

3. 示意图

示意图是形象揭示地理事物的分布、成因、原理、演变过程及相互关系的图像。本时期地理示意图在数量上相对较少,且主要集中于民国初期。在内容上主要为反映诸如地球运动、大气运动、地势地貌等自然地理原理、成因及演变过程的图像,如图2-3所示。由于其表现形式比较简练,中心内容突出,能够将形象化与抽象化的表现方式融为一体,具有很高的概括性,能够有力地解释课文内容。因此,这一时期的示意图虽不多,但仍发挥着以图释文的作用,具有较高的地理教学价值。

表 2-8　中华人民共和国成立前代表性初中地理教科书中景观素描图与照片的数量和比重

教科书名称	景观素描图		景观照片	
	数量	占景观图比重	数量	占景观图比重
最新中学教科书瀛寰全志	178	0.58	129	0.42
中学地理学教科书	20	0.61	13	0.39
新学制地理教科书	101	0.86	16	0.14
新中华本国地理	0	0.00	0	0.00
初中外国地理	6	0.12	46	0.88
初级中学地理	54	1.00	0	0.00

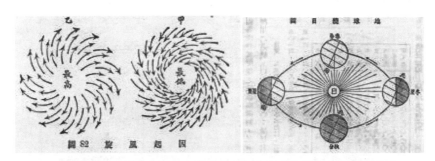

图 2-3　中华人民共和国成立前代表性初中地理教科书中示意图原图

4. 统计图

统计图表是将各种地理数据进行概括后的形象化表现，主要包括统计图和统计表。从表 2-9 的统计结果可知，统计表的数量和比重逐渐下降，直到消失，而统计图则从无到有，其数量和比重逐渐上升，且以饼状图和柱状图为主，这表明此时统计图表在逐渐由统计表转变为统计图。这主要是因为统计图比统计表更能使地理数据具体化、直观化和可视化，更能揭示地理规律，有利于学生更好地把握各种地理事物和现象的本质。本时期的地理统计图表在教科书中主要发挥着以图补文、以图代文的作用。但也应看到，本时期的统计图表数量总体在下降，且统计图的数量并不多。

表 2-9　中华人民共和国成立前代表性初中地理教科书中统计图与统计表的数量和比重

教科书名称	统计图		统计表	
	数量	占统计图表比重	数量	占统计图表比重
最新中学教科书瀛寰全志	0	0.00	28	1.00
中学地理学教科书	0	0.00	27	1.00
新学制地理教科书	0	0.00	21	1.00
新中华本国地理	2	0.13	13	0.87
初中外国地理	3	0.23	10	0.77
初级中学地理	1	1.00	0	0.00

5. 其他类图像

中华人民共和国成立前的地理图像还有少量的组合图和其他图像,其中组合图主要是同一幅图中包含两种或两种以上地理图像类型的组合,其他图像主要有民族文字图和页面装饰图等。虽然本时期的组合图和其他图像在数量上非常少,甚至在部分教科书中没有出现,但它们的出现仍能反映出当时图像编写进步之处。例如,在为数不多的组合图中,《初中外国地理》中"南美洲动物分布图"将南美洲地图和动物素描图组合在一起,不仅表达了动物所在地理位置,而且生动形象地描述了动物类型,有力地解释了课文内容(如图 2-4 所示)。而在其他图像中,《新学制地理教科书》首次将我国少数民族文字纳入地理图像中(如图 2-5 所示),而且此类图像至今仍在使用,这不仅可以拓展学生的地理视野,也能够促进学生了解我国的民族文化。

图 2-4 《初中外国地理》组合图原图

图 2-5 《新学制地理教科书》民族文字插图

(五)启示与反思

清末地理课程的设置,开启了地理教科书的编写。而图像系统的出现与发展则反映了地理教科书编写与出版水平在逐步提升,是国家教育方针和政策变革的产物,这在当时国家政局和社会动荡不安的艰难环境下极为不易,说明了国家对地理教育事业很重视。地理图像系统纳入教科书体系中,为当时地理教师提供了教学素材和教学方法,也为学生理解地理知识提供了丰富直观的地理表象,在一定程度上促进了我国地理课程的发展。中华人民共和国成立前地理图像系统的发展在一定程度上启示我们:第一,要重视图像系统在地理教科书中的教育功能,满足学生心理发展需求;第二,要合理安排各类图像在教科书中的比例和数量,提高图像质量;第三,要突出地图三要素,规范地图信息表达;第四,要重视发挥示意图和统计图在图像系统中的作用。

四、承前启后 积极过渡 中华人民共和国成立初期的小学地理教科书评介(非人教版)

——以 1949 年《新编高级小学地理课本》整理为例[①]

我们以 1949 年《新编高级小学地理课本》整理为例,分析该套教材的编写背景、

---

① 李家清,赵金凤,姚泽阳.承前启后 积极过渡 建国初期的小学地理教科书评介(非人教版)——以 1949 年《新编高级小学地理课本》整理为例[J].地理教学 2013(9):14.

编写依据、体系结构,概括其主要特点,并进行评价,以期能增进对中华人民共和国成立初期的地理教科书的深度认识。

(一)《新编高级小学地理课本》的出版与使用

1949年4月,华北人民政府教育部成立了教科书编审委员会,着手审定老解放区和国民党统治区的中小学课本。"审定"工作以"肃清封建的、买办的、法西斯主义的思想,建设新民主主义教育"思想为指导,对老解放区和国民党统治区教材进行修订、改编是当时、出版急需教材的基本方式。由原编者惠頫、刘松涛、黄雁星、项若愚编写,华北人民政府教育部教科书编审委员会修订,华北新华书店出版发行的《新编高级小学地理课本》(全四册)就是其中的组成部分。据资料记述,中华人民共和国成立初期全国大部分地区使用的小学地理教材,多采用1949年8月新华书店出版的《新编高级小学地理课本》。"1950年7月,教育部颁发了《小学高年级地理课程暂行标准初稿》,但教科书的编制工作滞后。1950年10月,中央人民政府出版总署编审局对此套教材进行了修订(第二次修订),并由人民教育出版社出版。1954年4月,人民教育出版社又对教材进行了修订(第三次修订)"(见图2-6)。

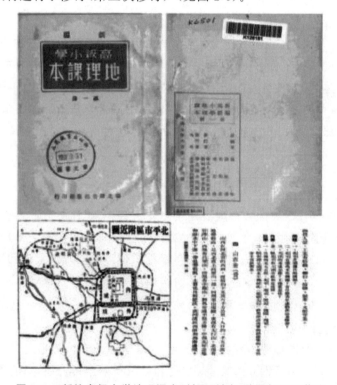

图2-6 《新编高级小学地理课本》封面、封底,地图与课文节选

研究表明《新编高级小学地理课本》(全四册)在当时小学地理教材中具有重要影响,对小学地理教育做出了重要贡献。

(二)《新编高级小学地理课本》的编写思想和依据

中华人民共和国成立初期,学界对教材的编写或修订还没有形成系统的理论,修订的《新编高级小学地理课本》(全四册)主要受以下几个方面的影响。

1. 社会政治:培养中华人民共和国建设需要的人才

1949年10月1日,中华人民共和国诞生于世界的东方,从此结束了帝国主义、封建主义和官僚资本主义在中国的长期统治。刚刚成立的中华人民共和国,百废待兴,培养中华人民共和国建设需要的人才问题,成为教育事业面临的首要问题,也是修订《新编高级小学地理课本》(全四册)要关注的首要问题。

2. 社会文化:创造中华人民共和国需要的文化

1949年9月下旬,中国人民政治协商会议通过了《共同纲领》。《共同纲领》规定"中华人民共和国的文化教育为新民主主义的,即民族的、科学的、大众的文化教育。人民政府的文化教育工作,应以提高人民文化水平,培养国家建设人才,肃清封建的、买办的、法西斯主义教育的思想,发展为人民服务的思想为主要任务。""人民政府应有计划有步骤地改革旧的教育制度、教育内容和教学法"。

3. 社会教育:肃清陈腐和吸纳借鉴的教育

1949年11月1日,中华人民共和国教育部成立。同年12月下旬,教育部在北京召开第一次全国教育工作会议,明确了建设新民主主义教育的教育改革方针,要把老解放区新教育经验、旧教育有用经验、苏联教育经验作为基础。在这一改革思想的指导下,有关教育部门对当时已经出版的地理教科书进行整顿、改造,力求体现"肃清封建的、买办的、法西斯主义的思想"。1949年华北联合出版社出版的《新编高级小学地理课本》,后经多次修订,在全国普遍采用。修订后的教材既保留了老解放区的有用部分,也借鉴了苏联十年制学校小学地理教材相关内容。

4. 沿用原课程体系

1949—1952年这一时期,我国沿用了中华人民共和国成立前的地理课程体系。小学地理课程设置继续了华北解放区的安排,小学低年级有少量的地理常识内容,附于语文课本中常识性的课文里讲述。中年级把地理常识同政治常识和历史常识合并在一起,开设社会常识课。高中、小学两个阶段均开设地理课,每星期两课时。

(三)《新编高级小学地理课本》的体系结构

1. 区域取向的内容组成

《新编高级小学地理课本》的内容分为"本国地理"和"世界地理"两大部分,按由近及远的原则,先本国后世界。第一、二册和第三册前半部分讲本国地理,第三册后半部分和第四册讲世界地理。

本国地理内容总体上采用"分论—总论"的体系结构。分论为各省的地理情况,总论为全国总体的地理情况。

世界地理内容总体上采用"地球—大洲—国家"的体系结构。国家地理主要选择了我国周边的国家及具有世界影响的国家。

2. 空间等级的单元结构

（1）本国地理分论部分以省级行政单位划分课文单元，一般一个省级单位为一个单元，单元下面不设小节。

（2）本国地理总论部分以地理要素为单元，分单元介绍我国的地形和山脉、河流、气候、矿业、农业、森林畜牧和渔业、工业、交通。

（3）世界地理部分按"地球—大洲—国家"的顺序分单元介绍地球、各大洲、主要国家的地理概况和人文情况。

3. 课文设置主结构简单的栏目

《新编高级小学地理课本》的栏目设置比较简单，课本以陈述性的正文为主，按照传统竖式自上而下从右至左编排，根据需要结合相关内容插入数量较少的黑白地图。每个单元后设置有练习系统。

4. 复述课文和画图为主的作业系统

本套教科书每章节后一般都有问题、作业及注释。

问题：一般是就本单元内容提出一些知识型问题，如"该地区有何重要地理事物、有何重要物产"等。

作业：一般是要求学生学完本单元后，画出本单元所学省份的简图，并在图中标示本省主要的城市名称。

注释：对课文中出现的重要概念、名称、地名等的解释或介绍。

比如，第一册第四单元山西省，单元后设置的问题、作业、注释如下所示。

问题：

一、山西省的地形怎样？有哪些大山和大河？

二、山西省有什么出产？

三、抗日战争时期中共八路军在山西省建立了哪些抗日根据地？

四、山西省有哪几个重要都市？

作业：画一幅山西省略图，把阜平、兴县和辽县都注上。

注释：平型关在繁峙县境内，八路军在这里歼灭了几千日军，是抗战史上第一次大胜利。

（四）《新编高级小学地理课本》的编写特点

1. 内容全面，地方志式的编写方法

第一、二册教科书先讲中国的基本区划和民族组成。接着分35个省、12个直辖市和西藏地方介绍各省的地理情况，以面积、地形、交通、物产等相关内容进行概述，一掠而过，基本上都是用一两句话概括。

第三册教科书先简要介绍了我国的自然地理情况，包括地形、山脉、河流、气候、矿产、农业、工业和交通等的情况，并且对我国各民族进行了简要的介绍；之后，从地球的形成、运动、地理坐标、光照以及海陆分布等方面论述了关于地球的基础知识；再以亚洲、大洋洲、欧洲、非洲和美洲为顺序，对各洲的具体地理特征进行描述，包括位置、面积、地形、气候和国家概况等内容。

第四册教科书以世界地理为主，讲述了世界上的主要国家和地区，简要介绍了各国的位置、面积、人口、气候、主要城市和工农业等的自然和人文情况。这种"蜻蜓点水"式的内容设计，虽然可以扩大学生的知识面，但是由于内容太多，而且面面俱到，不利于学生对区域地理特征的了解和掌握。

课文摘录：教材地方志式课文摘录

湖南省（湘）（节选）

湖南在湖北的南面，面积约二十万平方公里，人口约二千五百万。全境多山。东部有武功山，南部有五岭山脉横亘在本省和两广之间，西部有武陵山脉。北部洞庭湖四周一带是两湖平原的一部，中部湘水流域地势也低平，都是本省产米的中心区域。长江流经本省东北角。支流有湘、资、沅、澧等水。湘江最大，发源广西北部，从前是两广和长江流域水运的要道，自从粤汉铁路和湘桂铁路通车以后，它的重要性就减小了。各河流都汇集洞庭湖转入长江。洞庭湖在本省北部，面积五千二百多平方公里，是我国第一大淡水湖，有调节长江水量的功用：夏秋长江水大时，江水流到湖里来，使长江减少泛滥的危险；冬春水小时，湖水流到长江里去，使江水不致太浅，妨碍航道。本省航运便利。铁路有粤汉、湘桂、浙赣三线。本省农产丰盛，稻米一年可收获两次，向来有"两湖熟，天下足"的说法。其次是茶、棉、麻、桐油等。山区出产松、杉等木材。矿产有新化的锑，湘潭的锰，常宁水口山的铅、锌，产量都占我国第一位。长沙、常德有纺织、碾米、玻璃等工厂。手工业有刺绣、夏布等。本省工业资源丰富，人力资源充足，将来发展新工业，很有希望。

长沙是本省的省会，商业兴盛。衡阳是湘桂铁路和粤汉铁路的连接点，地位很重要。常德在洞庭湖西，是湘西的大商业都市。湘潭在长沙南面，是我国人民领袖毛泽东的故乡。

2. 政治气息浓厚，热情讴歌民族精神

本套教科书编写于解放战争时期，受到当时国内外政治局势的影响，涉及较多的政治内容，特别是关于解放战争的情况。强化对民族精神和民族解放事业的讴歌，例如，在中国地理部分，教科书第一册第一课"中华民国"内容中提到："我国人民是热爱劳动，勇于反抗的。几千年来，他们一直和压迫者、剥削者斗争。抗日战争中他们在中国共产党领导之下，在华北、华中和华南开辟了广大的解放区，建立了新民主政权。抗战以后，击败了国民党反动派的进攻。现在人民解放军的力量已经深入长江以南，距离全国解放的时间已经不远了。"

在世界地理部分，把大量关于世界政治局势的内容和国防教育内容夹杂其中，例如，在教材第四册第二课"朝鲜和蒙古"内容中提到："中日甲午战争之后，朝鲜成了日本的殖民地，受着日本血腥的统治和残酷的剥削。但是，朝鲜人民并没有屈服，他们始终和日本统治者作顽强的斗争。第二次世界大战结束，日本投降以后，朝鲜暂由美、苏分区占领。以北纬三十八度为分界线，美军占南部，苏军占北部，并允许它以后独立。现在苏联已帮助北部成立了人民的民主政府，驻军已经撤退。美国却扶持国内反动分子，在南部进行独裁统治。因此朝鲜南北两部成了两个世界。"

3. 陈述性课文是教科书内容的主体

教科书在内容和功能上由课文、问题、作业、地图和注解五大部分组成,但陈述性课文是教科书比重上的绝对主体,使用繁体字编写,采用从上向下从右到左的老式排版方式,内容涉及位置、地形、面积、人口、河流、物产、交通等,较少的黑白地图,如图2-7所示,北平市区附近图。

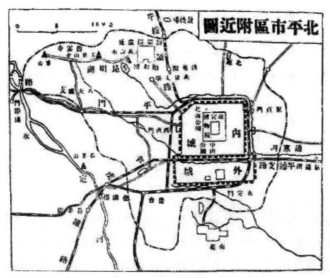

图 2-7　北平市区附近图

问题是直接对课文的回顾,可以在课文中找到答案。

作业类型是画简图,如区域简图、分布简图,也有是进行区域位置的判断,形式比较单一。

地图以行政区划图为主,类型单一。

注解部分是对课文中生涩的内容或者学生缺乏的背景知识的内容进行解释。

(五)《新编高级小学地理课本》的评鉴

1. 具有重要的历史地位

(1)承前启后,发挥了积极过渡的作用

中华人民共和国成立之初,这套教科书被全国大部分地区使用。1950年7月,教育部虽印发了《小学高年级地理课程暂行标准初稿》,但未编成课本。这套教科书在承前启后、积极过渡方面发挥了重要作用,在新的小学地理教科书编写之前,对弥补中华人民共和国成立初期小学地理教材的空白发挥了重要作用。

(2)突出国防和爱国主义教育

中华人民共和国成立之初,地理教科书每篇课文都结合时事,介绍该区域的革命历史和现状,突出国防和爱国主义教育内容。这对于帮助学生认识中华人民共和国,认同和拥护新政权具有重要的教育意义。例如,在教科书第一册"东北的交通工商业和大城市"中提到:"旅顺在辽东半岛尖端上,是我国北部最优良的军港,依据民国三十四年《中苏友好同盟条约》,在三十年内,由中苏两国共同使用。"又例如,在教科书第二册"湖北省"中提到:"抗日战争期间,新四军在本省大别山、大洪山和长江汉水之间等地建立根据地,坚持斗争,消耗了敌人很多力量。"

(3) 为中华人民共和国中小学地理教科书编写积累了经验

在中华人民共和国成立初期,全国没有统一的小学地理教材。人民教育出版社地理编辑田世英在"谈谈中小学地理教科书"一文中说道:"编好中小学地理教科书的两个主要环节:一是学习苏联中小学地理教科书的先进经验,可以使我们少走漫长的迂回道路;二是走群众路线,可以使我们得到集思广益的效果。"正是在这样一个教科书匮乏时期,这套教科书为中华人民共和国的中小学地理教科书编写积累了宝贵的经验。

2. 具有总结借鉴的价值

(1) 增进对祖国的了解,开阔学生视野

教科书从中国地理开始,介绍各省区的地理概况,能帮助学生认清自己家乡和祖国的地理概况;叙述了关于地球的基础知识和各大洲以及世界主要国家的地理特征,开阔了学生的视野,有利于学生认清当前国际局势,培养正确的国际观念。在中国地理部分,教科书介绍了全国35个省、12个直辖市和西藏地方;在世界地理部分,教科书介绍了16个国家、3个地区,基本涵盖了世界的主要国家和地区。

(2) 重视绘制简图作业,帮助学生建立地理概念

教科书的每个单元都设计有绘制简图作业,一般是画出内容的简图,有区域简图、分布简图,或者是判断区域位置等内容。如第三单元"北平和天津",作业是画一幅北平和天津市区和近郊图。总体看,尽管作业形式比较单一,但对于帮助学生习得地理绘图技能,认识地理分布,建立地理空间概念具有重要作用。

(3) 结合实际,培养学生热爱家乡和中华人民共和国的精神

教科书在叙述地理知识时,注意与政治和历史方面联系,用地理事实材料说明旧中国的地理国情,培养学生热爱乡土、热爱中华人民共和国的精神,增强学生的自豪感,坚定学生建设中华人民共和国的决心。教科书中几乎每一篇课文都包含了政治和历史的内容,特别是关于解放战争和抗日战争的内容。

(4) 贯彻实事求是的精神,对地理事实材料的描述与实际相符

这套教科书编写于革命战争年代,但并没有因为意识形态的差异而妖魔化资本主义国家。例如,在教科书第四册课文,为评价美国是全世界资本主义发展程度到最高的国家,就从面积、人口、资源、位置、交通等方面客观地描述了美国的地理特征。

3. 存在不可忽视的问题

(1) 教科书的知识性错误较多

"1952年春,人民教育出版社的编审部地理组对第四次修订本做了检查,并发表了《高小地理课本的初步检查》。"[①] 该文统计了检查第一、二册的结果,总计显著错误

---

① 张恰. 我国中小学教科书选用制度现状分析与改革策略研究[J]. 现代中小学教育,2005(8):21-23.

97处,包括语法错误、地图错误、政治错误、科学知识错误和字体不一致等。

该文最后指出造成错误和缺点的原因,首先是缺乏"缜密的考虑"和"周详的计划"①。当时,并没有一个系统编写提纲和标准,无论是编写还是修订,大多掺杂了个人的喜好。其次,编者之间、编者和绘图者之间缺乏沟通,而且没有建立一个常规性的检查制度。

(2) 教科书内容过于简略

由于教科书采用地方志式陈述性的写法,中国地理部分分35个省(市)来介绍各省(市)的地理状况;世界地理部分分为地球、大洲、国家三个层次,内容涉及位置、面积、人口、地形、河流、物产、交通等,这种面面俱到的编写模式导致对陈述的内容几乎都是"一掠而过",难以引起学生的学习兴趣,不利于学生对区域地理特征的学习、了解和掌握。

(3) 教科书图像和作业的类型单一,可读性较弱

教科书的图像基本为行政区划图,且数量较少。以教科书第一册为例,共15单元,仅13幅图像,全是行政区划图;作业的类型单一,以教科书第四册为例,18个单元后面的作业类型几乎全是(除了少数没有作业)画出所学区域的简图,要求单一。教科书以陈述和说明性语言为主,可读性不强。

此外,教科书在激发学生的求知欲,引导学生学习和思维,设计多样性、实践性活动等方面还存在不足之处。

五、引进借鉴 探索前行 "学苏"时期的小学地理教科书评介(非人教版)

——以1953年《高级小学适用地理》整理为例②

地理教科书始终是学生学习地理最重要的学习资源。教科书内容的选择和组织受到社会政治、经济和文化传统的影响,受到科技发展以及地理学科研究水平的制约,表现出特定的时代印记。我们以1953年《高级小学适用地理》整理为例,以期阐明这一时期地理教科书的编写思想、编写背景以及编写特征等。

(一)《高级小学适用地理》的出版与使用

1953—1957年,我国地理教科书处于学习苏联经验、在摸索中前进的阶段。出版与使用的地理教科书非常少,主要有表2-10所示四套。其共同特点有以下几个方面:第一,在整体框架上,主要是模仿苏联地理教科书的结构和逻辑体系;第二,在呈现方式上,以文字叙述为主,书中仅有"图像""问题""作业""注解"栏目;第三,在内容选择上,侧重于地理概念、地理数据、地理原理及地理规律的表达;第四,在印刷排版上,限于当时的经济与社会状况,纸张质量较差、图像较为模糊。

---

① 陈桂生."天经地义"的教科书[J].陕西教育(教学版),2000(2):14.
② 李家清,方赛军.引进借鉴 探索前行"学苏"时期的小学地理教科书评介(非人教版)——以1953年《高级小学适用地理》整理为例[J].地理教学,2013(15):23.

表 2-10 1953—1957 年出版的非人教版主要地理教科书

书名	作者	册数	出版社与出版时间
高级小学适用地理	刘松涛,惎頺,黄雁星,项若愚等	全 3 册	东北人民出版社[第一册、第三册(1953 年);第二册(1952 年)]
初级中学教科书世界地理	东北人民政府教育部编译	全 1 册	东北人民出版社(1953 年)
高级小学地理课本	江苏教育编辑部主编	全 4 册	江苏人民出版社出版[五年级第一学期用、六年级第一学期用(1953 年);五年级第二学期用(1954 年)、六年级第二学期用(1954 年)]
高级小学地理课本	江苏教育编辑部主编	全 3 册	江苏人民出版社出版(1954 年)

通过对教科书的编者构成、出版社情况以及发行量等的综合比较,东北人民出版社出版的《高级小学适用地理》在当时具有很强的代表性。该套书由刘松涛、惎頺、黄雁星、项若愚等编写,全套分为 3 册,第一册 1953 年 1 月第 1 版,印数为 1~850000 册;第二册 1952 年 6 月第 1 版,印数为 1~550000 册;第三册 1953 年第 1 版,印数为 1~235000 册。3 册书的封面如图 2-8 所示。

图 2-8 《高级小学适用地理》三册封面

(二)《高级小学适用地理》的编写思想与依据

1953 年 1 月 1 日,我国开始执行国家建设的第一个五年计划,全民投入经济建设的高潮中。这一时期,苏联的社会主义建设经验和经济制度对我国具有重要的榜样作用。同样,我国的地理教育也深受苏联影响,除此之外,还受当时国内的政治、经济、文化等多方面的作用。

1. 政治经济:趋于稳定的大环境

1953—1957 年,在党的领导下,我国在政治和经济领域展开了一系列重大变动和变革。政治上,1954 年制定了《中华人民共和国宪法》,以及 1956 年完成"三大改造",使得我国确立了社会主义制度,进入社会主义初级阶段。经济上,1957 年时第一个五年计划完成,为社会主义工业化奠定了基础,基本上把资本主义工商业分别纳入各种形式的社会主义的轨道,以建立对私营工商业社会主义改造的基础;农村经济也经历了从以农民个体所有制向农业合作社所有制过渡的经济体制变革,实现了农业合作化。政治制度上的逐步稳定和经济上的有序改造发展为地理教科书的编制发展提供了保障。

2. 地理学科:走向发展的大背景

中华人民共和国成立后,由于社会安定、经济复兴,为地理工作的开展创造了良好的条件。1950年中国地学会与中国地理学会合并组成新的中国地理学会。1953年召开合并后的中国地理学会第一次全国会员代表大会,推选竺可桢为理事长。竺可桢关心地理学各个领域的学术交流活动。此后,我国地理事业的规模和队伍迅速发展,20世纪50年代各省、自治区、直辖市陆续成立了地理学会。

此外,20世纪50年代以来,在老一辈地理学家竺可桢、黄秉维等的带领下,在全国广大地理工作者的共同努力下,取得了不少研究成果。比如,竺可桢、黄秉维等人主持研究的"中国综合自然区划"提出了中国的自然地域分异理论。又如,在青藏高原隆起及其影响等方面的研究,也有新的进展。

3. 教育文化:逐渐明确的大方针

从当时我国基础教育的状况来看,经过1949—1952年三年的过渡,中华人民共和国的教育虽有所发展,但整体质量较低。为了使基础教育更好地为国民经济建设和过渡时期的总路线服务,党和国家从以下方面调整了基础教育改革与发展的方针,为教育的改革发展指明了方向。在教学计划方面,1953—1957年这几年时间中,国家共颁布了五个教学计划,大幅削减了教学时数,并且首次在教学计划中设置劳动技术教育课;在课程设置方面,由于"五年一贯制"的实施遇到困难而不得不回到"四二"制,于是教育部于1953年8月颁布了《小学"四二"制教学计划》(草案);在教学大纲方面,1953年小学"五年一贯制"停止实施而实行"四二"制以后,教育部开始制订"四二"制小学各科教学大纲的工作;在教材方面,1953年5月,中共中央政治局讨论教育工作时,就确定了"必须抽调大批干部编教材"的方针。随后,国家从各方面抽调各学科的专门人才充实到人民教育出版社等机构,进行新教材的编写工作。

(三)《高级小学适用地理》的体系结构

1. 详略有别的内容构成

本套教材的绝大部分内容为中国地理,世界地理所占比重很小。

第一册与第二册介绍中国各个省区以及一些重要的城市的基本概况,具体有行政区划范围、地形、气候、农业、工业、矿产、港口等相关内容。包含的地区有:北京、东北区、远东省、远西省、吉林省、松江省、黑龙江省、热河省、东北区的直辖市、内蒙古自治区、河北省、天津市、山西省、绥远省、陕西省和西安市、甘肃省、宁夏回族自治区、青海省、新疆维吾尔自治区、山东省、苏北行署区和苏南行署区、上海市和南京市、皖南行署区和皖北行署区、浙江省和福建省、台湾省、河南省、湖北省和武汉市、湖南省、江西省、广东省和广州市、广西壮族自治区、川东、川西、川南、川北和重庆市、云南省、贵州省、西康省、西藏。第三册，前一部分按区位要素对中国地理进行分述，分别介绍了我国的地形、山脉、河流、气候、矿业、农业、森林畜牧和渔业、工业、交通、沿海的港湾等。后一部分对世界上的一些大洋和大洲进行简要的描述，涉及的大洲有亚洲、大洋洲、欧洲、非洲、美洲。

2. 清晰明了的逻辑体系

本套地理教科书的内容编排体系清晰，逻辑结构合理。总体上，中国地理地位突出，内容表述简洁概要。教科书首先以区域为依据对中国各省市地区进行概述，再以地理要素为单位来描述中国自然地理环境，最后以较小的篇幅梳理世界上主要的大洲和大洋。具体到章节时，依然规范明确，例如，第一册第三章东北区总论："东北地区包括远东、远西、吉林、松江、黑龙江、热河六省，潘阳、抚顺、本溪、鞍山、旅大五个市。东北人民政府设在潘阳市。全区面积八十八万六千九百万平方公里，人口四千一百六十万"。随后从地势、气候、农业、矿产、港口、工业等区位条件来具体分述。

3. 稳定有效的栏目设置

本套地理教科书以章为单位，每一章通常由正文、图像、注解、问题、作业五种栏目构成。栏目数量相对较少，但每一章基本上都有涉及。

正文，是教科书的核心部分，所占篇幅最大。主要是对地理概念、地理数据、地理景观、地理原理和规律的客观描述，使学习者掌握基本的地理知识，构建地理学科的基本框架。

图像，是教科书的重要组成部分，图像数量的多少、质量的优劣对教科书具有很大的影响。该套教科书具有图像数量较少、以地图为主、采用黑白印刷的特点，对地理教学起到一定的辅助作用，但作用有限。

注解，往往出现在正文之后，对正文做出相应的说明和解释。如，第三册第二章我国的地形和山脉河流中的小字内容："一、长江不但是我国第一大河流，而且是亚洲第一大河流。二、黑龙江不比黄河长，但因为它是中苏两国的国际河流，且上源在蒙古国境内，下游入海口又在苏联境内，所以，一般都把它列为我国的第三大河流。"

问题，本套教科书的"问题"相当于"思考题和活动题"的形式，帮助学生理解正文内容以及拓展课后的学习。例如，第二册第六章台湾省的"问题"如下："一、台湾省的地位怎样重要？二、台湾省的地形和气候怎样？三、台湾省有哪些主要物产？四、台湾省现在的情形怎样？"

作业，每一章中结尾都安排有一定数量的练习题。例如，第二册第九章湖南省的"作业"如下："画一幅湖南省简图"；第三章上海市和南京市的"作业"为："调查上海运销本地的各种日用品"。作业题注重学生动手能力的培养，同时能够结合日常的生活实践。

4. 简单模糊的图像系统

《高级小学适用地理》三册教科书图像数量较少、黑白印刷，内容较为粗略。各种图像共计53幅，第一册20幅；第二册16幅；第三册17幅。其中地图占绝大部分，只有少量的示意图、统计图等。

(四)《高级小学适用地理》的编写特点

1. 体现鲜明的时代特征、政治倾向

《高级小学适用地理》表现出鲜明的政治色彩,突出社会主义制度优越性,以大篇幅的内容和歌颂式的语言描述我国的社会主义建设情况,以达到思想观念宣扬和爱国主义教育的目的。同时以爱憎分明的态度来刻画社会主义国家和资本主义国家。例如,在第一册第一章"伟大的祖国"中有这样的叙述:"中华人民共和国是世界上最伟大、最幸福的国家。我们要热爱它,保护它。"又如在这一章的开头:"苏联是我国的伟大盟邦,朝鲜、蒙古和越南三国,和我国一样,同是人民民主国家。其余诸国,都和我国有悠久的历史关系;这些国家的人民和我们保持着深厚的友谊。"

2. 强调自然地理要素,忽视人文特征

1953年之后,由于受苏联重视自然地理轻人文地理的影响,当时有一系列的自然地理学专著和地理教科书被翻译成中文在我国出版,以及一些自然地理学家如伊萨钦科等来华讲学,使得我国的地理科学也偏重于自然地理,地理教科书也不例外。地理教科书对自然地理的描述主要采用要素法,以"地名+事物"的方式进行。同时,人为地将自然地理内容与人文地理内容分开。例如《高级小学适用地理》第二册第一章主要从地理位置、河流、地形、气候、交通、农业、矿产、工业等角度来概述山东省。具体对矿产的编写如下:"矿产相当丰富,主要的有博山的煤,淄川和博山的铝土等"。人文要素则主要介绍我国的社会经济建设成就,如我国的城市和交通建设情况等。

3. 采用地方志式表述方式,缺乏地理性

该时期我国地理教科书主要采用地方志式的编写模式,内容更多的是对地理事物和现象进行简单的罗列和资料的堆砌,缺乏从地理的视角加以解读。同时将中国地理知识分类过细,使内容变得冗杂琐碎,使得教科书的可读性与趣味性不强。例如,《高级小学适用地理》将中国地理按照区域分为32个省、市或者区来论述,并且每一个地区则按照各自然要素这一统一模式加以分述。这样的内容设置不仅增加了学生的学习负担,还降低了地理教科书的教学性与典型性。

4. 突显教育教学功能,彰显学科价值

地理的教育功能不仅体现在学科知识与技能的培养上,更重要的是在思想情感上的熏陶。《高级小学适用地理》三册将中国地理作为学习的重点,可以使学生更好地了解祖国的基本面貌,知道祖国辽阔的领土、众多的人口、丰富的资源、团结友爱的各族人民等基本国情,从而培养学生的民族自尊心和自豪感,激励祖国的下一代自觉地、积极地投身到祖国的社会主义建设中,彰显出地理学科的人文情怀和实践价值。从这一点上来说《高级小学适用地理》在特殊的历史条件下具有重要的意义。

(五)《高级小学适用地理》的评鉴

1953—1957年,这段时期在学习苏联的基础上,我国新编的地理教科书并不多,尤其是小学阶段。东北人民出版社出版的《高级小学适用地理》体现了当时教科书的编写水准,具有一定的历史意义。

1. 地位与价值

第一,发行量大、使用范围广。作为当时的主流教科书,《高级小学适用地理》第一册第1版发行850000册、第二册第1版发行550000册、第三册第1版发行235000册。第二,教科书的内容选择出现了"人地关系"的萌芽,在谈"地"的同时对"人"有所涉及。第三,教科书的编排设计具有一定的多样性:以文字叙述为主的同时,附加有图片、作业、问题等。第四,教科书的编制对学生的认知规律和心理有所思考。《高级小学适用地理》三册书的内容设计以分一总式展开,先分区介绍,再以要素形式进行总体叙述,使得教科书具有一定的启智性和可学性。第五,教科书在借鉴的基础上加以吸收与改进。虽然以苏联为参照,但在此基础上结合了我国当时的国情国策,体现了为生产生活服务的学科价值,也为后来地理教科书的编制做了有益的尝试。

2. 问题与纰漏

当然,由于1953—1957年我国地理教科书的编制仍处于一个学习模仿的起步阶段,也有诸多的不足之处。例如,教科书内容的选择过于琐碎、趣味性有待提高,呈现形式仍较为单调;教科书的交互性与引导性不足;教科书的教学性主要表现在侧重知识上、忽略能力,教育性则侧重于爱国主义、轻视自然情感熏陶等。

六、主动求索 曲折发展"精简调整"时期的初中地理教科书评介(非人教版)

——以《北京市初级中学试用课本地理》整理为例[①]

1958—1965年,我国的地理教科书处于不断精简和调整的时期,与之前被动学习苏联经验及其后萧条"文化大革命"时期相比,此时地理教科书的发展处在一个主动求索、曲折发展的新阶段,当然也有诸多困难。

1958—1965年,出版的地理教科书总体上数量较多,非人教版的主要地理教科书如表2-11所示。通过对编者构成、出版社情况以及发行量等方面比较分析,笔者选用《北京市初级中学试用课本地理》为例,对这一时段的地理教科书进行梳理研究。

(一)《北京市初级中学试用课本地理》的出版与使用

《北京市初级中学试用课本地理》由北京市教育局中小学教材编审处编写,北京出版社出版发行。全书分四册,供初中一二年级四个学期教学使用。第一册第1版于1961年8月发行,印数为1~96200册;第2版于1962年7月在第1版基础上进行修订,印数为96201~205700册。第二册第1版于1962年1月发行,印数为1~94100册。第三册第1版于1962年7月发行,印数为1~86100册。第四册第1版于1963年1月发行,印数为1~81300册。四册课本的封面如图2-9所示,具体的开本、印张、插图、字数等信息如表2-12所示。

---

① 方赛军,龙泉,李家清.主动求索 曲折发展"精简调整"时期的初中地理教科书(非人教版)评介——以《北京市初级中学试用课本地理》整理为例[J].地理教学,2013(23):23-28.

图 2-9 《北京市初级中学试用课本地理》四册封面

表 2-11 1958—1965 年出版的非人教版主要地理教科书

书名	册数	编者	出版时间	出版社
北京市小学五年级试用课本地理上册、下册	2	北京市教育局小学教研室	1958 年 1959 年	北京出版社
江苏省高级小学课本地理第一册、第二册	2	江苏教育学院	1958 年	江苏人民出版社
初级小学课本地理第一册、第二册、第三册、第四册	4	四川省教育厅	1959 年	四川人民出版社
高级小学课本地理第一册、第二册、第三册	3	四川省教育厅	1959 年	四川人民出版社
北京市初级中学试用课本地理上册、下册	2	北京市教育局中小学教材编审处	1960 年 1961 年	北京出版社
北京市初级中学试用课本地理第一册、第二册、第三册、第四册	4	北京市教育局中小学教材编审处	第一、二、三册 1962 年 第四册 1963 年	北京出版社
初中课本地理（五三二制试用本）上册、下册	2	华北中小学教材编审委员会	1960 年 1961 年	河北人民出版社
普通教育五三二制初中课本地理（试用本）第一册、第二册、第三册	3	新疆维吾尔自治区教材编辑组	1960 年	新疆人民教育出版社
农村初级中学试用课本 地理上册、下册	2	江苏省教育厅、湖南教育厅	1961 年 1962 年	江苏人民出版社
江苏省五年制中学试用课本第一册、第二册	2	江苏省教材编辑委员会	1960 年	江苏人民出版社
全日制二三年制中学课本 地理（试用本）第一册、第二册	2	江西省中小学幼儿园教材编审委员会	1960 年 1961 年	江西人民出版社
五年制中学试用课本地理第一册、第二册	2	广东师范学院	1960 年 1961 年	广东人民出版社

表 2-12 《北京市初级中学试用课本地理》概要

	出版次	开本	扉页插图	字数
第一册	第 2 版	850×1168　1/32	1	53000
第二册	第 1 版	850×1168　1/32	3	82000
第三册	第 1 版	850×1168　1/32	2	72000
第四册	第 1 版	850×1168　1/32	2	82000

(二)《北京市初级中学试用课本地理》的编写背景

1. 政治背景

自 1960 年开始,中苏关系开始全面恶化,中苏两党之间的分歧与论战不但震动了国际局势,而且深刻影响了我国国内的时局。"反修防修"的政治思想开始在国内泛起,1958 年之后的思想教育和学习运动侧重于阶级斗争和群众运动,1963—1966 年开展了规模宏大的"四清运动",即在全国城乡开展的社会主义教育运动。

2. 经济背景

中苏关系破裂,我国总体经济运行不力,如农业生产下降、市场紧张、物价高涨、通货膨胀以及国家存在大量财政赤字。加上在布局经济政策的过程中产生了"大跃进"带来的危害。幸好党中央在 1962 年有意识地进行了总结,统一了认识,加强了党的民主集中制,提出改善经济的"调整、巩固、充实、提高"八字方针,才使得经济得到一定的恢复和发展。

3. 教育背景

1958—1965 年的教育方针政策也在不断调整与修正。1958 年起,教育部多次变更中学各科的教学安排和教学时数,到 1959 年 3 月正式颁布了《1958—1959 学年度中学教学计划》,对初中地理的要求是"初中地理的教学程序暂不作变动,教学时数作了适当的调整,初中各年级均减为每星期 2 小时,规定初中一年级讲授地球的基本知识和中国地理,每星期 2 课时,初二讲授世界地理,每星期 2 课时"。在这一规定的实施过程中,初中地理的设置稍稳定了一段时间。1960 年在国务院副总理陆定一的《教学必须改革》的指示下,要求基础教育要"适当缩短年限,适当提高程度,适当控制学制,适当增加劳动",中学地理适当控制了学时,全部地理课程在初中一年级或初中一、二年级学完,课程体系包括宇宙知识、中国地理、世界地理。再到 1962 年颁布的《全日制十二年制中小学教学计划(草案)》,将初中二年级的世界地理移到高中一年级,每星期课时由 2 增到 3 课时,中学地理每星期共 6 课时。这种跳跃式的地理课程设置虽属创举,但不理想,主要是初中毕业生缺乏必要的世界地理基本知识。

(三)《北京市初级中学试用课本地理》的体系结构

1. 内容结构

本套教材的基本内容以区域地理为主。

第一册教材是地球的基本知识,这部分教材内容是为学生学习中国地理和外国地理做准备的,涉及宇宙中的地球、地球的运动和经纬网、海洋和陆地、地球表面的大气、地图的基本知识等内容。

第二册教材是初中地理第二篇中国地理的一部分(续第一册),内容包括气候、陆地水和海洋、省区概述三章。省区概述共分为十节,在本册有六节,涉及的省区市有:黑龙江省、吉林省、辽宁省、内蒙古自治区、河北省、山西省、河南省、山东省、江苏省、上海市、安徽省、浙江省、湖北省、湖南省、江西省、广东省、广西壮族自治区、福建省、台湾省,内容都是各省区最基本的地理知识。

第三册教材是由第二篇中国地理部分和第三篇世界地理部分组成。中国地理部分包括省区概述共四节(续第二册第二篇)和我国农业、工业、交通运输业的分布一章。省区概述包括四川省、贵州省、云南省、西藏自治区、陕西省、甘肃省、宁夏回族自治区、青海省、新疆维吾尔自治区。

第四册教材是续第三册世界地理的一部分,讲述欧洲、非洲、北美洲、南美洲、澳洲和南极洲的自然概况。欧洲包括概述、苏维埃社会主义共和国联盟、中欧各国、南欧各国、西欧各国、北欧各国等内容;非洲包括概述、北非各国、西非和中非各国、南非和东非各国等内容;北美洲包括概述、北美洲北部和中部的国家、北美洲南部各国等内容;南美洲包括概述、南美洲的国家等内容。

2. 编排结构

(1) 层次鲜明的整体结构

本套教材四册,有地球的基本知识、中国地理和世界地理共三篇。教材以篇—章—节为层次结构。如,第二篇中国地理、第三章地形和矿产资源、第一节地形和第二节矿产资源。又如,第三篇世界地理、第一章亚洲、第一节概述、第二节东亚各国、第三节东南亚各国、第四节南亚各国、第五节西亚各国等内容。

(2) 多样融合的单元设计

本套教材在内容上每一节成为一个单元。单元内容由读图、课文、图像、小字内容、作业系统、脚注、附录组成。

读图。自第二篇中国地理开始,在每一节的开头,提出与本区域相关的几个问题,附上本区域的一幅或两幅地图,如政区图、地形图或交通图等。其作用在教材中已有说明:教师在讲解新课前指导学生读图,也可以在讲课过程中引导学生进行读图。读图可使学生获得较为准确的地理知识。

课文是教材的主体,所占篇幅最大。课文是对地理事实和地理概念的陈述。

图像是教材的重要组成。教材中有多种图像构成图像系统,与课文结合,穿插在正文中。

课文中的小字内容。课文中镶嵌的一些小字内容是对某些地理名词、概念的补充说明。关于小字内容的功能,教材前言"几点说明"中有明确指出:"这本书中有一些补充说明内容,是用小字排印的,不必作为课文讲授"。例如,第三册第二篇第六章省区概述第七节四川省、贵州省、云南省中的小字内容:"昆明是一座古城,早在两千多年前的战国时代,就是古滇国的活动中心。昆明市南有滇池,烟波浩瀚,渔帆点点,湖的东西有金马、碧海两山对峙,湖光山色,非常美丽。再加上四季宜人的气候,现已成为劳动人民游览和休养的好地方。"

脚注。脚注是对课文中专有名词或概念的详细说明。第一册第一篇中的第一章宇宙中的地球关于恒星的脚注如下:"恒星是自发光的星。恒星都在不停地运动着,不过,由于恒星离地球的距离都非常远,所以在短时间里,就不容易看到恒星位置的移动"。

作业。每一章中的每一节结尾都安排一定数量的作业。在教材前言"几点说明"中指出:"本书各章里的作业,是为了帮助学生掌握地理基本知识和读图、填图能力而安排的。教师可以根据学生掌握知识的实际情况,适当调整作业的分量和要求。"

附录。教材在每一册最后都附有一个附录表,为学生查阅相关数据资料提供方便。如,第四册为"各国面积、人口、首都简表"。

(3) 贯穿全文的图像系统

本套教材共有278幅图。从类型上可以分为地图、示意图、统计图、景观图和照片,构成了类型多样的图像系统,具体分布及类型如表2-13所示。

表 2-13 《北京市初级中学试用课本地理》的图像系统统计

教科书	地图	示意图	统计图	景观图	照片	合计
第一册	11	24	4	9	3	51
第二册	36	7	6	23	12	84
第三册	27	6	3	19	7	62
第四册	50	6	2	32	4	94
合计	124	43	15	83	26	291

(4) 题多量大的预留作业

本套教材每一章中的每一节都安排有作业,且题量较大,一般在3道至10道作业题之间。例如,第一册中的第一章"宇宙中的地球",有五道问答题,具体内容如下:1. 什么是恒星、行星和卫星?2. 月亮和太阳的表面情况与地球有什么不同?在'太阳系中的九大行星①,图上指出,离太阳最近的是哪个行星?离太阳最远的是哪个行星?临近地球的是哪两个行星?4. 说一说你所知道的关于证明大地是球体的例子。5. 如果你乘飞机在低空绕地球赤道飞行,速度为每小时1000公里,要多长时间环行

---

① 2006年8月24日,国际天文学联合会大会召开之前的九颗行星的合称,在会议上表决,冥王星被降级为矮行星,至此太阳系只剩八颗行星。九大行星的说法已成历史,取而代之的是"八大行星"。

一周？具体作业题统计如表 2-14 所示。

表 2-14 《北京市初级中学试用课本地理》的作业统计

教科书	作业
北京市初级中学试用课本 地理 第一册	69 道
北京市初级中学试用课本 地理 第二册	89 道
北京市初级中学试用课本 地理 第三册	65 道
北京市初级中学试用课本 地理 第四册	38 道
合计	261 道

(四)《北京市初级中学试用课本地理》的编写特点

1. 整体设计逻辑清晰,内容表述精炼

本套教材四册共三篇,依次为第一篇地球的基本知识、第二篇中国地理、第三篇世界地理。内容的设计具有整体性。其一,地球的基本知识能够为学生学习区域地理奠定基础。其二,以中国地理和世界地理组成的区域知识完整、内容充实。其三,各章节内部和章节之间的衔接顺畅,同时注重分册之间的联系。此外,内容素材的选择广泛,表达准确。例如,第二册第二篇第四章气候第一节我国气候的特点引言：我国的领土辽阔,南部已进入热带,北部接近了寒带;东南临着广阔的太平洋,西北已伸展到亚洲的大陆内部,各地受海洋影响的差异很大。我国的地形多样,有号称"世界屋脊"的青藏高原,又有许多高峻的山脉。这些因素对我国的气候有很大影响,再加上我国为世界典型的季风区,因而形成了我国气候的多样性和分布的复杂性。寥寥数语,把我国气候的多样性及其形成原因表述得清楚、明白。

2. 以区域为基本载体,客观编排结构

本套教材的第三篇即第三册的后一部分和第四册整册是对世界地理的描述,依次从亚洲、欧洲、非洲、北美洲、南美洲、澳洲和南极洲分论。涉及的国家总数达 59 个,如表 2-15 所示。比较此前的世界地理教材,本套教材中涉及的国家的相关论述趋向合理,主要表现在两个方面：第一,苏联等社会主义国家的地位由异常突出到趋向正常。中华人民共和国成立之后,曾掀起了一场学习和模仿苏联的热潮,但到 1960 年左右中苏关系开始出现矛盾直至破裂,所以,此时的地理教材将"苏维埃社会主义共和国联盟"作为第二章"欧洲"下的一节,客观地描述苏联概况。第二,欧美发达国家和亚洲邻国始终是重点关注的对象,例如,像美国、英国、法国、德国等欧美发达国家,以及蒙古、朝鲜、日本、印度、越南等亚洲近邻都有所涉及,此时的地理教材既关注周边邻国的进步,又注意放眼世界上一些发达国家和地区的发展情况。

3. 以自然人文多视角,解读地区概况

从位置范围、自然环境到人类活动,是教材描述区域地理内容的基本方式。这一点在当时的地理教材中已有显现。例如,中国地理第二章"伟大祖国的首都——北京",先是论述北京的位置和地形、北京的气候、北京的河流和水利建设,最后谈到北京的飞跃发展。又如,在第二册第二篇"中国地理"的第六章第一节的辽宁省,先介绍其位置范围,再讲述丘陵、平原、辽河农业和轻工业、发达的重工业、沈阳等知识点。自然与人文要素的结合,也客观上反映了当时地理科学的进步与发展。

表 2-15 《北京市初级中学试用课本地理》中的国家统计

大洲	国家名称	数量
亚洲	蒙古国、朝鲜民主主义人民共和国、日本、越南民主共和国、老挝王国、柬埔寨王国、泰国、缅甸联邦、印度尼西亚共和国、菲律宾共和国、印度共和国、尼泊尔王国、巴基斯坦共和国、锡兰、阿富汗王国、伊拉克共和国、土耳其共和国	17
欧洲	苏维埃社会主义共和国联盟、波兰人民共和国、捷克斯洛伐克社会主义共和国、匈牙利人民共和国、德意志民主共和国、德意志联邦共和国、瑞士联邦、罗马尼亚人民共和国、保加利亚人民共和国、阿尔巴尼亚人民共和国、南斯拉夫联邦人民共和国、意大利共和国、西班牙、法兰西共和国、比利时王国、荷兰王国、大不列颠及北爱尔兰联合王国、芬兰、瑞典、挪威、丹麦、冰岛	22
非洲	阿拉伯联合王国、苏丹共和国、阿尔及利亚民主人民共和国、马里共和国、几内亚共和国、加纳共和国、尼日利亚联邦、刚果共和国、南非共和国、埃塞俄比亚帝国	10
北美洲	加拿大、美利坚合众国、墨西哥合众国、古巴共和国	4
南美洲	委内瑞拉共和国、巴西合众国、阿根廷共和国、智利共和国	4
澳洲	澳大利亚联邦、新西兰	2
合计		59

4. 用图构建空间概念,认知地理事物

读图活动是本套教材的一个重要内容。在教材的区域地理部分,每一节的开头安排有读图活动,先提出与本区域相关的几个问题,紧接着附上本区域的一幅或两幅地图,如政区图、地形图或交通图等,要求学生通过读图,了解区域地理概况。例如,第三册第六章第九节陕西省、甘肃省、宁夏回族自治区、青海省的读图活动提出的要求是:1. 在陕西、甘肃、宁夏、青海的地形图上找出陕西省,并指出陕西与哪些省区相邻? 2. 在同一幅图上查阅:(1)秦岭、大巴山和太白山;(2)黄河、渭河、泾河、洛河和汉水。3. 在陕西、甘肃、宁夏、青海的交通和城市图上查阅:(1)西安、宝鸡和延安;(2)陇海铁路和宝成铁路。显然,读图活动,对于帮助学生建立起关于陕西省、甘肃省、宁夏回族自治区、青海省地理事物分布的空间概念具有重要作用。

5. 用作业强化知识理解,忽视迁移应用

本套教材的作业题量很大,从作业要求上看主要是考查学生对知识的记忆程度,能够起到强化巩固作用,但是思维量较小。如在第二册中国地理吉林省一节的作业是:1. 在地图上指出吉林省的地形分布可分为哪两部分? 有什么主要山脉? 2. 松辽平原的特点怎样?松花江从哪里发源?在吉林省一段有什么特点?在经济上有什么意义？3. 吉林省有哪些工业部门？主要中心在哪里？把主要工业城市填在空白纸上。又如，在第三册世界地理部分讲到日本这一节时的习题是：1. 日本的气候有何特点？是怎么形成的？地形有何特点？2. 日本有哪些主要的工业部门？有哪些主要的农产品？

（五）《北京市初级中学试用课本地理》的评鉴

1. 地位与价值

（1）具有影响力的地理教材

在"教学必须改革"的背景下，《北京市初级中学试用课本地理》这套教科书在当时具有一定的影响力，主要表现在以下四个方面。

第一，发行量大。全书分四册，其中第一册第1版于1961年出版，发行量为96200册，1962年第2版发行量为109499册。第二册第1版1962年发行94100册。第三册1962年发行86100册。第四册1963年发行81300册。上述的发行量从侧面反映了这套书在当时的地位和价值。

第二，基础好。北京市1962年（1963年）发行的这一套教材是在1960年北京市初级中学试用课本上下册的基础上修订而成，其中的框架和内容相对都比较成熟。

第三，政策保障。在1958年8月，中共中央、国务院发布了《关于教育事业管理权力下放问题的规定》，使得各省区、自治区和直辖市能够大胆地编写自己的教材，从而使得地理课本的编撰与修订出现了多种多样的可喜局面。这也就为北京市该套教材的出版发行提供了政策上的保障和实践上的可能。

第四，代表性强。杨尧老师编著的《中国近现代中小学地理教育史（下册）》在描述20世纪60到70年代多种多样地理教材时，专门有提及："60年代初，地方编印的中学地理教材，有北京市教育局中小学教材编审处编、北京出版社出版的《北京市初级中学试用课本地理》（4册，1961年8月第1版，1962年7月第2版），供十二年制初中一 二年级之用。"

（2）体现学科特色的地理教材

第一，教材的思想指导明确。能突出学科特点（如多种的图像类型，多样的读图、用图活动），能根据学科性质、任务和学生年龄特点，渗透社会主义核心价值观，加强爱国主义、革命传统、中华民族优秀文化等的教育。

第二，教材的表述规范。讲述顺序由近及远，先讲地球的基本知识，再讲中国地理，然后讲世界地理，从学科的基础出发，同时充分考虑到学生的认知。在编辑方面，书中的插图采用彩色印刷，形象生动，有利于学生学习和理解；课文中插入的小字段落，对于拓展学生的学习视野和学习兴趣具有重要作用；在文中对于一些生僻的概念和名词均作了较为详细的脚注，帮助学生更好地掌握要点内容；每一节后均附有练习，密切结合教材的内容，利于学习巩固复习。

2. 问题与纰漏

这套教材的设计经验能为我国地理教材的编写提供有益借鉴。与此同时，本套教材值得商榷的地方主要有以下几点：过多的省区地理、国家地理，对于初中生而言，记忆性容量过大,学习负担过重,削弱了对学生地理学习方法的培养。教材中提供帮助学生学习的"脚手架"少,缺少对学生学习的积极引导。注重地理知识记忆与复习的习题设置,忽视了对学生思维能力的锻炼。课程资源线索少,将教师局限于课本本身等。

第二节 新课程地理教材特点及教学功能

一、我国中学地理教材评价研究的学术审思[①]

在学校地理教育中,地理教材的地位举足轻重。一本好教材,可以践行课程理念,引领学生学会学习、学会生活。当下,地理教材已经走进多样化的时代,科学地分析和评价地理教材的质量,鉴定其教学价值和甄别其适用性,对于地理教材的选择、使用和推广至关重要。随着教材制度的改革,地理教育界开展了形式多样的地理教材评价的实践,积累了一定的研究成果。对我国30年来的地理教材评价研究进行学术审视,不仅是促进地理教材研究的需要,也是推动和深化我国中学地理教育改革的需要。

(一)中学地理教材评价的研究进展

1. 基础理论研究成果的统计与分析

通过CNKI(包含中国博士学位论文全文数据库、中国硕士学位论文全文数据库、中国重要会议论文全文数据库、国际会议论文全文数据库、中国重要报纸全文数据库)、超星读秀等检索工具,以1981—2011年为时间节点,分别以"教材(或教科书)""地理教材(或地理教科书)""并含选用(或评价)"为关键词进行检索,并剔除无关以及重复部分(如高校教材评价),得出如下结论。

(1)文献数量分析

如表2-16所示,1981—2011年,专门研究中学教材评价的相关专著、期刊论文、报纸、会议论文、学位论文、科技报告、电子文献等共有232篇。而其中专门研究中学地理教材评价的只有4篇,只占总量的1.7%。可见,与外语、语文、化学、物理等学科相比,地理学科教材评价的基础理论研究的成果较少。

表2-16 1981—2011年不同学科教材评价理论研究成果分布

学科	语文	数学	外语	政治	历史	地理	生物	化学	物理	其他	合计
篇数/篇	14	10	41	1	5	4	5	13	8	131	232
比例/%	6.0	4.3	17.7	0.4	2.2	1.7	2.2	5.6	3.4	56.5	100

(2)研究成果分布

①文献类型分布。据统计,1981—2011年研究中学地理教材的文献数量达1000

[①] 刘学梅,李家清.我国中学地理教材评价研究的学术审思[J].内蒙古师范大学学报(教育科学版),2012,25(12):83-86.

余篇,而专门研究地理教材评价的文献仅5篇(如表2-17所示),不到地理教材研究总量的1%。毋庸置疑,地理教材评价研究也是地理教材研究中的薄弱环节,远远未能满足我国地理教材评价和选用的需要。②研究内容分布。地理教材评价理论研究的视阈较为开阔,涉及评价的本质、目的、原则、标准、方法、指标、评价维度与标准、评价工具与评价指标体系以及体制、机制等各个方面,尤其是关于评价标准的研究,更是理论研究的热点。具体情况见表2-18。

表 2-17　地理教材评价理论研究成果的文献类型分布

专著(种)	会议论文（篇）	学位论文（篇）	期刊论文（篇）	合计（份）
2	1	1	1	5

表 2-18　地理教材评价理论研究的内容分布

本质（篇）	目的（篇）	原则（篇）	标准（篇）	指标（篇）	方法（篇）	过程与机制（篇）
2	2	2	5	3	2	2

2. 研究的主要内容和主要观点

(1) 关于地理教材评价本质与目的的研究

地理教材评价的本质是一种价值判断。王民认为地理教材评价是为了某种目的,按照规定的标准,对教材进行调查、测试、分析的过程,并确定在多大程度上达到规定的标准,作出价值判断,或明确它在中小学教材系统中的地位。因此,地理教材评价是一个对教材调查、测试、比较、分析的过程,而不是目的。也有学者认为地理教材评价是对地理教材客体满足主体(学生和社会)需要程度的判断。可见前者从教材审查的角度更加强调地理教材文本的合格性,后者从教材选用的角度更加强调地理教材现实的适合性。通常认为,地理教材评价有四个方面的目的:一是为了审查教材,二是以教材编写单位为依据判断教材经过教学试验后能否达到预期编写目的,三是为了选用教材,四是为评选优秀教材或对教材进行比较研究。还有学者认为分析与评价教材的地域适用性程度也是目的之一。目前的研究侧重于审查教材和选用教材。国家审定是一种评价,选用教材也是一种评价。相比而言,前者属实质性认定,后者属诊断性认定。前者重视对地理教材编写质量上的评定,后者强调重视地理教材使用效益上的评价。前者聚焦地理教育专家学者的意见,后者注重地理教师和学生的意见。前者决定地理教材可不可用,后者反映地理教材好不好用。

(2) 关于地理教材评价原则的研究

一般认为,地理教材评价的原则有基础性原则、科学性原则、先进性原则。其中,基础性原则是指要符合评价标准,科学性是指知识要科学无误,先进性是指要反映社会发展的前进方向。还有学者从微观角度探讨地理教材某个主题的评价原则,如左伟认为政治性原则、科学性原则、代表性原则、可获取性原则是地理教科书中地理信息科学性评价的重要原则。显而易见,在我国地理教育界,强调科学性原则始终是地理教材编制与评价最基本的原则。

（3）关于地理教材评价方法的研究

评价教材的目的不同,方法也不同。义务教育地理教材评价的方法主要有三种:专家集体评价、问卷调查、模糊综合评价。专家集体评价主要用于中小学教材审查,而后两者主要用于教材试验评价、评选优秀教材等。也有学者认为目前地理教材的评价往往局限于定性的分析,大量的研究是解释的或综述的,定量的研究很少涉及。

（4）关于评价维度和评价标准的研究

地理教材评价标准是对合格的地理教材作出的质的规定,是基本要求和基本准则。对地理教材评价维度和标准的讨论是教材评价研究中的热门话题,并呈现多元化的趋势。高凌飚等人则从知识与科学性、思想文化内涵、心理发展规律、编制水平、可行性与效果等维度提出了地理教材评价的标准。赵传兵认为地理教材评价应从地理知识、地理意识、教材编制技术、学生地理认知心理等几个维度进行,并提出了相应的 14 条标准。还有学者从学科、社会、学生以及地理教学等需要的角度提出地理教材评价的标准：契合地理课程标准,体现地理学科的价值,促进学生全面和个性化地发展,预留一定的教学空间。一些学者或从三维课程目标出发,或从教材的三大表层系统出发,或从三大深层系统出发,抑或从知识的选择、组织、呈现和表达出发,开始尝试制定中学地理教材的评价标准,但是这些标准并列在一起很难组成一个有序的系统,导致缺乏一致的规范化的评价标准。目前教材"评价标准"的研究存在着概念混淆的局面,往往是"标准"和"维度""指标"混为一谈,或直接把"评价维度"当成评价标准,或直接把"评价指标"当成评价标准。甚至,地理教材标准的陈述也存在较大的问题,如错误地使用"是否""能否"或者"……程度"之类的词语。但事实上"标准"一词本身就包含"肯定"和"必须"的意义,不存在"是否"的问题。

（5）关于评价工具、评价指标体系的研究

高凌飚等人制定了我国第一个完整的定量与定性相结合的地理教材评价工具,是包括 5 类评估记录表目录在内的完整的地理教材评价工具。也有学者利用模糊综合评价的方法,制定了包括指导思想、评价目的、评价标准、评价工具(包括静态的文本分析评价量表、定性分析评价表以及动态的问卷评价——教师的问卷评价和学生的问卷评价),以及运行机制在内的地理教材评价模型。特别需要指出的是,吴大明和陈胜庆对乡土地理教材的评价标准和评价工具做了一些探讨。还有学者借用相关科学评价理论方法,建立了地理教科书重要地理信息科学性评价的指标体系和评价标准。

（6）关于评价过程与评价机制的研究

赵传兵认为地理教材评价一般包括以下几个步骤：明确评价目的、确定评价参照系、获取价值主体的信息、获取与教材相关的信息、评价结论。刘学梅则从评价的方式、评价的人员、评价的机构、评价的程序几个方面论述了地理教材评价机制的建立。

总之,关于地理教材评价基础理论的研究已经起步,对地理教材评价过程及其规律展开了初步的探讨,取得了一定的进展;也有学者开始了一些案例式实证的研究,有利于地理教材理论研究的深入。但是,也不可否认,在理论上还有很多重要课题值得探讨。

3. 实践研究的特点分析

相对于基础理论研究,地理教材评价的实践研究则蓬勃发展,尤以民间的非正式的评价为主,主要的方式有网络媒体(如人民教育出版社和湖南教育出版社等在各自的网站上开辟的相关论坛)、报纸杂志(如《中学地理教学参考》《地理教学》《地理教育》三大杂志对各个版本的地理新教材进行的评介)。另外,随着信息化的发展,网络已经逐渐成为地理教材评价的重要阵地。

(1) 侧重于使用内容分析法微观地、批判性地分析地理教材

自 20 世纪 80 年代以来,我国地理教材评价习惯使用内容分析的方法,侧重于微观领域,评价的色彩淡化,分析的味道趋浓。或通过中外比较的方法批判性地评定地理教材表层系统和深层系统的特色及纰漏,抑或定量分析地理教材的某一主题以推论该内容的环境背景及其意义,再或通过实证的方式分析地理教材某个部分使用效果,或通过历史对比来分析评价地理教材的演化发展。如邱红娜利用学习难度分析方法对我国人教版《地理》初中地理教材及新加坡 PanpaC Education 出版社出版的《探索地理》初中地理教材进行难度评价研究,进而探索中新两套教材表现出来的特点。夏志芳、陈大路分析了当前我国中学地理教科书充满确定性结论的现实,探讨了由不适当的确定性结论引发的种种不良教学行为,并提出了一些改进的设想,为地理教科书编制和教学行为改善提供新的思路。孔云、胡妮妮对海南省实验区高中地理教科书的使用情况进行了调研,王传兵、赵守拙研究了高中地理选修教科书的使用情况,都为进一步修改编订地理实验教材提供建设性参考意见。李文田、李家清运用课程难度模型对改革开放以来我国高中地理教科书的课程难度进行回顾与分析,阐释了改革开放以来我国高中地理教科书的课程难度的变化是 1983 年版＞2000 年版＞1995 年版＞2008 年版。

(2) 开始冲破研究视野单一的樊篱

20 世纪末的地理教材评价的实践基本上都是从教育学的视角展开研究,综合视角的研究成果相对较少,21 世纪初开始则走出传统研究视角单一和不均衡的樊篱,或从历史的角度,或从文化的角度,或从设计学的角度,或从社会学的角度综合性地进一步诠释地理教材。例如,孔云从文化哲学与教育文化学的角度对地理教科书的本质、发展历史以及编写理论进行了文化的阐释,俞亮在设计学的色彩构成、平面构成理论基础上对中学地理教材图像系统进行了对比分析。

(3) 从关注文本的静态分析,到强调与教师、学生的视界交融

20 世纪侧重于对地理教材文本知识属性的分析,而到 21 世纪则更加关注地理教材评价的过程性,即对地理教材使用的实际效能作出评价。它包括对地理教材效用有切身体会的地理教师和学生使用地理教材效果的评价。教师评价,主要是

测定教材在课程实施过程中帮助教师达成教学目标的便利程度,最简单的办法是看究竟有多少教师实际上以地理教材作为教学策略的出发点,通过实际教学过程和教学方法与教材设计的差异来检测教师对教材所支撑的教学策略的支持和研究程度。学生评价可以通过了解学生对教材的使用方式、学习效果以及他们对教材的欢迎程度和接受程度来进行。例如,罗士琴"高中地理教科书呈现方式转变对教与学方式的影响研究"。

(二)地理教材评价研究成果的评价与思考

1. 缺失探析

(1) 基础理论研究薄弱

理论是实践的升华,实践需要理论的支撑。尽管地理教材评价的理论探讨已经起步,但是与蔚然成风的实践研究相比,成果寥寥可数。主要表现为:有关地理教材评价的认识和表述多是直观的、感性的经验描述。对地理教材评价的实践缺乏理论的总结。对于地理教材评价的理论基础、实质、内容、方法、标准、指标、原则等缺乏更深入、更系统且规律性的理论总结。所进行的一些探索主要也是零散的、不够系统,研究往往关注的是"地理教材",而对"评价"本身(如"评价什么""如何评价")缺乏本体性的反思和探讨,也缺乏地理教材评价的概念体系。事实上,地理教材评价的研究,既应包括建立地理教材评价的概念系统,又要从宏观上、从理论上概括地理教材评价的实质、内容、方法、标准、指标、原则、理念、机制等规律,从而构建整个中学地理教材评价的理论体系,指导地理教材评价的具体实践。

(2) 实践研究长期停留在经验水平

地理教材的评价实践主要是教材的编制者和教师应用地理教材评价的实践。前者的评价有利于地理教材的选用和教师的教学,但不免带有一定的主观色彩。后者的评价,可从实证的角度评价和考察地理教材,但他们更多的是考虑实际的教学,评价的经验性较强,再者由于长期缺乏地理教材评价理论的引领,缺乏更深刻、更系统的理念和理论的思考。地理教材评价实践研究的方法单一,文献的研究是我国地理教育研究的传统,经验性的教材评价模式长期占统治地位。当前地理教材评价的研究往往陷入对地理教材文本的解读,主要侧重于定性地描述地理教材的特点和纰漏,而对于地理教材评价的不同标准与指标的覆盖面及其达到程度的具体化和定量化,则涉及较少。地理教材评价的机制建设任重道远。机制建设是进行地理教材评价的基本保障。地理教材评价的机制建设已经启动,地理学科的教材审查委员会也已经审查通过几种版本的地理教材。但是地理教材审查过程中的评价程序以及对各个版本的地理教材评价结果都尚未公开,评审者与被评审对象之间缺乏交流,中介性的评价机构还没有建立,关于地理教材评价人员的选择、评价的管理制度和法规还有待于进一步规范和完善。

2. 原因分析

(1) 我国教育体制和教材政策的宏观背景

我国长期实行中小学教材的国定制,即"一纲一本"制度,不存在选用教材的问题,因此对教材评价的研究缺乏动力,理论上的研究非常贫乏,不成系统。直至1986年,我国教材制度发展变化,"一纲多本"的机制使地理教材的研究才进入一个新阶段,但事实上,全国绝大多数地区还是使用人教版地理教材,并不存在真正意义上的教材评价和选用问题。新课改以后,虽然地理教材出现了众多版本,并由地方组成教材选用委员会来选用教科书。但是教科书依然被行政简单规划和指令,教师仍处于失语状态,缺乏真正介入的权力。

(2) 研究人员的匮乏

目前,从事地理教材评价理论研究的主要是人教社和相关课程研究所以及大学从事地理教学论方向的一些学者,没有专门的研究人员。一方面,教材评价工作本身对研究者的素养要求比较高,另一方面,长期的教材政策导致缺乏专业的研究者。

(三) 地理教材评价研究的展望

1. 进一步拓展地理教材评价的研究视角和廓清基本取向

从课程与教学论的角度研究地理教材的内容的选择、文字的可读性、教科书的编辑设计以及内容的组织与呈现形式均是地理教材评价研究的基本视角。从美学、传播学、社会学、文化学、历史学、文献学、设计学、出版学等角度深入地、融合地探讨地理教材,可以廓清地理教材的本质,从而促进地理教材的编制与评价的发展。

2. 加强地理教材适应度的研究

地理教材的评价,不仅应评价地理教材文本的质量,还应评价教师、学生使用地理教材的实际效果。提高地理教材的使用效果,就是坚持要把"因地制宜"选用教材作为重要原则。目前中学使用的多个版本的地理教材皆通过教材委员会审核,质量上均合格。因此关键问题是厘定不同版本地理教材的文本特色与适应条件,从而针对不同的区域差异、不同的学校层次、不同的学生群体,选择合适的地理教材,保证与现实的教学条件适应。

3. 培养教师教材评价的意识和能力

目前,绝大多数地理教师认为地理教材的选用和他们无关,关键是看教育审查机关和行政部门人员的眼光。长久以来,由于受教材统编通用制的影响,教师根本无教材可选,不管愿不愿意,也不管教材的优与劣,拿到一本教材就得依据此教材教,因此广大教师毫无教材评价和选择的意识。随着国家对课程权力的逐步下放,选用教科书终将成为教师的必备权力。因此,地理教材评价的专业知识成为教师专业素养的重要组成部分,具有专业的教材评价能力是教师专业发展的必要条件,地理教材的选用会成为地理教师专业化发展的重要途径。鉴于此,在师范院校的职前课程(如在地理教学论)中,应加强这方面的教学内容,应根据地理学科的特点提出地理教材的评价标准,并进行实际操作。在职后继续教育课程中,应加强培养地理教师评价教材的素养,使他们能够提供教材的改进意见,并将它活用于实际的教学活动中。

4. 走向新概念的地理教材评价的未来

一方面,随着科学技术的发展,中学地理教材的形式在不断发展变化,从单一的教科书到地理教材的系列——不仅有纸质的教学辅导用书和学习印刷资料,还有多媒体影音光盘、网上大量涌现的电子教材以及由自然或生活实践转化而来的现实教材等。特别是越来越多的教材将采取电子多媒体或网络的形态,新型的数字化地理教材呈现出信息的多元性、集成性、可控性、交互性等特征。如何分析和评价电子形态的地理教材也应该列入研究日程。随着课程权力的下放,三级课程制度的确立,地方课程教材和校本教材不断涌现,地方课程与校本课程地理教材的评价也是现实问题。另一方面,从更长远的观点来看,随着教师素质的提高,因材施教观的进一步落实,地理教材的核心地位和作用应该会逐渐下降。例如,在法国,只有"教学用书""教室用图书"之类的概念,早就不存在"教材"的概念。或许将来某一天我们像西方国家一样采用多种地理教材,地理教材在教学中的核心文本的角色将逐渐褪去,也或许有一天不再存在什么教材的概念,教材将汇入更为宽广的教学材料或学习材料的概念中去,那时地理教材评价这一概念也将转变角色,进入更为广阔的地理教学材料或地理学习材料分析研究领域。

二、对编写高中地理新教材的认识与建议[①]

按照国家教委制订的高中地理新大纲,高中地理是在完成九年义务教育地理教学基础上,对学生进一步进行地理基础教育的必修课。

高中地理新大纲与现行大纲相比,教学目标和任务更加明确,教学体系、结构有新的突破,体现了改革和创新精神。它既为新教材编写提供了依据,也为创造性地编写新教材留有余地。众所周知,好教材既具有教学信息的储存功能和传递功能,又具有教学方法的指导功能。因此教材既是教师进行教学的工具,又是学生学习的蓝本。从系统论观点看,教材、教与学因素构成了地理教学过程中一个复杂的大系统。三者各为子系统,其关系可借用一幅三圆相交的示意图(如图2-10所示)加以说明:

图 2-10 地理教学体系图

图式说明教材、教与学各自都有相对的独立性,但三者之间又有密切的联系,其中共同的即相交的核心部分就是教材,是教和学要达到的目标。新教材担负着培养

---

① 李家清.对编写高中地理新教材的认识与建议[J].课程·教材·教法,1996(3):10.

人才的重任,如何编写好高中地理新教材,笔者谈谈个人的认识与建议。

（一）新教材结构应具有新意

1. 对体现基础性的认识

高中地理课程是基础教育的组成部分。高中教材的基础性要反映21世纪对国家公民地理知识和能力的基本要求。发挥地理教材的政治功能、文化功能、经济功能,对社会进步、实现"四化"的教育作用,而其物化形态应体现在地理知识内容基础性之中。地理学有严密的科学体系,有大量的概念、原理、规律。作为基础教育的地理教材,不应该是地理学体系、原理的"浓缩",而应是将概念、原理与地理现象、地理问题结合起来。多选择使用频率大的知识,使用少的少选择,甚至不选择,不能包罗万象。知识数量太多,势必影响智力发展的质量。要着力展示地理知识的社会价值,强调学是为了用,现在有用,将来有用,终身受益。注意材料的可读性、探究性,便于学生认识和理解地理问题。

2. 对体现时代性的认识

教材知识内容的时代性是教材生命力的重要所在。新大纲仍然继承现行大纲以"人地关系"为主线的指导思想是值得肯定的,并增强了人口—环境—持续发展的科学观念。新教材在这一主线下应以学科的发展为依据,选择最新观念、最新资料并适度超前,使地理教育不仅适应而且为推动社会经济发展作出贡献。例如,未来的农业、工业、交通、旅游业、经济体系等在21世纪中最可能具有哪些特征,在新教材中应有所体现。与此同时渗透效益观念、时间观念、竞争观念、信息观念、联系观念、整体观念、系统观念等先进的思想观念,使学生掌握的地理知识具有时代的烙印。

3. 对体现教材结构优化的认识

地理教材的表述形式是文字、图像和作业三个子系统的有机组合。地理教材结构优化的内涵应是恰当表达一定知识容量时其篇幅数量的最小值,文字、图像、作业三者密切结合的最优值,整体功能的最大值。现行义务教育初中地理教材在表述结构上有许多可借鉴之处,但在此基础上还要精练文字叙述,加强文字的逻辑概括,加强文图结合,充分发展图像在地理教材中的作用。国外有的地理教材文字与图像之比为1：1,而我国一般为3：1,这种状况是值得斟酌的。在教材中应根据地理事物之间的相互关系设计和创造一些新图。例如,不同形式的统计图表,可揭示人文地理中的地理本质,很好地反映地理规律,不仅概括性强,而且可使版面活跃,也为教师通过运用统计图表培养学生地理思维能力留有余地。在作业系统的设计上应增强层次性和开放性,减少封闭性。例如,适量增加观察、观测、实验、设计、讨论等题型,有利于学生的知识迁移,培养理论联系实际的实践能力。

4. 对体现因材施教的认识

我国各地区政治、经济、文化发展不平衡。新教材应考虑我国目前地理师资水平、设备条件、城乡差别、内地与沿海的差别,使教学要求、教学内容在保证基本水准的前提下富有弹性。使条件好一些地区的学生和条件差一些地区的学生都能在原有的基础上得到发展。这不仅符合我国地区差异大的国情,也符合因材施教的原则。

例如,作业系统设计可以提出普通要求和较高要求,规定学生选作和必作内容。课文内容中可适度增加阅读材料,使有志趣于地理学习的学生拓宽和加深知识的学习。

(二)新教材应体现学生的认知特征和育人功能,成为学生乐学的基础

1. 对体现认知特征的认识

地理教材是学生学习地理的材料,又是认识世界的媒体。新教材应考虑学生的认知能力和知识储量,遵循学生从感性—理性—实践的认知规律和从形象思维到抽象思维的智能发展顺序。从纵向看,高中地理新教材应是九年义务教育初中地理教材内容的渐进和发展。如高中地理教材中讲授的地球知识、气候知识、人口知识,应是初中地理教材中的加深和拓宽。高中地理应重在揭示规律,培养学生认识和解决地理问题的能力。从横向看,学生的知识储量还应包括已具有的相关学科的知识基础,如物理知识、数学知识、生物知识等。高中新教材应注意运用相关学科的知识结论来说明地理问题,重在培养学生知识迁移的能力,使相关学科之间的关联问题不脱节、不重复,相互照应,相得益彰。

2. 对体现育人功能的认识

教育的目的在于育人。用系统论的观点看,育人也是个系统工程,必须以系统的观点全面考虑。从纵向看,初中地理到高中地理循序渐进,教材中的育人因素应整体规划、前后衔接。从横向看,政治方向、公民意识、思维方式、价值取向、道德品质、环境观念应有一个层次问题。新教材应从学生品德发展的规律出发,把地理学科的知识体系渗透其中,克服随意性和成人化的弊端。有层次、有计划地安排思维教育因素,体现地理学科在育人中其他学科所不能替代的特殊功能。

3. 新教材应成为学生乐学的蓝本

古有"知之者不如好之者,好之者不如乐之者"的遗训。这个道理告诉我们求知与志趣相伴而生,有了兴趣才有可能产生求知的内驱力和积极进取的精神。毋庸讳言,过去有的地理教材中的部分内容八股形式严重,曾经给学生产生地理课乏味的印象,给"教和学"都带来一些困难。新教材在选材和表述时应考虑趣味性、可读性、生动性。新教材应依据高中学生心理发展的一般规律,可不拘泥于统一的编写程式,如采用现象→问题→观察→结论、现象→观察→结论、现象→考察→结论、现象→实验→结论、问题→讨论→结论、问题→实验→结论等模式,根据教材内容特点选择合理的表述形式。学生拿到这样的教材就会愿读愿看,从而培养自学能力、独立思考能力、语言表达能力和动手操作能力等。

(三)新教材应考虑教学体系,使教材成为教师乐教的工具

1. 新教材应处理好地理学科知识的逻辑体系和教学体系的关系

地理教材规定了地理教学的主要内容,是地理教师进行地理教学的依据,对教学活动起着制约作用。新教材的编写,不仅要考虑地理学科知识的逻辑体系、学生学习地理的认知体系,还应考虑教师进行教学的教学体系,使三者密切联系,彼此促进,产生整体大于部分之和的良好效果。现行高中地理教材,有的部分只是大量的文字叙述,造成学生一读到底或教师一讲到底的局面,对教学质量有较大影响。教学实践证

明，以节为单位的教材内容，表达形式愈单一，教学过程愈困难，教师的创造性就愈易受到抑制。

2. 新教材应有利于教师按照先进的教学思想和方法进行教学

地理学科知识有很强的综合性、区域性，地理要素的相互关系既复杂又有规律可循。新教材应渗透地理教学的原则，有利于教师按照先进的教学方法进行教学，为教师创造性工作留下余地，使教师乐教。教材章节内容的安排、教学时数、分量要恰当，层次明晰。文图表述中可安排设问、质疑，有利于教师组织教学活动。教材中的思考题、练习题应有利于启发学生积极思维，巩固学习成果，激发求知欲。

现行高中地理在教材类型上，活动课教材和视听教材不足，这也是高中地理新教材编写改革应考虑的。

三、论高中地理新教材活动性课文的设计与开发[①]

2003年教育部《普通高中地理课程标准（实验）》颁布后，设计与开发落实"课改"新精神，实践"课改"新理念，"引导学生认知发展、生活学习、人格建构的一种范例"的高中地理新教材，就成为当时地理课程改革与研究的重要任务。

《基础教育课程改革纲要（试行）》要求必须"改变课程过于注重知识传授的倾向，强调形成积极主动的学习态度，使获得基础知识和基本技能的过程同时成为学会学习和形成正确价值观的过程"；必须"改变课程实施过于强调接受学习、死记硬背、机械训练的现状，倡导学生主动参与、乐于探究、勤于动手，培养学生搜集和处理信息的能力以及交流与合作的能力"。《普通高中地理课程标准（实验）》在对教材编写的建议中指出："教学内容的组织要为教学提供必要的空间"、要"引导学生的地理理性思维"。"贵在参与、注重过程、强调方法"就成了编写好高中地理新教材的关键。

传统的地理教材叙述性课文居多、活动性课文不足，在很大程度上主要考虑如何便于教师的"教"，而对于怎样引导学生主动地"学"，考虑较少。活动性课文对于实现最佳的资源组合、最佳的支架高度，引导和促进学生主动"学"具有重要作用。新教材应"适度分配叙述性课文和活动性课文的比例，注意增加活动性课文的比重"，并通过"自主学习、合作学习、探究性学习"等多种学习活动方式，引导学生"主动建构、学会迁移、培养能力、增强情感、养成态度、形成正确的价值观"。

增加活动性课文不仅是教材编制观的发展和变革，对教学观、学习观也将产生重要影响。研究活动性课文的基本特性和基本功能及其设计与开发，对于提升教材新功能具有重要意义。

（一）活动性课文的基本特性

1. 互补性

活动性课文一般是指教材中呈现以学生参与某种活动形式来表达教学（学习）内容，课与文互补。教材中的叙述性课文主要是对地理概念、原理和规律等理性知识、

[①] 李家清，闻民勇，刘学梅.论地理新教科书活动性课文的设计策略[J].地理教学，2005(9)：10-13.

程序性知识的叙述表达;活动性课文通过阅读、信息窗、知识窗、知识链接、实践活动等方式,创设地理情景,提供地理事实、地理材料等感性知识,帮助学生对地理理性知识、程序性知识的学习和理解。

与图互补。教材中的图像(表)系统能比较直观、形象地展示地理事物和现象。活动性课文通过读图分析、填图绘图、图表计算等地理技能性过程,能帮助学生认识地理过程,促进他们对地理事物空间分布、空间联系及其空间变化的理解。

2. 灵活性

活动性课文具有灵活、动态的特点,能为倡导多样化的学习方式提供条件。按照活动性课文在教材中的位置或出现的次序,可分为节前活动性课文、节中活动性课文或节后活动性课文。节前安排活动性课文能为学生进入课题,创设情景、引发思考创设空间;节中安排活动性课文能为学生"参与过程、掌握方法、主动建构"提供条件;节(章)后安排活动性课文对于帮助学生"学会迁移、培养能力、增强情感、养成态度、形成正确的价值观"具有重要意义。例如,"人教版"普通高中地理课程标准(实验)新教材(必修1),每章后设计的"问题研究"有月球基地应该是什么样子、为什么市区气温比郊区高、是否可以用南极冰山解决沙特阿拉伯的缺水问题、崇明岛的未来是什么样子的、如何看待我国西北地区城市引进欧洲冷季型草坪等。

按照设计目的或侧重点,活动性课文可分为技能操作型活动性课文、情意发展型活动性课文和问题解决型活动性课文。按照活动性课文的规模可分为小型、中型和大型活动性课文。小型活动性课文可以是一个思考、一个阅读环节等简单的活动形式,如根据中国人口变化模式,思考影响人口自然增长率的因素有哪些?中型活动性课文一般具有两个或两个以上的活动环节或过程,可在思考的基础上进一步分析或与同学讨论交流等。如"湘教版"普通高中地理课程标准(实验)新教材"区域农业的可持续发展——以美国为例"的活动性课文,要求学生读美国乳畜带、小麦带、玉米带、棉花带分布图,并结合阅读材料,回答问题:1. 分析美国乳畜带、小麦带、玉米带、棉花带分布的大体范围。2. 分析美国的自然条件(光、温、水、土等)对美国农业生产地区专门化形成与分布的影响。3. 根据美国的自然条件,分析美国的农业生产地区专门化是否符合农业可持续发展的方向。大型活动性课文是具有多环节、多步骤、综合型的活动形式,一般设计有活动主题、活动目标、活动准备、活动过程、活动小结和评价等步骤。

3. 开放性

"知识在教材中存在的理想方式应是开放的、积极的,有着与学习者精神交往与对话的可能与姿态。"与叙述性课文相比,活动性课文更能联系社会实践,加强课程内容与学生生活及现代社会科技发展的联系,更能贴近学生"生活的地理",更具开放性。例如,"中图版"普通高中地理课程标准(实验)新教材(必修1)第四章"自然环境对人类活动的影响"中设计的"选择一个合适的日期,调查自己一天所使用的自然资源""撰写题为《我的一日生活与自然资源》的研究报告"等。"湘教版"普通高中地理课程标准(实验)新教材(必修2)第一章"人口增长模式"中设计的"查找本地(乡、镇、县、市、省皆可)历次人口普查资料,完成下表:(表略)、根据所查找的资料,绘制人口出生率、人口死亡率和人口自然增长率曲线图,判断本国属于哪一种人口增长模式"。第二章城市与环境中设计的"调查家人或邻居一般去哪些商店购买下列物品:粮食、食用油、食用盐、卫生纸、牙膏、香皂、衣服、高档化妆品、电视、冰箱、计算机等,将调查得来的资料进行分类统计,找出其中的规律性"等活动性课文。

4. 参与性

参与性是活动性课文的基本属性。参与是指学生介入、投入、卷入地理教学的状态之中,是学生主体对活动内容的能动性作用过程,是学生心理倾向和能力的统一过程。这些活动以学生为中心,注重地理活动过程中的教育价值、强调学生的自主学习和个性的养成,着眼于学生的亲身体验。在活动中,学生是能动的、创造性的存在,是真正学习的主人,学生自主参与学习过程。地理教材中的活动性课文由于学科特性的综合性、空间性、实践性和丰富性,可以设计出多种多样的活动形式。如"湘教版"的普通高中地理课程标准(实验)新教材设计有思考活动、实践活动、探究活动等类型,并有阅读、计算、讨论、资料分析、角色扮演、查阅资料、调查、绘制图表、判断、交流等多种形式。"中图版"高中地理新教材设计有探索、思考、讨论、比较、阅读、案例研究等多种形式。按照活动空间范围可设计课内活动与课外活动;按照活动主体组成可设计个体活动与群体活动;按照活动对象的关系可设计有教师指导下的学生活动和学生自主的独立活动。

此外,活动性课文的形式多样,同一类型可以设计出不同梯度,具有层次性和选择性的特征,以满足不同学生的需要。

总之,活动性课文可设计出异彩纷呈、参与性强的多种多样的活动。

(二)活动性课文的基本功能

活动是人存在和发展的方式。人的生存和发展是一个无止境的学习和完善过程。探索、选择能力的培养,是对人的潜能的综合开发,是包括身心、智力、敏感性、审美意识、精神价值、社会责任感在内的综合发展基础上的素质培养,是促进人的素质全面发展的"全人教育"。学生的学习活动过程是一种特殊的认识过程、发展过程。瑞士著名心理学家皮亚杰认为,认识的发生既不是内部预先形成的主体结构的展开,也不是外界事物简单的反映,而是通过活动使主体、客体发生相互作用,并在相互作用中进行双重建构的过程。没有活动过程本身,学生就不可能有对教学意义的理解、对自我的理解、对人际关系的理解。活动的重要功能就在于是认识发生过程中的中介。高中地理教材增加活动性课文,其重要性就在于能为发挥和强化这种中介功能创造条件。活动性课文的基本功能可体现在以下几个方面。

1. 引领学生主动建构

心理学研究表明,高中学生对各门课程感兴趣的程度主要取决于对学科价值的认识。活动性课文通过在教材内容组织上,灵活、广泛地联系社会实际,呈现"社会的地理""鲜活的地理""生活的地理""有用的地理",体现地理科学的实际应用价值,清楚地表明地理科学在解决社会问题时所能做出的贡献,最终影响学生对地理学的兴趣和学习效果。如"湘教版"普通高中地理课程标准(实验)新教材"交通运输布局及其对区域发展的影响"中设计的实践活动：关于家乡商业网点布局与商业活动调查，将全班学生分成若干小组，对家乡商业网点布局和商业活动进行调查，具体要求：1. 将主要的商场、超市、商业街(或农贸市场)填注在家乡平面图上。简要分析它们的布局与交通线路、居民区分布的关系。2. 调查主要商店的经营项目、特色商品、商品产地、销售对象等内容，并在表格中填写(表略)。3. 对家乡商业网点和商业活动进行简要评价，提出你的改进建议。

杜威说："兴趣是生长中的能力和象征"。皮亚杰认为，主体的活动是认识发生、发展的逻辑起点。个体的认识起因于主体对客体主动的不断同化、顺应和平衡活动，即建构作用。皮亚杰认为建构主义的关键词是活动与自主。这种活动性课文意味着学生有兴趣、自信、自主；意味着学生主动参与，学生形象生动活泼，学生积极投入和表现，使教学过程充满活力；意味着学生开动脑筋、质疑问难、发表见解、认真探究、回答问题、积极讨论、动手操作；意味着师生之间的情感沟通、相互促进、鼓励和宽容。活动性课文对于学生内驱动力的产生和增长，引领学生主动建构，能发挥明显的推进作用。

2. 促进学生主动发展

现代教育观逐渐由知识论向发展论转变。赞可夫认为，知识的教学不等于人的发展，学生的发展虽然同掌握知识有密切的联系，但掌握知识毕竟和发展能力是两回事。教学过程是教师与学生共同探索新知的发展性活动体系。学生不是在教学中被动地接受影响，而是在与教师的交往中积极主动地去选择、形成与建构自己的知识体系。没有学生积极的实践活动，就谈不上学生的任何发展。活动性课文为学生积极主动地参与实践活动，为学生在活动中积极主动地去选择、形成与建构自己的知识体系提供了条件，创设了情景，能成为学生学习的一种主体性体验，促进学生主动发展。学生在阅读、计算、思考、比较、讨论、判断、交流、案例研究等多种活动形式中，不仅能加强对地理知识的理解和应用、技能的熟悉和掌握、能力的提高和发展，而且可以发展情意，养成健康人格。

3. 创设迁移应用情景

活动性课文中所能设计的思考、回答、比较、讨论、判断、交流、设计、探索、资料整理、资料分析、绘制图表、调查访问、角色扮演等活动形式都为学生应用已有的知识和经验，分析和解决地理问题，创设了情景和条件。例如"湘教版"普通高中地理课程标准(实验)新教材"城市空间结构"一节中的活动性课文，要求学生阅读下列材料，回答问题：1. 一个城市的地理区位，应从哪几个方面进行分析？2. 查阅世界地图，从莫斯科、纽约、东京、开罗四个城市中任选一个，综合分析它的地理区位。3. 结合初中所学的区域地理知识，分析日本集中分布在太平洋沿岸的原因。又如，"中图版"普通高中地理课程标准(实验)新教材"人口的增长模式及地区分布"一节中的活动性课文，要求学生根据表格：1750—1940年世界人口出生率、死亡率和自然增长率的地区差异，比较1750—1940年，世界发达与不发达两类地区人口自然增长率的变化有何特点？主要原因是什么？这些问题的回答和比较，都需要学生运用已有的知识经验，进行综合分析、迁移应用、比较思考，给予解决。

4. 引导学生科学探究

活动性课文中所设计的交流、设计、探索、资料整理、资料分析、绘制图表、调查访问、角色扮演、演示实验、归纳总结、案例研究、主题活动等形式都有很强的探究学习成分。对于学生而言，这种"发现的行动"、这种认识过程渗透着自己的积极探究，有利于实现对已有知识的"我化"。

活动性课文是课文的重要形式，也是学生参与教学过程的重要形式，通过多种活动形式的参与，学生不仅可以体验地理知识形成的过程，还可以养成努力钻研的良好学风。积极主动的参与能发展他们的探究意识和探究能力，从而形成一定的地理科学观念，作为进一步发展自己的基础。

5. 优化课堂教学结构

地理教学系统是由地理教学目标、学生、教师、地理教材、教学方法、教学媒体和教学反馈等因素构成。地理教学过程是一个多因素组成的复合系统，地理教材作为地理教学的基本内容在地理教学活动中是最有实质性的因素。它是一定的地理知识、能力、思想与情感等方面内容组成的地理学科教育体系。活动性课文引导学生"做中学"，使学生在地理学习过程中"用教材"，而不是"读教材、背教材"。这对于丰富教学过程，优化地理课堂教学结构具有重要意义。

（三）活动性课文的设计与开发的基本思路

高中地理新教材的活动性课文设计与开发，既要考虑活动性课文的基本特性，充分发挥活动性课文的基本功能，还要考虑地理知识的表达顺序、学生学习地理的心理过程的特点、作为教学活动依据的特殊的认识过程三者之间的关系。活动性课文的设计与开发要在促进地理知识逻辑、学生地理学习的心理逻辑和地理教学逻辑的整合与统一中发挥重要作用。

1. 地理知识逻辑与活动性课文

地理教材是地理知识信息的载体，但并非能包容无限，杂乱无序，因此要强调学科的知识逻辑。地理教材的设计与开发必须选择具有时代性、基础性和典型性的知识系统。地理知识的逻辑关系应当由浅入深、由简到繁，从地理材料、地理事实、地理现象到地理概念、地理规律、地理成因、地理原理；从区域地理到系统地理；从初中地理到高中地理；从自然地理到人文地理以及自然地理与人文地理的结合等。叙述性课文是地理教材知识逻辑构造的主体，活动性课文应与其相辅相成、协调关照，或经纬交织、延伸拓展。活动性课文的设计与开发要为学生提供地理情景性知识、策略性知识，帮助学生学习、理解地理理性知识、程序性知识。例如"湘教版"《普通高中地理课程标准（实验）地理》新教材（必修3）"区域地理环境与人类活动"中的"第三节区域发展差异"，教材在叙述性课文上设计了：一、东、中、西差异；二、南方和北方；三、西部大开发三个部分。其中东、中、西差异分述为（一）东、中、西部三大经济地带、（二）东、中、西部发展差异两个方面。东、中、西部发展差异，进一步从产业结构差异、工业化与城市化差异和对外开放的区域差异三个层面展开。教材的地理知识逻辑主线清晰。这部分教材在活动性课文上设计了两个探究活动：一是"三个经济地带分别包括哪些省级行政区？家乡所在的经济地带在经济发展上的优势和制约因素是什么？对于加速家乡经济发展,你有什么建议？"二是"我国东部与中、西部地带的区域发展差异,是一系列自然、社会和经济因素综合作用的结果。结合所学知识和下表(表略)的提示,探讨我国区域差异形成的原因。为了做好这个题目,你可以参考以下四个步骤：1.想一想,东部与中、西部地带的区域差异主要表现在哪些方面？2.针对各方面的区域差异,分析其形成的主要原因。3.将你的结论填入下表(表略)。4.与同学们讨论,进一步完善自己的结论"。

2. 学生地理学习的心理逻辑与活动性课文

现代教学论认为：教学过程不仅是一个知识传授的过程,而且也应是一个伦理的过程。阶段性是学生思维和智力发展的重要特点。地理教材应符合学生心理成长的特点。只有教材与学生生活的世界紧密联系时,才能获得最大的感染力。因此地理新教材设计与开发的基本思路是从经验的、个别的事实逐渐向科学概括化的方向进展。它能使地理新教材内容更贴近学生实际,呈现给学生生活的地理与地理科学探究过程相同的教学过程,使学生易于接受,并形成对地理知识的完整认识和理解,从而提高学习地理的效果。地理新教材活动性课文设计与开发要成为学生已有的知识经验与地理科学原理之间的桥梁。对于活动梯度的设计要大小适度,如果梯度太大,学生会因无法理解而失去探究的兴趣；如果梯度太小,学生会认为问题浅显,不值得探究。应努力使地理新教材内容的"序"与学生身心发展的"序"有机结合。

3. 地理教学逻辑与活动性课文

地理教材作为地理教学活动中的实质性因素,要实现地理知识逻辑系统和学生心理逻辑系统的有机结合与转换,还必须通过地理教学逻辑系统,即师生在符合地理教学论基本原理的前提下进行的教学活动,体现地理知识的过程性。从地理教学论的角度设计地理教材,有助于保障学生最有效地掌握过程与学习效果,有助于突出重点,使之在难度及复杂度方面适合于学生现有发展水平。地理课堂教学过程是凭借"教材中介"的师生"对话"过程,是特定"境域化"的生态过程。地理课堂教学过程中的教学导入、创设情景、提出问题、设疑、质疑、答疑、分析和解决问题、教学结束等环节都与教材的设计密切相关。活动性课文设计与开发要为教学活动顺序的展开、缩小已知与未知之间的距离提供条件；为师生教学活动提供方向,提示地理教学策略。高中地理新教材有利于教师依据教材进行新的教学设计,将地理教材涵蕴的新理念付诸教学实践。

不同类型的活动性课文其功能有所差异,在设计与开发时根据内容应各有侧重,使之成为地理教学逻辑的基本组成。

活动性课文的阅读活动设计与开发,重在通过阅读、小资料、信息窗、知识链接等形式,呈现地理事实或案例,引发思考,拓展学生学习地理的视野。

设计与开发活动性课文的图表,要充分发挥图表直观、形象和生动地标示空间位置、展示空间过程、凸显空间规律、阐释空间因果关系的优势。设计读图分析、读图比较、读图回答、用图说明、绘制图表等活动形式,激发和培养学生地理理性思维能力,为地理教学过程的展开、地理教学方法和媒体的选择预留创造空间。

活动性课文的交流活动设计与开发,可运用说出、辨认、讨论、列举、复述、解释、说明、归纳、概述、推断、区别、提供、举证、预测、角色扮演等活动形式,为师生之间的对话、生生之间的对话、课堂与社会的对话,提供平台。

活动性课文的研究或探究活动设计与开发,如查询、调查、探究、设计、辩护、质疑、制定、解决、访问、考察、撰写完成等活动形式,重在促进学生对地理学习方法的掌握、地理知识迁移和应用,重在体验和"我化"的过程中,培养学生的地理科学态度、地理科学品质,形成和树立科学的地理观,即人口观、资源观、环境观和可持续发展观。

四、国外中学地理教材的特点探析[①]

地理教材在基础教育课程改革中起着非常重要的作用,它不仅影响教师的教,也影响学生的学,对地理课程理念的贯彻落实起着至关重要的作用。教材作为一个关键"软件",它的内容选择和组织受到社会政治、经济和文化传统的影响,受到科技发展尤其是地理学研究水平的制约,与教育内部的各种因素(教育目的、受教育者身心发展规律和知识水平等)密切相关。因此,各国地理教材均有各自的特色。

(一) 体制多样化

按照教材组织编写方式的不同,可以将国外地理教材的编写划分为两种。一种是以美国、德国、英国等部分发达国家为代表的地方分权制编写教材方式;一种是以俄罗斯等为代表的中央集权制统筹编写教材方式。但是按照具体操作过程中的不同,还可把它们分成以下几类:① 自由制。自由制是指不仅教科书的出版发行完全自由,教科书的使用也完全由地方或学校自行决定,无须得到上级教育部门的认可。实行自由制的国家有英国、澳大利亚、丹麦等。比如在英国,出版教科书的公司有400多个,英国各出版社出版了一系列的地理教材,如朗曼版《探索地理》、斯坦列版《关键地理系列》、剑桥版《剑桥地理系列》、霍得版《霍得地理系列》、莫雷版《11~14地理系列》等,各出版社处于相互竞争的状态。这些出版社在学校理事会的指导下,致力于教科书质量的提高。地理教科书的执笔者,多为大学的教师和教师中心的专职人员,还有中学地理教师等。② 选定制。选定制由国家或地区教育部门在各自出版的教科书中挑选出若干种,制成用书一览表,供各地区和学校选用,美国的许多州,还有荷兰采用该制度。③ 认定制。认定制是民间出版的教科书经国家或地方行政部门认可后,地方或学校方能选用。这种制度以法国为代表,还有加拿大等国。④ 审定制。审定制是民间编写的教科书,经国家或地方教育行政部门审查合格后,方能出版发行。实行这种制度的国家,主要是日本,还有以色列、印度尼西亚、泰国等。⑤ 国定制。国定制是由国家教育行政部门确定教科书的编写、发行和使用。这种制度以俄

---

① 张胜前,李家清. 国外中学地理教材的特色探析[J]. 地理教育,2007(3):62-63.

罗斯最为典型。总的来说,各种体制各有优点,目前教材的多元化是教材发展的一个趋势。

(二) 内容时代化

随着时代的发展,各国地理教材内容不断更新,尤其是在当前环境问题日益严重的时候,各国的地理教材都很注重环境问题。因此,"人地关系""可持续发展"问题便成为地理教材的框架和支持系统。目前一些国家和地区的中学地理教材逐步发展到突出阐明人地关系,甚至有些教材直接取名为人地关系。国外很多地理教材的编写,不再强调地理知识的系统性,而是从人地关系的角度来选取教学内容。例如,德国地理教材的特点之一是从地理学的角度认识协调人类活动和地理环境关系的重要性,从全球整体观念出发,寻找解决问题的途径,这些观念相应地在教材体系结构和内容上得以体现;俄罗斯地理教材对人类面临的生态、人口、粮食和资源等问题十分重视,对世界的海洋问题、裁军问题(军事地理)也十分关注,要求学生理解、解释其原因,探究解决问题的途径,从而培养全球意识;在英国,地理教材注重研究人的行为对自然资源需求的影响,认识全球性的森林剧减、酸雨、气候变暖、水土流失等重大环境问题;在芬兰,地理教材重视传授环境如何影响人的生活和工作,以及人又如何将工作"痕迹"留在自然界;新西兰的地理教材则强调环境教育并要求学生具有参与环境规划的能力。注重对生态环境负责、协调人地关系的"可持续发展"的观点,正在成为越来越多国家地理教材的核心理念。

(三) 引导问题化

问题探究式教材是以一定的地理课题编写教材,这些课题反映了当前一些社会问题,如人口、环境、城市问题等。英国是问题探究式教材编写的典范,其很多教材都是采用这种模式,只不过方式不同,有的教材不同的单元阐述不同的问题。如英国的地理教材《地球运动》(*Earthworks*),共三册,每册包括六个单元,每个单元讲述一个课题。以第三册为例,第一单元"地震和火山——人们能为灾害做准备吗?"第二单元"发展——有什么比金钱更重要的吗?"第三单元"城市——你知道这些模式吗?"第四单元"能源资源——全球变暖与你有什么关系吗?"第五单元"水资源——水龙头会有流尽的一天吗?"第六单元"南非——是世界的一个缩影吗?"这本书涉及自然灾害问题、发展问题、城市问题、能源问题、资源问题和贫困问题。有的教材从不同的侧面阐述同一问题,下面以剑桥地理系列《拼图地理》(*Jigsaw pieces*)、《绿色地理》(*Green pieces*)、《社会地理》(*Society pieces*)中的《绿色地理》为例。该书共八个单元,第一单元"人们对土地的利用"、第二单元"食品"、第三单元"今天的天气怎样?"、第四单元"水塑造地形"、第五单元"水:一种稀缺的资源"、第六单元"工业和环境"、第七单元"自然灾害"、第八单元"地球资源的消耗"。该书每一个主题和特点都不一样,但该书的主要目的是调查人们是怎样利用环境的,都是围绕环境问题开展的。第一、二单元是研究人们怎样利用环境来获得食物的,如"梯田的开发"。第三、四单元涉及有关环境上的一些问题,如天气、水和地形。最后在第六、七、八单元里,讲到由于工业和技术的原因,一部分国家变得越来越富,但这是以环境的破坏为代价的。所以该书是以环境问题为中心从不同层面阐述的,从而使人们意识到环境问题的严重性,从而树立保护环境、建设绿色家园的意识。正因为如此,作者把该书命名为 *Green pieces*。同时该书的另外的一个显著特点是每一个单元都是从问题开始阐述的。比如,第一单元"人们对土地的利用"是从我们应该像对待垃圾一样对待土壤吗?在第二单元"食品"是从将来我们会看到怎样的农业类型?第三单元"今天天气怎样?"这种基于问题的导语,有利于激发学生兴趣,激发求知欲。

(四)形式活动化

美国地理教材很注重地理活动,通过活动充分调动学生的学习主动性,让学生通过运用自己已有的经验学会并建构知识。我们以麦格劳希尔(McGraw-Hill)1975年出版的《格伦科地球科学》(*Glencoe Earth Science*)为例,该书有五个单元,共24小节,每一节有几个部分。该书有内容目录、附录目录、技能手册目录、活动目录、考察活动目录、小实验目录、问题解决目录、运用技术目录、人与科学目录和科学之间联系的目录。从目录中可看出地理活动占很大比例,并且活动形式多样。经统计,共有168项(其中室内动手制作活动48个、考察活动24个、小实验48个、问题解决24个、运用技能24个)。这些活动有以下特点:注重通过活动培养学生的地理技能,尤其是绘图技能。例如,绘制地形图、地球模型图、垃圾填埋场模型、太阳系距离模型、火山模型、化石模型、龙卷风模型、潜水艇模型、人口增长模型、宇宙扩展模型等。通过这些图的绘制加深对知识的理解,同时提高学生的绘图技能。

(五)案例生活化

学校最大的浪费就是学生在学校接受一种脱离生活的教育。脱离生活的教育令学生缺乏学习兴趣和激情,在学生走入社会后,所学习的知识严重和生活脱节,不能解决生活中遇到的问题,感到所学的知识"无用"。因此,世界各国都注重教学内容的生活化,删除了那些与社会需要相脱节、与现在的发展相背离、难以激发学生兴趣与缺乏智力价值的内容,而把涉及个人职业生活的内容作为取材的范畴。比如,美国的国家地理课程标准提出了"地理为生活"的口号,并且出版了《生活化的地理学》(*Geography for Life*)丛书。书中提出了地理教育的使命和信念:终身教育、持续生活、提升生活。强调要关注人的生活,解决实际问题,教给学生活生生的地理;最近出版的《美国地理》的政治地理单元,以美国宪法前言的主题词作为该单元的章名,根据主题词的内涵选择相应的地理内容,从而为学生从地理角度理解和遵守宪法提供了必要的知识支持,建立了地理与学生日常生活的联系;德国地理教材在介绍本国某一个地区工业时,以该地区的一个全国知名的工厂为典型例子,用学生参观该厂、厂方介绍的形式,叙述工厂的规模、职工人数及其构成、生产能力、原料来源、产品销售地、交通运输、污染防治、职工住宅群等,通过生活化的材料进行地理教育;日本初中地理则编入了"人们的生活与环境""日本人们的生活"等联系日常生活实际的内容;新加坡地理教材中有"农业和工业上的决策""土地利用"等联系生活实际的问题;尼日利亚针对世界存在的共同问题,从地理的角度加以研究。

（六）表述心理化

地理教材作为教师教和学生学的主要材料，在整个教育体系中起着非常重要的作用。因此世界各国都非常重视教材的建设，尤其是教材内容的表达方式上，体现出了"以学生发展为本"的教学理念，更加人性化，尊重学生的人格与个性发展，考虑学生的学习心理与年龄特征。因此，大多注意文字表达的生动性、启发性、可读性。例如，德国地理教材在处理"产业部门划分与分布"内容时，并不是枯燥地讲述，而是设想学生以第一人称"我"的形式介入某个失业队伍，让"我"自己去寻找就业的部门和地区，在寻找工作岗位的过程中学习产业结构和地区分布的知识；在德国地理教材《环境的组成》一书中，第七章第五节采用了"对滴滴涕的控告和谴责"的标题；美国《地球科学》第六章中，使用"你与环境"的标题；英国中学初级地理教材大量运用彩照、插图、卡通画、地图、报刊资料，甚至设计填字游戏，使枯燥抽象的教学内容变得具体直观、形象生动，行文亲切如讲故事。

综观世界各国地理教材的特点，总的趋势是接近学生、接近生活、多样化、注重学生能力的培养，这些是我国学校地理教材建设中应该加以研究和借鉴的。

第三章　地理教学发展与改革研究

"玉不琢,不成器;人不学,不知道。是故,古之王者,建国君民,教学为先。"(《礼记·学记》)在古代,教学就承载着人的成长、国家发展的重托。教学是教育的核心构成,关乎国家之未来。教学是社会关注的焦点,也是教育理想转化为教育现实的过程。教学是教师与学生的相遇,于生而言,直接影响着其发展;于师而言,是其职业生活最基本的样态,展示着教师的职业信念、专业发展。教学的境况直接决定师生的生活乃至生命质量。"地理教学发展与改革研究"章撷取了2003年至2018年间发表的12篇文章,本章浓墨重彩,前溯后瞻,寻找理论,直面问题,探析机理,奉献策略,可指导实践。

改革开放以来,我国的地理教学论的理论研究可谓发展蓬勃,成就斐然。"深化课程与教学关系认识、推进地理教学改革实践""我国地理教学论30年发展回顾与展望""我国学科教学论研究方法的现状透视与未来展望"等通过回溯历史,梳理地理课程与地理教学的关系,透视地理教学论发展的问题,前瞻未来,从宏观层面提出了地理教学论发展的方略。"我国深度教学研究热点、现状与展望""概念图:新课程时期地理教学研究的回眸与前瞻"从"教"的角度,对"深度教学"与"概念图"进行了专题研究;"地理教学中学生认知过程的体现"则从"学"的角度,揭示了"学生认知过程"的机理,提出了教学如何"做"的路径。

随着教学论科学化的推进,地理教学论研究越来越关注操作层面的"地理教学设计"问题,其理论研究与实践探索成果蔚为壮观。华中师范大学研究团队长期耕耘这一学术领域,具有较为深厚的学术积淀。"地理教学设计的理论基础与基本方法"系统地探讨了地理教学设计的基础理论问题,是目前地理教学设计领域被引量最高的中文文献;"走进新课程:论地理教学的设计与创新"论述了21世纪初地理课程改革背景下地理教学目标、地理教学策略等地理教学设计改革的方向,其中论及的地理教学目标的差异性设计思路阐明了地理教学目标差异性设计的理论依据与实践策略。

地理课堂教学改革生生不息,源于地理课堂教学内部的学理与奥秘被不断地发现与解密。"地理课堂教学动力策略设计初探"揭示了地理课堂教学动力的机制与相关策略;"论新课程高中地理课堂教学行为的价值取向"阐述了地理课堂教学行为的价值取向;"中学地理课堂教学目标达成的内部机制研究"探明了地理教学目标达成的内部机制,而"认知诊断视角下高中地理补救教学的策略研究"则进一步探索常规教学目标没有达成时,应采取的补救教学策略。

进入新时代,扬帆再起航。当下,我国教育体制"四梁八柱"的改革方案已基本建立,教育改革进入"全面施工内部装修"阶段。课堂教学已然成为课程改革的主阵地,课堂教学改革成为课程改革的攻坚战。我们相信,中国的地理教学改革在借鉴、汲取国际地理教育的先进理念,坚持"中国经验",坚持学生立场,聚焦育人方式的优化,探索中国地理课堂教学变革的征程中,落实地理核心素养培养,一定能够实现"立德树人"的共同愿景!

(注:本章卷首语执笔人刘学梅,师从李家清先生攻读硕士、博士学位,现为安徽师范大学地理科学与旅游学院教授,博士生导师。)

第一节 地理教学理论基础的丰富与发展

一、深化课程与教学关系认识,推进地理教学改革实践[①]

新一轮基础地理教育改革,以地理课程改革为缘起,引领新世纪地理教学发展,并将通过地理教学改革实践,实现地理课程改革目标。没有地理课程改革,地理教学改革就没有方向;没有地理教学改革,地理课程改革也就失去了存在的意义。

地理教育实践表明,地理课程与地理教学存在着必然的联系,但"课程≠教学"。地理课程不仅仅是地理教学内容的依据,它还包括对学生地理学习和身心发展的整体要求和"布局谋篇"。长期以来,对于课程与教学关系的认识可谓莫衷一是。一曰,课程大于教学,二曰,课程等于教学,三曰,教学论包含课程论,四曰,教学与课程是相互融合、密不可分的,等等。因此,在新课程改革的背景下,探讨课程与教学的关系,深化对二者关系的认识,对于推进地理教学改革实践,实现地理课程改革目标具有重要意义。

(一)地理课程与地理教学之依存与共建关系

1. 共同指向关系

地理课程总是为实现一定的课程目标而创立的。地理教学是一个过程,是有目的的活动,是围绕地理教学目标而展开的。地理课程目标是实现国家教育目标的组成部分。地理教学目标是为实现地理课程目标结合教学主题、教学内容的具体化。因此,地理课程目标与地理教学目标存在着共同指向的关系。在地理教学实践中,每个教学课题或每一节地理课都必须设计具体的教学目标,并通过一系列教学活动行为来实现。具体课题的教学目标总是服务和服从于地理课程目标。例如《普通高中地理课程标准(实验)》对必修课程地理 2"人口与城市"部分提出的一项"内容标准"要求为:"举例说明地域文化对人口或城市的影响"。武汉市某中学方老师在地理教学中对"地域文化与城市发展"课题教学目标做了如下设计。

---

① 李家清,梁伟,李文田.深化课程与教学关系认识,推进地理教学改革实践[J].地理教学,2010(4):4-7.

> **案例 3-1 "地域文化与城市发展"教学目标设计**
>
> **知识与技能目标**
>
> （1）学会运用武汉城市发展实例，解释地域文化的含义，说出地理环境对地域文化形成的作用。
>
> （2）学会运用武汉城市发展实例，说明地域文化对城市建筑等方面的影响，体会对城市发展的影响。
>
> **过程与方法目标**
>
> （1）初步学会地理图片资料的比较分析方法，并能对地理信息进行整理和总结，概括出地域文化对城市的建筑布局、建筑结构和建筑风格的影响。
>
> （2）培养学生整理、分析资料的能力和把获得的有用信息、结论加以表达的能力。
>
> **情感态度与价值观目标**
>
> 在学习中培养学生对社会现象的关注，对地域文化与城市发展的关系形成科学客观的认识，树立保护地域文化的观念。

2. 补充创建关系

《普通高中地理课程标准（实验）》对"内容标准"提出了明确的要求，对教学所要达到的程度做了基本的规定，并以行为目标方式表述。在地理教学实践中，教师在根据课程标准确定教学目标时应考虑学生情况的不同，结合具体内容将其转化为适合具体班级和具体学生的目标，建立一个多层次、有梯度的教学目标体系。因此，教学目标不应是课程标准的简单移植，而应是地理教学中对具体班级和具体学生地理学习发展要求的预期，教学目标是以课程标准为基础，因"生"施教，建立一种教学补充目标，帮助"学优生"超越课程标准的基本要求和帮助"学困生"达到课程标准的基本要求。上述案例中要求学生能"学会运用武汉城市发展实例，解释地域文化的含义，说出地理环境对地域文化形成的作用；学会运用武汉城市发展实例，说明地域文化对城市建筑等方面的影响，体会对城市发展的影响"就表现出地理教学目标对地理课程目标的补充和创建的作用。

3. 意义对话关系

地理课程主要是以地理教材的形式展示地理教学内容的。地理教学内容是师生为达成教学目标所进行的对话内容。"地理教学内容≠地理课程内容"。这是因为地理课程内容仅仅只是提供给师生的基本的、共同的对话材料。地理教学内容不仅涉及教材，还要联系社会实际，要涉及师生的已有知识和生活经验。我们往往看到，在教学情境中，教师的主体性充分发挥的过程即是教师在"创作"（Author）课程事件或"创生"（Enact）课程的过程。在这个意义上，教师像课程的其他作者一样在"创作"课程，只不过教师是现场"创作"，而其他作者则是其作品被阅读。例如，地理教师要求学生"举例说明地域文化对城市的影响"时，"能学会……解释……说出……能学会……说明……体会……的影响"就是要求把地理课程内容与师生的生活经验、社会体验密切结合，这不仅能丰富教学过程,帮助学生加深地域文化对城市影响的理解,实现地理教学与地理课程的意义对话,使地理教学过程具有生活气息,还提升了地理课程的价值。

4. 整合多赢关系

地理教材是课程观念、课程内容、课程方法和课程评价的基本载体,是地理教学最重要的资源。地理教学离不开地理课程。在地理教学过程中,所涉及的地理教学观念、师生生活经验、社会体验、教学内容、教学方法和教学评价等均可对地理教学产生重要影响。也就是说,一方面地理教学不仅受到地理教材中的课程观念、课程内容、课程方法和课程评价的指导和影响,还受到师生的生活经验、社会体验的影响;另一方面地理课程观念、课程内容、课程方法和课程评价在地理教学过程中得到检验、发展,地理课程的价值在地理教学过程中得以实现,以致提升。地理教学在地理课程的指引下,创生发展,形成新的地理课程与教学价值。

地理课程与地理教学存在多种关系,并能通过地理教学实践使地理课程与地理教学的多种关系整合起来,实现多赢。

(二) 地理课程与教学论的学科发展建设与前瞻

根据国务院学位办颁布的学科调整目录,教育学一级学科下设10个二级学科,即教育学原理、课程与教学论等。其中课程与教学论下设3个三级学科,即课程论、教学论、学科教学论。地理课程与教学论是课程与教学论的分支学科(方向),是地理学科教学论的上位学科。明晰地理课程与教学论的研究对象,界定其研究范畴,廓清其研究任务是地理课程与教学论学科发展和建设所必需的。

1. 界定研究范围,明确研究路向

一个学科能否确立,主要取决于有没有相对独立的研究对象。特定的学科总是有特定的研究对象。不同的研究对象决定不同学科的性质和研究方法。由此我们可以确立选择学科研究对象的两个基本标准,即特殊性和有用性。所谓特殊性,就是本学科要重点解决的特殊矛盾,用以回答此学科不同于其他学科的根本差别所在。正如毛泽东在《矛盾论》中所指出的:"科学研究的区分,就是根据科学对象所具有的特殊的矛盾性。因此,对于某一现象的领域所特有的某一种矛盾的研究,就构成某一门科学的对象。"这里所指出的特殊的矛盾性实际上就是研究对象。所谓有用性,就是研究的对象本身对于研究主体必须是有意义的,能够有助于研究主体,达到认识世界、解释世界和改造世界的目的。如果不能做到这一点,即使它是特殊的,也没有存在的必要。有用性标准用以回答学科为什么存在的问题。

地理课程与地理教学是由于地理课程与教学的发展而客观存在的,它们之间具有不可替代性,也具有特殊的矛盾性。实践表明,用地理教学论的研究替代地理课程与地理教学论的研究,既不利于地理课程的拓展研究,也不利于地理教学论的纵深发展。在地理教学论的基础上发展作为上位学科的地理课程与教学论,能增加研究空间,提升研究功能,完善学科体系。因此,地理课程与教学论的研究对象就是地理课程与教学活动中的一切现象和问题,其主要任务就是揭示地理课程与地理教学的基本规律,并用于指导地理课程与地理教学实践。

2. 深化研究思想，彰显学科价值

关于如何看待课程与教学之间的关系的问题，美国学者理查德·塞勒（Richard Thaler）等人提出的三个隐喻可以帮助我们理解地理课程与教学论的结合。隐喻一："课程是一幢建筑的设计图纸，教学则是具体的施工；隐喻二：课程是一场球赛的方案，这是赛前由教练员和球员一起制定的，教学则是球赛进行的过程；隐喻三：课程可以被认为是一个乐谱，教学则是作品的演奏。"

地理课程与教学论的结合，能为深化研究思想、彰显地理课程与教学论的价值提供广阔的研究平台。例如，高中地理新课程的内容理念是"培养公民必备的地理素养"，尽管在课程设计和教材内容的选择与编排上能做许多研究，但仍需要地理教师结合教与学的客观实际具体深化。又如，新课程的建设理念是"满足学生不同的地理学习需要"。在我国，沿海与内地、山区与平原、牧区与矿区、城市与乡村的自然、经济和社会都存在多方面的差异，尽管在学习相同的地理课题，但由于学生生活经验和文化背景的不同，教学过程也会迥异。唯有在地理教学实践中，开发多样的教学资源（课程资源），才能满足不同学生发展个性的需要。

由于历史的原因，不少教师地理课程意识淡薄，他们更多关注的是如何"教教材"，认为"教学内容＝教材＝课程"，缺乏对地理教材的创造性运用和对地理课程的拓展。在工作思路上，首先思考的不是应怎样"教"这些内容，而是应研究所"教"内容在学生成长所需的地理素养中占有一个怎样的位置。只有教师具有课程意识，才能在处理教学问题时对地理课程有一种整体认识。这种意识包括对地理课程目标、结构、内容、价值、设计与评价等方面的基本看法，进而形成在地理课程实施中的指导思想，实现地理课程与教学在行为中得到真正统一。

地理课程与教学论的研究结合，对于高品质的地理教学非常必要，对于彰显地理课程与教学论的学科价值也是必需的。

3. 总结课程实践，提升教学经验

我国地理课程改革的基本线路是由上而下进行的，先由地理课程专家以国家地理课程与教学目的为主旨，以《基础教育课程改革纲要（试行）》为指导，在地理课程与教学现状调研、国际地理课程与教学发展比较的基础上，结合我国地理课程与教学的国情，确立课程理念，编制课程标准，编写地理教材，然后根据地理教材实施推广。地理课程专家编制的地理课程仍有许多主观成分，是一种"理想课程"。"理想课程"与地理教师进行的地理教学"实践课程"存在哪些关系，是推进新课程改革必须解决的问题。

课程是学校教育与教学的心脏。教学是实现课程目标的关键。地理课程与教学论的结合，有利于形成地理课程研究与地理教学研究的良性互动。其重要任务之一，就是要总结地理课程实践，提升地理教学经验，也包括研究和借鉴国际地理课程和地理教学的先进经验。通过总结提升，缩小"理想课程"与"现实课程""实践课程"的差距，增加"理想课程"的达成度；通过总结地理教学实践，提升教学经验，丰富和发展地理教学理论，进一步指导地理教学实践。在这些过程中，要努力建立地理课程编制主体与地理教学主体的对话机制，培养专家型地理教师和实践型地理课程编制者，并实

现二者合作的常态化。

总结课程实践，对于发展我国地理课程论具有重要意义。我国地理课程的编制与设计在不断发展，不断优化。从课程目标看，由原来过于重视地理知识、重视"双基"，到关注全人类的发展，新课程提出了"知识与技能、过程与方法、情感态度与价值观"的"三维目标"；从课程管理看，由实施原来国家统一管理的单一模式，到实施新课程的"国家课程、地方课程和校本课程"的"三级管理"模式；从课程性质看，由实行单一的必修课程模式，到必修和选修课程共存模式，再到新高中地理课程的三个必修模块和七个选修模块的模式；从课程的内容取向看，由过于注重地理知识体系的完整性、学术性，到新课程改革倡导不追求地理知识的系统性，"学习对生活有用的地理""学习对终身发展有用的地理""培养未来公民必备的地理素养、满足学生不同的地理学习需要和重视对地理问题的探究"等方面。这些重大的课程改革实践，需要通过总结提升，形成具有中国特色的地理课程论。

提升教学经验，对于发展我国地理教学论具有重要意义。地理教学过程是鲜活的，在多种因素共同作用下，地理教学的理论和实践在不断发展。中华人民共和国成立60年来，特别是改革开放30年来，我国的地理教学理念、地理教学方法、地理教学过程、地理教学媒体和教学评价等方面都有很多发展变化，通过总结提升，形成具有中国特色的地理教学论。

4. 梳理研究方法，推进改革深化

发展地理课程与教学论，必须加强对地理课程与教学的科学研究。进行地理课程与教学的科学研究，就要有正确的、科学的、现代化的地理课程与教学的研究方法。发展心理学认为："某一门学科研究方法的发展水平也正是这门学科发展水平最重要的标志"。新的理论的诞生往往得益于方法上的革新。梳理地理课程与教学论的研究方法，包括研究与应用教育科学方法、地理科学方法、相关科学方法、教育哲学的方法等，对于深化地理课程与教学论的研究具有重要意义。

研究与应用教育科学方法。地理课程与教学论在学科性质上隶属于教育科学。毫无疑问，地理课程与教学论的研究要运用教育科学的研究方法，这些方法主要有：教育调查研究方法、教育实验研究方法、教育比较研究方法、教育文献研究方法、教育统计研究方法、教育观察研究方法、教育行动研究方法和教育经验总结方法等。

研究与应用地理科学方法。地理课程内容取材于地理科学。地理科学是地理课程与教学论的支撑学科。地理课程与教学论同地理科学存在密切联系。地理课程与教学论的研究要运用地理科学的研究方法，这些方法主要有：地理图表研究方法、地理观察研究方法、地理调查研究方法、地理实验研究方法、地理综合研究方法和地理信息技术方法等。

研究与应用相关科学方法。现代科学发展的分化与综合，新的边缘学科、交叉学科不断兴起，不仅丰富了教育科学的内容，也为地理课程与教学论研究注入了新的活力。其中系统科学、传播学和生态学等的科学方法在地理课程与教学论研究中最具有借鉴和应用价值。因此，地理课程与教学论研究必须积极吸取和借鉴相关学科的

研究方法,拓展研究视野,提升研究质量。

从系统科学角度看,地理课程与教学论是一个多要素组成的功能系统。教师、学生、课程、教学目标、教学内容、教学方法、教学媒体、教学评价和教学环境等是这个系统的构成要素。在这个系统中,每个要素都有不可替代的地位、作用和功能。系统科学的基本理论和方法由"老三论"(信息论、控制论、系统论)和"新三论"(耗散论、协同论、突变论)组成。地理课程与教学论研究中运用系统科学的观念与方法,对于协调系统各要素之间关系,保持良好的匹配和耦合,发挥同步作用,优化地理课程与教学论功能系统,实现整体大于部分之和,实现地理教育的总体目标具有重要意义。

从传播学角度看,教育也是一种传播。教育传播是教育者按照一定的要求,选定合适的信息内容,通过有效的媒体通道,把知识、技能、思想、观念等传递给特定教育对象的活动,是教育者和受教育者之间的信息交流活动。教育传播的目的是促进学习者的全面发展,培养社会所需要的各种人才。教育传播具有如下特点:目的明确性(培养人才);内容的严格规定性(按课程标准和教学内容要求);受者的特定性(学生);媒体和传播通道的多样性。地理课程与教学论研究中,运用传播学的观念与方法,将有助于提高地理课程与教学决策的科学化水平,有助于增强地理教学信息传播效果,有助于开发和利用地理课程资源。

从教育生态学的视野看,地理课程与教学论也是教育生态学的一个研究领域。把教育生态学的相关理论运用到地理课程与教学论的研究实践中来,它可以提供一种新的视角,指导我们认识地理课程与教学论,把地理课程与教学论看成一个完整的生态系统,看到系统内部各个因素、各个部分之间的相互关联,同时注意在解决地理课程与教学论问题的过程中,树立一种动态平衡的观点,强调内部各个因素的协调,从而解决地理课程与教学论中的现实问题。

研究与应用教育哲学的方法。教育哲学是哲学的一个应用学科。它运用哲学方法来研究教育问题,并对教育学科的知识进行概括和总结,同时探讨教育实践中提出的哲学问题。教育哲学的研究方法具有三个层次:第一个层次是世界观的方法论原理,是指导教育科学各门具体学科研究的理论基础;第二个层次是教育科学研究的特有方法,它反映着教育自身的特点及逻辑结构;第三个层次是教育研究中使用的各种方式、方法与手段,并可根据研究的具体目的,灵活选择运用。

长期以来,我国地理课程与教学论研究方法的选择和运用主要局限在教育科学研究方法和地理科学研究方法之中。研究方法的局限也影响着研究视野拓展和地理教育问题的解决。现代地理课程与教学论不仅要研究地理教育中的"事实"问题,研究为什么教?教什么?如何教?怎样学?教得怎样?学得如何?而且还应该从更高的层面研究学生需要什么样的地理课程与教学,研究对于学生来说什么样的地理课程与教学最有效、什么样的地理课程与教学最有价值。反思、借鉴、选择和运用教育哲学的方法论,能提升地理课程与教学论研究的实践性、反思性、批判性和价值性。是否使用了信息技术,不能成为评价一堂课好坏的唯一标准。

那么,什么样的课才是好课呢,其实说来也简单:能让学生感到幸福、快乐的课就是好课。如果一堂课能成为学生盼望的课,不仅给学生带来知识,还能引领他们获得幸福体验,这堂课就是好课。有的教师通过生动的语言和体态动作使学生如痴如醉;有的教师通过漂亮的板书、板画,牢牢抓住学生的注意力;有的教师通过广博的知识面,天文地理,旁征博引,信手拈来,引导学生在知识的海洋冲浪遨游;还有的教师机智幽默,时刻调控课堂的氛围保持在愉悦的状态;更有的老师通过恰当的课堂组织形式引导互动,学生们跃跃欲试……在种种情况下,一节课往往在不知不觉间过去,学生们恨铃声响得太早,这样的课才是好课。所以说,好课不是多媒体的产物,而是教师智慧的结晶。

二、我国地理教学论30年发展回顾与展望[①]

改革开放30年来,在求新求变的社会氛围、地理科学的巨大进步和国际地理教育改革创新背景下,我国地理教学论学科建设虽一路颠簸却始终向前发展,这种发展是由地理教学改革实践与地理教学理论革新交织而成的。地理教学理论革新为地理教学实践提供了科学路向,地理教学改革实践又为地理教学理论革新奠定了厚实基础。30年来,我国地理教学论研究成果丰富,据不完全统计,从1981年褚亚平等所编《中学地理教学法》算起至2011年,我国地理教学论专著、教材共212部(本)。整理、分析1981年至2011年这30年我国地理教学论学科领域中关于其研究对象、地理教学本质、地理教学活动方式等问题的认识与发展,对于推进我国地理教学论理论研究与教材建设的科学化与现代化,将颇具鉴益。

(一)地理教学论研究对象的认识与发展

对象问题是一门学科的理论框架和一般问题。[②] 对于一门学科来说,生死攸关的一个问题就是要明确自己的研究对象。[③] 改革开放30年来,对地理教学论研究对象的认识经历了由浅入深、由狭窄到丰富这样一个发展的过程。[④] 根据研究对象的不同,地理教学论可以相应划分为恢复、发展、跃升、成熟和新发展五个时期。

1. 研究"中学地理教学":地理教学论恢复时期(1981—1985)

"文化大革命"结束后,随着教学思想的解放,按照教学规律办学成为广大教育工作者的强烈要求。以"服务地理教学实践"为指导思想,本时期相继出版了褚亚平等1981年编的《中学地理教学法》、褚绍唐等1982年编著的《地理教学法》、王毓梅等1981年编著的《中学地理教学法》等地理教学论教材。这些教材均以"中学地理教学"为研究对象,明确了地理教学论"立足中学地理教学实际,着眼地理教学实践"的应用科学性质。这是继"地理教材教法"之后,又回归到陶行知先生所倡导的"教的法子与学的法子联络"的教育思想,具有正本清源的意义,也是对"文化大革命"后我国教育教学重新肯定"以教学为主"指导思想的回应。但总体上看,本时期地理教学论较多考虑教师

---

① 户清丽,李家清.改革开放30年我国地理教学论发展的回顾与展望[J].地理教育,2011(10):4-6.
② 李定仁,徐继存.教学论研究二十年[M].北京:人民教育出版社,2001:22.
③ 王策三.教学论稿[M].北京:人民教育出版社,2005:51.
④ 陈澄.地理教学论[M].上海:上海教育出版社,1999:4.

教授之法,而很少考虑学生学习之法,以"教"为取向的时代印痕明显。

2. 研究"中学地理教育系统":地理教学论过渡时期(1986—1991)

这一时期是我国地理教学论由"中学地理教学"研究向"中学地理教育系统"研究的过渡发展时期,代表论著有刁传芳等1988年编著的《中学地理教学法》、李涵畅等1990年主编的《地理教育学》等。受现代地理科学系统化、综合化与开放化的影响,并借鉴吸收现代系统科学的"三论原理",本时期地理教学论将研究对象由"中学地理教学"拓宽到"中学地理教育系统",指出该系统是一个"为实现中学地理教育目的,由多种要素组成、有着广泛联系并不断发展的开放系统"。[1] 将"中学地理教育系统"作为研究对象,是地理教学论研究对象认识的一个飞跃,体现了对中学地理教育的整体认识,有利于揭示中学地理教育系统各要素与教学环节之间相互联系、相互依存的有机整体关系。但由于研究思想不成熟,呈现出研究对象范畴与教材框架体系不对称性,如刁传芳《中学地理教学法》就明显存在学科名称(中学地理教学法)与研究对象(中学地理教育系统)不一致问题。

3. 研究"地理学科教育":地理教学论跃升时期(1992—1998)

本时期地理教学论研究追求地理教育的现代性、科学性和理论性,以建构地理学科教育学的系统理论和实践方法的科学体系为主旨,确立了"地理学科教育"作为地理教学论的研究对象。相继出版有褚亚平、林培英等著的《地理教育学》(1992)、孙大文主编的《地理教育学》(1992)、袁书琪主编的《地理教育学》(1995)、王希标等编著的《地理教育学》(1998)等论著。以褚亚平、林培英等著的《地理教育学》为例,其研究对象"地理学科教育系统"是一个复杂的开放的系统,是一个包括地理教育过程与地理教育活动主体双方研究的完整的地理教育科学体系。[2] 它着眼地理育人之道,着重对受教育者思想和业务素质的培养,由学校地理教学全过程的研究,转向学校地理教育原理以及实现最佳地理教育效益的能动因素研究。因此,本课具有"理论学科的基本特性",既适合地理教育硕士研究生的专业课程,也适合中小学地理教师继续教育的高级理论课程;不过要实现对地理学科教育实践活动的具体的、操作性的指导,仍需要开设地理教学法课程。[3]

4. 研究"地理教学中的一切现象和问题":地理教学论成熟时期(1999—2001)

由华东师范大学陈澄担任主编,华东师范大学、首都师范大学、东北师范大学和华中师范大学联合编写的《地理教学论》(1999)将研究对象定为"地理教学中的一切现象和问题",将地理教学论定义为"研究地理教学现象和问题,揭示地理教学规律并用于指导地理教学实践的一门学科",首次明确了其"理论性与实践性并重"的学科属性,或者说其是"应用理论的学科"。[4] 这是对以往重术轻学,偏于经验介绍或教材教法分析,或重学轻术,偏于理论探讨问题的拨乱反正,是对我国地理教学实践总结的提

---

[1] 刁传芳,常如珊.中学地理教学法[M].北京:北京师范大学出版社,1988:3.
[2] 褚亚平.中学地理教学法[M].北京:人民教育出版社,1981:5.
[3] 陈澄.地理教学论[M].上海:上海教育出版社,1999:6.
[4] 同上书,14.

升和地理教学理论研究的飞跃,是我国地理教学论学科研究科学化的重要标志。[1]

5. 研究"地理教学系统":地理教学论新发展时期(2002—2011)

以陈澄、樊杰主编《全日制义务教育地理课程标准(实验稿)解读》(2002)为标志,我国地理教学论进入地理新课程改革与实践研究的新发展时期。本时期地理教学论成果颇丰,代表论著有林宪生主编的《地理教学论》(2003)、白文新和袁书琪主编的《地理教学论》(2003)、胡良民等编著的《地理教学论》、陈澄主编的《新编地理教学论》(2006)、李家清主编的《新理念地理教学论》(2009)等。《新理念地理教学论》在借鉴与扬弃既有成果基础上,明确将"地理教学系统"作为研究对象,这是一个由地理课程、地理教学目标、学生、教师、教学方法、教学媒体、教学评价和教学环境等多因素组成的复合系统,它不仅关注地理教学,也关注地理新课程改革和地理教师的专业化发展,其整体功能决定着地理教学过程的最优化,我国地理教学论研究又迈向一个新的理论高度。

教学论研究是一种过程而不是一种结果。改革开放30年来地理教学论发展是一个理论视野逐渐开阔、理论体系逐渐完善的科学发展的过程,其作为一门地理教育科学的性质日益彰显。在其发展过程中,地理教学论既避免了简单移植或机械套用教学论研究思想,也纠正了以往地理教学法简单罗列地理教学现象的做法,逐渐明确了地理教学论以"地理教学系统"为研究对象,以"理论性与实践性、动态性与整体性、特殊性与开放性相统一"为学科性质,并形成了它相对稳定的概念范畴与学科体系。

(二)地理教学本质认识与发展

教学处于学校教育工作的中心地位。地理教学概念的界定能够反映一定时代人们对地理教学这一现象的本质性把握,反映出地理教学论特定的研究取向和地理教学实践的行为理念。统观30年来地理教学论关于地理教学本质的认识,大致经历了地理教学本质"传递说""发展说""层次类型说""认识说""认识—发展说"等阶段。

1. 传递说:地理教学论恢复时期(1981—1985)

教学本质"传递说"认为教学就是知识经验的传递过程。如褚亚平《中学地理教学法》就将地理教学定义为"由地理教师向学生传授地理基础知识、培养地理基本技能、启迪学生智力、培养学生能力和进行思想政治教育"[2]。王毓梅《中学地理教学法》也认为地理教学是"地理教师把教学大纲所规定的地理知识和技能传授给学生,保证他们能够巩固消化,并能应用到实践中去。""传递说"是对"文化大革命"期间轻视教育、歧视知识、人才"左"倾发展错误倾向的有效纠正,[3]使我国地理教学迅速步入健康发展的轨道。但是从教师角度看待教学,强调"教师、教材、教学指导"的地理教学论意义,却忽视学在教学概念中作为与教等价义项的逻辑意义,抹杀了学生在教学论中作为目的主体的本体论地位,[4]因而并未能全面、深刻把握地理教学的本质。

---

[1] 李家清.新理念地理教学论[M].北京:北京大学出版社,2009:4.
[2] 褚亚平.中学地理教学法[M].北京:人民教育出版社,1981:22.
[3] 王炳照,阎国华.中国教育思想通史(第三卷)[M].湖南:湖南教育出版社,1996:264.
[4] 李定仁,徐继存.教学论研究二十年[M].北京:人民教育出版社,2001:67.

2. 发展说：地理教学论过渡时期(1986—1991)

教学本质"发展说"意指教学过程是促进学生发展的过程，是20世纪80年代中期以来素质教育的核心思想。如刁传芳《中学地理教学法》中，地理教学目的被界定为"保证实现国家对中学地理教育的基本要求，促进全体学生多方面的发展。"教学发展说较根本地抓住了教学在于"人的发展"的教学本质，认识到教学是一种人的主体性的活动，是关怀人的活动，是对人的发展作出价值选择、价值指向或价值限定的活动。① 对于纠正当时愈演愈烈的应试教育问题，强调人的主体精神、创新能力和个性发展具有鲜明的导向性。

3. 层次类型说：地理教学论跃升时期(1992—1998)

教学本质"层次类型说"认为教学过程是一个多层次多类型的结构，主张用系统论的观点，从整体性和全过程上对教学过程的各个侧面进行综合系统的分析研究。如褚亚平、林培英版《地理教育学》中提出："学科教育的教学，需要建立在完整的、系统的学科教育科学概念的基础上。"认为地理学科教学是一个由人、条件、教学过程(结构和环节)诸要素相互作用以完成统一教学目的的教育系统。并将教学系统作为该系统的一级概念，教学过程作为二级概念，教学过程又由一系列下位要素概念组成。关注教学过程多层次、多类型、多序列、多矛盾的结构，有益于充分认识地理教学过程的丰富性、复杂性和多维视角性，认识到地理教学过程不仅是一个认识过程，也是一个能力与个性发展的过程，从而全面理解与把握地理教育的育人之道；但却有可能走向多元论，使地理教学本质认识失去中心，模糊方向。

4. 认识说：地理教学论成熟时期(1999—2001)

教学本质"认识说"认为教学本质是一种特殊的认识过程，强调教学过程在于学生个体的认识，是间接性的、有领导的、有教育性的。② 这是由我国教学论专家王策三提出的，也是截至目前最有影响、认同者最多的教学本质观。陈澄主编的《地理教学论》借鉴了教学本质"特殊认识说"，将地理教学过程界定为"一种特殊的认识过程，是地理教师的'教'和学生的'学'相互结合、相互作用的统一的活动过程"。随着基础教育课程改革的深度发展，教学本质"特殊认识说"也遭受到各种质疑与挑战，出现了地理教学本质"学习说""统一说""交往说""价值增殖说"等多维度探讨。这些学说为全面认识地理教学本质，重构新的地理教学观提供了多维视角。

5. 认识—发展说：地理教学论新发展时期(2002—2011)

教学本质"认识—发展说"既考虑到教学是一种教师和学生共同参与的特殊认识活动，也认识到教学是一个学生个性全面和谐发展的过程。如李家清《新理念地理教学论》认为："地理教学过程不仅仅是一个认识过程，而且更重要的是促进能力与个性发展的过程。"③ "认识—发展说"是基于基础教育新课程改革理论下的新发展，兼顾

---

① 王道俊，郭文安.教育学[M].北京：人民教育出版社，2009：161.
② 王策三.教学论稿[M].北京：人民教育出版社，2005：130.
③ 李家清.新理念地理教学论[M].北京：北京大学出版社，2009：8.

地理教学论的教育哲学和教育心理学基础,既考虑到教学过程是一种客观存在的特殊认识过程,应遵循教学过程的特殊认识规律,也更关照基础教育"为了中华民族的复兴,为了每位学生的发展"核心价值目标的实现,呈现出鲜明的现代化特征。

在一定的时期或一定的时代,在有意识的规划中,往往只强调实际缺乏的东西。[①]结合地理教学的本真意义和当下地理教育功能的应然追求,地理教学本质"发展说"应更加予以关照和强调,在促进学生认知发展的同时,更加关注促进学生情感智慧的发展,因为情感智慧对于人工作的成功与生活的幸福更重要。[②]

(三)地理教学活动设计思想认识与发展

地理教学本质认识决定着地理教学活动开展的性质与形式,反过来,地理教学活动也是认识和把握地理教学的思维和方法范畴,它以活动的思维和方式来考察和揭示教学的内部联系和结构。[③] 地理教学活动涉及教学规律、教学原则、教学方法、教学组织形式等要素。探析30年来我国地理教学论地理教学活动设计思想的发展,有益于揭示地理教学论之于研究地理教学规律、指导地理教学实践所发挥的教育学意义和价值。

1. 原则与方法罗列:地理教学论恢复时期(1981—1985)

改革开放初期比较重视地理教学原则和教学方法的教学意义与功能。如褚亚平《中学地理教学法》主要通过地理教学原则与方法阐述并进行了地理教学活动的设计,将地理教学原则界定为"实施教学最优化所必须遵循的基本要求",并列举出地理教学的"一般方法"和"专题方法"若干。教学原则"要求说"在规范与监控地理教学活动、保证知识传授与提高地理教学质量方面发挥了重要作用,但这种规令性要求也约束了教师教学的能动创造性。地理教学方法研究尚处于抽象概括化程度低的经验归纳和主观判定阶段。此外,教学原则和教学方法之间存在"教学原则指导教学方法设计、教学方法是教学原则的具体化"的内在逻辑关系,这一点在褚亚平的《中学地理教学法》中并未体现。

2. 结合过程设计方法:地理教学论过渡时期(1986—1991)

20世纪80年代中期,教学论学术界展开了对教学原则在教学过程中地位与意义的反思与批判。有学者认为,教学原则除了重复教学过程、教学方法、教学组织形式的内容外,本身并没有独特的科学内容,主张将教学原则这个"赘瘤""大刀阔斧地砍掉",只需按教学过程和教学方法两个层次来组织教学。[④] 反映在地理教学论界,删除地理教学原则,只"结合地理教学过程谈地理教学方法"成为本时期地理教学论研究特点。如刁传芳《中学地理教学法》就是在详细论述"中学地理教学过程"和"学生在中学地理教学过程中学习和发展的过程"之后,进行了"中学地理教学方法"的设计,将地理教学方法分为"组织教学方法""学生学习认识方法"及"教学用具使用方法"三

---

① 约翰·杜威.民主主义与教育[M].王承绪,译.北京:人民教育出版社,2001:123.
② 黄甫全,王本陆.现代教学论学程[M].北京:教育科学出版社,1998:5.
③ 同上书,123.
④ 洪光理.改革《教学论》教材之我见[J].四川师院学报(社会科学版),1984(3):83-84.

种基本方法。但是,将存在多年且在地理教学过程中发挥过重要作用的地理教学原则统统删掉可能并非上策,正确做法应是在借鉴教育哲学、教育心理学和系统科学的前提下,将地理教学原则加以整合,真正发挥其阐明地理教学规律和指导地理教学方法设计的承接功能。

3. 地理教学方法论体系构建:地理教学论跃升时期(1992—1998)

20世纪90年代以来,国内对地理教学方法的研究日渐深入与系统,在大教学观及其信念与取向的支配下,认为教学方法的本质乃教学方法论,包含教学原则、教学方法、教学手段、教学组织形式等。褚亚平、林培英版《地理教育学》以实现地理教学过程处于最佳状态为目标,采用系统观点与方法,将一般教学规律、地理教学规律与我国社会对地理教学的需求综合起来,进行了地理教学原则、方法、方式、手段等地理教学方法论的系统设计。地理教学方法论体系的构建,对于地理教学论的理论发展与体系建设具有深远的开拓启迪意义,但对于中学地理教学的实践指导与教学操作尚缺少一些中间过渡环节。

4. 地理教学方法论体系确立:地理教学论成熟时期(1999—2001)

本时期陈澄主编的《地理教学论》进一步明确了地理教学方法概念,认为地理教学方法是"教与学相互作用的一系列活动方式、步骤、手段和技术的总和";并采用综合系统的方法,既继承了地理教学经典教学方法,又合理吸纳了国外先进地理教学方法,如程序教学法、发现法、纲要信号图示法等,按照教学方法外部形态与学生认识活动特点相结合的原则,建构起完善的地理教学方法论体系,为中学地理教学理论研究与实践运用提供了科学依据。但从该书整体架构看,第四章"地理教学方法论"与第六章"地理课堂教学论"第二节"地理方法和教学媒体的设计与运用"却显得重复叠置,有结构冗余之感。

5. 地理教学活动整合设计:地理教学论新发展时期(2002—2011)

随着新课程改革的不断深入以及系统理论、学习理论、教学理论、传播理论的不断涌现,教学设计在我国进入繁荣发展时期。教学设计对于实现教学最优化,实现教学活动的综合效益具有极为显著的作用。李家清的《新理念地理教学论》运用教学设计思想,着眼地理教学活动的全过程,将地理教学过程中的教学原理、教学规律进行了恰当的转换,对地理教学活动进行了系统规划与决策,在第六章"地理教学设计"中,进行了"地理教学目标设计""地理教学方法选择""地理教学媒体选择""地理教学过程设计"的整合设计。在"地理教学方法选择"一节中,既继承陈澄《地理教学论》方法体系的优点,列举出了"常用的地理教学方法",又剔除了该教材结构的冗余不足,进行了"地理教学方法的优化组合"设计。

30年来,地理教学论的教学活动设计探析表明,地理教学论的教学活动设计是一个日益追求科学化与人文化相互协调发展的过程。从关注教学现象到关注教学过程,由静态单面处理问题到动态立体化设计,地理教学活动设计逐渐摆脱了或囿于理论思辨或限于经验总结的点状研究层面,实现了向教学活动系统整体设计的范式转移。

(四) 我国地理教学论发展前景展望

改革开放 30 年来,我国地理教学论坚持历史与逻辑的统一,较好地处理了继承和发展问题,在分析、综合、抽象和概括过程中,逐渐明确了其研究对象,达成了学科属性共识,对地理教学本质的认识日益全面而深刻,地理教学活动设计日益向科学化与人文化迈进,发挥了对我国地理教学改革和教学实践的先锋引导作用。但是,随着我国基础教育课程改革的深化发展,地理教学论研究要想进一步发挥对我国基础教育地理教学改革与发展的方向引领与路径指导作用,需在研究重心、研究范式和研究方法上进一步调整与提升。

1. 以地理教学规律和地理教学实践为研究重心

地理教学论作为一门学科教学论,既不是研究具体的教学方法,也不是清谈笼统的教学理论,而是在于揭示地理教学规律,指导地理教学实践。或者说,为解决地理教学问题而研究一般地理教学规律,以研究一般地理教学规律来帮助解决地理教学问题。[①] 一方面,地理教学论要坚持理论科学的性质,深入思考过去和现行的地理教学理论在实践中存在的矛盾与问题,深入探索地理教学较深层次的普遍的规律,从时代背景与需求出发,建构自己的科学范畴与理论体系;另一方面,地理教学论的根本目的还是在于寻求一种"使得教员因此可以少教,但是学生可以多学"[②]的教学方法,因此,地理教学论必须以实践经验为基础,重点研究和解决好地理教学实践中的具体问题,如地理教学本质、地理教学系统、地理教学规律、地理教学模式、地理教学设计、地理教学思想、地理教学哲学等问题。

2. 以地理教学专题讨论作为学科体系构建范式

地理教学专题讨论法是一种建构当代地理教学论新内容体系的范式,它以地理教学论的核心问题作为学科体系构建的概念范畴,以专题讨论法进行学科体系的范式构建。专题讨论法使地理教学论课程内容具有问题研讨的性质。[③] 讨论带有争论性的地理教学专题,能够将地理课程系统与地理教学系统的内在逻辑关系进行合理地整合与提升,不仅有益于厘清地理课程论与教学论教材体系的混乱杂陈状况,也有利于激发地理学者从思想上和理论上反省和清理地理教学论研究中存在的各种矛盾与问题,是提升地理教学论学科建设"理论一体化水平",确保地理教学论研究地位独立性与理论体系完善性的重要思路。

3. 以地理教学"教研—科研"一体化为研究方法取径

科学理论的形成与发展,必须依据两个基本条件:一是理论验证的完整,这就需要有一个高层次的理论思考;二是实证支持的完整,这就要求有科学实验研究作为支撑,这两者的关键都在于要寻求科学的研究方法论。[④] 地理教学"教研—科研"一体化

---

① 王策三. 教学论稿[M]. 北京:人民教育出版社,2005:54.
② 夸美纽斯. 大教学论[M]. 傅任敢,译. 北京:人民教育出版社,1984:1.
③ 王策三. 教学论稿[M]. 北京:人民教育出版社,2005:2.
④ 刘树仁. 现代教学论发展趋势探析[J]. 松辽学刊(人文社会科学版),2001(4):1-4.

将基础理论研究与应用理论研究有机结合,既强调深入地理教学实践现场的微观研究,又强调对地理教学论学科体系的整体研究与改造。一方面,地理教学论理论研究要加强自身研究成果参与,回应和影响教学实践的主动性、自觉性,更加关注并解决地理教学实践中的各种实际问题;[①]另一方面,基于实证研究和实验教学的地理教学研究,能够将丰富鲜活的教育实践从感性认识和浅表经验上升到系统化与结构化的研究结论,这将有益于丰富和完善地理教学论学科建设。克服浮躁与功利,深入教学现场,关注田园课堂,敢于将理论创想付诸教学实验并加以检视,这是我国地理教学论研究应承载的历史使命和社会责任。

三、我国学科教学论研究方法的现状透视与未来展望[②]

1992年,国家教育委员会师范司组织召开"学科教学论"课程研讨会,达成了建设"学科教学论"学科的共识。学科教学论作为一门新兴学科,在短短20年内实现了从无到有的跨越式发展,特别是随着第八次基础教育课程改革的全面实施,学科教学论被广泛重视,理论和实践研究也逐渐丰富和完善。一门成熟的学科必然有自己特有的研究方法,一个学科的进步与发展,正是依赖于它的研究对象和方法的深化。[③]笔者以地理学科为例,对学科教学论研究所采用的研究方法进行归纳和总结。了解学科教学论研究方法的发展现状,有利于提升我国的学科教学论研究水平,促进基础教育课程改革,推进学科教学论研究走向规范化。

(一)由来已久的方法问题

学科教学论是研究如何使有关的一般教学理论与学科实际情况相结合,来指导学科教学实践,并在教学实践基础上研究有关一般理论,对其有关一般理论进行整合、补充、发展和完善的学科,其核心是以实践为目的的理论设计。[④] 学科教学论被认为是一般教学论的下位学科。学科教学论创建之初,从教育学和教学论移植而来的研究方法,对学科教学论研究的快速发展发挥了重要的作用。但一味停留在移植,却难以从研究对象的差异出发选择合理的研究方法,则难以进行学科发展的创新。[⑤]

由此可见,学科教学论的研究方法问题从学科创建时就已经产生了,研究方法的局限性已经成为学科教学论发展的瓶颈。通过对已有的研究成果进行总结发现,学科教学论的研究方法主要存在三方面问题:一是过于重视演绎推理方法而忽视或不善于运用归纳、概括的方法。[⑥] 大部分术语由教学论术语移植而来,并辅以学科教学

---

① 肖正德,卢尚建.改革开放30年我国教学论学科建设的成就和经验[J].课程·教材·教法,2009(10):32.
② 李家清,姚泽阳,冯士季.我国学科教学论研究方法的现状透视与未来展望[J].教育科学研究,2014(5):26-30.
③ 裴娣娜.教育研究方法导论[M].合肥:安徽教育出版社,2010:4.
④ 吴俊明.学科教学论是一门什么样的学科[J].中国教育学刊,2003(11):16-19.
⑤ 张海.学科教学论30年发展的回顾与思考[J].当代教育与文化,2009,1(4):40-45.
⑥ 高天明.学科教学论与教学论的关系再论[J].课程·教材·教法,2001(10):14-18.

实例进行解释说明,这样不仅没有带来理论创新,反而降低了学科教学研究的学术地位。二是实证研究方法运用不足。实证研究的缺乏将导致大量的优秀教学经验无法升华为理论,从而使学科教学研究的实践指向性被忽视。三是淡化了各门学科特有的研究方法。每一门学科都有它独特的思维方式,学科特色是学科教学论存在和发展的根本。① 淡化学科思想和学科方法拉大了学科教学研究与学科教学实际的距离,降低了其应用价值。纵览关于学科教学论研究方法的研究,其至少存在四个方面的缺陷:一是由于没有对学科教学论所使用的方法进行数量统计研究,结论因而缺乏实际数据支持,带有很强的主观性;二是没有深入各个学科内部进行实证研究,各学科的教学研究成果丰硕,所使用的研究方法也存在很多相似性,深入某一学科进行研究方法的探讨能够反映出学科教学论的共性问题;三是没有对研究方法进行详细的分类,没有制定详细的研究方法分类标准和依据;四是忽视对中学教师群体的关注,一线中学教师是学科教学论的实践者,也是建设者,他们在日常教学中开展的行动研究是学科教学论研究的重要组成部分。

笔者在明确界定研究方法类型和内涵的基础上,运用文献统计和内容分析的方法,分析近十一年来《复印报刊资料·中学历史、地理教与学》转载的地理教学研究文章,归纳、总结研究方法的运用情况,旨在透视我国学科教学论研究方法的使用现状,并据此就其未来发展进行展望。

(二)学科教学论研究方法的分类与界定

教育研究方法可以分为三个层次,即方法论层次、研究方式层次和研究方法层次。② 方法论层次代表着研究者的哲学视角,存在两种主要范式,即科学主义的实证主义研究范式和人文主义的反实证主义研究范式。③ 研究方式层次代表认识事物的基本策略或基本途径,它表现出一定的价值取向,并现实化为一定的研究路径。研究方法层次是研究方式的具体化和操作化,它由比较具体的"研究方法"组成。按照研究方法的层次性,基于不同的哲学视角,可将学科教学论研究方法从宏观上分为定量研究和定性研究。定量研究是对研究对象进行数量化的测量与分析,而定性研究则注重通过文字、言语和观察的方式,获得研究对象的有关资料,并对这些资料进行定性分析。笔者将经验总结、解释应用等被广泛使用的传统教学研究方法也归为定性研究。定量研究和定性研究之下又分若干小类。具体的研究方法分类为:先借鉴郑日昌等所做的教育研究方法分类体系,④然后抽取 2012 年《复印报刊资料·中学历史、地理教与学》转载的地理教研论文为样本进行分类,并运用上述分类体系针对该年的具体分类情况进行修正,最终制定出学科教学论研究方法分类的统一标准(见表3-1);同时,为了准确划分不同的研究方法,保证研究结果清晰明了,笔者对不同研究

---

① 孟庆男.学科教学论的困境与出路[J].课程·教材·教法,2005(4):31-35.
② 王洪才.教育研究的基本方法论[J].北京师范大学学报(社会科学版),2006(6):21-27.
③ 裴娣娜.教育研究方法导论[M].合肥:安徽教育出版社,2010:34.
④ 郑日昌,崔丽霞.二十年来我国教育研究方法的回顾与反思[J].教育研究,2001(6):17-21.

方法的具体内涵和特征进行了说明。

表 3-1　学科教学论研究方法的分类及其内涵与特征界定

研究方法类型		内涵与特征
定量研究	实验法	依据一定的教学原理,运用一定的控制方法,变革研究对象来研究教学活动中的因果关系
	统计调查法	使用问卷和量表等来获取研究对象的资料,进行统计分析并归纳得出研究结论
定性研究	经验总结法	对教学中的经验和心得进行归纳与梳理,并使之系统化和理论化
	解释应用法	对某一教学理论、方法进行解析,对将其应用于实践教学情况进行系统的介绍
	理论综述法	对某一教学理论、现象、方法等经过搜集资料后进行综合分析,并归纳出研究结论
	案例研究法	对某一教学案例进行深入分析研究,并得出结论
	比较分析法	从一定维度,对两个或多个研究对象进行对比,找出异同,并分析总结出结论
	评价分析法	应用一定的标准,对教学研究对象进行客观评价从而得出研究结论
	历史研究法	对某一时期或者某一专题的教学现象进行客观的分析研究,从而揭示其发展规律

选取 2002 年至 2012 年《复印报刊资料·中学历史、地理教与学》转载的 1 050 篇教研论文为研究对象,依据表 3-1 中对相关研究方法的界定对论文进行分类。使用 SPSS 19.0 软件分析各研究方法的使用频次、所占百分比及其逐年变化趋势,并对其使用情况作进一步分析,得出的分析结果如表 3-2、图 3-1、图 3-2 所示。

表 3-2　各研究方法的使用频次分布

研究方法		使用频次	所占百分比(%)
定量研究	实验法	3	0.29
	统计调查法	15	1.43
	小计	18	1.72
定性研究	经验总结法	354	33.71
	解释应用法	294	28.00
	理论综述法	243	23.14
	案例研究法	71	6.76
	比较分析法	25	2.38
	评价分析法	30	2.86
	历史研究法	15	1.43
	小计	1 032	98.28
总计		1 050	100

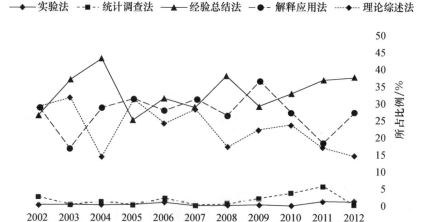

图 3-1 实验法、统计调查、经验总结、解释应用、理论综述法逐年所占比例

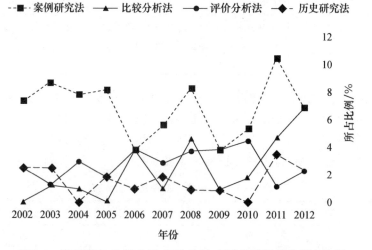

图 3-2 案例研究、比较分析、评价分析、历史研究法逐年所占比例

(三) 学科教学论研究方法的现状透视

1. 研究方法单一、滞后

通过对各研究方法的使用频次的统计发现,定性研究占据主导地位,所占比例达98.28%(如表3-2所示);定量研究使用极少,所占比例只有1.72%。定性研究特别是经验总结法(33.71%)、解释应用法(28.00%)、理论综述法(23.14%)是地理教学论研究中的传统研究方法,所占比例远远大于案例研究法(6.76%)、比较分析法(2.38%)、评价分析法(2.86%)、历史研究法(1.43%)等研究方法。而在定量研究中,统计调查法和实验法使用都极少,分别只有1.43%和0.29%。笔者通过分析逐年变化趋势图发现,各研究方法的变化趋势不存在显著差异,说明这十一年来地理教学论研究所使用的方法基本保持稳定,没有较大的变化与发展。因此,总体来说,研

究方法呈现以定性研究为主导的单一化倾向。教学研究方法滞后则体现在国外许多较为流行的研究方法没有被引入学科教学论研究中。从定性研究来看,基于教学实践的几种研究范式,如教育叙事研究、教育行动研究以及个案观察研究很少有人使用。这些研究方法真实、自然、不拘一格,能完整还原课堂,值得在广大一线教师中推广。从定量研究来看,研究也只停留在简单的数量统计和因果关系分析上,而多元统计分析与模糊数学分析并未引进到研究当中。

2. 研究方法不够规范

研究方法既是一种思维方式,又是一种行为规则,它是有组织、有计划、有系统地进行研究和构建理论的方式,遵循一定的研究程序,体现出很强的规范性。[①] 笔者通过内容分析发现,学科教学论研究方法的不规范性主要体现在两个方面:一是在定性研究中,使用解释应用法、理论综述法等方法从一般教学论出发诠释学科教学的问题时,往往存在滥用一般教学理论的问题,即直接从一般教学论出发,对学科教学的过程、规律、原则、内容、方法进行演绎,对一般教学论的某些概念和原理望文生义,在没有弄清楚其内涵的情况下,纯粹为了追求所谓的"理论性",把这些一般教学论的概念和原理作为学科教学研究的理论基础或佐证材料,忽视具体学科的特殊性,因而造成研究结论出现偏差或者错误。而对教学实践经验进行总结和归纳时,仅仅用经验材料作为得出结论的论据,其说服力值得商榷。二是在定量研究中,作者往往没有对其抽样程序和方法进行规范的描述,问卷和量表存在研究问题不聚焦、项目设计重复等问题,还有些研究没有检验问卷和量表的一致性,从而无法保证数据的可信度和有效性。

3. 学科教学论研究未能彰显学科特色

一般教学论旨在研究教学中的一般规律,而学科教学论则应注重研究某学科教学中的规律和特点,两者是一般与特殊的关系。那么,学科教学论研究在移植一般教学论的基础上,理应发展自己的学科研究特色。[②] 大量使用演绎式的研究方法(如解释应用法、理论综述法等),将一般教学理论加以简单移植,仅仅论述一般教学理论在学科教学中的机械应用,或者仅仅把学科教学案例作为一般教学理论的佐证,这些做法对于学科教学理论的发展贡献甚微。统计发现,解释应用法和理论综述法两种方法所占的比例高达51.14%(如表3-2所示),说明这种演绎式的移植方法是目前学科教学研究的主流。这种简单移植一般教学理论的方法,无法形成具有学科特色的话语系统和理论体系,也无法实现自我的理论突破。学科教学研究就处于原来的一般教学论的概念、命题和理论加上有关学科的名词术语的初级阶段。[③]

虽然说学科教学离不开一般教学理论的滋养,但是目前亟须解决的问题则是怎样将学科理论、教学理论、心理学、教育技术等进行沟通、融合与整合,形成符合学科特性的学科教学理论。

---

① 裴娣娜.教育研究方法导论[M].合肥:安徽教育出版社,2010:34.
② 孟庆男.学科教学论的困惑与出路[J].课程·教材·教法,2005(4):31-35.
③ 袁维新.新课程理念下的学科教学论的反思与重建[J].教师教育研究,2004,16(4):36-40.

(四)学科教学论研究方法的未来展望

1. 促进研究方法的规范化

具有科学、规范的研究方法是一门学科成熟的标志。学科教学研究快速发展,研究对象逐渐深化,研究问题日渐细化,促进研究方法规范化就显得十分迫切。首先,要对研究方法的使用进行制度性规范,进一步加强学科教学论研究论文的写作规范。比如,将研究方法的使用情况和学术规范作为评审学位论文的重要依据之一。各学科教学论期刊也应加强评审环节,确保优先发表研究方法规范的论文。其次,帮助广大一线教研人员增强学习和使用研究方法的意识。目前,几乎所有师范院校都为学科教学论专业设置了教育研究方法的课程,教育研究方法的相关著作也层出不穷。广大学科教学论教师和研究工作者应充分利用资源,加强研究方法的学习;同时,在日常教研工作中,要结合研究内容的特点,有意识地合理使用规范的研究方法进行教研工作,发挥引领示范作用。

2. 注重研究方法的多元化

任何事物都同时具有质和量两种属性,从定性和定量两个方面去认识事物,是对事物形成客观、全面认识的根本要求。定性研究能够有效弥补定量研究难以描述的因素,有利于研究者总体把握研究对象的基本情况;定量研究则可以对事物的属性进行数量上的分析,从而弥补定性研究因为主观和经验因素导致的不可靠性。统计结论表明,重视定性研究是学科教学研究的传统,而定量研究的使用则是短板,加强定量研究方法的使用和学习刻不容缓。学科教学论研究的对象是学科教学活动,它具有很强的综合性、整体性、针对性和实践性,这就要求研究者在进行学科教学论研究时将定量方法与定性方法相结合,使用多元的研究方法展开研究。例如,许多教师在对地理案例教学进行研究时,往往只是注重对地理案例教学进行概念和应用策略的描述,而忽视对其教学效果的研究。使用定量的方法研究教学效果,能使地理案例教学研究更加准确、深刻、客观,具备更优的外部效度。与此同时,从定量研究的结果中,研究者势必又能发现许多需要使用定性方法才能解决的问题。由此可见,使用定性和定量相结合的方法研究学科教学问题,可以提升学科教学论研究的整体水平,使其具有更优的广度和深度。

3. 构建基于学科本体的研究范式

研究范式是研究共同体进行研究时所遵循的模式与框架,其功能就是为一个研究共同体的学者提供一套研究常规。一种理论系统的发展总是伴随着研究范式的转换。学科教学论的研究内容主要包括三个方面:一是学科教学的理论基础,即一般教学理论在学科教学中的应用;二是学科教学的操作系统,主要涉及学科教学策略、方法、评价等;三是学科教学独特经验的提升与理论概括。[1] 学科教学论的理论基础已经通过"移植"一般教学理论完成了一般教学理论在学科教学中的应用。但是,要彰显学科教学论研究的自身学科特色,完成学科教学的操作系统的构建、学科教学独

---

[1] 袁维新.新课程理念下的学科教学论的反思与重建[J].教师教育研究,2004(4):36-40.

特经验的提升与理论概括,就需要在一般教学论的指导下,聚焦学科教学本体,建构基于学科本体的研究范式。实现学科教学研究"本体化",就是要针对学科自身最基本的教学问题和教学实践进行研究。从研究方法层面看,要实现从"演绎法"向"归纳法"的转变(见图3-3)。具体做法为:深入教学现场,把研究重心放在学科教学实践与问题上,倡导使用经验总结、案例研究、教育行动研究和教育叙事等基于教学实践的研究方法,将学科教学问题和实践中的一手资料进行自下而上的归纳,并在此基础上进行理论化和系统化。只有这样,学科教学研究才能既具有一定的理论基础,又具有强烈的实践指向,同时体现出鲜明的学科逻辑,形成带有学科特色的学科教学论。

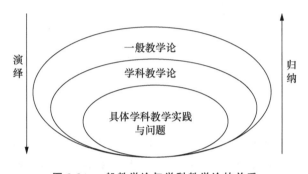

图 3-3　一般教学论与学科教学论的关系

四、我国深度教学研究热点、现状与展望[①]

——基于 CNKI(2000—2017)数据的可视化分析

深度教学一词是由深度学习延伸而来的[②],最早起源于美国。2003年,威尔森(R. Wilson)提出教师要先学会沉浸、与学生交流情感、碰撞思维并注重反思,才能促使学生超越符号和事实的表层而学习,即深度教学。经过长时间的实证研究,2007年,以史密斯(Smith)教授为首的团队论证了深度教学的重要性和可行性。2010年,艾根(K. Egan)教授领衔的"深度学习(Learning in Depth,LID)"项目更为直接地促进了深度学习转向深度教学的系统研究。此后,深度教学研究持续升温,成为基础教育教学研究领域的一大热点。21世纪以来,我国的教学观、学习观和学生学习方式等发生着显著变化。虽然国内深度教学研究稍滞后于国外,但追根溯源,关于深度教学的思考源于有效教学、优质教学等实践诉求。而早在1996年就有一线教师通过经验总结提出深层教学一词[③],不过之后10年并没有相关成果发表。直到2006年,我国基础教育领域才开始正式出现深度教学一词,发展至今研究成果较多。这表明,深度教学研究兴起不仅仅是在课程改革催生下的理论诉求,也是优化学生学习过程的实践诉求。

---

① 李家清,梁秀华. 我国深度教学研究热点、现状与展望——基于CNKI(2000—2017)数据的可视化分析[J]. 教育导刊,2018(7):25-30.

② 郭元祥. 论深度教学:源起、基础与理念[J]. 教育研究与实验,2017(3):1-11.

③ 赵秀芳. 提高中学教师深层教学能力[J]. 继续工程教育,1996(4):34-35.

基于此，笔者尝试从成果数量、学科分布、高频关键词、关键词聚类和多维尺度五个维度对 21 世纪以来我国深度教学研究进行可视化分析，揭示研究现状与热点，以期为深度教学研究发展提供有价值的支持。

（一）数据来源和研究方法

1. 数据采集

以中国知网文献为数据源，采用高级检索方法，指定全部期刊类别，检索跨度年限为 2000—2017 年，以篇名为检索条件，设定"深度教学"为检索内容，不含"高等教育""职业教育"主题，通过精确搜索，共获得相关文献 249 篇，删除无关文献 25 篇，实际有效期刊论文 218 篇、硕博士学位论文 6 篇，共 224 篇有效文献。

2. 研究方法

将文献计量法和内容分析法相结合是当前文献研究的主流，能科学地揭示相关领域的知识发展规律与结构关系。笔者采用的研究工具包括中国医科大学医学信息系崔雷教授设计的 Bicomb 2.0 共词分析软件和 SPSS 19.0 统计软件。参考国内同类研究的技术运用和研究过程，[①]制定了如下六个操作步骤：第一，确定分析对象和目标，进行初步的计量分析。第二，词频分析，利用 Bicomb 2.0 提取高频关键词。第三，共词分析，将数据导入 SPSS 19.0 选取 Ochiai 系数创建相似矩阵。第四，聚类分析，得出聚类树状图。第五，生成相异矩阵（即 1－相似矩阵），进行多维尺度分析，并结合聚类结果，绘制知识图谱。第六，判读结果，阐释研究热点及趋势。

（二）结果与分析

1. 年度和学科分布

文献的年度分布和学科分布是文献量在时间、空间维度上的映射，是解释研究进展的定量化根据。对国内深度教学研究数据样本进行计量分析，能够揭示其研究的发展脉络、预测其趋势。如图 3-4 所示，我国是从 2006 年开始真正涉及深度教学研究，稍滞后于国外。2009 年郭元祥教授发表的《知识的性质、结构与深度教学》（被引次数最高），对深度教学研究的规范性、专业性和前沿性研究做出了较大贡献。2009—2017 年深度教学研究数量整体呈现出持续迅速上升态势，论文数量增幅达 485%。2014 年数量虽然有一定的回落，但在 2015 年后，深度教学受到了空前的广泛关注。这与基于核心素养的课程深化改革有比较大的关系。

一般教育理论与管理研究成果占总数 33.9%。不同学科深度教学研究成果差异明显，比例由高到低依次为：数学（25.2%）、语文（11.5%）、地理（9.2%）、政治（包括小学品德，6.7%）和英语学科（5.2%）。历史（4.5%）、物理（3.2%）、化学（2.2%）和生物学科（0.7%）成果相比而言比较少。可见，在学科研究中，数学、语文、地理和政治学科深度教学研究比较活跃。深度教学在今后一段较长时间内成为基础教育领域各学科很重要的学术话语。

---

① 李纲，巴志超. 共词分析过程中的若干问题研究[J]. 中国图书馆学报，2017,43(4)：93-113.

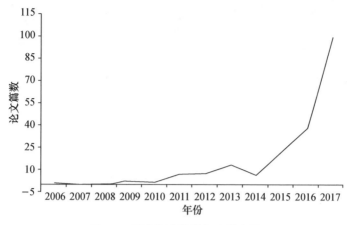

图 3-4 国内深度教学年度发文量

2. 高频关键词及其分析

高频关键词能够揭示研究领域内学者关注度的大小。考虑到代表性和精确性，首先，将有效文献中的关键词进行标准化处理，比如，将"情感教学""价值教育"等统一为"情感价值教育"，"人教版""苏教版""教科书"等统一为"教材"，并剔除"小学数学""中学英语"等学科名词，最终得到有效关键词 962 个。其次，基于研究需要，选取词频≥6 的关键词作为高频关键词，共 23 个。这 23 个高频关键词的累积百分比达 32.1%，在关键词样本中占有较大的贡献率。其排序结果见表 3-3。表 3-3 显示，排名前 10 的热点关键词出现频次均≥10。这一结果表明：国内深度教学研究主要围绕着"教学资源设计、知识、课堂环境、学习活动、深度学习、核心素养"等关键词展开。

表 3-3 国内深度教学高频关键词一览表

1	深度教学	113	13	课堂教学	10
2	教学资源设计	21	14	问题教学	10
3	知识	21	15	1∶1数字化学习	9
4	课堂环境	19	16	教师	8
5	学习活动	16	17	课程改革	8
6	深度学习	14	18	教学改革	7
7	核心素养	14	19	知识意义	7
8	教学策略	11	20	问题解决	7
9	教材	11	21	教学质量	7
10	学科素养	10	22	教学目标	7
11	思维能力	10	23	学生	6
12	教学情境	10			

3. 关键词聚类：聚集三大领域

为了探明深度教学研究的热点领域，对 23 个高频关键词的相似矩阵进行聚类分析，最终得到国内深度教学研究的聚类树状结构图（见图 3-5）。

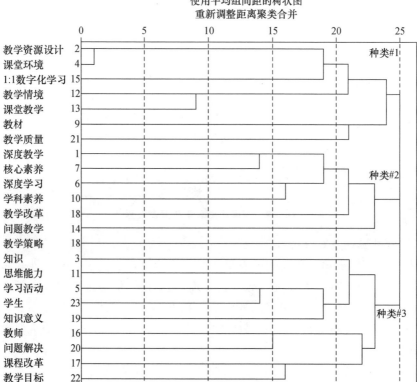

图 3-5 关键词树状聚类图

根据分支数量和分支研究相似的原则,我们把深度教学研究的高频关键词分为三大种类(领域)(具体见表 3-4):着眼于课堂教学资源的深度教学研究(种类♯1);基于学生素养发展的深度教学研究(种类♯2);着眼于课堂教学活动的深度教学研究(种类♯3)。其中,种类♯3可进一步细分为教师视角和学生视角。

表 3-4 国内深度教学研究高频关键词分类

种类	关键词
种类♯1	教学资源设计、课堂环境、1:1数字化学习、教学情境、课堂教学、教材、教学质量
种类♯2	深度教学、核心素养、深度学习、学科素养、教学改革、问题教学、教学策略
种类♯3	子类1:知识、思维能力、学习活动、学生、知识意义 子类2:教师、问题解决、课程改革、教学目标

种类♯1是着眼于课堂教学资源的深度教学研究(资源视角),包含教学资源设计、课堂环境、1:1数字化学习、教学情境、课堂教学及教材等涉及教学资源的关键词。促进学生深度学习,其前提是让学生真正成为学习的主体。[①] 信息技术支持下的教学环

---

① 李松林.深度教学的四个实践着力点——兼论推进课堂教学纵深改革的实质与方向[J].教育理论与实践,2014,34(31):53-56.

境和资源设计能够为学生主体"赋权",为学生"沉浸"于学习提供支撑。例如,1∶1数字化学习(又称1∶1课堂环境)是在课堂网络环境下,让每名学生能有一台计算机进行在线学习[①],促进学生自主建构知识。教学资源设计遵循情境性与探究性、迁移性与拓展性、交互性与生成性等原则,具有提高学生思维深度、提高学科知识深度和师生深度对话等多重意义。[②] 虽然信息时代下的教学资源包罗万象,但是,成为师生深度对话的最主要的资源仍是教材,教材的本真价值是超越文字符号的,挖掘教材背后的知识价值,这也是深度教学的内在追求。[③] 发挥好教材的资源性价值需要教师充分理解学科价值,梳理价值与精神(内层)、方法与思想(中层)和问题与概念(外层)的三重结构关系,阐述教材的文本逻辑和生活逻辑。教师只有在教学内容以及教学资源与媒体技术的结合方面进行更加深入的思考,并加以巧妙设计,才能提高教学质量。[④]

种类#2是基于学生素养发展的深度教学研究(素养视角),包含深度教学、核心素养、深度学习、学科素养、教学改革、问题教学、教学策略等涉及培养学生素养的关键词。此类研究指向我国基础教育的根本使命和教育功能。课程深化改革背景下,核心素养重新定位了"培养什么人"的问题,并对"怎样培养人"提出了新的要求。[⑤] 基于学生素养发展的课程改革,实质上也是学科教学的改革。"学科素养的培育在很大程度上需要通过深度学习来实现。"[⑥]国内深度教学研究高频词聚类学生思维深度、提高学科知识深度和师生深度对话等多重意义。因此大多数研究侧重于核心素养或学科素养与深度教学结合的策略研究,特别是运用项目式教学、问题式教学和主题式教学等使学生深度学习方式的教学策略。因此,教师需要紧密联系学生的生活世界和真实情境,引导学生通过多种学习经历、体验知识的产生过程和思维演变过程。学生只有不断积累经验,经由反思而提升能力,才能满足21世纪真实、复杂的情境学习的内在需求。但是从研究方法看,该种类教学研究侧重运用经验总结和案例分析方法进行研究,对教育实验研究方法重视度不够。

种类#3是着眼课堂教学活动的深度教学研究(活动视角),可细分为两类:一是以"学生"为首的关键词,包含知识、思维能力、学习活动、学生、知识意义;二是以"教师"为首的关键词,包含教师、问题解决、课程改革、教学目标。深度教学不仅反映了当代教育变革的理念,也反映了知识观、学生观及教师观的"大转型"。从学生的学习来看,任何知识都蕴含着特定的思想、思维方式和价值观念,而深度教学触及的是思维、方法和情感等知识内核部分。[⑦] 创设合理的学习活动能够促使学生顺利触及这一内核,如促进情

[①] 邱小琴.探究基于1∶1课堂环境下的小学数学深度教学的资源设计[J].吉林教育,2015(4):127.

[②] 郑姝,陈玲,陈美玲.基于1∶1课堂环境下的小学数学深度教学的资源设计[J].中国电化教育,2013(3):89-95.

[③] 宗德柱,孙存华."深度教学"的变革、困境、路径[J].当代教育科学,2015(20):23-26.

[④] 李松林.深度教学的四个实践着力点——兼论推进课堂教学纵深改革的实质与方向[J].教育理论与实践,2014,34(31):53-56.

[⑤] 罗祖兵.深度教学:"核心素养"时代教学变革的方向[J].课程·教材·教法,2017,37(4):20-26.

[⑥] 康淑敏.基于学科素养培育的深度学习研究[J].教育研究,2016,37(7):111-118.

[⑦] 郭元祥.知识的性质、结构与深度教学[J].课程·教材·教法,2009,29(11):17-23.

感驱动的体验活动、立足真实情境的问题解决活动、注重主题关联的跨学科学习等活动。① 从教师的素养来看,这类深度教学研究突出反映了教学改革带来的对教师的素质的新要求,改革的内容包括教学目标的转向,认知目标由简单的对知识的识记、理解转向对知识的应用、分析、评价和创造;由知识的符号教学走向逻辑教学和意义教学的统一;由知识教学走向情感教学与过程取向统一的丰富性教学。② 姚林群提出课堂教学品质的培养有赖于教师对深度教学理念的认知和理解、价值澄清与反思、价值认同与实践。③

4. 多维尺度分析:贯穿两条主线

利用 SPSS 19.0 对相异矩阵进行多维尺度分析,得到深度教学研究的共同知识图谱(见图 3-6)。图 3-6 与聚类分析划出的领域分类(图 3-5)基本一致,一方面证实了深度教学三种研究种类划分具有合理性,另一方面呈现了深度教学研究的两条主线:一是显性的课堂教学(纵轴方向),指向课堂教学转型的课堂环境与资源设计等;二是内隐的核心素养教学研究(横轴方向),指向包括课程深化改革视角下的核心素养与深度教学融合研究,包括学生思维发展、学习活动创设、策略研究等。具体解读如下。

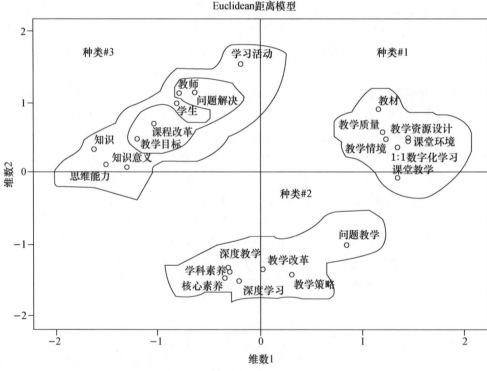

图 3-6 深度教学研究的共词知识图谱

---

① 伍远岳.论深度教学:内涵、特征与标准[J].教育研究与实验,2017(4):58-65.
② 于世华.知识的三维深度教学[J].当代教育科学,2015(17):17-21.
③ 李新,杨莹莹.深度教学十年研究的进展与反思——全国深度教学实验联盟第三届年会综述[J].教育研究与实验,2017(6):95-96.

种类♯1(资源视角)集中位于第一象限,具有较高的密度和向心度,各个关键词之间联系也比较紧密,说明该领域内具有较多关联性强的研究成果,研究也比较成熟,是深度教学研究较为核心的部分。种类♯2(素养视角)主要位于第三象限,说明该种类研究成果并不多,尚未成熟,且各个学科间的研究整合也比较少,但发展空间较大。聚类中有个别关键词位于第四象限,如"问题教学"和"教学策略",与其他种类研究联系比较强。种类♯3(活动视角)主要集中在第二象限,指向性比较强。其中,教师角度集中位于核心区域,研究较为活跃;学生角度中的"学生"和"学习活动"关注度比较大,"知识""知识意义"与"思维能力"研究联系较为紧密。

(三)启示与展望

1. 结论与反思

21世纪以来,我国深度教学研究在含义、特征、标准和策略等基本问题上进行了理论上和实践上的热烈探讨,围绕着"显性的课堂建设和内隐的素养发展"两条主线展开,集中在三大领域:一是着眼于课堂教学资源的深度教学研究。二是着眼于学生素养发展的深度教学研究,这一层面的研究将深度教学置于新课程深化改革的宏观背景之下审视,强调核心素养视域下深度教学的策略探讨,关注学生的素养发展。三是着眼于课堂教学活动的深度教学研究。这一层面的研究强调教师的主导地位和学生的主体地位,关注强调问题设计和具体的教学情境,重视知识意义和情感教学,关注学生思维发展的认知过程。

同时,也存在少许问题,可以简单地概括为:一是存在简单重复性研究,如关于1∶1课堂环境的小学数学教学资源设计成果2年内发表了10多篇,然而并没有太多创新。二是与学科育人价值关系上的探讨比较少,相对于深度教学的基础研究,应用研究质量和数量受重视程度不高,尤其在"培养得如何"方面的深度评价关注比较少。三是学科间的整合性研究不够。学科素养之间、通用核心素养与学科素养之间与深度教学融合度并不够。

2. 方向与展望

(1)拓展概念内涵,突破现有局限

随着教学理念和实践的不断发展,深度教学的内涵也处于动态演变中:从2009年,以郭元祥等为代表的实现知识对学生的发展价值的"知识教学层面"的研究,到2011年,以姚林群为代表的新课程改革以知识为基础提高学生素质的"知情意层面"的研究,再到2017年,以伍远岳等为代表的课程深化改革以增强学生体验与反思、理解学科思维、师生深度对话等的"核心素养层面"的研究等。只有结合教学实践不断丰富并且细化深度教学的内涵,才能对其本质属性、特征及价值取向进行时代化的解读,并指导实践。

(2)加强评价研究,转变固有思维

目前国内深度教学研究方法仍较为单一,主要以自上而下的理论思辨及自下而上的实践总结为主。不管哪种方式,均缺乏很重要的关键环节:如何检验研究效果。要把深度教学研究的应用推进得更加有效,课程与评价、教师素养也是不可或缺的要素。其中,课程是灵魂,评价是关键,教师素养及培养是保障。[①] 转变固有思维,逆向或"超前"思考深度教学的评价设计,应该是研究起点。

(3) 深化素养视角研究,创新多维立体范式

深度教学是培养学生21世纪核心素养的需要。[②] 因此,有不少研究将深度教学置于核心素养的背景之下进行考察,试图将二者结合起来。随着教学的情境性和复杂性的提高,深度教学更应创新多维立体研究范式。"多维"是包括课程理念的落实、教师专业素质的水平、学生素养发展的学习过程、学生学习质量的程度等的相关维度。"立体"是指以深度教学行为的设计、表现、评估、调整为明线,以学生素养发展目的、实施、效率为暗线,以具体学科或综合课程、STEM课程为依托,从抽象的共性策略转向具体的个性策略,加强学科内部之间和学科间的整合式研究。

五、地理教学中学生认知过程的体现[③]

教育部《基础教育课程改革纲要(试行)》指出,必须改变课程过于注重知识传授的倾向,强调形成积极主动的学习态度,使学生获得基础知识和基本技能的过程同时成为学会学习和形成正确价值观的过程;必须改变课程实施过于强调接受学习、死记硬背、机械训练的现状,倡导学生主动参与、乐于探究、勤于动手,培养学生搜集和处理信息的能力、获取新知识的能力、分析和解决问题的能力以及交流与合作的能力。因此新的地理课程标准把"过程与方法"作为地理课程标准的三维目标之一,要求地理教学改变以往片面注重结果、关心结论的做法,强调学生的认知过程,强调把学生的认知学习与能力培养紧密结合起来。

地理教学中促进学生的认知过程,成为实现地理课程目标的重点。认识学生地理认知过程的特点,设计并优化教学过程,促进学生的认知发展,对于实现地理课程目标具有重要意义。

(一) 遵循规律:认知过程是一个渐进过程

人的认知过程,是从具体到抽象、从简单到繁杂、由浅入深的认识过程。学生地理学习的认知过程是一个从感觉、知觉、记忆、思维到想象渐进的过程。学生只有掌握了丰富的地理事实、地理数据、地理名称、地理景观、地理演变等地理感性知识,才能掌握地理概念、地理规律、地理原理等地理理性知识;只有掌握了地理陈述性知识即地理感性知识,才能为学习地理程序性知识即地理理性知识打下基础,实现对基本的地理策略性知识即方法性知识的学习和掌握,能提高地理学习的效率。实际上,许多地理事物本身具有空间的宏大性、复杂性;许多地理事物在演变中具有漫长性,如地球所处的宇宙环境、太阳大气的圈层结构、地壳内部物质循环过程、自然灾害的主要类型和海底地形的主要类型的形成等。学生在认识这些地理事物时只有借助语言

---

① 朱开群.基于深度学习的"深度教学"[J].上海教育科研,2017(5):50-53.
② 曾家延,董泽华.学生深度学习的内涵与培养路径研究[J].基础教育,2017(4):59-67.
③ 李家清,张胜前.地理教学中如何体现学生的认知过程[J].地理教育,2006(1):11.

直观、形象直观的方式,才能构建起地理事物的关系图景。在地理教学中,教师要遵循学生的认知规律,注意通过图像直观、实物直观、模拟直观、情景设计,联系学生生活,联系学生已有的知识,帮助学生建立丰富的地理表象,形成对地理事物的感知和记忆,理解地理事物和现象的分布及其特点,促进学生的认知过程,为进一步学习和掌握地理概念、地理规律、地理原理等地理理论知识的学习打下基础。

(二)创设情境:认知过程是一个体验过程

实践活动是认识的来源和基础。认知是一种实践活动,其过程是一种体验过程。学生地理学习的认知过程是一个体验过程。"贵在参与、注重过程、强调方法"是新课程所倡导的教学理念。地理课程相关标准要求学生能初步学会通过多种途径、运用多种手段收集地理信息,尝试运用所学的地理知识和技能对地理信息进行整理、分析,并把地理信息运用于地理学习过程,尝试从学习和生活中发现地理问题,提出探究方案,与他人合作,开展调查研究,提出解决问题的对策。这些要求说明了和强调了地理学习过程体验的重要性。在地理教学中,地理教师要注意创设学习情境,促进学生对学习内容的体验,引导学生通过观察、实验、模拟、设计、搜集、判断、调查、制定、绘制、尝试、参与、寻找、访问、考察、角色扮演等实践活动,丰富学生的学习体验,促进学生的认知过程。例如,在学习分析地球运动的地理意义时,教师可引导学生运用教具、学具,或通过计算机模拟,演示地球的自转与公转,解释昼夜更替与四季形成的原因;在学习大气受热过程时,教师可帮助学生利用身边可以找到的材料(如透明塑料袋、塑料薄膜、玻璃瓶等)和温度计,做一次模拟大气温室效应的小实验;在学习区域可持续发展时,教师可组织学生调查本地主要生态环境问题所产生的危害,提出保护、治理措施;在学习生产活动与地域联系时,教师可指导学生模拟设计某地区交通运输线路和站点的布局方案,加深对生产活动中地域联系的重要方式和重要性的理解。实践表明,这些活动过程或体验过程不仅是学生构建、保持和应用知识的基础,也是促使学生认知活动的发展,培养科学态度、科学精神,提供获得道德、审美价值经验的基础。值得注意的是,在地理教学中,教师组织学生开展任何一种实践活动、体验过程,都要具有目的性、计划性。教学认识中的观察、实验和各种实践活动,应是依据教学目标任务和结合教学内容,是在理性知识的指导下进行的。当实践活动或体验过程结束时,要及时引导学生进行活动、体验小结或总结,以帮助学生认识规律,构建起自己的"知能体系。"

(三)促进沟通:认知过程是一个交流过程

"学会学习、学会合作、学会生存、学会做人"是世界认同的21世纪人才素养和人才培养目标。学生学习中需要交流,学会合作离不开交流。认知过程也是一个交流过程,是师生之间的交流过程,是学生之间的交流过程。学生在交流过程中成长。地理课程标准要求学生能运用适当的方法和手段,表达、交流、反思自己地理学习和探究的体会、见解和成果。在地理教学中,教师可开展作品展示、举例说明、小论文交流、撰写报告、专题辩论、专题讨论、演讲比赛、主题班会、地理小报等形式的交流活动,以提高学生的表达交流和交际能力及合作学习能力。教师要注意与学生的交流,要依据教学目标和结合教学内容创造条件、创设情境,引导学生积极参与交流。如在学习城市化与地理环境关系时,教师可组织学生搜集所在城市不同时期的地图、照片,或进行走访,讨论城市的变化,交流感想。这样可从多方面加深学生对城市化进程、城市化对地理环境影响的理解。又如在学习资源跨流域调配对区域地理环境的影响的专题时,教师可结合正在进行的南水北调东线工程和中线工程,组织学生开展一次专题讨论。这一重大工程,既是经济建设工程,也是重大的地理环境工程。围绕巨大的水资源跨流域调配,对调出地区、流经地区和调入地区的地理环境将发生哪些"正态"和"负态"的影响,进行讨论交流,让学生提出把对环境影响的"负态"效应减少到最低的设想,能引导学生综合地深入地认识和理解跨流域调配资源的意义。

(四)发展智力:认知过程是一个思维和创新过程

认知应是一种发展智力的过程。学而不思则罔,思而不学则殆。从生动的直观到抽象的思维,并从抽象的思维到实践,这就是认识真理、认识客观实在的辩证的途径。认识的真正任务在于经过感觉而达到思维,达到逐步了解客观事物的内部矛盾,了解这一过程和那一过程间的内部联系,即达到认识。因此,学生认知的真正任务或主要任务是到达于思维、到达于理论的认识。思维能力是智力的核心。学生认知的目的是要发展思维。培养创新能力是教育培养的最高境界。因为,只有具备创新能力的人才,才能推动社会的进步与发展。在认知过程中,要培养学生的地理思维能力,尤其是地理创新思维能力。地理课程在培养学生地理思维与创新能力方面的资源极其丰富,教师要依据教学目标,结合教学内容充分挖掘利用。在教学中教师注意充分运用地理图像阐明地理事物的分布及其规律,这可有效培养学生的直观形象思维和抽象思维能力;在学习区域地理的过程中,教师引导学生对地理特征的分析和对区域优势的总体判断,能培养其分析思维和综合思维的能力。地理事物之间客观地存在着相互联系、相互作用和相互影响。如在旅游开发中,许多地方的旅游资源都很丰富,由于区位条件和区域经济发展背景不同,开发效果差异很大。选择典型案例进行比较研究,对培养学生发散(求异)思维能力和辐合(求同)思维能力有重要意义。在学习区域可持续发展过程中,教师可引导学生结合区域存在的水土流失、荒漠化或环境污染等问题实例,提出合理利用土地规划设计方案、设计污染治理方案。学习旅游地理时,教师可引导学生结合有关内容设计旅游开发方案、设计旅游线路等,这对于培养学生创造(新)思维能力具有重要作用。

(五)注意整合:认知过程是多种方法结合学习的过程

学生学习的认知过程离不开学习方法。学习方法是在学习过程中,为达到学习目的,掌握学习内容而采取的手段、方式和途径。学生的地理学习认知过程是多种方法结合学习的过程。在地理教学中,按照学习目的和内容划分,有地图学习法、地理记忆方法、地理观察方法、地理逻辑方法等。不同的学习方法其功能不同,方法的使用要依据目的和内容进行选择。地图学习法是最常用的方法。学生通过读图、填图、绘图、用图等方式,能建立确切的空间概念、帮助记忆地理事物、理解地理原理、掌握地理要素之间联系及地理规律。地理比较方法是地理逻辑方法中的一种方法,包括归类比较、专题比较和综合比较等。地理比较方法对于学生感知新的地理知识、明确地理要素之间的关系,总结规律,进行地理知识梳理,使知识体系化、系统化具有重要作用。按照地理教学过程中教与学的关系划分,学生的认知过程可以划分为接受性学习和发现性学习或探究性学习两大类型。接受性学习是以教师呈现知识为主导的学习。发现性学习是学生必须经历一个发现过程,自己得出结论或找到解决问题的答案的学习。对于学生而言,通过接受性学习,短时间内能接受较多的知识信息,学习时间经济,但不利于培养和发展思维能力及实践能力;发现性学习对于培养学生发展思维能力和实践能力具有重要意义,但比较费时,在学习中,不可能每个知识都让学生进行发现性学习,既没有这种必要,也不可能。传统的地理教学过于强调接受性学习,不利于学生主动发展;新课程"倡导学生主动参与、乐于探究、勤于动手"的发现性学习的理念,有利于促进学生认知过程的主动发展。在新课程地理教学实践中,地理教师要认真设计有意义的接受性学习和发现性学习,把两种学习方式有机结合起来,促进学生地理学习认知过程发展。

第二节 地理教学设计系统模式的构造实践

一、地理教学设计的理论基础与基本方法[①]

(一) 地理教学设计的基本理论

1. 系统科学为有效整合地理教学因素提供指导

设计是指对要开展的工作做出的系统安排。教学目的、教材、教师、学生、教学方法、教学媒体、教学环境等诸多因素整合,构成了地理教学运动系统。地理教学设计中应用系统科学的整体原理、有序原理和反馈原理,能有效整合教学因素,发挥教学系统的整体功能。在具体的教学设计中既要做到明确每个教学因子在教学进程中的作用,也要能为每个因子发挥作用提供时间、条件或机会。设计教学过程展开的顺序,应符合学生认知的序、心理发展的序。地理感性知识是地理理性知识掌握的基础。陈述性的地理知识、程序性的地理知识和策略性的地理知识的学习与掌握也存在内在联系和学习顺序;学习能力的培养和发展应遵循由简单到复杂的顺序。任何系统只有进行反馈才能实现有效控制,只有注意教学中的反馈设计,才能更好地完成教学任务,实现教学目标。

2. 地理教学理论是地理教学设计最直接的理论来源

地理教学理论是地理教学实践经验的总结和系统反映,是地理教学设计最直接的理论来源。地理教学理论认为突出人地关系、注重空间关系是地理学科教学的鲜明特色。人地关系既是地理教学的核心内容,也是地理教学设计的思想论、方法论。地理教学设计应有利于学生认识人地关系的种种表现、理解协调人地关系的基本途

---

① 李家清.地理教学设计的理论基础与基本方法[J].课程·教材·教法,2004(1):64-67.

径,懂得坚持可持续发展的重要性。地理事物之间存在着各种关系,主要有空间关系、因果关系、层次关系、包容关系、并列关系、利害关系等,其中最重要的是空间关系。地理教学设计中突出地理事物的空间关系是促进学生地理智慧成长的有效途径。

3. 应用学习理论,引领学生的主体性发挥

学习作为过程,指个体获得这种变化的过程;学习作为结果,指由经验或练习引起的个体在能力或倾向方面的变化。学生是教学认识的主体,如何发挥学生在地理教学活动中的主体性,是教学设计的重点。学习理论在于探索和揭示了人类学习过程的本质和规律,能指导人类的学习活动,特别是在指导教师的课堂教学和学生的学习方面具有重要意义。巴班斯基的教学过程最优化理论、斯金纳的程序教学理论、布鲁姆的目标分类理论、布鲁纳的结构—发现教学、奥苏贝尔的"先行组织者"的程序教学、加涅的信息加工理论、赞可夫的"以最好的教学效果促进学生最大发展"的理论、瓦·根舍因的范例教学等学习理论阐明了学生学习过程的一般机制。应用学习理论进行地理教学过程及其策略设计,对于引领学生发挥在地理学习过程中的主观能动性有重要作用。从学生在地理教学活动中的认识方式看,主要是通过听讲观摩、阅读课本、识图用图、形象感知、思维操作、计算操作、解题练习、质疑问难、情境探索、讨论交流等方式,学习理解和领悟地理科学知识与价值观念,养成行为技能。地理教学设计要注意通过这些认识方式,结合学习内容为学生积极主动的学习创造情境、提供条件。

4. 应用传播理论,提高教学效率

教学有教师教的活动,也有学生学的活动,教与学密切联系组成了一种互动的教育活动,也是一种信息传播的活动。

传播理论中有关信息通道、信息结构、信息数量方面的理论对地理教学设计具有直接指导作用。

信息通道与地理教学设计:研究表明,人类各种感觉器官的功能是不同的,在相同条件下,五官获得知识的比例如表3-5所示:

表3-5 五官获得知识的比例

感官	视觉	听觉	嗅觉	触觉	味觉
比例%	83%	11%	3.5%	1.5%	1%

可见,五官中视觉的比例最高,这一研究成果能为教学媒体的选择和优化组合提供科学依据。

信息结构与地理教学设计:传播与信息的意义相关,也与信号的形式和结构存在密切的关系。结构合理的信号是有效传播的必要条件,无序的信号由于缺乏结构往往容易被遗忘。

例如:要求学生识记和理解位于世界火山地震带上的国家,可设计三种方案比

较选择。

①要求识记和理解位居世界火山地震带上的国家有：土耳其、厄瓜多尔、古巴、印度尼西亚、巴基斯坦、苏丹、南非、智利、新西兰、美国；②告知学生世界火山地震形成原因和分布特征，即由于板块之间的相互作用和运动，主要集中在环太平洋和地中海—喜马拉雅山一带，再理解记住有关国家；③根据世界火山地震分布图，讲解成因，说明分布。

实践表明，方案③的效果最好。

这说明合理的信息结构有利于学生记忆和理解。①对于学生而言，所接受的信息是一种无序和缺乏结构的信息，易被遗忘；对于②要求而言，揭示了一种顺序，满足"条件"的国家易被记住；对于③而言，由于改变了信息形式，即由语言信息结合图像信息，成为视听信息，形成了合理的信息结构，学习的达成度就更高了。

信息数量与地理教学设计：信息的多与少也影响教学效果。过多的信息会形成信息冗余，导致信息沉淀，没有价值；信息量不足，就会落后于学生智力水平，也影响学生的发展。教学设计中选择适量的地理信息是十分必要的。

（二）地理教学设计的基本方法

1. 教学目标设计体现准确性、可量性

教学目标设计是地理教学设计的起点。教学目标是指对教学活动结束后的预期行为结果。这就要求教学目标能指引方向，明确教学活动的运动方向；能有选择性，为实现地理教学目标选择合理的教学的方式、方法和教学媒体；能有整合性，使各个因素所发挥的作用和功能都服务和服从于教学目标；能有可测量性，可以对学生的"行为结果"进行评价从而做出客观判断。因此，地理教学目标的设计要体现准确性，要在分析学生学习背景、学习需要的基础上，依据"标准"和教学内容设计教学目标。在教学目标的表达上应使用可测量学生"行为结果"的行为动词。地理知识性目标动词，对于了解水平，可使用描述、识别、列举、说出、复述等词语；对于理解水平，可使用说明、概述、区别、解释、比较、判断、阐明、证明等词语；对于应用水平，可使用分析、设计、评价、解决、撰写、得出、检验、应用等词语。地理技能性目标动词，可使用尝试、使用、运用、计算、绘制等词语。情感性目标动词，经历（感受）水平可使用参加、参与、交流、讨论、体验等词语；反映认同水平可使用关注、认同、拒绝、同意、爱护、重视、抵制、克服、支持等词语；领悟（内化）水平可使用确立、养成、形成、树立、建立、坚持、保持、追求、具有等词语。

2. 教学策略设计应具有选择性、开放性

教学策略设计是地理教学设计中的主体，就是要有效地解决"怎样教，如何学"的问题。设计教学展开的先后顺序、教学活动的组织安排、教学组织形式和具体教学方法的选择，按照低耗高效的原则，完成预期的教学任务，实现教学目标。当今世界许多著名的教育家根据他们的教学思想，提出了许多教学策略，其中最具影响的有接受式教学策略、发现式教学策略、范例式教学策略、"最近发展区"和"一般发展"教学策略等。这些教学策略设计都有一定指导意义，可根据地理教学内容进行选择借鉴。

接受式教学策略是以美国教育心理学家奥苏贝尔有意义的接受性学习理论为依据,接受式教学策略的教学过程见图 3-7。

图 3-7　接受性教学策略的教学过程

发现式教学策略是以美国著名教育家布鲁纳的学习理论为依据,该策略是目前在世界范围内大力倡导的一种教学策略。发现式教学策略的教学过程的基本步骤见图 3-8。

图 3-8　发现式教学策略的教学过程

范例式教学策略是德国教育家瓦·根舍因提出的。"范例"教学是指通过有典型意义的能说明问题的事例来进行讲解,通过对典型事例的剖析,学生能举一反三,触类旁通,获得对事物本质的规律性认识,从而能够积极地、主动地学习,获得知识、培养能力,养成正确的情感和态度。范例式教学策略的教学过程见图 3-9。

图 3-9　范例式教学策略的教学过程

苏联教育家维果茨基提出"最近发展区"的教学思想。在这一思想指导下,可以把学生的发展水平分为两种有差异的水平:① 把学生现在能够独立完成智力任务的水平称为现有发展水平。② 把目前暂时不能独立完成,但在教师或家长的指点下,学生经过努力可以完成其智力任务的水平目标称为"潜在"的发展水平,是"最近发展区"。教学目标应是将学生的"最近发展区"水平转化成为发展水平,走在发展的前面,使学生"跳一跳、能摘到果子",其教学要领为:① 在课堂上有步骤、分层次地向学生展示知识结构。在两个层次间设置思考题,引起学生求知欲望,并经过一番努力找到正确答案。② 以学生智力水平层次不同的客观标准为依据,设计不同要求的练习题,能使各层次学生都有获得感,建立信心,学生因而会更加努力。

3. 教学媒体设计应凸显先进性、组合性

教学方法和教学媒体的选择是地理教学设计中最具灵活性和创造性的内容。教学媒体是承载和传递教学信息的载体工具,教学媒体在教学中的重要性体现在以下几方面:能有效地促进学生对地理知识的理解和掌握;有利于激发学生地理学习的兴趣、情感,形成良好的个性品质;有助于培养学生的地理技能。选择地理教学媒体应与教学目的和教学内容相统一、与教学方法相匹配、与学生认知水平相容性的基本思想相符合,尽可能做到媒体表现形式美观、表现手法具有创新性、多种媒体组合,能发挥学生多感官的功能,体现媒体的先进性和组合性。由于不同媒体其特性不同,选择和优化媒体可采取如下基本策略。

(1) 视觉媒体。视觉媒体的显著特点是具有直观性。视觉媒体包括非投影型视觉媒体和投影型视觉媒体。非投影型视觉媒体包括黑板、粉笔、印刷材料、图片、图示材料、模型和实物等教具。投影型视觉媒体主要有实物投影、投影、幻灯片三类。

研究表明,在所有的感官中,视觉感官的感受能力最强,同时也表明视觉媒体的形式不同,其效果有差异。大多数学生在彩色与非彩色之间偏爱彩色;在照片和图画之间优先选择照片;喜欢形状和颜色都逼真;对于简单的图像和复杂的图像,年龄小的偏爱简单的,年龄大的偏爱复杂的。教师在设计和选择或制作视觉媒体时,应考虑把学习的有效性同学生的偏爱结合起来。

(2) 听觉媒体。听觉媒体可适用于地理教学的所有阶段,因此发挥听觉媒体的功能具有重要意义。提高形式的听觉技能是发挥听觉媒体效能的最好办法。可采取直接听、听说明、听大意、听细节、听分析教材的结构、听基本结论等形式。

(3) 视听媒体。视听媒体是通过视、听两个通道同时呈现的信息媒体,主要有录像和计算机辅助教学及多媒体系统。对记忆的研究表明,单用听觉,三小时左右能保持所获知识的60%,三天后则下降到15%;单用视觉,三小时左右能保持70%,三天后则为40%;如果视听并用,则三小时左右还能保持90%,三天后为75%。这些统计结果说明,视听并用将获得更多的教学信息量,更长的记忆保持率和最佳的学习效果。在地理教学设计中应尽可能地选择视听结合的媒体,使直观、鲜明的地理图像与生动的语言有机配合,充分表达和传递地理教学信息,提高地理教学的有效性。

二、走进新课程:论地理教学的设计与创新[①]

(一) 地理课程实施是实现课程改革目标的关键

我国中学地理课程改革,提出了"学习对生活有用的地理、学习对终身发展有用的地理""培养现代公民必备的地理素养、满足学生不同的地理学习需要"的课程理念,体现了国家基础教育改革的基本精神,我国构建了完整的中学地理课程新体系,现已逐步进入地理课程的实施阶段。地理课程实施过程就是地理教学过程。地理课程实施是实现课程改革目标的关键。因为无论地理课程体系多么完美,离开了地理

---

① 李家清,陈实,张丽英,陈芳.走进新课程:论地理教学的设计与创新[J].地理教学,2003(12):12.

课程实施,一切课程目标都只能成为空中楼阁。先进的教育思想,只有通过地理课堂教学实践过程加以渗透、贯彻,才能落实。

（二）地理教学设计与创新是地理课程实施的基础

地理课程实施要实现"课改目标"就必须研究地理教学设计与创新。教学设计是围绕新的教学目标,对"教什么""怎样教"和"如何学"进行的规划。地理教学设计创新是地理课程实施的基础环节。进行地理教学的设计创新,应以先进的教育教学理念为指导,系统地安排和整合地理教学的相关因素。因为"理论是人们对事物的本质及运动规律认识的结晶"。理论的作用在于规范人们对事物的认识,并指导人们的实践活动。教学理论的意义在于探索和揭示人类学习过程的本质和规律,指导人类的学习活动,特别是在指导教师进行地理教学目标的编制与地理教学策略的选择和设计时,具有重要意义,它包括多元智力理论、目标分类理论、教学过程最优化理论、信息加工理论、发现教学理论、范例教学理论等学习心理理论。地理教学设计要注意把学习内容和学生的认识方式结合起来,为学生进行积极主动的学习创设情境、提供条件。地理教学设计创新就是要提出符合每个学生发展的教学目标;选择与设计充满生命活力的教学策略;选择与设计"交往"的开放的教学策略;选择与设计韵律和谐的教学策略;选择与设计引领学生学会学习的教学策略。

（三）设计符合每个学生发展的地理教学目标

我国基础教育改革的基本精神是"为了中华民族的振兴,为了每个学生的发展"。"不让一个孩子掉队!",揭示了现代教育的本质。教师应尊重学生的人格,关注个体差异,满足不同学生的需要;教师的目的应是为每个学生提供平等的学习机会,为他们提供舒适和方便的、对学生的进步和成功没有障碍的学习环境。教学目标设计是地理教学设计的起点。地理教师只有认真研究学生主体性、差异性,科学地制定符合全体学生发展的教学目标,才能开展有效的"教"与"学"。

长期以来,地理教师在进行地理教学目标设计时,往往是根据某一教学任务,设计出只有一个水平层次的教学目标,作为完成教学任务的基本标准,而忽视了学生之间客观存在的差异性或多样性。由于学生之间学习背景不同,原有的学习基础和经验不同,智力以及非智力因素存在差异,学生的学习起点不尽相同,如果教师用一个水平层次的教学目标要求所有学生,教师的主观愿望与学生的客观存在的差异性、多样性和不同需求明显不符。这种教学目标是不可能实现的,或者说,教师制定的教学目标只有部分学生或少数学生能够实现,对其余学生或大多数学生是不能实现的。因而学生是在"没有教学目标"状态下进行学习的。如此往复,不少学生就渐渐真正地远离"教学目标",成为所谓的"差生"了。

教学目标是指教学活动结束后的预期行为结果。这就要求教学目标具有指向性,能成为引领每个学生发展的方向;教学目标具有选择性,它要求教学过程中的方式、方法、媒体的选择要有利于教学目标的实现,为促使每个学生"主体"参与教学过程提供条件与可能;教学目标具有整合性,它要求参与教学活动的各个因素所发挥的作用都应服务和服从于教学目标;教学目标具有可量性,应对所有学生的"行为结果"

都能进行测量,做出是否实现教学目标的价值判断。因此,地理教学目标的设计要体现准确性、全面性,应是在分析学生学习背景、学习需要的基础上,承认差异、尊重差异、善待差异,依据"课程标准"和教学内容,结合学生实际设计教学目标。教学目标设计应具有差异性,差异性与学生的发展是并行不悖的。

1. 地理教学目标差异性设计的理论依据

建构主义的学习理论认为:学生的主体是天然具有的,而非外界赋予的,学生是自己知识的建构者,把新知识与已有的知识经验相结合,在已有的知识教育基础上形成新的知识结构。学习者不是被动地接受知识,而是对信息进行主动的选择和加工,学生不是从同一背景出发,而是从不同背景和角度出发。"最近发展区"教学理论认为,学生有现有学习水平,和通过努力能够达到的"潜在"学习水平。

建构主义的学习理论和"最近发展区"的教学理念为教学目标差异性设计提供了指导。

2. 教学目标差异性设计的基本策略

(1) 梯度式设计策略

梯度式设计策略就是指在进行教学目标设计时,根据"地理教学大纲"或"地理课程标准",结合学生的差异特征和认知发展规律,按照教学内容,由低到高、由易到难,设计具有不同要求、不同层次的地理教学目标,以促进不同智力结构的学生发展。例如高中地理"海洋的基本特征(一)"传统教学目标设计为:① 知识目标。使学生了解影响海水温度和盐度的主要因素,掌握海水温度和盐度的分布规律。② 能力目标。利用课本图表信息,说明海洋对人类生存发展的影响。③ 德育目标。通过"海洋环境和人类相互关系"的讨论,激发学生爱护海洋的责任感和探索海洋的科学精神。

按照梯度式设计策略的基本思想,高中地理"海洋的基本特征(一)"教学目标可作如下设计:① 知识目标。A 学生能列出影响海水温度和盐度的主要因素,说出海水温度随纬度增加而降低、盐度由副热带地区向高、低纬度地区降低的原因;B 学生能说明影响海水温度和盐度的主要因素,阐明海水温度和盐度的分布规律。② 能力目标。A 学生能运用课本中某一图表信息,说出海洋对人类生存发展的影响;B 学生能获取课本图表信息,概括说明海洋对人类生存发展的影响。③ 德育目标。A 学生能举例说明海洋环境与人类相互作用的关系,初步树立爱护海洋的责任感;B 学生能概括海洋环境与人类的相互关系,树立爱护海洋的责任感和具有探索海洋的科学精神。

又如初中地理"河流与湖泊概括"的传统教学目标设计为:① 知识目标。知道我国外流区和内流区的划分;记住主要内、外流河的名称;理解内、外流河的水文特征及其成因。② 能力目标。能对照地图册在填充图上填注中国主要河流的名称;初步学会列表对比南方河流和北方河流的水文特征。③ 德育目标。认识我国河流众多,水资源总量大,但开发利用不够的国情;使学生懂得治理大江大河的任务仍很艰巨,增强学生建设祖国的责任感。

按照梯度式设计策略的基本思想,初中地理"河流与湖泊概括"的教学目标可作如下设计:① 知识目标。A 学生能识别我国外流区与内流区,能识别主要内、外流河,能说明内、外流河的水文特征。B学生能说出我国外流区与内流区的分界线,能说出主要内、外流河的名称,能说明内、外流河的水文特征并解释其成因。② 能力目标。A学生能对照地图册在填充图册上填注中国主要河流的名称,初步学会列表对比长江和黄河的水文特征。B学生能在填充图册上填注中国主要河流的名称,初步学会列表对比南方河流和北方河流的水文特征。③ 德育目标。A学生认识我国河流众多,水资源总量大,但开发利用不够的国情,增强学生建设祖国的责任感。B学生认识我国河流众多,水资源总量大,但开发利用不够的国情;懂得治理大江大河的任务仍很艰巨,增强学生建设祖国的责任感。

可见,这种梯度式设计策略,能将原有的教学目标细化、层次化,把每个教学目标设计为由较低到较高两个层次的教学目标。如根据学生实际,还可以进一步设计为三个层次,以至四个层次,以符合学生学习背景,为每个(类)学生的发展引领方向。

(2) 激励式设计策略

在地理教学中告知学生教学目标(学习目标)往往是地理教学过程的一个基本环节。传统的地理教学目标的表述,多使用以下的方式。如"使学生了解……""使学生掌握……""使学生学会……""使学生懂得……"这种表述是把学生置于一种非自主性的被动客体地位,难以激发学习热情,难以调动学习积极性。

激励式设计策略是指在进行地理教学目标设计表述时,注意使用以学生为主体的第一人称方式,从人文关怀的角度,多运用富有情感、激励性的语言,激发学生的自信心,调动学习的积极性。如使用"通过学习,我们能列出……""通过学习,我们能说明……""通过努力,我们能概括……""通过学习,我们能应用……""通过学习,我们应该树立……""我们将形成……"

据国内外研究,学生课堂学习的主要动机集中反映在成就动机上。这种成就动机又主要由认知内驱力、自我提高的内驱力和附属内驱力三个方面的内驱力构成。认知内驱力是学生想理解要掌握的知识、要阐明在解决问题时所产生的以求知为目标的动机因素,是指向学习任务本身的动机。把学生"因自己的胜任能力和工作成就而赢得相应地位的需求称为自我提高的内驱力"。"附属内驱力是指学生为了获得教师和家长的赞许与认可而产生的学习动力。"地理学习是一个智力活动过程,也是一种生命过程,一种学习情感发生和发展的过程。教学目标设计的激励式设计策略,对于激发学生的成就动机,尤其是增强认知内驱力,具有重要意义。对于需按较低教学目标学习的学生,通过运用激励策略,在较强的成就动机的作用下,完成较高教学目标的要求,是完全可能的。

(四) 设计充满生命活力的地理教学策略

学生是教学认识的主体。如何发挥学生在地理教学活动中的主体性,是地理教学策略选择与设计的重点。学生具有一种充满活力的力量,带着自己的知识、经验、思考、灵感、兴致参与地理课堂活动,能极大地丰富教学过程的生动性、有效性。发挥学生在地理教学活动中的主体性,就是要构建充满生命活力的地理教学策略,"为学习而设计教学",体现"为学生发展而教"的理念。

充满生命活力的地理教学策略,在过程与方法上,要高度重视和充分引导学生参与多样化的学习,既包括有意义的接受性学习,也包括合作式学习和探究式学习。

有意义的接受性学习是学习地理的一种重要方式。在接受性学习中,地理知识是以定论的形式直接呈现出来的,学生进行地理学习的心理机制是"同化",学生是地理知识的接受者。对于学习以地理事实、地理材料、地理名称、地理数据、地理分布、地理景观为内容的地理陈述性知识,接受性学习是一种有效学习。传统的地理教学也多运用接受性学习的教学策略,但它不是有意义的接受性学习,其弊端是灌输接受,学生完全处于一种被动接受状态,教师注重的是如何把地理知识、结论讲清楚,把学生作为知识的"容器",要求学生完完全全地"记下来",学习的有效性差。新课程要求将这种被动地接受学习改变为积极的有意义的接受性学习,正如奥苏贝尔所倡导的"先行组织者教学模式",通过"下位学习""上位学习""并列学习"等方式,促进新旧知识的"同化",形成学生自己的认知结构,提高教学的有效性。

合作式学习是指学生在小组或班级中为了完成共同任务,有明确责任分工的互助性学习。地理教学过程不仅仅是一个认知过程,还应是一个交往与审美的过程。合作式学习有助于培养学生的交往意识、合作意识和竞争意识。新课程为开展合作式学习提供了有利条件,教师在教学设计中应充分利用。如初中地理在学习"地区发展差异"内容时,可运用合作式学习方式,组织学生搜集能反映世界不同国家发展水平的资料,进行比较并开展讨论,通过板报、小报、宣讲等形式展示和交流。在学习"乡土地理"内容时,认识自然条件对家乡的社会、经济、生态、文化、生活诸方面的影响,在讨论家乡的生态环境状况、存在的问题以及改善措施时,可运用合作式学习,组织学生围绕家乡的环境与发展问题,开展地理调查,通过班级或小组讨论,就家乡某一方面的发展提出合理建议。又如高中地理在学习"区域地理环境与人类活动"时,教师可组织学生开展模拟活动,可分别扮演南水北调的"调出区"居民与"调入区"居民角色,开展对话,交流看法;在学习"城乡规划"时,教师可提供有关资料,让学生进行城乡规划的模拟练习,把全班学生分成几个小组,分别提交规划方案,开展交流、评价。

探究式学习是指从课堂教学或现实生活中选择研究主题,在教学中创设一种类似于学术研究的情景,通过学生自主、独立地发现问题、实验、操作、调查、搜集与处理信息、表达与交流等活动,获得地理知识,促进地理技能、情感态度与价值观等方面的发展,特别是探索精神和创造能力发展。如在新课程高中地理中,学习"自然环境对人类活动的影响"时,可以以本地自然资源开发利用的变化为主题,开展探究式学习;学习"生产活动与地域联系"时,可联系本地实际,探究某一工业企业布局及该企业原料供应与市场特点;在有关天文观察、环境保护、土地利用、流域治理、灾害监测、地质考察、地貌形成与演化、"导游"体验、"购房选房"、乡土调查等内容的学习中,可组织学生联系实际开展探究式学习。

(五)设计"交往"的、开放的地理教学策略

现代教学论认为,教学的本质是交往。地理课堂的教学过程,就是师生之间、学生之间交换信息的过程。传统的教学是把这种交往仅作为"师传生受"的过程。新课

程的教学观要求把这种交往变革为师生间的平等"对话"。只有平等的"对话",才能实现智慧的撞击、经验的共享、心灵的契合和理性的升华。教学是教师的教与学生的学的统一,构建互动的师生关系是地理教学改革的重要任务。在教学过程中,师生之间、学生间的信息交往,既包括地理需要、地理兴趣、地理知识、地理情感态度与价值观等方面,还包括生活经验、行为规范等方面,通过这种广泛的信息交往,实现师生互动,在"沟通"与"对话"中实现师生共同发展。

加强教材知识与生活世界的相互联系是选择和设计开放的地理教学策略的基本途径。实际上,生活中蕴藏着巨大的甚至可以说是无穷无尽的地理教育资源。在学习对生活有用的地理、学习对终身发展有用的地理的过程中,一旦教师将生活中的地理教育资源与地理教材知识两者相融通,学生就会感受到书本知识学习的意义与作用,就有可能深深意识到自己学习的责任和价值,就有可能增强自己学习地理的兴趣和动机。地理课程中所涉及的饮食与地理、服饰与地理、住房与地理、出行与地理、商业与地理、城市与地理、民族与地理等知识,既是书本上的知识,又是生活的地理。在教学中引导学生从书本的世界走向生活的世界,不仅体现了教学过程的开放性,有利于促进学生理解地理,还可以激发其产生联想、生成创意。

（六）设计韵律和谐的地理教学策略

课堂教学是师生共同活动的舞台,教学过程就是师生共同奏响的协奏曲。只有选择与设计韵律和谐的地理教学策略,才能奏出美妙的乐章。从时间进程看,地理课堂教学的过程,一般应有序幕、情境进入、展开、高潮和尾声等环节。"预演"情境和呈现材料、融入经验的"体验"是设计韵律和谐的教学过程的基本策略;"预演"情境就是创设进入学习"课题"的环境氛围。例如,有的教师在讲"黄河"时,先播放有配乐的《黄河颂》,激起学生对"母亲河"的热爱和关爱,就是很好的"预演"策略;展示黄河泛滥、洪水肆虐的图片,结合"98洪水危害",就是呈现材料,融入经验的"体验"策略。

在地理教学中,许多教师有一种相同的感受,观摩一节优秀的地理课,是一种美的享受。好的地理课,韵律和谐,环环紧扣,行云流水,水乳交融,激情跌宕,师生共鸣。教学过程中,亲和度强:教师的教学智慧和情感明显地激发了学生的求知欲,调动了学生学习的积极性;参与度大:学生活动积极,发言踊跃;整合度高:学生地理能力的培养、地理技能的掌握、地理情感态度与价值观的形成融合在地理知识的学习过程之中。

（七）选择与设计引领学生学会学习的地理教学策略

"过程与方法"是新课程目标的重要组成部分。选择与设计引领学生学会学习的方法也是地理教学策略的重要组成部分。既要学会,也要会学。学会,重在接受知识,积累知识,以提高解决当前问题的能力,是一种适应性的学习;会学,重在掌握方法,主动探求知识,目的在于发现新知识、新信息以及提出新问题,是一种创新性学习。方法是一种知识,而且是一种比知识更重要的"知识"。地理学习方法就是地理策略性知识。它既包括学生对学习内容的领会和记忆策略,还包括一些辅助性策略,即学生为了维持学习活动的正常进行而采取的诸如学习时间的计划和安排,学习过程的自我监控等策略。

经历过程与记取结论同样重要。实践说明当要求学生对地理学习内容进行自由回忆时，善于学习的学生运用地理知识分类（编码）的策略对学习材料进行梳理，而有学习问题的学生，则往往继续机械重复学习内容。学习过程的编码方式在一定程度上能反映学习的策略。编码是学习中信息流由短时记忆进入长时记忆的重要过程，其策略是构建知识点间的联系。地理教学过程中，帮助学生掌握诸如类比法、比喻法、联想法、韵律法、情景法、质疑法、拓展法等方法，是很好的编码策略。记忆是有效地识记、保持的过程。浓缩法、谐音法、图式法、联想法、表象法、口诀法等方法是记忆地理知识的有效方法。

辅助性学习策略的使用与个体的元认知能力有关。元认知是指对自身认知活动的认知，"它一方面使个体了解自己信息加工的过程和能力，另一方面又使个体懂得如何采取措施以调节和控制自己的信息加工过程"。地理教师引导学生经常进行反思性学习，是帮助学生掌握辅助性学习策略的基本途径。

第三节　地理课堂教学改革机理的内在逻辑

一、地理课堂教学动力策略设计初探[①]

教学动力是认知性动力和情意性动力的协调统一。[②]"没有智力因素构成的认知系统，地理教学任务无法实现；没有非智力因素构成的情意系统，地理教学活动既不能发生也不能持续。"[③]富于动力的地理课堂应是认知性动力与情意性动力的交织衍生与相互加强的，课堂教学既是一种高智力投入的理性活动，又是师生共享幸福教育的生态空间。然而，通过课堂观察可知，"在该难的地方其实并不难，而在不该难的地方却难倒了一大批孩子"，往往出现"在引起人的兴趣之前开始学习，而在人的兴趣终止之前终止学习"的现象。[④] 地理教师认知性动力与情意性动力激发技能的双重匮乏，是地理课堂教师低效地教、学生低效地学的根源所在。美国著名教学设计理论家梅里尔（M. David Merrill），以"聚焦解决问题"为教学宗旨，以"激活旧知—示证新知—应用新知—融会贯通"为认知学习活动循环圈，并同时考虑目标导航、动机激发、人际互动和激励评价四个情意性因素的配合，创建了旨在达到有效教学 3E 性能（学习效果好、效率高和学习者参与学习的热忱及主动性强）的"五星教学原理"。[⑤] 我们以五星教学原理为基础，构建了地理课堂教学动力策略及其效能等级与标准体系，是出于对地理课堂在认知性动力与情意性动力协调统一

---

① 户清丽，李家清.地理课堂教学动力策略设计初探[J].地理教学，2012(24)：16-20.
② 李森.教学动力论[M].重庆：西南师范大学出版社，1998：99.
③ 陈国新.地理教学中非智力因素的探讨[J].地理教学，1988(2)：23.
④ 项贤明.貌似正确的共识[N].光明日报（基础教育版），2012-8-5.
⑤ 盛群力.五星教学过程初探[J].课程·教材·教法，2009(1)：37.

中高效发展的教学追求。

（一）地理课堂教学动力策略构建

激活旧知、示证新知、应用新知、融会贯通是学生地理学习的认知性动力系统；目标导航、动机激发、人际互动、激励评价是学生地理学习发生与维持的情意性动力系统；而面向完整任务的问题聚焦并非只关注认知因素，认知、情意与态度、自我调节能力等在其各个方面都起着十分重要的作用，具有启动认知性动力与情意性动力的双重功效。基于此，我们进行了地理课堂"一心二环"教学动力策略圈构建（如图 3-10 所示）。

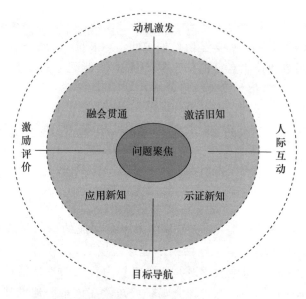

图 3-10　地理课堂"一心二环"教学动力策略图

环心"问题聚焦"策略：问题聚焦是地理课堂教学动力的起点或原点，旨在创建面向完整任务的问题情境，让学生在发现和解决生活实际问题的情境中展开学习。

内环认知性动力策略：由激活旧知、示证新知、应用新知、融会贯通四个动力策略构成，旨在优化学生认知学习的"准备→接受→保持→应用"过程，以激发与增强学生地理学习的认知性动力。

外环情意性动力策略：由动机激发、目标导航、人际互动、激励评价四个动力策略构成，旨在创建有利于学生精神自由和交往民主的课堂教学软环境，以激发与维持学生地理学习的情意性动力。

（二）地理课堂教学动力策略的效能等级

动力策略的效能等级是依据动力策略对课堂教学效能的贡献率来建构的。地理课堂教学效能是认知性动力策略与情意性动力策略所产生的合力的结果，但作为非常理性的学习活动,认知的原因是核心的。① 因此,梅里尔将呈现信息、示证新知、应用新知、问题聚焦作为提高教学效能的四个基本策略,而认为激活旧知与融会贯通所发挥的是片段增量作用,动机激发、人际互动等则作为附加策略。据此,我们以认知性动力策略中的呈现信息、示证新知、应用新知、问题聚焦为基本策略,以激活旧知、融会贯通为片段增量策略,以目标导航、动机激发、人际互动和激励评价等为附加策略,对地理课堂教学动力策略进行了效能等级构建(如图3-11所示)。

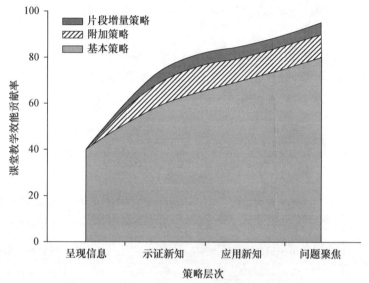

图3-11 地理课堂教学动力策略的效能等级

注:本图参考了"教学策略的效能等级图(梅里尔,2005)"。

呈现信息主要表现为对地理基础知识与技能的讲解与提问,呈现信息是必要的,但如果仅限于呈现信息,就会使课堂教学陷入高耗低效的"被动学习"状态,对于完成复杂学习任务的贡献率仅占40%,被视为动力策略效能等级的底线(水平0);示证新知是实施教学活动的核心环节,强调运用特定的、具体的例子或案例对新知进行细节刻画,在呈现信息的基础上增加了示证新知,教学效能可提高到60%以上,动力效能等级达到水平1;应用新知介于示证新知与融会贯通之间,其目的在于使学生在示证新知阶段初步对习得的知识作进一步深入的理解与掌握,对已经建立的心理图式进行核查与调整,在呈现信息与示证新知的基础上增加了应用新知,教学效能可提高到70%以上,动力效能等级达到水平2;面向完整任务的问题聚焦关照学生将相关知识应用到实际生活中的心理模式,有利于学生形成将单独或者孤立的技能整合到完整任务中去的心理模式,在呈现信息、示证新知、应用新知的基础上,再配以问题聚焦,教学效能可提高到80%以上,动力效能等级达到水平3;情意性动力策略作为附加策略,在教学过程中的适时运用,可对教学动力起到部分增量的作用,在水平1、2和3的基础上,

---

① 王振宏.学习动机的认知理论与应用[M].北京:中国社会科学出版社,2009:205.

再配以情意性动力策略,教学效能可提高到90%以上,动力效能等级达到水平4;激活旧知是指学生运用一定的心理图式将多种知识技能组织成一个相互联系的整体,以形成同化与顺应新知的心理准备状态,在水平1、2和3的基础上,再配以激活旧知,可对教学效能起到部分增量的作用;知识的融会贯通会使学生的成就动机大大增强,并产生进一步学习的愿望和持续付出心理努力的动力,在水平2和3的基础上,再配以融会贯通,也可对教学效能起到部分增量的作用。如果教师能够在课堂上实现基本策略、片段增量策略和附加策略的综合运用,教学动力可提高到95%以上,效能等级达到水平5。

(三)地理课堂教学动力策略的效能标准体系

由于地理教师动力策略实施技能的差异,课堂教学的动力效能是迥然各异的。下面是对地理课堂教学动力策略进行的"初—中—高"三级效能标准体系的构建(见表3-6)。

表3-6 地理课堂教学动力策略效能标准体系

认知性动力策略		情意性动力策略	
呈现信息			
激活旧知	激活相关旧知	目标导航	明确教学目标
	补救空缺旧知		建立团体目标
	形成旧知结构		设置整合目标
示证新知	善于举例示证	动机激发	提供外在动机
	善用媒体促进		利用内在动机
	善于认知刺激		激发学习动机
应用新知	紧扣目标操练	人际互动	教师—学生互动
	逐渐放手操练		学生—学生互动
	变式问题操练		师生多向互动
融会贯通	公开展示业绩	激励评价	即时矫正反馈
	善于反思完善		激励成就动机
	鼓励探索创新		着眼学习增值
问题聚焦		贴近现实生活	
		面向问题解决	
		形成任务序列	

1. 认知性动力策略的效能标准

(1)激活旧知

● 初级标准:激活相关旧知

只有引导学生回忆以往的旧经验及检查其对新任务的针对性,才有助于激活恰当的心理图式,促进掌握相关新技能;但如果激活的是与当前学习活动无直接联系的旧知识,反而会增加学生的认知负担。因此,真正需要激活的是与新知识直接相关的旧知识,如高中"地球的运动"一节需要激活的是初中"地球"知识,而不是上一节"太阳对地球的影响"。

● 中级标准:补救空缺旧知

有时候学生出现启而不发、无动于衷的现象,这极可能是学生这方面知识存在空缺,或者新旧知之间的认知空隙过大,这就需要进行"补救空缺旧知,缩小认知空隙"的工作。比如学习"锋面与天气"时,"气团"知识是本节新知学习的前提,但却是学生的空缺性知识,如果能够及时补充相关知识,就会为后继学习奠定良好的基础。

● 高级标准:形成旧知结构

学生的学习过程其实是一个用自己的原有知识网络慢慢向外拓展和更新,不断将外部信息通过同化与顺应转化到自己的知识网络中的过程,那些需要重视、理解和记住的事实,必须被置于有内在意义的背景中。因此,仅仅是激活旧知或者补救旧知还是不够的,教师还应善于帮助学生梳理旧知结构,让学生形成同化新知的稳定性的和可利用性的知识结构。

(2) 示证新知

● 初级标准:善于举例示证

对于地理概念、原理等程序性知识的教学,教师要注意结合学生的认知水平与认知方式,通过运用特定的、具体的例子或案例对新知进行精细讲解,有助于使学生注意事例或案例与地理概念或原理的联系,以便对新知进行编码与整合。如"正午太阳高度的变化"的教学,可先讲解"同一时刻正午太阳高度由太阳直射点向南、北两侧递减"的规则,再分别举春(秋)分、夏至、冬至日的正午太阳高度变化规律进行例证说明,最后示例当太阳直射点位于 20°N、20°S 时的正午太阳高度变化规律,将规则应用于新情境中。

● 中级标准:善用媒体促进

借助媒体技术改变教学内容的顺序和呈现形式,有助于激发学生探索、操作的兴趣,并激发不同学生的学习动机。地理教师要善于运用图表、动画和其他内容呈现方式促进学生学习,还要善于引导学生关注视觉呈现中的关键要素,从而避免出现可能造成学生分心或者加重认知负担的因素,如那些学生虽感兴趣却与课程目标无关的可视化教材,屏幕上的过多动画、过多文字等。[①]

● 高级标准:善于认知刺激

过于倚重教学活动与方法的丰富性和多样性,所激活的主要是学生的知觉好奇心,而对指向认知内驱力的认知好奇心作用不大,而认知内驱力才是引发深层学习的核心动力。因此,教师需善于运用认知刺激工具,如地理图表的判读、绘制与分析,空间概念和空间运动的理性思维,对各种信息进行多角度、多层次的分析、归纳与评价

---

① James D. Klein,等.教师能力标准[M].顾小清,译.上海:华东师范大学出版社,2007:41-42.

等,[1]以激发学生地理学习的认知好奇心。

(3) 应用新知

- 初级标准:紧扣目标操练

经过"示证新知"阶段对新知识的编码与整合,学生已初步掌握了新知识的基本内涵,但这种理解还是表层化的,一旦让学生自己去归纳、表达、操作,学生往往是一知半解或言不由衷,甚至会出现自以为是的相异构想。因此,应用新知的首要目的应是促进对新知的深化理解。教师宜开展有指导性的课堂练习或讨论活动,练习试题应紧扣本节教学目标而设计,以实现学习的"近迁移"为目的。有些教师在新授课上就直接把一些高考题目硬塞给学生,美其名曰"接轨高考",实则是"揠苗助长",这样做的唯一后果就是"夭折了"学生学习地理的激情与欲望。

- 中级标准:逐渐放手操练

在紧扣目标操练基础上,教师宜在不超出示证新知的难度水平的前提下,有意识地变化问题情境,进行逐渐放手操练,以便学生在知识的泛化与分化中进一步明晰新知的本质要素。逐渐放手操练需把握好尝试练习的度,如果说"示证新知"是教师全力搀扶学生学习的阶段,那么,"应用新知"则体现了教师从扶到放的"渐减支架辅助"过程。在实际教学中,教师可运用知识的类化策略和具体化策略进行逐渐放手操练,类化策略就是将具体地理问题与新知识进行命名、分类和排序,并找出相应地理原理知识的过程;具体化策略则是将相应的地理原理知识应用于问题解决的过程。

- 高级标准:变式问题操练

学习是面向学习迁移的,它首先要求掌握规则与步骤,实现近迁移;然后运用认知图式解决问题,实现远迁移。[2] 比如,当学生能够运用地理决策的一般方法和技能进行各种城市功能区、产业活动的规划设计时,就意味着学生已经具备了将决策知识与技能近迁移到决策教学活动中的能力;如果学生能够独立或合作采用完整的决策过程开展决策学习活动,则意味着学生已经实现了远迁移,具备了初步的地理决策能力。

(4) 融会贯通

- 初级标准:公开展示业绩

知识的融会贯通要求教师必须提供机会让学生公开展示所学到的新知能。当学生意识到自己将有机会将课堂上学到的知识扩展到生活世界中,去展示新学到的本领时,出色地表现自己的愿望会明显增强;当学生通过公开展示表现自己掌握的新知能,那就意味着他能够将学到的东西融会贯通到生活中,由此产生学习的胜任感,而胜任感是最有效的动机激励手段。

- 中级标准:善于反思完善

教师应该提供机会让学生对学习过程与结果进行反思、质疑和自我辩护,这有助于他们完善认知结构、消除误解误识以及增强运用新知能的灵活性;另外,通过反思

---

[1] 郑其强.高一学生地理学习能力的培养[J].福建教育学院学报,2004(6):42.
[2] 盛群力.论有效教学的十个要义——教学设计的视角[J].课程·教材·教法,2012(4):15.

自己在知识积累、能力发展、活动体验、学习状态、情感取向、精神培育等方面结果与期待的差距,也能为后续学习提供路向与激励。

● 高级标准:鼓励探索创新

不同的学生有不同的擅长方式,有的善于地图能力、有的善于语言叙述、有的善于动手操作、有的擅长调查研究,有的愿意独立思考、有的喜欢合作交流,既然知识的融会贯通主要是与课后应用联系在一起的,就应更加关照学生的个性差异,不仅作业布置应体现分类分层的要求,还要欣赏与鼓励学生创造性探索、个性化运用新知能的方式。

2. 情意性动力策略的效能标准

(1) 目标导航

● 初级标准:明确教学目标

许多教师虽然在教案上都列出了教学目标,但并没有在课堂上将其明确告知学生,致使学生陷入漫无目的的被动学习状态。因此,教师应在上课伊始即清晰呈现目标,让学生建立学习心向。一般来说,发放书面材料告知目标的呈现方式在引发学习需要上要好于展示呈现方式,而展示呈现方式又要好于教师口头陈述呈现方式。[1]

● 中级标准:建立团体目标

如果说明确教学目标是教师将自己拟定的教学目标告知了学生,虽然也能够在一定程度上引发学生的学习心向,但却不一定能够激发学生的内在需要与学习责任。因此,教师有必要与学生协商目标设置或者至少提供指导和激励他们思考自己的学习目标期望与学习成绩潜力。一旦团体目标建立,学生就会认真对待并努力地想方设法地去达成这些目标。

● 高级标准:设置整合目标

整合目标是同聚焦教学目标、学会解决问题紧密联系在一起的,其基本内涵就是将教学目标整合于面向完整任务的问题情境中。这样,一方面可以避免将教学目标呈现得简单突兀,从而显得与整个课堂教学过程脱节,远离学生的学习需要;另一方面,脱离情境学习知识技能,学生很难形成相关知识如何在实际生活中应用的心理模式,而在完整任务情境下获得的知识技能,学生容易形成将单独或者孤立的技能整合到完整任务中的心理模式。

(2) 动机激发

● 初级标准:提供外在动机

调查可知,中学生之所以地理学习动力低下,对于地理学科特点与价值的认知偏差是重要原因之一,这种认知偏差主要表现为两点:一是出于学科偏见,认为地理不过是"地名+物产"的小儿科;二是出于功利思想,主观地认为地理对于升学、就业及生活无多少贡献。因此,教师有必要提供外在动机,通过强调地理学科的工具价值以及采取奖励与竞争的方式引起学生对地理学习重要性的注意。虽然这些策略并不增

---

[1] 卢晓旭,赵媛,朱慧,陈磊.地理课堂教学目标呈现方式与教学效率的相关性[J].课程·教材·教法,2011(1):105-106.

加学生对学习任务或学习目标本身的重视程度,但会使学生把完成任务和获得的结果联系起来,帮助学生建立积极的心理定式和学习期待。

● 中级标准:利用内在动机

外在动力策略虽然有效,但却不可过多依赖它们,如果学生过多看到地理学科的工具性价值和热衷于奖励和竞争,他们就可能不把注意力放在学习地理知识本身上。因此,教师还应利用学生的内在动机,通过设计参与式教学活动和营造接纳、支持、宽容的课堂氛围,激发学生发掘地理学习活动本身的趣味性,从而自愿参与地理学习活动。

● 高级标准:激发学习动机

学习活动本质上是一种智力活动,要求专心致志和付出艰苦努力,因此,教师还需要激发学生的学习动机,使学生发现学习活动本身是有意义的,愿意通过努力付出而获得学习收益。在这方面,教师的榜样示范作用很重要,教师自己对地理学科的热爱、对地理教学职业的幸福感、对课堂教学的热情和对学生的积极期望,尤其是教学过程中表现出的严谨辩证的地理思维方式等,都将会深刻地影响到学生对地理学科的学习兴趣、热爱与能力。当然,地理教师的教学实施技能仍然是最重要的,适时地制造课堂教学紧张气氛、强调学习内容的深度而不是广度,化抽象复杂为个性化、具体化或熟悉化的教学技艺、引导学生对学习过程与方法建立元认知等,更会直接影响到学生的学习动机水平。

(3) 人际互动

● 初级标准:教师—学生互动

教师—学生互动是课堂人际互动的基本类型之一,不过,这类互动多半是单向的,即教师处于中心位置,分别与每个学生进行交往,或者与全班学生发生交互作用。显然,这比较有利于教师控制课堂,但却无法满足学生社会交往、人际互动的心理需要,而"对于青少年来说,最为重要的却是集体活动和建立人际关系"[①]。因此,要想激发学生地理学习的情意性动力,还需要提供其他人际互动类型。

● 中级标准:学生—学生互动

随着社会建构主义教学理论的发展,学生—学生互动对于促进学习的重要性日受关注。合作学习,如讨论、辩论、角色扮演或模仿等活动,涵括了合作认知、合作情感、合作技能与合作行为在教学过程中的具体体现与运用,强调学生通过相互配合和协调而实现共同目标,对于增强课堂教学的团体凝聚力具有重要意义。

● 高级标准:师生多向互动

师生多向互动意味着教师—学生互动、学生—学生互动类型的多样综合。在这种多向互动中,教师的角色不再固定为权威者、支配者与控制者,而是在权威、顾问与同伴各个角色中适时转换;学生也由服从者、接受者和被动者的角色向学习的协商者、合作者、加工者、评价者角色转换,从而形成了一个竞争与合作和谐并存的学习共同体。学习共同体往往体现为"彼此交流所得",通过相互辩论、相互争鸣、相互质疑、

[①] 柯祖林. 心理工具:教育的社会文化研究[M]. 黄佳芬,译. 上海:华东师范大学出版社,2007:57.

相互启发,有利于激发师生的紧张感和教学活力,友好、欣赏和鼓励的环境也为学生交流共享、展示业绩、分享智慧提供契机,课堂教学的交往力、协作力和竞争力由此产生。

(4) 激励评价

● 初级标准:即时矫正反馈

学生回答提问或解答问题之后,教师一定要做出即时矫正反馈,行为和反馈之间的联系越紧密,学习就会越快发生。即时矫正反馈一方面可以使学生根据反馈的信息改进自己的学习,另一方面也使学生为进一步取得更好的成绩或避免再犯错误而增强学习动机。

● 中级标准:激励成就动机

教学评价承担着借助能力和强化因素激发学生的成就动机,以进一步引发新的学习态度和学习需要的关键作用。恰当的奖励、有效的表扬能够传递胜任的信息反馈,增强学生学习的内在动机,而且这种增强效应是长期的。

● 高级标准:着眼学习增值

没有增值的课堂教学是没有意义的,也是不专业的。[①] 地理课堂教学评价应关注学生的学习增值,才富于激励作用。首先,评价内容须覆盖到地理教学的三维目标,而不能仅关注"地理知识与技能"一维;其次,评价方式应强调关注学生发展的过程性评价,而不是仅仅关注分数与成绩的结果;再次,真正实现评价主体多元化,将学生的自评、互评作为重要的评价方式。

3. 问题聚焦策略的效能标准

● 初级标准:贴近现实生活

除"地域性"和"综合性"外,"生活性"也是地理课程的基本属性之一。如果仅将地理教材文本知识呈现给学生,那只能是一堆没有生气没有意义的杂乱无章的信息。只有经过加工处理,将教学内容与学生的现实生活联系起来,学生才会真切感知地理对于生活质量和生存能力的意义而增强学习动力。对于当前地理教学而言,实现地理"田园课堂"的条件尚不具备,但突出地理教学的"生活性"是完全可以实现的,教师要善于运用语言模拟、模具模拟、信息技术模拟等贴近生活的方式开展教学。

● 中级标准:面向问题解决

学习是为了解决问题的,"重视对地理问题的探究"是地理新课程的基本理念,问题聚焦正是对这一课程理念落实的策略。除教材中设置的"活动"和"问题研究"外,教师应关注那些学生生活中经常遇到的地理现象和可能遇到的地理问题,这些问题因"有助于提升学生的生活质量和生存能力",[②]更有助于激发学生的地理学习动力。

● 高级标准:形成任务序列

问题聚焦以面向完整任务而进行问题情境设计,而非聚焦片段技能,强调循序渐

---

① 崔允漷.课堂转型就是让学生的学习增值[J].上海教育,2011(9):4.
② 陈澄,林培英.地理课程标准修订说明[J].基础教育课程,2012(z1):102.

进、环环相扣地取得学习进步。其实质就是将一节课中的多个教学问题按照问题所反映的认知水平和所需要的创造性程度划分成不同等级,形成一个首个任务是整个任务的最简单版本,而最后任务代表了实际生活中可能遇到的更加复杂版本的任务序列,让学生在问题解决过程中,由表及里、由浅入深地掌握地理知识和提高问题解决能力。

地理课堂教学动力策略及其效能等级与标准体系,既可用于地理课堂教学动力策略设计,以优化地理课堂教学范式,实现地理课堂有效教学的3E性能,也可作为评价教学效能,挖掘教学潜能,提高地理教师有效教学适应性技能的参考标准。

二、论新课程高中地理课堂教学行为的价值取向[①]

在新课程的实施过程中,有效的地理课堂教学行为是地理教师的理想追求。地理课堂教学行为的适当性是地理教学行为有效性的基础。思想决定态度,态度决定行为,行为决定价值。每个教师都有自己的教学思想。高中地理新课程教学要求教师转变教学观念、体现课程理念、落实课程目标、达到课程标准。观念的转变是行为转变的基础。没有观念的转变就没有行为的转变。深刻认识地理课堂教学行为的教学性,深入分析地理课堂教学行为的影响因素具有重要意义;树立正确的地理课堂教学行为的价值取向,着力优化地理课堂教学行为,对于深化地理教学改革,实践"课改"目标,具有重要作用。

(一)认识地理课堂教学行为的教学性

《教育大辞典》对课堂行为的解释是"师生在教室中应有的行为:如教师应尽可能努力而有效地教书,关心每一个学生,并以自己优良的行为去影响学生;学生应遵守教室规范,努力学习,争取好成绩。教室内的规范,是个人在教室中应有的行为标准"。这里强调课堂行为是师生在教室中应有的,旨在围绕教学目标所展开的行为;应尽可能地减少非教学行为的产生;这里强调教师的行为应是有效的,是要通过教师的优良的行为影响,使每个学生受惠,做到心灵陶冶、知识增长、潜能激发,而不是部分或少数学生;这里强调行为的规范性是强调行为的教学性。没有行为过程本身,学生就不可能有对教学意义的理解。教学行为不是简单的教学形式、手段、方法和技能的构成体,而是一个包括教和学两个动因在内的结构复杂、内容丰富的目的性行为,是由行为主体(教师和学生)以及与行为主体相联系的起着直接与间接作用的因素所构成的,在动静交替转换过程中反映出来的一种态势,并具有目的性、规范性、互动性、能动性、创造性等特征。

行为的基本单位是动作。地理教学过程中的组织、讲解、讲述、朗读、讨论、算写、读图、用图、绘图、练习、实验、制作、演示、观察、欣赏、体验、演讲、辩论、游戏、上网、角色扮演、计算机多媒体演示及其交互活动等都是具体的课堂行为。地理教学中教师的动作和表示出的表情是教学行为,手势动作等肢体语言也是教学行为。这些课堂

---

① 李家清,张胜前.论新课程高中地理课堂教学行为的价值取向[J].中学地理教学参考,2008(z1):15.

教学行为都具有很强的教学性。因为,正是通过这些教学行为,学生学习地理知识与技能,理解和掌握过程与方法,形成地理情感态度与价值观。

任何行为都有其动机,动机是行为的导向。在地理教学过程中,客观上存在着高效的课堂行为和低效的课堂行为,甚至负效应的教学行为(如教师在上课时接听手机,不仅影响教学进程,而且在学生思想上会产生不好影响)。认识和讨论地理课堂行为的教学性,有利于提高教学行为的有效性。

（二）分析影响地理课堂教学行为的主要因素

1. 地理教师的教学思想

有什么样的教学理念,就有什么样的课堂教学行为。教师如果固守课程是知识的观念,就会把学生禁锢在狭小的课堂范围内;教师如果树立了课程是经验的观念,在课堂教学中,就会重视学生已有的知识经验,密切联系生产与生活、联系社会实践。在地理教学中,教师设计多种参与性活动,通过主体性活动,使学生获得知识经验的同时,建构起属于学生自己的地理知识体系。教师如果认为教材是"根本",在课堂教学中就会"教"教材,要求学生亦步亦趋地"读教材,背教材";教师如果认为教材是资源、教材是范例,就会把教材作为"文化中介",引导学生进行"对话",促使"认知发展、生活学习、人格建构"。同样一个地理课题,教师的教学理念不同,在课堂教学中,教学行为也会有很大差异。

案例 3-2

在高中地理"城市化及其进程"的课堂教学中,可以有多种设计和教学行为方式。例如,① 教师可以运用讲授法,讲授或讲解城市化的概念,运用数据说明城市化及其进程。教师所采取的是以教为主的教学方法,体现了以"教"为主的教学思想。② 教师提供不同时期城市发展变化,包括城市人口规模、城市空间规模和用地数量等方面的材料,让学生通过讨论、对话等学习行为,探究发现、理解城市化和城市化进程的特点。教师所采取的以学为主的教学方法,能较好地引导学生参与教学过程,体现学生的主体性。③ 教师还可以设计互动式的教学方法。

---

2. 地理教学目标和教学内容

地理教学目标是对地理课堂教学预期效果的描述。这种预期效果主要是通过学生学习结束时的行为表现得到反映。因此,地理教学目标对于课堂行为具有指向性。从一定意义上讲,地理教学目标也对地理课堂的教学行为有一定的规定性。地理课堂所采取的教学行为要为实现教学目标负责。地理教学内容是为实现地理教学目标服务的,是实现教学目标的"中介",因此,地理教学内容对地理课堂教学行为也有一定的规定性。

> **案例 3-3**
>
> 高中地理"大气运动和天气系统"复习课的教学目标,可作如下设计:① 帮助学生记住、说出或理解等压线知识(高气压、低气压、高压脊、低压槽)、水平气压梯度力、地转偏向力、摩擦力对大气运动的影响,要求能说明气旋、反气旋,冷锋、暖锋影响下的天气特征。② 要求学生能根据有关气压系统的描述和天气系统的描述,绘制相应的系统图像;或能根据提供的天气形势图像,进行简单的天气分析。③ 根据生产、生活与天气关系的描述,或结合自己的体验,说明地理科学知识对指导生产和生活实际的重要意义。在上述目标的指向下,本节复习课课堂行为的主体结构就是读图、说图、析图、用图、绘制相关等压线图和简单天气图等的课堂行为活动过程。

3. 学生地理学习的心理特征

高中学生地理学习心理的一般特征表现出有较强的抽象思维能力、逻辑思维能力和一定的元认知能力。但不同的学生又表现出不同的心理个性,有的学生乐群外向、善于表达交流,有的学生缄默孤独、情绪内倾等。这些都要求教师在地理课堂行为的设计和实施中,要具有针对性,使每个学生都能得到发展。实际上,学生学习不同的地理内容时,也表现出不同的心理特征,从而使得学习行为存在差异。例如,地理教师为了帮助学生加深对地理知识的理解,通常采取直观的行为方式,以实物直观、模型直观、图像直观、语言直观等方式,以丰富学生的地理表象,促进学生思维的发展,以达到理解的目的;为了帮助学生巩固地理知识,教师往往引导学生运用接近联想、类似联想、对比联想和关系联想等记忆行为,提高巩固地理知识的效果。在学习陈述性地理知识的基础上,学习程序性地理知识。

4. 地理教师的专业素养

地理课堂教学的过程,也是地理教师专业素养展示的过程。一般而言,地理专业素养高的教师,地理课堂行为层次就会多,驾驭讲解、讲述、朗读、讨论、算写、绘图、练习、实验、制作、演示、角色扮演等教学行为的能力就愈强。教学技能素养好,对包括教学语言技能、教态变化技能、板书技能、讲解技能、演示技能等的运用就会更自如;在学习指导技能方面,如观察指导、倾听指导、阅读指导、讨论指导、练习指导技能等的运用就会更熟练,地理课堂教学行为更丰富多彩,能为学生主动参与多样学习过程和学习体验提供可能。

地理教学实践表明,地理教师在某个或某些方面的素养专长也会对地理课堂行为产生重要影响。语言素养好、善于表达的教师,地理语言丰富、直观形象,往往采用讲授法。这种行为所产生的魅力,在培养学生的地理表达(书面表达和口头表达)的学习行为方面产生重要影响。空间性强是地理学科的显著特征,善于"三板"技能的地理教师,其教学行为是采用板图板画的教学过程较多。这对于学生养成读图、用图习惯,培养空间思维能力具有重要意义。擅长应用计算机多媒体辅助地理教学的教师,能用视频、音响、地理动画、人机对话等多种方式,调动学生参与教学过程,产生多种多样的教与学的行为。

此外,地理课堂教学环境、地理教学的设备和设施对课堂行为也会产生一定影响。

(三) 树立正确的地理课堂教学行为的价值取向

认识地理课堂行为的教学性,分析影响地理教学行为的主要因素,对于树立正确的地理课堂教学行为的价值取向具有重要作用。高中地理新课程改革的目标、倡导的教学理念、学生学习地理过程的心理特征应该成为确立地理课堂教学行为价值取向的基本依据。学生主体、素质教育、以知识为基础、以能力为中心、以品格为保证,应是地理课堂行为的准绳。具体而言,应着力体现在以下几个方面。

1. 行为目标的整体性取向

新课程目标的三个维度是一个整体,要求地理课堂的教学能使学生在获得地理知识与技能的同时,认识或掌握地理过程与方法,逐步形成正确的地理情感态度与价值观。树立正确的地理课堂行为目标的整体性取向应是课堂行为的宗旨。实际上作为起始目标的地理知识与技能既是认识或掌握地理过程与方法关键目标的基础,也为形成终极目标的地理情感态度与价值观创造条件。它们是能够相互影响和支持的整体。因此,地理课堂行为目标的整体取向不能偏废,也是能够在讲解、讲述、朗读、讨论、算写、读图、用图、绘图、练习、实验、制作、演示、观察、欣赏、体验、合作等多种具体的地理课堂教学行为中,做到贯彻和体现的。教师要善于通过各种教学行为引导学生在学习地理知识和技能的过程中,学习地理过程与方法,培养学生良好的学习态度,养成良好的学习习惯,形成学生的思想品德和健康个性。

2. 行为活动的主体性取向

马克思认为,活动是人存在和发展的方式。参与活动是学生进行地理课堂学习的基本方式。人们对活动的兴趣、动机、能力是在参与中培养起来的。从心理学的角度看,参与是人们满足自身生存、发展、表现欲望的基本途径;从教育学的角度看,参与是形成师生关系的前提,是创造教学活动的行为基础,没有师生关系、教学活动,一切教育、教学都将是抽象的。行为活动的主体性取向是指地理课堂教学中学生在一定的主体意识、主体精神、主体能力的前提下,伴随教学进程所具有的自为性、可为性和作为性,以主观能动性的行为方式实现地理教学过程中地理知识与技能的获得、地理过程与方法的认识或掌握、地理情感态度与价值观的领悟和形成。学生通过努力或通过合作能够解决的问题,教师不要包办替代,让学生自己去探索,注意培养学生独立解决问题、处理问题的能力。凡是学生能够独立解决的问题,教师要积极鼓励,着力引导,让学生在地理课堂教学行为的具体实践中体现主体性。

我们欣喜地看到,在新课程改革的实践中,学生主动参与地理课堂学习的行为方式较之课程改革前已明显增加,课堂行为初步出现多方式、多层次的格局。值得指出的是地理课堂教学中如何提高学生主体参与的有效度,哪些问题需要有意义的接受学习,哪些问题需要互动式的探究学习,是需要深入研究的。这是事关课堂教学效率与质量的重大课题。

3. 行为过程的差异性取向

学生之间的差异是客观存在的,其原因也是多种因素影响所造成的。教师应树立课堂行为过程的差异性取向,要承认差异、关注差异,客观地对待差异,因材施教,使每个学生在原有的基础上得到发展。在符合课程标准要求的前提下,教师要为学生提供不同深度和广度的学习材料;布置不同难度的作业;给学生创造更多机会体验主动学习和探索的"过程"和"经历",让学生拥有更多时间进行自主学习;鼓励和尊重学生不同的经验、见解、想法和说法等。如在进行地理课堂提问时,应注意不同层次的、不同水平的学生。在课堂上,尽可能给更多的学生回答问题的机会。给优秀生创造发展的机会,也给"个别生"提供建立自信的条件。让每个回答问题的学生"不带遗憾地坐下",注意给答错或没答出来的学生以改正的机会。在演示地理模型或仪器、在观察地理现象、在讨论和交流地理问题、在提交地理问题解决方案时,都应该给不同层次的学生提供参与或展示的机会和条件。地理课堂行为过程的差异性取向与实践,所获得的不仅仅是少数学生的喜悦与进步,而是实现"不让一个孩子掉队",促进全体学生的发展。

4. 行为方式的多样化取向

地理课堂中不同的行为方式对学生能力发展的作用不同。地理教学目标的多维性、地理知识的多样性、地理能力的多种性、价值取向的多元性都要求教师树立地理课堂行为方式的多样化取向。通过教学模式的多样性、通过教学过程的多端性,师生交流、生生交流、学生与教材交流、学生与练习的交流等行为方式,教师引导学生手、脑并用,视、听并用;学用结合,以满足教学过程的多样性需求。

对于"是什么""在哪里"等地理陈述性知识、地理事实性知识,注意通过展示模型、图片(表)等方式提供丰富的地理表象,这可帮助学生加强认知,并通过互动式的"复述策略、精加工策略和组织策略",进一步促进对地理陈述性知识的掌握。关于"为什么""如何做"等的地理程序性知识、规则性的地理知识,采取"规则的发现学习(例—规法)和规则的接受学习(规—例法)"的教学行为可帮助学生加深对地理理性知识的理解,学会知识的迁移和应用。对于学生"如何学"的地理策略性知识,通过创设和提供学生进行参与性、探究性和研究性学习的条件,可提高学生地理学习的元认知能力,促进学生由"学会"到"会学"。

5. 行为评价的多样化取向

有课堂教学就有教学评价。地理课堂行为评价形式的多样化具有现实意义。"由于课程目标(知识与技能、过程与方法、情感态度与价值观)不同,学生的学习心理、学习方式特点不同,各种评价方式的适应范围不同,因此要求采取多种评价方式。"[①]在评价内容上,有评价地理知识理解与应用的;有评价地理技能形成与运用的,包括学生获取和处理地理信息的能力,评价学生利用网络信息、电子地图处理地理信息的能力等;有评价地理科学方法掌握及探究活动质量的;有评价情感态度与价值观

---

① 袁孝亭.基于地理思想方法的地理课程与教学论研究[J].课程·教材·教法,2010(7):82.

形成的等。在评价主体上,"改变传统的地理教学评价中师生成为'医患'关系的状况,建构起平等的互信关系"①,体现教师与学生处在民主参与、共同协商、相互理解的互动氛围中,教师能尊重学生差异,允许价值多元。在评价方式上,课堂学习行为评价应以表现性评价为主,秉持过程与结果并重的评价观。关注学生地理学习前的准备过程,了解学生已有的地理知识存量与心理特征,通过评价调动学生学习地理的积极"心理倾向";关注学生地理课堂学习行为的整体过程,关注学生在听讲观摩、阅读课本、识图用图、形象感知、地理仪器操作、地理模型演示、绘制地理图表、计算操作、解题练习、质疑问难、思维发散、探索学习、讨论交流、口头表达、迁移应用等地理学习过程中表现出来的积极性、主动性和创造性。地理课堂行为评价要多样化,应发挥评价的导向功能、诊断功能、调节功能、激励功能,也促使地理教师进行教学反思。

(四)践行先进的教学理念,实现地理课堂行为的价值追求

1. 不断实践教学改革的先进理论

列宁指出:"人的意识不仅能反映客观世界,而且能创造客观世界"。正确的价值取向能为教学行为指示正确的方向。教学理论的先导性也表现在教学理论对地理课堂教学实践有着巨大的指导作用。应用教学理论不仅能改变地理课堂教学行为,也会影响甚至决定教学的成败。认真学习和善于应用教学改革的先进理论,是新课程教学的要求,也是时代赋予的责任。

地理课堂教学行为是极为复杂的,随着地理教学过程的进行,所展现的是不同的场景。如果我们从不同的角度透视课堂,解读这些教学行为能为我们提供许多启示。

从社会学角度看,课堂呈现的是人际交往包括师生交往、生生交往的画面,在交往的行为中,优秀的教师应是学生"生命之牧者",而不应只是拉着学生前进的"纤夫"。

从传播学的角度看,地理教学是由教师的教和学生的学所组成的一种互动的教育活动,是一种地理信息传播的活动。传播不仅与信息的意义密切相关,还与信号的形式和结构有密切的关系。信号的顺序和结构是有效传播的必要条件,而无序的信号由于缺乏结构特征易被遗忘。信息的多与少也不同,过多的信息形成冗余,没有意义;过少的信息,滞后于学生智力,不利于学生发展。地理课堂教学行为设计应认真考虑地理信息传播的形式、结构和数量。

从心理学角度看,地理课堂教学行为呈现的又是教师与学生心理不断调适、冲突的画面。建构主义的学习观认为,学习不是由教师简单地把知识传递给学生,而是由学生自己建构知识的过程。学生不是简单被动地接受信息,而是主动地建构知识的意义。这种建构是无法由他人来代替的。同化和顺应是学生认知结构发生变化的两种途径或方式。教师要努力营造促进学生加速同化和顺应的条件,帮助学生能又好又快地学习。

行为科学从人的需要、欲望、动机、目的等心理角度研究人的行为规律,并借助于对这种规律的认识来预测和控制人的行为,以实现提高学习和工作效率,达成组织的目标。这种思想能为地理课堂教学行为的设计提供指导。马斯洛的需要理论,对于满足不同层

---

① 瞿葆奎,喻立森.教育学逻辑起点的历史考察[J].教育研究,1986(11):30-34.

次的需要、满足不同学生的需要的教学行为设计具有指导意义。斯金纳的强化理论(包括积极强化、适当"惩罚"、消极强化理论等)能为教学行为的具体策略设计提供帮助。

从学习内容看,地理教学过程是对地理事物和现象、人地关系的说明和论述过程,是学生学习地理知识与技能,掌握过程与方法,形成地理情感态度与价值观的过程。地理课堂教学行为不能仅仅是围绕地理知识的学习思考,而应是三个维度的结合、渗透和整合的过程。

新课程改革提出的新的理念包括新的课程观、教材观、学生观、教学观等,对地理课堂教学都有指导意义。尤其是课程与教学整合的理念、全人类发展的理念、以学生为本的理念、学生是教学活动主体的理念、关注学生体验的理念、科学探究与交流合作的理念和多元评价的理念等,对于提升地理教学思想、深化地理课堂教学改革、指导和丰富地理课堂教学行为都有重要的指导作用。地理课堂教学行为的设计与实践,要能贯彻和体现先进的教学理念。

2. 努力提升地理课堂教学技能

地理课堂教学行为主要是通过地理教学技能实现的。我国对教学技能的定义是"教师在课堂教学的过程中,依据教学理论,运用专业知识,为促进学生的学习,顺利完成教学任务所采取的一系列教学行为方式。"[①]可见,教学理论是教学行为方式的先导,教学行为方式是教学技能的表现,教学技能是促进有效教学的基础。地理教师如果没有熟练的地理教学技能,再好的素质教育思想、正确的价值取向也难于在课堂教学中得到贯彻和体现。努力提升地理课堂教学技能,是实现有效的地理课堂行为的需要、是课程改革的需要、是提高地理课堂教学质量的需要。

根据地理课堂教学技能的主要组成、特点及其质量标准,地理教师不仅能依据教学理念、价值取向进行地理课堂行为设计,积极调动学生参与地理学习过程,还应该努力熟练掌握和运用以下技能。地理导入技能:能引起学生注意、激发兴趣和学习动机、较好地明确学习意图,尽快地进入学习程序;地理语言技能:语音准确、语调语速适中,语言形象且力求生动和直观,帮助学生加深理解;地理讲解技能:能根据教学内容,选择讲解方法(归纳式、演绎式、类比式等),培养学生的思维能力;"三板技能"(板书、板图、板画):板书能提纲挈领、突出重点,能根据教学需要及时运用板图、板画,增强教学效果;地理演示技能:能熟悉媒体结构和演示方法,清晰地演示过程,引导学生发现问题、理解地理事物、得出结论;地理提问技能:能合理地设计问题和提问的方式,通过提问激发学生的思维活动,发展学生创造思维能力;计算机多媒体辅助地理教学技能:具有运用计算机多媒体辅助地理教学的技能,根据教学内容的需要能合理运用计算机多媒体的动画、音频、视频,帮助学生理解地理过程,能发挥计算机多媒体集成性高、交互性强和资源共享等优势;地理课程结束的技能:能引导学生通过小结,明确教学重点即目标,对所学习的地理知识、技能、过程、方法、情感态度与价值观进行总结归纳,并使之条理化、结构化、系统化,促进学生对所学知识的"意义建构",实现有效的地理课堂行为的价值追求。

---

① 郭元祥.教育学逻辑起点研究的若干问题思考——兼与有关同志商榷[J].教育研究,1995(9):33.

三、概念图：新课程时期地理教学研究的回眸与前瞻[①]

基础教育课程改革十多年来，地理教学研究不断深化与拓展，从上位的地理教学理论研究到下位的教学实践研究都取得了丰硕成果。不断总结地理教学研究中不同阶段的研究主题的特点，反思存在的问题，厘清地理教学研究的未来发展走向，是地理教学研究不断深化和创新的有效途径。笔者尝试建构以"地理教学"为核心的概念图，并选取新课程改革12年来《人大复印资料·中学历史、地理教与学》转载的有关"地理教学"的研究论文，进行实证分析，从量化的角度勾勒出新课改后我国地理教学研究发展的轨迹和特点，并对今后研究努力的方向进行展望和建议。

（一）地理教学研究概念图的建构

概念图是利用概念以及概念之间的关系表示和组织结构化知识的一种可视化方法。其本质就是建立相关性概念的知识结构图。概念图的应用领域较为广泛，有学者统计概念图的应用领域包括教与学领域、非教育学领域、教育评价领域和其他领域。[②]建立地理教学研究概念图能够帮助研究者厘清研究体系和研究视域，并借助概念图透视研究现状，了解研究进展，从而更好地把握地理教学未来发展的方向。笔者通过文献搜集、统计和分析，结合专家咨询法，尝试建构以"地理教学"为核心的概念图，如图3-12所示。

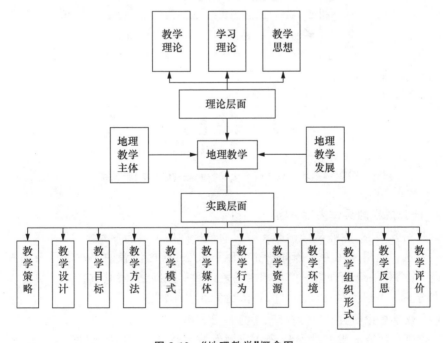

图3-12 "地理教学"概念图

[①] 常珊珊,李家清,杨国锋.概念图：新课程时期地理教学研究的回眸与前瞻[J].地理教学,2015(8):9-12.
[②] 张丽萍,吴淑花,何琪.我国概念图研究概览[J].现代教育技术,2007(5):34-37.

(二)地理教学研究的成果分析

课程、教材、教学是教育研究的三个核心领域,其中课程处于宏观层面,教材处于中观层面,教学处于微观层面。笔者将研究对象界定为"地理教学"研究:即解决"怎么教和怎么学"的问题,涉及教学目标、教学媒体、教学方法、教学模式、教学评价等系统要素,集中体现了教育的思想和观念。笔者梳理了新课改以来(2002—2013年)《人大复印资料·中学历史、地理教与学》转载的教学研究论文,共378篇,分析结果如下。

1. 研究成果的总体趋势分析

12年以来,国内关于地理教学的研究趋势呈现出三点特征:首先,研究具有持续性,总体趋势较为稳定,平均每年转载31.5篇,表明地理教学作为地理教育研究的核心范畴一直受到相关学者的重视;其次,每年的论文研究数量增长起伏较大,出现多处峰值与谷值,其中峰值年份有2004年(40篇)、2007年(40篇)和2009年(45篇),谷值年份有2006年(32篇)、2008年(30篇)、2011年(20篇),如图3-13所示。

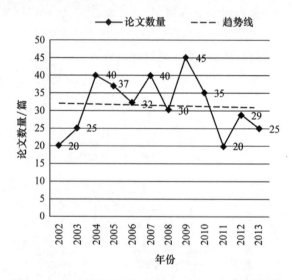

图3-13 地理教学研究论文(2002—2013年)数量统计

2. 研究成果的具体内容分析

分析研究内容,能够从理论和实践层面找出国内地理教学研究12年来学术焦点的变化轨迹。这里采用专家咨询法和文献研究法,根据作者的出发点以及文章涉及的话题,并结合一线地理教学中待解决的理论和实践问题,对其进行一一归类,将378篇文章分为3个层面的13类问题,具体结果见表3-7。

(1)教学理论研究:视野开阔、学科特色突出

教学理论研究成果相对较少,所占比例为16.7%,表现出视野开阔、主体性强、学科性突出的特征:第一,教学理论研究以教育心理学、普通心理学、教学理论、学习理论等理论作为研究起点和理论支撑,能够用教育理论来指导地理学科教学,并加以拓展和融合,丰厚了研究的理论基础,增强了研究的可信度,同时也展现出地理教学研究者深厚

的理论底蕴。如 2003 年，柯小刚的《元认知理论在中学地理教学中的应用》、朱浩的《地理教学中思维深刻性品质的培养》，2013 年，张立峰的《基于地理学"整体性"思想的中学地理教学策略研究》等。第二，研究者能够以地理学科思想和教育思想为生长点，如人文素养教育、地理科学史教育、环境教育、海洋意识教育、地震灾害教育、循环经济理念、生态安全教育、生存技能教育、多元文化教育等，研究如何将这些思想渗透和贯穿于地理教学中，体现出地理教学的学科价值，表现出教学思想研究具有较强的地理学科性特征。同时，新课程时期的地理教学研究紧跟时代步伐，研究焦点聚焦学生主体，研究视野涵盖学生学习的方式、学生的发展内涵、学生地理素养的提升等方面。

表 3-7　地理教学研究论文的内容统计（2002—2013 年）

研究领域		研究内容	篇数/个	比例/%
教学理论研究	教与学理论	地理学科、教育心理学、普通心理学等理论支撑下的教学理论和学习理论的相关探讨	43	11.4
	教学思想	对地理学科思想及教育思想的理论探讨，如多元文化教育、循环经济理念、环境教育等的渗透	20	5.3
教学实践研究	教学策略	为实现某一特定教学目标或教学主题而制定的、付诸教学过程实施的整体方案的研究	20	5.3
	教学设计	以新课程理念、教学案例、实践专题、教学环节等为内容载体的教学设计思路的理论与实践探讨	34	9
	教学方式	在新课程理念下，在教与学实践中运用教学方式、方法、工具、手段等的操作策略、原则及理论研究，如案例教学、实验教学、研究型学习、探究性学习等	59	15.6
	教学目标	围绕教学目标这一核心词语对其价值、内涵、设计思路、实现途径、有效达成等进行探讨	15	4
	教学模式	结合教学案例，对不同的教学模式的建构、有效设计、实施策略等进行研究，如支架式教学模式、"三步走"教学模式、"五个一"教学模式、决策教学模式等	31	8.2
	教学媒体	基于现代信息技术支撑下的教学媒体在教学实践中的运用研究，如 3s 技术、Map Info、GE 等	18	4.8
	教学行为	对教师某一具体教学行为进行优化分析及其理论探讨，如导入方式、创设情境、"三板"技能等	16	4.2
	教学资源	对教学资源的开发、重组及实践的相关研究	10	2.6
	教学反思	对教学反思存在问题、具体实施的探讨	3	0.8
	教学评价	围绕评价理念、评价标准、评价方式而展开的理论与实践研究	22	5.8
其他问题	零散的地理学问题	围绕新课改以来教学实践中浮现的种种问题展开的未成体系的理论与实践研究，如开放式地理教学、构建地方特色、教学的优化处理等	87	23

注：一篇文章的研究点可能是单一的，也可能是交叉的，笔者通过总结文章的研究主旨进行上述分类，其中所占比例越多表明该领域的研究论文质量越高，成果丰厚，比例越低，表明研究质量偏低，成果较少。

（2）教学实践研究：研究内容系统全面、研究取向凸显实践

从成果数量上看，地理教学实践研究占主导地位，特点表现为研究内容系统全面、研究取向凸显实践性。首先，地理教学实践研究涉及的范围广泛，渗透了地理教学实践中教师关心的突出问题，如教学策略、教学目标、教学方式、教学模式等。同时，通过对各种典型案例进行剖析，旨在揭示地理教学规律和原理，如关于地理教学的模式研究重在研究不同教学模式的内涵、建构及运用，归纳起来包括案例教学模式、问题·探究·导创模式、"五个一"教学模式、范例-理论-应用模式、决策教学模式、实验教学模式、网络教学模式、分层递进教学模式、"三步走"教学模式、问题导学教学模式等。

其次，地理教学研究取向实践性突出。正所谓实践出真知，实践是检验真理的唯一标准。地理教学实践研究通过审视课堂教学实践，总结课堂经验，反思课堂问题，阐述理论问题方法。例如，地理教学方式研究关注大多数围绕新课改课堂中存在的三种学习方式"自主、合作、探究"开展研究，除此之外"实验教学法""研究型教学方式""图表法"也是研究的热门话题。地理教学媒体的研究多数是对基于信息技术支撑环境下的现代媒体应用的研究，如 3s 技术、Map Info、GE、交互式电子白板、电子白板等。地理教学行为是针对地理教师的课堂教学行为展开的分析，如概念讲解方法、导入方式、如何创设问题情境等相关研究对行为的解析比较深入且细致。

（3）零散的问题研究：研究视角独特、研究思路活泼

从总体上看，零散的地理教学问题研究成果较为丰硕，紧密结合一线课堂中的实际问题，如开放式地理教学、构建地方特色、教学的优化处理等相关研究成果虽未成逻辑体系，研究点分散，但研究视角独特、研究指向明确、研究思路活泼，已显出地理教学研究者较强的问题意识、敏锐的洞察力，而这些素质恰恰是地理教学长久稳定发展的源动力所在，因此，应得到鼓励和提倡。

3. 研究成果的问题分析

（1）逻辑起点不清晰

目前的地理教学研究缺乏系统的核心理论指导，只是跟着一般教育理论的"论题""热点"后面进行跟风式研究，而不是着眼于学科自身的逻辑和方法论对学科教学特有的规律进行耐心细致的探索。[①] 逻辑起点不清晰，研究成果难以深刻地挖掘出地理教学背后的特有现象和规律。

（2）领域分布结构不均衡

从表 3-7 中可以看出，地理教学研究领域分布结构失衡，数量分布呈现较大的差异，其中研究难度小、研究热门度高、研究基础较丰厚领域的论文数量较多，如教学方法、教学模式、教学目标等，但涉及教学反思、教学资源领域的优秀论文较少，关于教学环境、教学组织形式的研究更是一片空白。

（3）创新活力不足

从研究内容和研究方法来看，地理教学研究只是延续传统的研究视域和研究范

---

① 袁孝亭.基于地理思想方法的地理课程与教学论研究[J].课程·教材·教法,2010(7):82.

式进行着理论层面"形而上学"的诉求,忽略了教学研究中实证性方面的问题,内容和方法创新活力不足。

(三) 地理教学研究的展望与建议

地理教学研究担负着"认识地理环境、创新教学理论、服务社会发展、培养国家栋梁"的历史使命,而我国的地理教学研究"任重道远",仍需地理教育工作者"上下而求索",但我们确信前景光明。下面根据新课程时期地理教学研究取得的成果,展望其发展的方向,并提出一些建议。

1. 回归地理教学研究的逻辑起点

构建学科的科学理论体系,一般认为首先应当确认它的逻辑起点,从逻辑起点出发,借助逻辑手段,按照学科的内在规律,层层推导,逐步展开,构建严谨的逻辑系统。[①] 华中师范大学郭元祥教授从哲学、逻辑学出发,认为教育学的范畴体系要以"教育存在"范畴为开端,到"教育本质和属性"范畴,然后再到"教育观念"范畴。[②] 东北师范大学袁孝亭教授认为地理课程与教学论的研究起点在于地理思想方法,认为基于地理思想方法才能够提出基本和实质性的地理课程与教学问题,基于地理思想方法才能够发现和总结地理学科自身的教学规律与原理,识别出更具特色的、区别于一般教育教学理论的"元素"。[③] 由此看来,立足于地理思想方法考察地理教学实践,从中总结地理教学研究本质和属性是我们可以尝试的逻辑起点。但关于地理教学研究的逻辑起点尚未形成定论,仍需要我们不断摸索和探究。

2. 鼓励开拓边缘议题的研究进程

新课改以来,人们重视地理教学主体问题,如地理教学理论、地理教学目标、地理教学评价等的研究,但地理教学反思、地理教学资源、地理教学环境、地理教学组织形式等领域的议题受到研究基础薄弱、研究难度大、研究创新挑战大、研究成果难以显著等因素的限制,使得这些议题越来越边缘化,而这些都是地理教育界争议纷纭而又共同面对的难题,无论是教育研究者还是实践者都期望着能突破目前的瓶颈。例如,如何切实并深入地开展教学反思、如何理解不同的教学组织形式、如何指导教学实践、如何建设地理教学课内和课外环境、如何开发地理教学资源等,都是课改后涌现出来的实践难题。因此,需要鼓励一部分学者跳出以往聚焦的研究领域,着眼于边缘议题,为我们提供新的思路、新的视野,启迪后续研究。

3. 追求地理教学研究的实践价值

随着新课程改革的纵深发展,我国课程论、教学论研究也进入深层次的反思、调整、改进的新的探索时期。[④] 关注理论的发展和推进是地理教学研究发展的坚实后盾,但如果忽视鲜活生动、充满活力的教学实践,而一味地追求理论架构就犹如建设

---

① 瞿葆奎,喻立森.教育学逻辑起点的历史考察[J].教育研究,1986(11):30-34.
② 郭元祥.教育学逻辑起点研究的若干问题思考——兼与有关同志商榷[J].教育研究,1995(9):33.
③ 袁孝亭.基于地理思想方法的地理课程与教学论研究[J].课程·教材·教法,2010(7):82.
④ 李家清,户清丽.我国课程论与教学论研究现状透视与未来瞻望——基于2010年全国课程论研讨会和教学论年会研究成果的分析[J].教育研究与实验,2011(3):23-27.

"空中楼阁"。因此,地理教学实践研究应该作为未来研究的主旋律,努力实现地理教学研究的实践价值。首先,要关注课程与教学实践中的诸多问题,特别是一些重大的课程与教学问题需要给出应答、解释、说明或发展建议,也要传承与批判教学文化,并将现实问题作为研究素材。[①] 其次,应该以教学实践作为教学研究发展的生长点,除了从教学理论中寻找问题的答案,更要从实际的操作中汲取营养,寻找研究思路的起点要从反思实践对理论的需要、共性对个性的需要着手。总之,立足于地理教学现场,将问题聚焦于实践中的具体问题,脚踏实地进行微观实践研究是我们所追求的科研境界。

4. 重视定性和定量相结合的研究范式

课程与教学(或者说教育学领域)既是一门科学也是一种艺术,说它是科学,是因为其中有一定的规律可循,把握这种规律有助于课程与教学实践的发展;说它是艺术,则是因为课程与教学绝不仅仅是一种"合规律性"的技术操作,而是具有艺术的特性,即具有明显的个性、创造性和美感。[②] 因此,定性研究和定量研究相结合才能符合教学研究的双重特质,那么,如何突破地理教学研究方法的思考范式,实现定性和定量相结合的研究范式成为摆在我们面前的重大难题。从研究素养上看,我们应加强自身的研究素养,积累教学论研究方法知识,提升自己的质疑和求真的精神;从研究取材上看,我们应深入实践,搜集客观、真实、全面的材料。正是因为教学研究的科学性,我们才能通过一定的科学方法搜集资料,而来自本土的资料将成为教学研究坚实的砖瓦,可以支撑地理教学研究长久稳定地发展。

四、中学地理课堂教学目标达成的内部机制研究[③]

地理教学目标的达成是地理课堂教学的永恒追求。"如何推动地理教学目标更好地达成"是一个亟待解决又较为宽泛的话题,事关教育制度内外各个要素。笔者将从教学设计的角度,为地理教师探明中学地理课堂教学目标达成的内部机制。所谓机制,是指一个工作系统的组织或部分之间相互作用的过程和方式。地理教学目标达成的内部机制主要是指地理教学内部影响地理教学目标达成的关键要素之间的相互关系及其运行方式。

(一)影响地理教学目标达成的关键因素

从地理教学系统的角度看,学生、教师、教学目标、教学内容、教学环境等诸多因素都与地理教学目标的达成息息相关。一些过去的教学论普遍将教师、学习者与教材视为有效教学的三要素。但是,当前教学设计研究中,将三角形关系替换为教学目标、教学策略和教学评估。[④]教学可以看作是计划、结果和评价三者的结合(见图3-

---

① 焦炜,陈思.责任与使命——"课程与教学论研究的责任与使命"学术研讨会综述[J].当代教育与文化,2012(1):158.
② 马勇军.我们该怎样做研究——对课程与教学论主流研究范式的反思[J].课程·教材·教法,2011(7):6.
③ 刘学梅,李家清.中学地理课堂教学目标达成的内部机制研究[J].地理教学,2018,(15):34-38.
④ 盛群力,马兰,诸献华.界定三维教学目标之探讨[J].课程·教材·教法,2010(2):31-35.

14)。在地理教学设计中,教学目标是核心与灵魂,是引领;教学策略是达成地理教学目标的策略,是载体;教学评价是判断,也是促进地理教学目标达成的手段和方式。这三个部分是一个整体,三者相互联系、相互影响,并具有内在的一致性。从教学设计的角度研究地理教学目标达成内部机制的优势是:首先,从教师、学生、环境等教学系统因素来研究内容会过于庞杂,而以教学过程的角度展开研究内容更为聚焦,且更方便地理教师的实践操作。其次,一些因素并不是直接影响地理教学目标达成的因素,如教学文化因素是通过地理教师的教学来影响地理教学目标的达成;学生的认知基础与动机因素等,往往是内嵌于教师的教学活动(如教学目标的设计、教学策略的选择以及教学评价的实施)影响地理教学目标达成的。再次,可以进一步激发地理教师的责任感,而不是一味地认为学生的认知基础决定了地理教学目标的达成效果。

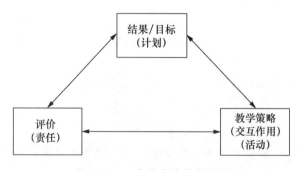

图 3-14　一个整合的教学模型

1. 地理教学目标

并不是所有的知识都具有同等的学习价值,因此,斯宾塞提出了"什么知识最有价值"的命题。同理,对于地理教学而言,并非所有的目标都是合理的。地理教学目标决定着教学的方向,其合理性是教学目标达成的前提条件,判断合理性的根本依据是地理课程标准。另外,地理教学目标的内容与程度要求也决定了地理教学目标达成的难易程度,地理教学目标的密度也影响着地理教学目标达成的效益。

2. 地理教学策略

当今教育界关于"教学策略"的定义比较混乱,众多学者都有不同的界定,但都强调教学策略的目的性与可操作性。我们认为地理教学策略是"为了达成地理教学目标而采取的系列行动,具体体现在教与学的交互活动中"。地理教学活动是地理教学策略的实然状态,地理教学目标通过地理教学策略的实施从"应然"走向"实然"。地理教学目标达成的过程实际上也是学生对自身身心结构改造的过程。但这种身心结构的改造即素质的发展不是直接从他人那里获得的,而是靠自身努力慢慢发展起来的。人必须通过自身能动的活动而发展自身的素质。换言之,地理教学目标是在学生能动性的活动中达成的。从教师教学的角度看,这种活动就是地理教学策略的实施过程,也是地理教学目标的实现过程,地理教学策略是地理教学目标达成的载体,也是地理教学目标达成的关键。

3. 地理教学评价

地理教学评价在地理教学目标达成的过程中起着双重作用：一是评价地理教学目标是否达成，即评估和鉴定的作用；二是形成性评价作为一种地理教学策略，驱动着地理课堂教学目标的达成。随着现代教育评价理念的改革，评价不再只是"关于教学"和"受教学影响"的评价，也是"为了促进教学"的评价（见图3-15）。评价不是教学的"终结者"，而是教学的"改善者"，地理教学目标参照评价具有促进教学的增值功能。评价的目的在于促使人类活动日趋完善，是人类行为自觉性与反思性的体现。地理教学评价不再是地理教学之后可有可无的一个补充环节，而是镶嵌在地理教学目标达成的每个环节，起着调适和反馈的作用。

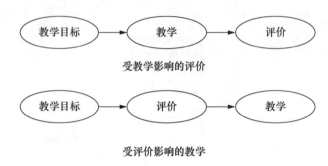

图3-15 受教学影响的评价\受评价影响的教学

（二）地理课堂教学目标达成的内部机制

地理教学目标、地理教学策略、地理教学评价三者之间具有明显的张力。笔者认为，"教—学—评"应该具有一致性，地理教学目标、地理教学策略、地理教学评价三者之间的适配就是地理教学目标达成的内部机制。若三者协调一致，则能够优化地理教学过程，提高地理教学质量与效率，反之，则会造成教学损耗。如地理教学策略与地理教学目标不适配，则地理教学目标可能无法达成；若地理教学评价与教学目标不适配，那么地理教学评价的结果无法反映地理教学目标的达成情况；地理教学策略与地理教学评价不适配，即使教学本领再高超的老师也无法得到正确的评价。

1. 课程一致性研究的历史演变

在课程与教学论领域，课程的一致性研究最早源于美国，至今已有半个世纪的历史。其研究的历程大致经历了"概念提出——实践应用——内涵拓展"三个发展阶段。总之，课程一致性研究源于西方重视课程的科学理性文化，重视课程形态的结构解剖和理性分析，强调以课程标准为参照对具体课程要素进行细致比对。[①] 教学目标、教学策略、教学评价的一致性被称为课程协同一致原理或者说是课程的思维逻

---

① 段戴平,李广洲,倪娟.课程一致性：方法比较、问题反思与本土化探寻[J].中国教育学刊,2015(6)：73-78.

辑,即整体一致地思考"为何教""教什么""如何教""如何评价教学效果"等问题,而不是单独地思考某一个方面、某一个节点。如一些老师认为自己能做的就是解决好"怎么教",至于"为什么教"想不了那么远,"教什么"教材和课标都规定好了,"教得怎样"是评课人和学生说了算,凡此种种,都是缺乏课程思维的表现。而在我国,秉承重视教学的传统,更加注重"教—学—评"的一致性研究。近年来我国学者崔允漷及其团队提出"教—学—评一致性"的概念,并展开了一些理论和实践研究。

在教育目标分类学领域,自布卢姆开始,加涅、乔纳森、马扎诺、肯普等人一直强调目标、教学、测评之间的一致性,尤其倾向于推动实现教学策略与教学目标的一致性。教学目标分类尽管各有特色,但基本指导思想都是共通的:一是不同类型的学习结果需要不同类型的教学;二是根据教学目标选择教学策略和教学评价方式。

2. 地理教学的一致性原理

地理教学过程中,存在多种类型的地理教学目标,也存在不同类型的地理教学策略和地理教学评价方法,并无一种地理教学策略和地理教学评价方法能适合所有的地理教学目标。因此,三者之间存在一个适配的问题。所谓"适配"是指两种或多种事物之间的匹配吻合。三元适配优化教学的思想,是指地理教学目标、地理教学策略、地理教学评价的相互合作和匹配,从三者"各自为政"到三者形成合力,共同指向地理教学目标的达成。三元适配强调了地理教学目标、地理教学策略、地理教学评价既不能彼此隔离或者相互游离,也不能仅仅是两两匹配,而应该是三个要素之间的完全匹配。换言之,三元适配包括三个方面的内涵:一是地理教学策略与地理教学目标的适配;二是地理教学评价与地理教学目标的适配;三是地理教学评价与地理教学策略的适配。

(1) 地理教学策略与地理教学目标的适配

不同类型目标的实现需要不同的学习过程和条件。地理教学策略是指为了达成地理教学目标而采取的行动,是对地理教学实施过程的一种总体谋划。加纳认为,策略总含有某些意识成分,意识的参与含有选择的意味,策略就是对达到教学目标的各种途径的明智的选择。显然,地理教学策略是对达成地理教学目标最佳活动的选择,包括以下五个方面。

一是时间适配。这意味着地理教师在设计地理教学目标时,应该考虑地理教学目标设计的数量与难度是否合适,在课堂教学时间内能否完成。在实施地理教学策略的过程中,要随时关注所有的地理教学目标能否及时完成。

二是广度适配。上课的内容主题与地理教学目标相一致,即地理教学目标都由相应的地理教学策略来实现,要避免教学活动游离于地理教学目标之外,漫无目的,从而导致地理教学目标无法达成。

三是深度适配。即地理教学策略与地理教学目标所要求的认知水平是一致的。这种深度的适配存在三种情况:如图3-16(1)中,地理教学策略水平明显高于地理教学目标所要求的水平,虽然学生也许会达成地理教学目标,但部分学生可能存在学习困难,难于达成地理教学目标;图3-16(2)中,地理教学策略深度低于地理教学目标深度,因此,地理教学目标比较难于达成;而图3-16(3)中,地理教学策略与地理教学目标深度一致,可以明确地评价学生地理教学目标达成的情况。

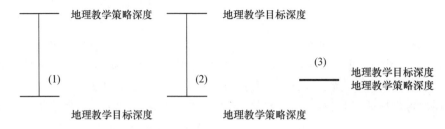

图 3-16 地理教学策略与地理教学目标深度适配类型

四是顺序适配。所谓顺序适配是指地理教学策略的执行顺序要与地理教学目标的顺序一致。首先,在设计地理教学目标时,要斟酌地理教学目标的顺序问题。地理教学目标既要遵循教学的顺序,即从简单到复杂、从具体到抽象、从感性到理性、从已知到未知的顺序,更要遵循地理学的逻辑,尤其是要遵循地理要素的因果逻辑。如地理环境具有整体性,自然地理要素之间相互影响,但在分析具体区域地理环境的特征时,尤其要注意地理要素之间的因果关系。如某教师在讲授"俄罗斯"一节时,先教学"俄罗斯河流"内容,然后教学"俄罗斯地形"内容,因此在问及俄罗斯的河流流向时,全班学生茫然无措。其原因在于俄罗斯地形要素对河流要素具有决定作用,俄罗斯的地形影响着俄罗斯河流的流向、流速以及水能蕴藏量等。俄罗斯地势南高北低,这决定了俄罗斯大多数河流的流向是自南向北,最终注入北冰洋;另外由于河流流经山区时落差大,水流急,水能资源丰富,因此适合修建水电站;对于伏尔加河而言,水流比较平稳,适合航行。而该教师没有注意到地理要素之间的因果顺序,这样非常不利于学生"地理环境整体性"观点的形成与对知识的理解。

五是类型适配。特定的目标或者素质是在特定的活动中形成或者发展的。根据地理教学目标的要求,选择与之相匹配的或相对应的地理教学策略是适配最重要的内涵。当前关于地理教学策略的分类可谓仁者见仁智者见智,很难统一,大致可以概括为表 3-8 所示内容。值得一提的是,地理教学策略与地理教学目标并非完全一一对应。首先,达成一种地理教学目标有多种地理教学策略。例如,为了达成"学生能够分析热力环流形成原理"的目标,既可以采取地理实验的教学策略,也可以采取图解的教学策略。其次,一种地理教学策略也可以达成多种地理教学目标。例如,使用地图的教学策略,既可以利用地图帮助学生学习一些地理位置的事实知识,也可以提高学生的图像技能,还可以在地图中贯穿爱国主义主题思想教育,但其中又有主次之分。再次,地理教学策略具有概率性,即地理教学策略本身并不能保证地理教学目标一定能达成,只是增加达成地理教学目标的可能性。但每一种教学策略对教学目标达成的概率有不同程度的贡献,即每种教学策略的效力不同。总之,称得上最好、最完善的教学策略是没有的,只有与地理教学目标匹配的地理教学策略,才是合适的地理教学策略,才能取得最佳的地理教学效果。

表 3-8　地理教学策略与地理教学目标的匹配关系

地理教学目标类型	主要地理教学策略类型
地理知识类	讲授
地理技能类	训练
地理方法类	做中教
地理价值观类	悟中教

（2）地理教学评价与地理教学目标的适配

如图 3-17 所示，地理教学评价与地理教学目标之间存在四种适配情况：图 3-17-1 中，地理教学评价超越了地理教学目标，即所谓的"超纲"；图 3-17-2 则显示了地理教学目标与地理教学评价只有部分交集；图 3-17-3 则是地理教学评价只涵盖了地理教学目标中的部分内容，还有一部分内容没有涉及，即出现了地理教学评价的真空；图 3-17-4 则显示了地理教学目标与地理教学评价基本一致，地理教学评价在地理教学目标范围内分布均匀。

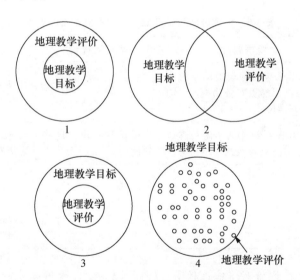

图 3-17　地理教学目标与地理教学评价的匹配关系

现实的地理课堂教学中，地理教学目标与地理教学目标达成的评价并非能完全保持一致。常见的问题有：一是时间不匹配，如果借用现成的试题，一些知识点学生还未学习，但课堂测验中却已经出现。二是难度不匹配，盲目地增加或降低测评的难度，导致学习程度与地理教学目标不匹配。三是内容不匹配，地理教学目标的内容缺乏评价，而评价中的一些内容却脱离地理教学目标。保持评价与目标的一致性，只有当评价能反映学生预期的学习结果时，评价才能为教学目标的达成提供有效的证据。倘若地理教学评价与地理教学目标不一致，在当前高风险测评的世界中，学生更有可能去学习那些被测评的东西而无法实现预期的地理教学目标。

因此,地理教学目标与地理教学评价的适配意味着:一是时间适配,即学生完成学习内容后,再进行相对应的地理教学目标达成的评价,而不是未学即评;二是内容适配,即学习内容与地理教学目标达成的评价对应于地理课程标准的同一主题;三是程度适配,完成评价任务所需要的认知要求与地理教学目标的认知要求是一致的,水平是相当的;四是方法适配,地理教学目标具有多样性,既有认知类目标,也有方法类目标,还有价值观目标。仅从认知类目标来看,既有低层次的记忆水平的目标,也有高层次的问题解决水平的目标。不同的评价目标需要不同的评价方法,如纸笔测验对于某些认知目标是非常适宜的评价方法,而对一些认知以外的目标评价则无能为力。总之,单一的考试无法反映学生真实的地理学习水平,因此要针对评价目标,采取多样的评价方法。地理教学目标与地理教学评价方法的匹配关系方式如表 3-9 所示。尽管在选择评价方法时,经常要考虑客观性、精确性等因素,但是最根本的标准是这种方法能否有效地测得想要考察的教学目标,评价方法的选取应依其是否适用于所测量的特性或表现而定。

表 3-9 地理教学目标与地理教学评价方法的匹配

目标类型	纸笔测验	表现性评价	交流式评价
地理知识类	既可以考查对知识点的掌握程度,也可以考查对各知识点之间关系的理解	——	可以通过提问的方式进行
地理技能类	可以考查对技能的了解与理解程度,但不能考查技能本身	可以观察和评估这些技能	通过提问考查学生的表达交流技能
地理方法类	——	可以观察	——
地理价值观类	——	通过观察学生的行为与作品推断	可以通过问卷、交谈、自我报告的方式进行

其实,地理教学评价对于地理教学目标而言具有"保驾护航"的作用。如前所述,由于一些教师缺乏"地理教学目标意识",地理教学目标经常在地理教学过程中"名存实亡"。地理教学评价借助评价天生的力量,让地理教学目标不再游离于教学之外,而能时时发挥"灵魂"作用,让地理教学不再偏离航道。而地理教学目标与地理教学评价一致,又为地理课程与地理教学保持一致性提供保障。

(3) 地理教学评价与地理教学策略的适配

长期以来,人们普遍关注测评的内容效度,即测评与目标吻合的程度。直到 20 世纪 70 年代,人们发现测评的效度还取决于教师所教的内容,这种效度被称为教学效度。这也意味着地理教学策略与地理教学评价并不总是一致的。

三元适配要求地理教学策略与评价任务在内容上和形式上都保持一致,换言之,所教即所评,所评即所教,有教必有评。波帕姆(W. J. Popham)曾指出,教学与评价的一致性是实现教育专门化的重要方面。邓肯(R. G. Duncan)等人则认为,教学与评价的一致性是揭示学生学习过程的重要环节。不同的是二者的功能,地理教学策略旨在帮助学生达成地理教学目标,地理教学评价则不仅帮助学生达成地理教学目标,还要确定学生达成地理教学目标的情况。确保学生参与的教学活动与测评任务在形式上相似,并使学生熟悉不同的评价题形式与不同的测验条件(如限时测验),这会增加他们在外部测评中做得更好的可能性。相反,如果测评任务与地理教学策略缺乏一致性,如果教而不评,则无法知道教是否有效,学生是否学会,是否达成了地理教学目标;如果教与评不匹配,成为"两张皮",则地理教学会迷失方向,而地理教学评价则丧失其监测功能,很难正确评估学生达成地理教学目标的效果。

总之,地理教学目标、地理教学策略、地理教学评价的三元适配是一种协调性的动态过程,可以有效地促进地理教学目标的达成。因此,它是地理教学目标达成的动力机制。同时,这种适配不是一一对应的关系,适配的多样性造就了地理教学的丰富性。当地理教学目标、地理教学策略与地理教学评价不是同一程度,就不能简单地认为三者的适配性低。当两种或多种要素出现相同的问题时可能会导致"一致性"的假象,"地理教学目标"可能会达成,但其达成的"地理教学目标"不是合理的(依据是地理课程标准)。三者不适配时也未必完全就是坏事,或许是地理课程标准或机制本身的问题导致的,不一致的研究结果恰能反映其中存在的问题,从而有利于地理课程后续的建设与完善。

五、认知诊断视角下高中地理补救教学的策略研究[①]

高中地理教学的理论和实践表明:地理教学是一个复杂的过程,纵然以教学目标为导向,但受诸多因素的影响,学生难以同时都达成教学目标,并形成了一定时间内的地理学困生。地理补救教学,对于提高地理教育质量,实现"为了每个学生的发展"的教育愿景,促进教育公平具有一定意义。

(一)地理补救教学的内涵及其与地理教学目标的关系

在中国,补救教学长期被视为学习辅导的一环或者教学设计的反馈矫正环节,在校内常由任课教师在课后或自习课时进行个别辅导,在校外则通过家教、补习班以及家长协助等达成功效。在西方,众多学者纷纷提出学校和政府应该建立三级补救教学系统。[②]

地理补救教学是指教师在发现学生有地理学习困难后,诊断其问题所在,并有针对性地重新设计地理教学活动,帮助其克服困难,达成各阶段地理教学目标。

地理补救教学不仅有矫正错误、弥补过失之意,还有调整教学、补偿教学之义。

[①] 刘学梅,李家清.认知诊断视角下高中地理补救教学的策略研究[J].课程·教材·教法,2016,36(5):110-117.

[②] 陈淑丽,宣崇慧.带好每一个学生:有效的补救教学[M].台北:心理出版社,2014:13-14.

如图 3-18 所示,地理补救教学的目的是帮助未达成地理教学目标的学生提高学习效果,达成各阶段地理教学目标,从而整体提升地理教育质量;同时,通过提供多样化的学习时间和多元化的学习方式,满足学生地理学习的多样性需求;地理补救教学还有利于实现"为了每个学生的发展"的教育愿景。此外,地理补救教学从不等量的教育公平视角出发,以"弱势优先"和"公平公正"为原则,通过积极性差别待遇补偿学业达成度低的学生,缩小学生地理学业成就的落差,从课堂教学的微观角度促进教育公平。

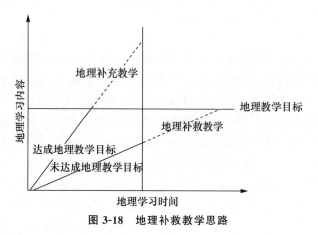

图 3-18　地理补救教学思路

(二)认知诊断与地理补救教学

地理补救教学又称地理诊断式教学,是一连串积极的、对症下药的教学活动。诊断是补救的基础。一般认为,地理补救教学的原因可归结为学生与环境因素。其中,学生是核心因素,环境因素最终也是通过学生因素起作用。学生因素包括认知因素和情意因素(如地理学习动机不足等),而因情意困扰所造成的问题,往往会随认知问题的解决而消失。因此,一般地理补救教学的诊断工作,均偏重诊断学生的认知能力的不足。[①] 但单凭地理教师的教学经验进行问题诊断容易出现片面、不准确等问题,因此还要对学生的认知水平与认知过程进行全方位的科学诊断。认知诊断是指对个体认知过程、加工技能或知识结构的诊断评估,它把认知与测量结合起来,对个体的评价不再只是宏观能力层面的评估,还要对个体内部微观认知结构进行诊断,以进一步揭示个体内部心理加工过程。[②] 显然,认知诊断运用认知分析的方法描述心理活动的内在机制,设计各种测验诊断学生的认知水平,能为地理补救教学提供基本思路和科学依据。

(三)认知诊断视角下地理补救教学的基本策略

地理补救教学的特色是先选择对象而后进行教学,即了解学生的学习困难后,精心设计教学活动,使之契合学生的个别需求。如图 3-19 所示,它可划分为以下四个基本步骤。

---

① 李咏吟. 学习心理辅导[M]. 广州:世界图书出版公司,2003:249.
② 涂冬波,蔡艳,丁树良. 认知诊断理论、方法与应用[M]. 北京:北京师范大学出版社,2012:2-3.

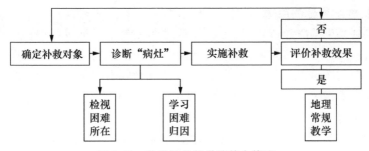

图 3-19 地理补救教学的基本策略

1. 确定补救对象

地理补救教学的对象为未达成地理教学目标(包括课时教学目标、单元教学目标、学期教学目标、学年教学目标等)的学生,长此以往易发展为地理学困生(不考虑因身体、智力以及阅读障碍等其他原因造成的地理学困生)。

确定未达成地理教学目标的学生的方法依地理补救教学类型而异。如立即式地理补救教学要求教师通过随堂观察学生的学习概况、评鉴学生的学习成果、询问问题所在、透视学生困惑所表现出的非语言信号;鼓励学生使用语言报告与发问;让学生写简要的学习报告,实施简单的纸笔测验等来发现补救的对象,从而迅速回应。系统化的地理补救教学则要求教师通过检视学业成绩、测验分数以及其他的学习指标的的情况,与家长共同合作,找出需要进行系统化补救教学的学生,[①]并以系统化地规划来提升这类长期未达到地理教学目标学生的学习表现。

2. 诊断"病灶"

地理补救教学是"再次教学",具有学习辅导的性质,但它并非简单地重复教学,而是诊断"病灶"后对症下药的积极性教学活动,诊断是补救的基础,诊断"病灶"是地理补救教学的关键环节。教师看到学生学习中存在着困难,精确地找到这个困难是什么,并发现产生这个困难的原因,这就是诊断。[②] 所以这一过程包括两个步骤,一是检视困难所在,二是学习困难归因。

(1) 检视困难所在

对于某些简单的问题,经验丰富的教师可迅速找到症结所在,但对一些复杂的问题,如学生未能正确地画图分析海陆风的形成,不能以"不会分析热力环流的形成原理"一言蔽之,其具体症结既可能是不理解热力环流形成的原因,也可能是没有理解比热的概念,还可能是不会分析气压与大气密度的关系,因此需要通过任务分析法来透过"不会分析形成原理"的现象,深入精准地找到具体问题所在。任务分析是指将内容分解成构成它的组成部分并进行分析的过程。教学好比登山,任务分析可以描绘出学生从认知起点到达成教学目标的整个登山过程的详细地图,当学生未达成教学目标之时,可按图索骥,精确地诊断问题所在。

---

① Glathorn. 校长的课程领导[M]. 单文经,等译. 上海:华东师范大学出版社,2003:146-147.
② 克拉克,斯塔尔. 中学教学法(下册)[M]. 赵宝恒,蔡竣年,等译. 北京:人民教育出版社,1985:289.

① 分析教学目标的层次

为了找到学生的障碍所在,地理教师需对地理教学目标进行层次分析:确定学生要习得这一目标必须事先习得哪些子目标。一旦确定了要事先习得的子目标,可以再问上一个问题,找出进一步的前提条件,直到教师有完全的把握认为分析出的前提条件学生已掌握了为止。① 如图 3-20 所示,"以海陆风为例,学生能画图分析热力环流的形成",这一教学目标可分解为 5 个层次:A1 层是能解释热力环流的概念,这是实现之后所有目标的先决条件,A2～A4 是能分析热力环流的形成,A5 是能画图分析热力环流的形成,显然子目标之间层层递进。但是学生在 A2～A5 路线中究竟哪一环节出现问题,还需要通过认知诊断测验进行定位。

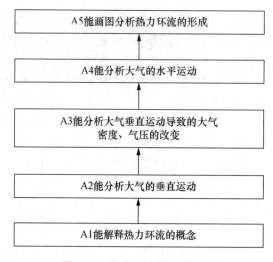

图 3-20　热力环流分析层次图

② 编制认知诊断测验

认知诊断测验是针对教学目标层次分析的结果而编制的,一般从最底部的子目标开始,逐一向上检测,直至检测出学生不能完成的子目标。这一方法的内在假设是如果学生能完成某层次的任务,则该层次以下的任务学生都已掌握。但这一假设并非绝对,需要教师在实际诊断时注意。另外,根据任务分析进行认知诊断时,如果学习的层次跨度大,也可从层次中间的成分检测起,直到检测出学生完不成的目标成分为止。认知诊断测验要获得准确信息,就要保证效度和信度。效度要求测验题目与构成教学目标的子目标相匹配。为保证信度,一般对每个子目标用 4～5 个题目来测量。如"以海陆风为例,能画图分析热力环流的形成"教学目标对应的认知诊断测验如下所示。

1. 城市风是热力环流吗?
2. 山谷风是热力环流吗?

---

① 王小明.教学论:心理学的取向[M].上海:上海教育出版社,2005:246.

3. 海陆风是热力环流吗？
4. 什么是热力环流？
5. 分析白天陆地近地面空气的上升下沉情况并解释原因。
6. 分析白天海洋近地面空气的上升下沉情况并解释原因。
7. 分析晚上陆地近地面空气的上升下沉情况并解释原因。
8. 分析晚上海洋近地面空气的上升下沉情况并解释原因。
9. 分析白天陆地与海洋高空的空气密度与大气压的变化情况。
10. 分析白天陆地与海洋近地面的空气密度与大气压的变化情况。
11. 分析夜晚陆地与海洋高空的空气密度与大气压的变化情况。
12. 分析夜晚陆地与海洋近地面的空气密度与大气压的变化情况。
13. 分析白天高空的风向。
14. 分析白天近地面的风向。
15. 分析夜晚高空的风向。
16. 分析夜晚近地面的风向。
17. 画出白天海陆风的热力环流图。
18. 画出晚上海陆风的热力环流图。

其中，子目标与测试题目之间的关系如表 3-10 所示。

表 3-10　子目标与对应测试题目

子目标	对应题目
A1 能解释热力环流的概念	1,2,3,4
A2 能分析大气的垂直运动	5,6,7,8
A3 能分析大气垂直运动导致的大气密度、气压的改变	9,10,11,12
A4 能分析大气的水平运动	13,14,15,16
A5 能画图分析热力环流的形成	17,18

③ 学生测试

即让需要进行地理补救教学的学生全部独立完成以上 18 道题的测试。

④ 厘定困难点

按照题目所对应的子目标，可以精确地找到学生的困难所在。如学生在 1,2,3,4 题出现错误，说明学生没有掌握热力环流的概念，以此类推。当然，为保证测验的信度和效度，还需要通过师生交流以确定病灶。地理教师可以参照任务分析的结果有目的地向学生提出一些问题，要求学生回答或解释他们是如何解决的。从学生的回答中，教师可以收集到相关的诊断信息。

(2) 学习困难归因

找到学生的困难点后，就应该寻找学生出现障碍的原因。认知因素是决定学习结果和学习效率最直接的因素，而造成学生未能达成教学目标的认知原因有以下几种。

① 高中学生认知发展的阶段性

据认知发展阶段理论，高中生已处于形式运算阶段，其抽象逻辑思维由经验型水平逐渐向理论型水平转化。高中地理教学中，千姿百态的地理事物虽然令人神往，但宏观的地理环境让不少高中生望而却步。此外，高中地理课程不再只侧重于地理现象的学习，还要求学生在梳理、分析地理事实的基础上，逐步学会运用基本的地理原理探究地理过程、地理成因以及地理规律，人地之间的碰撞虽发人深省，但复杂的地理原理又使一些学生畏葸不前。如必修1中，如何克服人与大地之间在空间尺度上的巨大反差来认识大地的形状，如何克服人与大地之间在时间尺度上的巨大反差来认识大地形成的过程，这两个具有"形而上"意义的问题，高一学生只凭经验型的抽象逻辑思维是难以完全理解的，必须应用理论型的抽象逻辑思维才能理解。

② 地理认知结构不良

地理认知结构即地理知识结构通过内化在学习者头脑中所形成的一种观念和组织。认知结构理论认为，学习就是认知结构的形成和改造的过程。① 形成良好的认知结构是学习的核心任务，已经形成的良好的认知结构是后继学习的核心条件。② 学生之所以未能达成教学目标，与地理认知结构不良有莫大的关联。

一是初中地理教学的不足与地理学科所具有的综合性矛盾使得地理及相关学科原有的知识储备量不足。奥苏伯尔认为影响学生学习的重要因素是原有知识。但是，由于一些地区对初中地理教学缺乏足够的重视以及初高中地理课程的衔接问题，导致不少学生的地理知识基础薄弱，高中地理学习困难。此外，高中地理与物理、数学等学科关系紧密，相关学科知识的贫乏也会导致学生地理学习困难。如缺乏初中物理中"大气压"与"比热"的知识，就会造成学生理解热力环流的困难。值得一提的是，知识是能力的基础，一些问题看上去是学生能力的问题，实则是学生地理基础知识薄弱导致的。

二是忽视知识结构梳理导致地理知识结构化程度低。认知心理学家认为，知识数量固然非常重要，但如果知识之间缺乏联系或者是联系的程度低，则堆积的知识越多越杂乱，反而不利于学生提取和检索相关的知识来解决地理问题。相反，地理知识经有效的组织则可以增值。倘若地理教师忽视梳理知识间的逻辑关系，就会导致学生或找不到知识点之间的逻辑关系，或造成知识关系链断裂、单一，或看不出知识间的层级关系，从而感觉地理知识点繁多、零散、无序、难记。如有的学生在画图分析海陆风的形成图时，先画大气水平运动图再画大气的垂直运动图，显然学生虽知道热力环流由大气的垂直运动与水平运动引起，但对两种运动的先后顺序不清楚，表明学生地理知识的逻辑关系不清晰，认知结构混乱。

三是地理图像表征不完善，尤其缺乏心理地图的建构。用地图、模式图、示意图

---

① 陈琦，刘儒德.教育心理学[M].北京：高等教育出版社，2011：126.
② 施良方.学习论——学习心理学的理论与原理[M].北京：人民教育出版社，1994：179.

等图像表征地理概念、原理和地理事物发展变化的过程,既是地理学的重要思想,也是地理学习的重要方式,但由于部分学生不能顺利地进行图文和图图转换,出现读图绘图以及理解空间问题的障碍。如在画海陆风形成图的过程中,不能辨识近地面和高空,则难以分析海陆风的形成原理。此外,心理地图是个体对地球表层地理事物的内部表征,它代表人们对各种不同的尺度上地方的位置和特征的感知,它提供给学生必要的理解世界的方法和储存、记忆有关形状、格局等方面的自然地理和人文地理特征的信息。心理地图是地理知识表征的重要形式,心理地图的水平也是反映地理能力高低的重要标志之一。调查发现地理学业水平高的学生会经常翻阅并分析地图册,动手绘制地图,主动构建自己的心理地图,而地理学困生的地图学习意识不强,缺乏"左图右书"的地理学习方法,没有形成心理地图,严重影响学习效果。

四是缺乏地理学习的元认知策略。地理元认知是指对地理认知活动进行监控和调节的过程,它监控和指导地理认知策略的运用。地理学习无计划,不能有意识地自我监督,出现问题后不能找出认知偏差,适时调整和补救,不能自觉地使用有效的地理学习策略,都属地理元认知欠缺的表现。

③ 认知过程中学生没有形成地理视角和地理思维

其一,有些教师特别注重具体地理知识点的教学,以致学生缺乏思考问题的地理视角。《地理教育国际宪章》指出,地理学是一门旨在揭示地区特征和事物在地球上出现、发展和分布情况的科学。地理学所关注的是人与环境在特定地点和位置的相互作用。地理学者思考问题的基本思路是:它在哪里?它是什么样子的?它为什么在那里?它是什么时候发生的?它产生了什么作用?怎样使它有利于人类和自然环境?但教学实践中有些地理教师往往侧重具体地理知识点的教学,忽视地理视角的上层思考,以致影响了学生地理视角的形成。

其二,有些教师有意无意地淡化地理概念与原理的形成过程,学生难以形成地理思维。概括性较高的地理概念和原理,只有经过分析、综合、比较、抽象、概括等地理思维的逻辑加工,学生才能内化并迁移应用。但一些地理教师聚焦地理知识的符号表征,无视知识符号表征背后的思维方式,压缩地理概念的形成过程的学习,或经过简单讲解后而直接灌输,或让学生复述概念,没有充分联系学生的已有知识和生活经验,造成学生关于概念的地理表象不足,只能死记硬背。对于地理原理的教学,教师往往稍作讲解后便开始训练学生运用地理原理解释地理现象,并展示解题过程,删除了地理知识创生过程中的各种尝试与探索,抽离了学生进行空间想象、分析归纳的地理思维过程,忽视对学生地理学习方法的引导,更遮蔽了将地理原理迁移运用到实际问题中的策略性知识,学生只能把原理当作事实简单记忆,忽略地理原理产生的条件、适用的范围。如教师把热力环流当作事实告知学生,学生不理解其形成条件、先后发生的过程顺序及其地理意义,学生只能机械记忆风向,无法分析海陆风形成的原理。

④ 学生认知风格与地理教师教学方式的不匹配

每个人都有自己喜爱和适合的学习方式或学习类型。认知风格会影响学生的地理学习效果。认知通道的选择是学生认知风格差异的重要表现,任何认知活动都要通过视觉的、听觉的或触觉的通道来实现认知。经研究发现：30%的人是听觉学习者，40%的人是视觉学习者，15%的人是触觉学习者，15%的人是动觉学习者。"触觉-动觉学习者"在传统的学校中面临的学习困难最多。[①] 常规性的地理教学主要适用于听觉学习者和视觉学习者，对动觉学习者考虑不多，这也是需要地理补救教学的原因之一。

3. 实施补救

认知诊断视角下的地理补救教学虽然是针对学生地理认知缺失采取的补救教学，但同时要注意激发学生的地理学习动机，让学生都有成功的机会。此外，之所以要进行补救教学，是因为之前的教学方法无效或低效，所以必须调整地理教学方法。还有，学习具有连续性和累积性，只有及时进行补救，才能尽量避免地理学困生的产生。根据病灶的不同，认知诊断视角下的地理补救教学有如下类型。

（1）地理补偿性教学

这类补救教学主要是采用差异化教学，补偿因认知风格与教师教学方式不匹配导致学习困难的学生，其重点在于改变教法，根据学生的学习情况提供不同的学习机会，如设计不同层次的教学目标、开展不同方式的教学活动、布置不同水平的课堂作业，通过多元的评价方法，让不同学习方式的学生能以他们自己的方式学习，直至学生能有效地达成学习的基本目标。对如前所述的动觉型学生进行地理补救教学，可以充分发挥地理实践性强的特色，让其在地理实践活动中学习，为其多提供实验、游戏、角色扮演的机会。如某同学在上述认知诊断测验时出现错误，教师多次讲解仍无效，这时可尝试让其做如下实验：

准备两个烧杯，分别装满400毫升水和干沙并排放在一起。把两支温度计分别埋入水和沙中约0.5厘米深处。

① 测量水和干沙的温度，并记录。

② 把两个烧杯放到室外，让太阳照射使其升温，在半小时内每隔5分钟观察并记录水和沙的温度。

③ 把两个烧杯放回室内让其降温，在半小时内每隔5分钟观察并记录水和沙的温度。

④ 对所测量的数据进行列表、画图对比分析。

（2）地理复习性教学

地理复习性教学主要针对需要更多学习时间的学生，是一般地理教学的延伸，它与常规课堂的教学目标一致，旨在为学生提供额外的解说、举更多的例子，并对一般地理教学所呈现的教材再做复习。同伴辅导合作与教师辅导均是常见的方式。如某学生做某题出现错误后，可组织全班学生互帮互学，教师进行有计划的监督与指导。

（3）地理补缺性教学

目前，地理补缺性教学成为地理补救教学中的一种较为普遍的形式，主要包括三

---

① 顾瑞荣.《学习的革命》导读与实践[M].北京：科学技术文献出版社，1999：48-49.

类:第一类,由于初中地理基础知识薄弱而需要在高一阶段进行补救教学。第二类,文理分科后要对高一必修中的地球、地图、地形、洋流等知识进行补缺,源于这些内容既重要而又难学,当时不少学生学习时囫囵吞枣,需要补救教学。目前已经有一线地理教师自编出版了数套针对这两类的地理补救教材。第三类,个别学生为顺利通过高考而参加各类辅导班或请家教进行查漏补缺。总之,地理补缺性教学的补救对象为地理认知结构欠缺的学生,其具体策略有以下五项。

① 丰富地理表象,促进地理概念与地理原理的学习

对地理概念和地理原理的掌握是地理教学的基本任务,而地理概念和地理原理的掌握又离不开对地理表象的积累。地理表象是地理事物在人脑中的再现,它是理解地理概念、掌握地理原理的基础。形成地理表象的具体方法有如下几种。一是地理野外实习:尽可能地组织学生进行学校附近地区的野外考察、乡土地理考察,这样获得的地理表象是最深刻、最全面的;①二是形象的语言描述:在无法实地观察,也没有合适的直观教具时,可运用生动形象的语言进行描述,配合采用比较法联系学生已有的知识经验使其获得新的地理表象;三是直观教具的演示:地理事物具有广阔性和间接性,学生难以亲身感知,因此可以充分运用地理图像、地理模型、地理实验来丰富学生的地理表象。如案例中学生做错某题,教师与学生交谈并确定病灶是:学生缺乏关于"气压的概念和影响因素"的知识,教师可通过地理示意图进行补救教学,如图 3-21 所示。

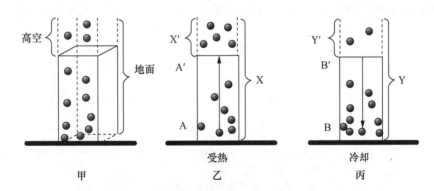

图 3-21　气压及其影响因素解释图

a. 用甲图解释气压的概念,并联系高原反应说明同一地点近地面气压大于高空气压。

b. 乙图反映近地面 A 处受热多,空气膨胀上升,高空空气密度增大,所以 A′处气压比原来大,A 处空气密度减小,气压与受热前相比保持不变。

c. 丙图反映近地面 B 处受热少,空气冷却收缩下沉,B′处密度减小,气压要比原来小,B 处空气密度增大,气压与冷却前相比保持不变。

---

① 陈澄.地理表象、概念、原理及其层级关系[J].地理教学,2000(4):8-11.

d. 三幅图表明影响气压变化的因素：海拔高低；空气运动；气温高低。

e. 进一步总结：高气压和低气压是指同一水平高度的气压状况，同一地点近地面气压大于高空气压；近地面高温低压，低温高压。

② 巧设地理情境，促进地理认知结构的发展

学习就是一个同化和顺应的过程。同化与顺应之间不断发展的平衡，构成了认识以及认识的发展。① 其一，可联系生活经验，促进地理新知识同化。当新的经验很容易地融入已有图式的时候，同化就发生了。如上述案例中利用生活中的高原反应说明同一地点近地面气压大于高空气压。其二，可巧设地理问题，促进地理旧知识的顺应。顺应是已有的经验无法同化新经验后对认知结构做出的调整，包括纠正错误的认知结构和拓宽延伸正确的认知结构。可提出"最近发展区"问题，引发认知冲突，完成旧知识顺应，促进学生认知结构升级。

③ 关注地理学科结构，构建地理认知图式

布鲁纳在《教育过程》中说："所获得的知识，如果没有完满的结构把它联系在一起，那是一种多半会遗忘的知识。一串不连贯的论据在记忆中仅有短促而可怜的寿命。"地理学习中涉及不同层次、不同复杂程度的知识，只有分析归纳这些知识，梳理知识之间的关系，厘清知识之间的层次，形成结构化、网络化的地理图式表征，记忆才能持久，才能富有理解力和迁移力。因此，教师应指导学生通过表格、结构图、概念图、思维导图、纲要信号图等结构化的形式把地理知识连成串、并成块、结成网，形成地理知识结构图。例如，热力环流从时间和空间的角度可以形成图3-22。

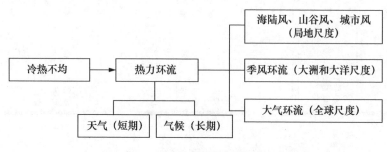

图3-22 "热力环流"结构图

④ 引导学生参与知识的形成过程，培养地理视角与地理思维

在地理教学过程中，教师要有意识地提升学生的地理认知方式，帮助学生形成地理视角。此外，丰富地理教学过程，还原地理知识的形成过程，让学生经历地理问题的发现过程，体验地理原理的揭示过程，给学生形成地理思维提供充足的机会和空间。如一些教师虽然在区域地理教学中注重让学生认识地理位置、学习和记忆区域差异和区域特征，却忽视渗透概括空间地理分布特征、区域综合分析的思想方法。这导致的结果是学生头脑里只有松散的具体地理事实，却没有认识空间差异、区域间空

---

① 石向实. 认识论与心理学[M]. 北京：东方出版社，2006：67-68.

间联系的空间观念与方法。因此在补救教学的过程中,应注重学生学科思维的培养,不能局限于地理事实表象概念,以及基本技能层面上的重复和练习,应该加强学科观念和学科思想方法的教学。①

⑤ 强化变式练习,促进地理知识的迁移

学生理解了地理概念、规律与原理并不等于会应用,二者之间还有一个知识转化的心理操作过程。通过地理变式练习,可提高学生地理认知结构的灵活度和稳定性,促进其地理知识的转化与迁移。所谓变式练习,指在其他有效学习条件不变的情况下,概念和规则例证变化的练习。即在保证地理知识的本质特征不变的前提下,适当改变知识的非本质特征,如情境、条件性知识等,即知识的正例变化。以下是常见的地理变式练习。第一,地理实例的变式练习。改变实例,深化与扩张学生对地理概念理解。如学习了热力环流的概念后,让学生辨别海陆风、山谷风、城市热岛效应等。第二,地理情境的变式练习。地理规律与原理不变,改变题型或问题情境(如空间、时间以及地理要素等条件的改变等)。如解释了海陆风后让学生画图分析山谷风的形成。当然,地理变式练习也应该适量适度,形式多样。

(4) 地理策略性教学

地理策略性知识主要指地理学习方法类知识。这类地理补救教学的内容不是一般的地理知识,它主要包括地理认知策略、地理元认知策略、资源管理策略(如建立时间表、设置目标)等,其目的是提高学生地理学习的能力。地理策略性知识既可以与地理知识教学相融合,也可以进行专题教学,如采用一些教材,用直接说明的方式教导学生怎样使用地理学习方法以及监视和控制地理学习策略,还可采取示范的方式将教师内隐思维活动的展开、调节和控制过程展示出来供学生模仿,帮助学生有效地在各种情境中应用相宜的地理学习策略。

4. 评价补救效果

地理补救教学也是一种把评价嵌入教学的模式,教学与评价相互融通,形成"评价—教学—再评价"的循环过程,评价在地理补救教学中担任重要角色。评价地理补救教学效果有两个标准:一是地理教学目标达成度,二是地理学习进步度。前者可通过地理目标参照测验法评价,后者可通过地理课程本位测量和动态测量法来评价。课程本位测量法是一种以学生在现有课程内容学习上的持续表现来决定其教学需求的评估方式。② 地理动态测量法是通过"前测"与"后测"的比较,分析地理补救教学后学生认知结构与认知过程的改变。

实践表明,地理补救教学是地理常规教学的有效补充。教师只有提高地理常规教学的教学质量,才能减少地理补救教学的人数,让地理补救教学的资源得到有效运用,如此环环相扣,才能真正提高地理教学的质量。

---

① 张素娟.把握学科本质 提高解题能力——两道地理试题的学生诊断与教师反思[J].中学地理教学参考,2010(z1):88-90.

② 张旭,张海丛.课程本位测量及其在学习障碍评估与干预中的应用[J].中国特殊教育,2009(6):56-62.

第四章 地理教学评价发展与改革研究

评价是一个基于事实信息做出价值判断的过程。地理教学评价的本质是基于学生学习过程和结果的事实,对其地理学业发展状况做出的价值评估。聚焦地理教学评价的研究,有利于促进"基于证据"的地理教学,帮助教师及时地、合理地进行教学决策,促进我国地理教学实践走向现代化。在新课程改革的视野下,本章选取了2005—2020年间发表的7篇文章,这些文章关注地理教学评价难点的突破,对评价的理念、内容、方法、工具等方面的改革创新进行了多维观照。

我国是科举考试的诞生地,是一个传统的考试大国,也易受到高利害性选拔考试的影响,产生"应试教育"现象。传统的纸笔考试方式,对于"知识与技能"的考查具有相对更好的效度,但是对于"过程与方法"等课程目标的考查就难以实现。"新课程高中地理教学评价的实做研究"认为,"过程与方法"的价值追求是学会学习、学会思考和学会交流。评价学生搜集、整理、分析地理信息的能力、发现和解决问题的能力,以及表达、交流的能力,分别有各自不同的内容关注点;学生运用地理科学方法的合理性、熟练度、步骤正确性及完整性是评判其地理方法掌握水平的标准。地理学业质量评价是新课程改革的亮点、重点和难点。"面向核心素养培养的地理学业评价:方向与实践"(上、下)对国内外基于核心素养发展的学业评价思路进行了比较系统的梳理,从评价特征、基本结构和价值追求等维度剖析了我国高中地理课程标准中学业评价修订的价值取向,深入探索了基于学业评价改革开展深度学习的指导策略。表现性评价、SOLO分类法等新的评价理念、评价方法在教学实践中如何落地,这一直是教学评价研究的难点问题。"我国学生表现性评价的探索过程及其在地理教学中的应用现状"梳理了表现性评价在我国的引进和发展历程,并采用文本分析法对表现性评价在地理教学实施中的运用和量规设计的现状进行了系统研究;"新阶段以SOLO分类为基础的学习质量评价研究"关注了应用SOLO分类理论来改善聚焦核心素养的学习评价问题,提出厘清"功能耦合"的素养目标,发挥"四位一体"的纸笔测试功能,组合多元评价方式,推进分层评价设计等地理教学实践建议。

试题是能力测试工具的基本组成单元。试题命制是极度专业的工作,其工作质量直接决定着考试评价的效度水平。"2011年高考地理红黑榜""2013年全国高考地理试题错误异议"聚焦试题命制这一广受关注的专业领域,有理有据地探讨地理试题的优劣,为聚焦能力诊断的地理命题工作提供了极好的实践范例。

地理教学评价的根本目标是促进学生的全面发展。面对新时代地理教育的新需求,突破应试教育的传统思维,关注学生发展的多维性,不断创新评价理念,不断研究更加适切的评价内容、评价方法,不断开发更加可靠的评价工具,这些工作永远没有终点，它们的价值也不应被低估。

（注：本章卷首语执笔人冯士季，师从李家清教授攻读博士学位，现为广西师范大学教育学部讲师、广西基础教育研究院课程与教学研究所副所长。）

第一节 面向地理核心素养培养的学业评价

一、新课程高中地理教学评价的实做研究[①]

——以必修（2）人口与城市为例

目前，进入实验阶段的高中地理新课程实践表明，课程评价已成为影响课程实施的关键。如何将先进的课程理念在课程实施中体现，促进课程目标的达成，需要研究；加强教学评价的实做研究是"课改"实践中的当务之急。

（一）实践——地理教学评价的基本理念

地理教学评价是对地理教学进行的价值判断。不同的价值取向会采取不同的评价方式。不同的评价方式的评价功能不同。终结性的教学评价对于了解学生学习结果与预定教学目标的关系有参照作用；诊断性的教学评价能为改进教学服务；过程性的教学评价，凸显教学过程价值，能为学生主体发展服务。

新课程改革倡导评价方式的多样化和针对性，并特别提出"学生本位"的基本理念。实践"学生本位"的发展理念，新课程高中地理教学应从传统的重"双基"（基础知识、基本技能）的评价走向重"四基"（基础知识、基本技能、基本方法和基本态度）的评价；要在知识与技能评价的基础上，关注对学生判断能力、批判性思考能力、社会责任感、人生规划能力形成状况的评价；要在教学活动和学习评价中重过程、重应用、重体验、重全员参与；要能发挥地理学习评价的激励与发展功能，使学生从评价中获得成功的体验，激发学习兴趣，积极参与学习活动，提高地理学习水平。我们以新课程高中地理必修（2）中"人口与城市"的内容为例，就教学评价的基本标准、教学评价的基本内容、教学评价的基本方法进行实做研究。

（二）遵循——地理教学评价的基本标准

1. 地理课程标准是最基本的依据

相关课程标准是国家在基础教育中颁布的文件，具有指令性和法规性的特征。它是教材编写、教学、评估和考试命题的依据。因此，地理课程标准是地理教学实做评价最基本的依据，如《普通高中地理课程标准（实验）》（以下简称"标准"）中关于"人口与城市"部分提出下列要求（见表4-1）。

[①] 李家清.新课程高中地理教学评价的实做研究——以必修（2）"人口与城市"为例[J].教育科学研究，2005(11)：23-26.

表 4-1　《普通高中地理课程标准(实验)》中关于"人口与城市"部分的相关要求

- **分析**不同人口增长模式的主要特点及地区分布。
- **举例说明**人口迁移的主要原因。
- **说出**环境承载力与人口合理容量的区别。
- **运用实例**,分析城市的空间结构,解释其形成原因。
- **联系**城市地域结构的**有关理论**,说明不同规模城市服务功能的差异。
- **运用有关资料**,概括城市化的过程和特点,并解释城市化对地理环境的影响。
- **举例说明**地域文化对人口或城市的影响。

"标准"是对培养目标的表达,是对学生地理学习预期行为的要求。"人口与城市"在基本内容上,既包括学习人口增长模式、人口迁移、环境承载力、人口合理容量、城市地域结构、城市服务功能、城市化、地域文化等地理基本知识和基本原理,也包括运用素材分析、举例说明、说出、解释等方式,掌握研究人口与城市相关问题的地理技能、地理科学方法及进行探究活动,还要求通过"解释城市化对地理环境的影响、举例说明地域文化对人口或城市的影响",促进学生地理情感态度与价值观的形成。

2. 必需结合区域背景确定评价基本依据

课程标准所表达的培养目标,主要体现了国家在基础教育层面上对学生学习发展的基本要求。"学生本位"的发展观的基本实质是"一切为了学生的发展"。我国沿海与内地、山区与平原、农村与城市等不同地区,在自然条件、区域发展、文化背景、师资力量、课程资源等方面都存在明显的地域差异。这种地域差异,必然影响着高中地理的"教与学"。如果用同一标准要求所有学生,显然有悖于"学生本位"的发展观。地理教学实做评价的基本依据,应在遵循国家课程标准、不降低基本要求的前提下,必需结合区域背景来确定。一般情况下,经济文化发达地区地理教学实做评价的基本标准,应适当高于地理课程标准;经济文化欠发达地区,应尽量体现地理课程标准,保证地理课程目标的实现。

3. 地理教学具有开放性,确定评价基本依据应考虑教学过程的生成性

地理教学目标、教师、学生、教学内容(课程、教材)、教学方法、教学媒体、教学反馈和教学环境等因素构成了地理教学系统。地理教学系统是一个多因素组成的复合系统。在地理教学系统运行的过程中,地理教师和学生都会表现出极大的创造性,对于预期的地理教学目标而言,就会出现生成性。例如,在"运用有关资料,概括城市化的过程和特点,并解释城市化对地理环境的影响"的教学目标中,生活在特大城市的学生由于对大城市生活的体验较多,解释城市化对地理环境的影响,可能更深刻和理性。又如,在"举例说明地域文化对人口或城市的影响"的教学目标中,城乡学生之间的生成性、差异性也会客观存在。

(三)解读——地理教学评价的基本内容

地理知识与技能、过程与方法、情感态度与价值观是地理课程目标的三个维度。因此,学生在地理知识理解与应用方面的发展、地理技能形成与运用方面的发展、地理科学方法掌握及应用质量方面的发展、情感态度与价值观形成方面的变化就构成了地理教学实做评价的基本内容。

1. 地理知识理解与应用的评价

"教学最明显的价值是它的知识价值"[①]。地理知识是学生地理能力培养和地理情感态度与价值观形成的基础。对学生地理知识理解和应用的评价,应主要看学生对地理概念、原理、规律、理论的理解和表述状况;主要考查学生在解决实际问题中运用已学知识的能力,看学生能否激活所储存的已学知识,能否将相关知识迁移到具体情境之中。如"标准"要求:分析不同人口增长模式的主要特点、举例说明人口迁移的主要原因、说出环境承载力与人口合理容量的区别。在地理教学评价中,可设计以下问题或学生参与性活动。

(1) 比较甲、乙两图所表示的不同人口发展模式图。[②]

① 描述不同人口模式发展的特点;

② 结合当地人口增长资料,说明其所属的人口发展模式类型。

(2) 阅读人类不同历史阶段人口迁移资料和中华人民共和国成立以来我国人口迁移示意图。

① 说明不同历史阶段世界人口迁移的主要原因;

② 描述中华人民共和国成立以来,我国人口迁出和迁入的主要地区,分析人口迁移对所在地区地理环境的影响。

(3) 阅读下列材料,区别环境承载力与人口合理容量。

我国东南福建省某山村,山地约有 1000 亩,耕地约有 500 亩。在 20 世纪 60 年代时,这里山林茂盛,绿水长流,有村民 800 余人,日出而作,日落而息,生活虽不富裕,但温饱无忧。到 20 世纪 70 年代时,这里村民增加到 1000 人。为解决粮食问题,村民们毁林开荒,种植农作物,结果是青山不再,水土流失,增产不增收,生活困难,还经常发生偷盗现象。20 世纪 80 年代以来,该山村实行改革,实现农工贸一体化生产,农业经济发展很快,同时实行了计划生育政策,人口总数控制在 1100 人左右,村民生活水平得到明显提升,邻里和睦。这里的山也青了,水也秀了,还成为远近闻名的文化之乡。

① 结合材料,说明环境承载力与人口合理容量的区别和联系;

② 结合材料,概括人口合理容量的基本特点;

③ 结合你所在地区情况,与同学交流,探讨实现本地区人口合理容量的途径。

2. 地理技能形成与运用的评价

地理技能是学生在学习地理过程中的行为操作方式。对学生地理技能的形成与运用的评价,应主要考查学生对各种地理技能的功能、方法和要领的掌握程度,选择应用地理技能的合理程度及其表现出来的实际价值。如"标准"要求:运用实例,分析城市的空间结构,并解释其形成原因。在地理教学评价中,可设计以下问题或学生参与性活动。

(1) 比较北京市市区和桂林市市区示意图。

① 北京市市区和桂林市市区的地域形态的差别;

---

① 尚凤祥.教学的基本价值及其宏观结构[J].首都师范大学学报(社会科学版),1993(3):3.

② 以下举例只是示范讲解,相应的图表省略。——编辑注

② 北京市市区和桂林市市区的功能分区是怎样的；
③ 概括城市功能分区的基本特点。
(2) 解释城市空间结构形成的原因。
① 绘制武汉市（或你熟悉的城市）市区轮廓示意图（草图）；
② 说明武汉市（或你熟悉的城市）的土地利用方式；
③ 解释武汉市（或你熟悉的城市）土地利用方式形成的原因；
④ 运用你所学的地理知识，对武汉市（或你熟悉的城市）土地利用方式做出评价。

3. 地理科学方法掌握及应用质量的评价

地理科学方法是学生地理学习过程的形式和手段，也是学生获取地理信息的策略性知识。学生对地理科学方法的掌握离不开地理学习的过程。对学生地理科学方法掌握及应用质量的评价，应重点观察和了解学生获取地理信息、提出地理问题、分析地理问题（包括对区域的分析与综合、区域地理比较等常用地理研究方法）、解决地理问题，以及合理表达、交流学习成果等方面的状况。如"标准"要求：联系城市地域结构的有关理论，说明不同规模城市服务功能的差异；运用有关资料，概括城市化的过程和特点，并解释城市化对地理环境的影响。在地理教学评价中，可设计以下问题或学生参与性活动。

(1) 对照湖北省政区图（或你所在省区的政区图），进行以下活动：
① 绘制湖北省政区（或你所在省区的政区）轮廓草图，并用铁路和河流符号在图中表示主要铁路干线和主要河流；
② 用大、中、小城市符号在图中绘出湖北省（或你所在省区）的城市分布状况；
③ 结合相关知识和具体城市，说明大、中、小三种不同规模城市的数量差异和服务功能的差异。

(2) 商品调查与统计分析。
① 调查并记录家里或邻里在购买食用品、蔬菜、牙膏、衣服、电视、冰箱、电脑等商品时所去的商店；
② 调查并记录住所附近的商店数目和类型，再调查记录周围比较大的商店的数目、类型以及与住所的距离；
③ 将以上三种调查记录，列表统计商店数目、类型以及与住所距离；
④ 根据表中数据分析商店数目、类型以及与住所距离的分布特点；
⑤ 与同学交流，分析商店数目、类型的分布与大、中、小三种不同规模城市数量差异和服务功能差异的相同点、不同点及其原因。

(3) 改革开放以来，我国城市化进程加快，对我国经济发展和地理环境都产生了重大影响。阅读下列图表，分析回答有关问题。
① 读 1975 年、1995 年、2005 年上海市市区图，比较市区范围的变化；
② 阅读 1975—2005 年上海市市区人口总量增长变化资料表，比较每十年间人口总量增长的特点；
③ 结合①②图表，概括城市化的过程和特点；
④ 解释城市化对地理环境产生的影响；

⑤ 与同学交流,思考在我国城市化乃至全球的城市化进程中,人类应该注意哪些问题。

4. 情感态度与价值观形成的评价

学生的地理情感态度与价值观形成,主要体现在地理学习动机、学习兴趣、学习习惯,求真求实的科学态度,富有情趣的地理审美,关注国家环境与发展现状的情感等方面;同时还应了解全球环境与发展问题,初步形成正确的全球意识,可持续发展意识,具有关心、爱护环境的社会责任感,形成良好的行为习惯。

学生的地理情感态度与价值观形成过程融合在地理学习过程中,具有从"内隐的心理过程"到"外显行为"的伴随性、隐蔽性、反复性和长期性的特点。

问题学生的地理情感态度与价值观形成评价,首先,要注意观察学生在日常行为和学习活动中的表现,收集评价信息,为进行有针对性的评价提供依据。评价学生是否具有地理学习动机与学习兴趣,可观察学生是否能注意将地理科学知识与现实生活密切联系,体现地理科学的应用价值;评价学生是否具有科学态度,主要观察学生在调查、实验和报告撰写中是否具有实事求是、坚持真理、勇于创新的科学精神;评价学生是否初步形成了可持续发展的观念、环境资源的保护意识和对社会的责任感,主要看学生在涉及环境和社会问题时的行为表现。其次,可以设计一定的"地理问题解决"的教学活动,通过比较分析做出判断。如"标准"要求:举例说明地域文化对人口或城市的影响。在地理教学评价中,可设计以下问题或学生参与性活动。

例如,阅读(埃及金字塔景观图、伦敦宗教建筑鸟瞰图、北京紫禁城鸟瞰图、香港城市建筑鸟瞰图、陕北窑洞景观图、蒙古包景观图、湘西土家吊脚楼景观图、黔东南民俗风情图),分析后回答:

① 结合图片,说明地域文化对人口或城市的影响;
② 结合图片,说明人口或城市对地理环境的影响;
③ 结合图片,谈谈你对人地关系和谐论的理解;
④ 对你所在地区的人地关系做出评价,并提出促进人地关系可持续发展的设计。

(2) 查阅和搜集家乡人口或城市方面的资料。
① 举例说明家乡人口或城市发展对地理环境带来的正面影响;
② 举例说明家乡人口或城市发展对地理环境带来的负面影响;
③ 提出把家乡人口或城市发展对地理环境带来的负面影响降低到最小限度的建议。

(四)运用——地理教学评价的多种方法

不同的评价方式所适应范围不同。不同教学单元的教学目标在知识与技能、过程与方法、情感态度与价值观上的要求和侧重点不同,学生的学习心理、学习方式特点也不同。因此,地理教学评价的主体应多样化,评价方法应多样化,评价要具有现实性和针对性。

在地理教学实做评价中,对于人口增长模式、人口迁移、环境承载力、人口合理容量等基本知识的理解评价,地理教师应作为评价主体;对于运用素材分析城市地域结构、城市服务功能,包括举例说明、说出、解释等方式,掌握学习研究人口与城市相关问题的地理技能、地理科学方法及探究活动的评价,地理教师应该积极引导学生参与评价过程,成为评价主体的重要组成;对于体验性较强、价值观的内涵较多,如"解释城市化对地理环境的影响,举例说明地域文化对人口或城市的影响"等方面的评价,地理教师应该积极引导学生进行自我评价、生生评价,以促进学生正确的地理情感态度与价值观形成。

在地理教学实做评价中,地理教师要从实际出发,选择和运用恰当的评价方式,以增强评价的现实性和针对性。形成性评价方法、终结性评价方法和过程性评价方法都各有其优势和不足,应发挥各种评价方式的优势,克服其局限性。有的适用于评价学生地理知识与技能的达标程度,有的适用于评价学生在教学过程中的表现,有的则在评价学生情感态度与价值观的表现与发展状况等方面具有独到价值。地理教师要综合运用书面测验、口头表达、练习作业、小论文写作、绘制图表、作品展示等方式评价学生,还要注意通过观察学生在讨论交流、实地观测、探究等活动中的表现来评价学生。

二、面向核心素养培养的地理学业评价:方向与实践(上)[①]

经修订后的我国《普通高中地理课程标准(2017年版)》是此后较长时间高中进行地理教育实践活动的基本依据。面向核心素养培养的学业评价成为本轮"课标"修订的重点与亮点,具有指令性这一特征。落实"立德树人"是新课标修订的根本任务。培养学生地理核心素养质量是学业评价的基本目标。学业评价能为地理教学实践、过程评价及学习发展提供指导。因此,如何深刻理解新型的学业评价,善用学业评价指导教学实践与过程评价等,是一项十分重要又迫在眉睫的工作。笔者旨在通过梳理国内外基于核心素养发展的学业评价思路,从评价特征、基本结构和价值追求等方面分析我国高中地理课程标准关于学业评价的修订取向,重点探讨以学业评价为导向的地理教学实践改革与指导学习发展的思路。

(一)两种不同的学业评价思路

为提升我国基础教育培育质量,2014年教育部发布《关于全面深化课程改革 落实立德树人根本任务的意见(教基二[2014]4号)》,强调"研究制定学生发展核心素养体系和学业质量标准",构建面向学科核心素养培养的学业评价体系成为重中之重。但目前我国对基于核心素养的学业评价研究刚起步,尚未形成一个完整的体系,而国外关于核心素养的学业评价研究成果较为丰富,理论框架也较为成熟,具体如表4-2所示,主要分为两种思路。

一种是用学业评价支撑基于核心素养的课程体系的思路,体现评价贯穿式逻辑,如澳大利亚、英国、美国等这些国家的学业评价镶嵌在课程中,课程标准中设有与课程内容相对应的能力表现标准(即学业质量标准),便于教师对学生的课程掌握情况和能力发展状况进行实时监测,保证各方面素养均有所提升,多样的评价方式及样例也为后续的课程评价、教师评价提供了明确的范式。

另一种是学业评价相对独立于课程体系的思路,体现评价后置式的逻辑。如芬兰

---

① 李家清,梁秀华.面向核心素养培养的地理学业评价:方向与实践(上)[J].地理教育,2017(10):4-7.

和我国现行的课程标准与考试大纲。芬兰的课程内容十分丰富,由于学校与教师整体评价素养高,相应的评价只需提供大致的要求和方向,也能满足学业评价的需求。相比而言,我国教师的评价素养还不能适应现行课程标准后置式的学业评价。课程标准虽然从内容、能力和情感态度与价值观三维角度对课程内容进行说明,但在能力和情感态度与价值观维度上缺乏具体的、可操作的以及用于评价核心素养的表现标准,以致教学管理与改进、学业评价缺乏明确的参考依据,在一定程度上影响了培养质量。

从评价逻辑看,英美日等发达国家的评价多属于"学业评价标准—学习指导—学习评价",是一种"以学为主、评价先行"的评价逻辑;而我国当前的评价多属于"课程标准或考试大纲的实施—知识与技能的传授—教学成果的检验"的评价逻辑,是一种"以教为主、评价后置"的评价逻辑。

表 4-2　不同国家基于核心素养发展的学业评价

国家	理念	质量标准	形式
澳大利亚[①]	基于核心素养的可操作的年级水平划分的学业评价	国家课程标准(2010年)中的内容包括年级的水平描述、内容描述和成就标准描述,从知识、能力等多角度具体规定大部分学生在本年级被期望达到的具体目标和水平,并提供合格水平、合格水平以上和合格水平以下的具体样例	注重全国性学业成就评价及教师与家长参与的形成性评价,包括校内和校外评价,如全国测试、抽样测试、档案袋评价等
英国[②]	基于核心素养的跨年级连续性的学业评价	学业质量标准是"国家课程"(2007年)的组成部分,横向上阐述学生应掌握的知识、技能和理解程度,纵向上将各学科划分为八个水平加一个优秀水平,贯穿于学生7岁、11岁、14岁和16岁的四个关键阶段,每一个水平具体描述了学生在完成该水平学习后所能展示的能力类型和能力范围	强调国家考试,教师评价、学生自评和同伴互评三级评价体系,如国家性测试、电子档案袋评价、个人绩资格证书等
美国[③]	基于21世纪学习框架制定共同核心州立标准的学业评价	标准(2012年)以规定学生学业能力为主要内容,开发针对核心学科(如数学和英文)的素养评价指标体系和水平描述,分为初级、中级、高级三个级别的表现标准,并提供表现样例	倡导发展性和综合性评价,注重第三方合作机构的考核评价,如学生自我报告量表、全国性测试等
芬兰[④]	基于跨领域核心素养的相对独立的学业质量评价	基础教育核心课程(2014年)囊括教学目标和所有学科的核心内容,并分学段分解到不同的学科,同时论述学段末学生优秀表现的评价标准。但缺乏相应的国家层面的评价标准,而另设基础教育质量标准	强调多元综合的形成性评价和学生自评,如电子档案袋、多学科学习模块、常规考试、合作计划、实验、演示等

---

① 王烨晖,辛涛.国际学生核心素养构建模式的启示[J].中小学管理,2015(9):22-25.
② 同上.
③ 郭宝仙.核心素养评价:国际经验与启示[J].教育发展研究,2017,37(4):48-55.
④ Vilhelmiina Harju,Hannele Niemi,王岩.芬兰基础教育阶段核心素养的培养及评价[J].教育测量与评价,2017(7):10-18.

（二）面向核心素养培养的评价特征

经修订后的我国《普通高中地理课程标准（2017年版）》（简称"修订版"），以"人地协调观、综合思维、区域认知、地理实践力"四个维度构成地理核心素养的基本内容。"修订版"凸显了学业评价的地位和作用，突出强调了国家质量要求，表现在：① 每个模块设置"学业要求"栏目，分别用观察、识别、描述、解释、运用、实验、考察、调查等行为层次动词与特定的学习内容相匹配，在质量上规定了学习活动方式、活动结果和评价依据；② 单独设置"学业质量评价水平分级"，分别依据四个维度的核心素养划分四个水平层次，并对每个水平层级进行质量描述；③ 在"实施建议"中，进一步提出了教学评价指导建议、学业水平测试与高考命题建议，并用样例实证说明，进一步刻画了学业水平与行为表现；④ 设置附录，将四个核心素养划分为五个水平层级，为教学评价、学业水平测试与高考命题提供指导。

显然，"修订版"突出"学业评价标准－学习指导－学习评价－学习再指导"。正如钟启泉教授所认为，学业评价是对学生学习状态及其成果的测量与评价，又称学习评价或学业质量评价，本质为学力评价。[①] 在这里，"学力"可看作核心素养。换言之，新型学业评价的"能力取向、标准参照"，最终目标是促进学生核心素养的形成和发展，并具备以下特征。

素养导向：核心素养既作为教学的目标，也作为学习的综合结果，新型的学业评价首先指出学生核心素养"学力"形成的学习过程和学习结果的表现。学生在面对真实情境解决复杂问题时表现出的核心素养是具有不同水平层级的。以单个核心素养、两两素养组合或全面核心素养发展的"内涵及表现水平"作为导向，回应了"应立什么德、树什么人""学生应学会什么"的问题，体现了新型学业评价的主旨特征。

水平进阶：学生核心素养的发展具有阶段性和连续性，新型的学业评价应符合学习进阶的建立过程。与核心素养的水平等级相对应，学业质量标准贯穿着课程内容，体现了学习进阶思维，使得学业水平考试和高考等终结性评价与教学诊断等过程性评价指向同一"递进的螺旋阶梯"。以水平进阶的学业质量标准作为参照标准，回应了"学生现处于哪个水平、将进阶到哪个水平"的"学力层次"的问题，体现了新型学业评价的激励特征。

动态评价：核心素养具有广泛性和融合性，它贯穿于各部分课程内容之中，应将过程性评价和多元评价的动态理念贯穿到日常教学中。评价内容丰富，除了评价学生的认知水平，还评价价值判断、思维与行动等能力的水平；评价过程动态，将过程性和终结性评价相结合，突出思维、能力和行动方面的过程性评价；评价主体多元，除了教师、家长外，学生作为主体，应参与到过程性评价中。强调过程性评价以多元评价作为手段，回应了"如何全面评价学生核心素养的发展过程和状况"的问题，体现了新型学业评价的技术特征。

[①] 钟启泉.学业评价：省思与改革——以日本高中理科的"学习评价"改革为例[J].教育发展研究，2013，33(10)：50-55.

教学改进：改进教学是学业评价的重要功能。核心素养的培养具有个体性和生长性特征，关注"学生学会了什么"，新型学业评价将教学与评价融为一体，其本质功能为诊断、改进教学，从而有针对性地指导学生个体学习，促进学生健康生长。以教学改进作为目的，回应了"如何进一步促使学生个体在不同阶段的核心素养发展"的问题，体现了新型学业评价的本质属性。

深度发展：核心素养形成是个发展高阶思维、深度学习的过程，在学业评价过程中通过课程深度理解、教材深度挖掘、教学深度改进能不断激励、引导学生走向高级水平，从而趋向深度发展，培养自主学习、终身学习的品质。以促使学生深度发展作为最终追求的根本目标，回应了"如何把握21世纪核心素养培养高素质人才的发展方向"的问题，体现了新型学业评价的统整化特征。

（三）新型地理学业评价的修订取向

1. 结构与内容：一体化设计趋向

"修订版"面向地理核心素养培养的地理学业评价镶嵌在修订的高中地理课程标准中，与之构成一体化设计的系统。如图4-1所示，它旨在以地理核心素养的内涵及其表现水平、学业质量标准为依据，通过过程性评价和终结性评价相结合的方式，检测学生的学习表现，包括认知水平及价值判断、思维与行动等方面的能力水平，以全面反映学生核心素养的发展状况。

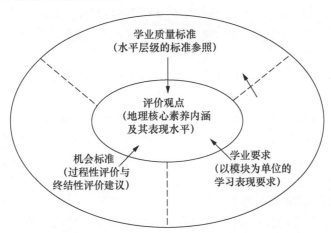

图 4-1　面向地理核心素养及其表现水平的地理学业评价结构

"修订版"学业评价在内容上体现如下特点。

（1）凝练素养导向的评价视点

地理核心素养的内涵和表现水平，是评价中最关键的轴心。应以评价视点为框架制定学业质量标准，规定各模块的内容标准和学业要求，明确学生"该学什么、从哪些方面获得"。与"三维目标"相比，作了较大幅度变化的地理核心素养评价视点是个亮点：强调具备对区域的特征、问题进行分析、解释和预测的意识和能力（区域认知）；全面、系统、动态地认识地理事物和现象的思维品质和能力（综合思维）；进一步充实考察调查等地理实践活动的品质和能力（地理实践力）；最终涵养地理学科的基本思维和关键品质，注意人地关系正确价值观的引领（人地协调观）。

这四大地理核心素养是对"三维目标"的整合和提炼，既层层递进又相互整合，每个素养均将学生面对复杂情境时解决地理问题的表现划分为由低阶到高阶的难度逐渐增大的5个水平。

（2）规定达标性的学业要求

学生学习完一个知识模块后，硬性规定学生核心素养发展的达标表现。它连接着核心素养与内容标准，以模块为单位规定四大核心素养的发展要求。与以往"更强调教的目标"相比，新增以学生为主体的学业要求，体现了对学习目标和学习指导的重视；地理核心素养的水平划分，规定了各学习模块在地理思维模式、探究方法与技能及行动上的素养表现要求。其中，必修模块多对应核心素养的1、2级水平，选修类模块多对应3、4级水平。模块学业要求为设计地理核心素养教学目标、制定学习目标提供指导，也为单元或学期的诊断性评价和学考、高考命题提供较具体的参照。

（3）制定水平层级的质量标准

学业成就评价的标准参照是评价中最突出的部分。它直接连接着地理核心素养和课程内容，代表地理教育质量的国家要求，明确了学生"什么阶段应达到什么表现水平"。与以往"各施其纲，参照含糊"的评价标准相比，新增水平划分的质量标准是亮点中的光点：其内容包括水平和质量描述两部分，根据地理核心素养的表现水平划分为递进的4个水平层级，并结合地理课程内容和地理核心素养内涵对每个水平进行质量描述。每一级水平所对应的表现标准展现的是学生整合的不同的地理核心素养，规定了学生在不同复杂程度的情境中运用各种重要概念、思维、方法和观念解决地理问题的关键特征。

这四个水平，直接用于指导考试命题，其中学业水平考试多参照1、2级的合格性水平，对应必修模块测试内容；高考命题则重点参考3、4级的选拔性水平，重点对应选修模块内容。这使得课程、评价和教学具有共同的参照，为分层教学、分层评价提供了参考标准。

（4）提供范例式的评价建议

把学生核心素养的表现水平、质量标准和学业要求落实到评价实处，应提供全方位、全过程、阶段性的评价学生核心素养发展的方法和样例。与以往"强调理念"相比，提供范例式的评价建议能将知识教学和多元评价相关联。

增强思维结构评价，着重评价学生地理核心素养中综合思维和区域认知的思维发展状况，通过设置开放性问题和分层的教学评价方案，为教学改进提供个性化的学习指导。

增设表现性评价，着重评价学生在真实情境中完成地理任务所表现的地理实践能力、思维品质和人地观念等。应通过地理演示、实验和调查等方式在过程中建立学生成长档案袋。

构建命题框架，着重科学测评学生地理核心素养全面发展的水平，为学业水平与高考命题提供依据"评价视点"设计评价目标、根据"内容标准"确定测试内容、根据"学业要求和质量标准"选择具体任务、创设不同的试题情境和分水平的结果反馈等方面的思路。

2. 价值追求：多重意义

"修订版"面向地理核心素养培养的地理学业评价在学科、社会和国家等层面具有多重意义的价值追求。

（1）价值目标多元

① 融入世界潮流，提高地理教育质量。参考国际经验，通过构建科学测评地理核心素养发展水平的框架，能更好地指导学业水平考试和高考命题，规范国家地理学业质量监测，进而提高全国地理教育质量，发挥地理"教育性"功能。

② 适应社会发展，规范学校教育实践。从国家层面完善课程标准与学业标准、评价标准相互匹配的标准体系，能改变当前考试"重选拔、轻标准"，评价方式"重回应、轻设计"的局面，促进基于标准的高中、高校人才培养的衔接，实现地理"社会性"价值。

③ 注重学科发展，引领教学与评价。引导教师提高教学设计和实施能力，实行素养目标导向式教学；引导教师依据地理核心素养水平规范教学行为，把握教学尺度，并选择合适的教学方式和活动；引导教师把教学和评价融合在一起，有针对性地开展教学改进和学习指导，提高教师评价素养，最终发挥地理"教学性"功能。

④ 促进学生发展，提高自主生长。利于学生明确当前学习的达标程度及改进的方向，提高学习主动性；利于引导学生自我评价、自我调整，促进发展；利于促进学生整体核心素养的发展，包括跨学科素养及非智力因素等的发展，最终发挥地理"育人"功能。

（2）价值取向明显

① 目标和过程结合。当前的评价模式提倡将目标评价与过程性评价相结合，一方面聚焦于制定科学的分水平的学业质量标准，为学业成就评价提供标准参照；另一方面寻找学生也参与的过程性评价方式，对核心素养进行全方位、全过程的评价，是课程改革新阶段的重点。

② 统整和精确并重。我国的评价范式正从"经验－分析"走向"论释"与"批判－理性"结合[①]，将评价镶嵌在课程中，既要统整课程内容、教材与教学，又要精准确定核心素养的表现水平，并从测试内容、任务和情境等方面精细化学业成就测评框架，突破了课程改革新阶段的难点。

③ 多元和人文关怀并行。国内外均提倡将过程性评价和终结性评价结合起来，以评价标准为基础，依据教学目标拟定适切的评价方式，并在过程性评价中充分展示人性化理念，针对学生表现出的个性化和阶段性差异进行评价，展现了课程改革新阶段的亮点。

---

① 邵朝友. 评价范式视角下的核心素养评价[J]. 教育发展研究，2017(4)：42-47.

三、面向核心素养培养的地理学业评价：方向与实践(下)[①]

(一)面向核心素养培养的评价设计

1. 素养导向的教学目标：分解与整合

评价设计是教学设计的重要组成部分。素养导向的教学目标是指教学目标的设计应清晰涵盖学业评价的目标。学业评价标准是学业目标与教学目标设计的直接依据。细化评价标准、明确教学目标是教学实践的首要任务。教师必须从澄清"学生学会了什么"开始。[②] 根据学业要求和质量标准，将内容标准分解为该部分学生所要达到的行为表现(学业目标)，并进一步细化为具有情境的清晰而具体的教学目标。

分解与整合的过程是厘清"三维目标"和核心素养的关系、统筹核心素养的整体和部分的过程。核心素养是对"三维目标"的整合和提炼。每个素养应有侧重地糅合"三维目标"。如综合思维素养侧重"要素综合、时空综合和区域综合"思维形成的过程，包含着教学活动的安排逻辑；地理实践力素养强调"运用地理工具开展实践活动"的能力及"科学探究"等品质，预示着探究活动的质量。学生的学习过程具有可分解性，但作为学生的综合学习结果，地理四大核心素养实质上既相对独立又统筹整合。为使评价能贯穿教学活动的开展及学习指导，学习目标应注重要素间的统整性、明确达标性的评价要点，教学目标则通过具体情境将学业目标落实到每个素养。具体案例举隅可见表4-3。

表4-3 整合优化的素养目标设计

内容标准	学业目标	教学目标
运用图表说出气压带、风带的分布，并说明其对气候的影响	**综合思维、区域认知**：能说明气压带和风带的分布及其影响气候形成的基本特点，分析不同气候类型的形成原因及分布区域； **区域认知、人地协调观**：能够解释气压带和风带对不同区域的影响，尤其是季风气候对生产生活的影响； **地理实践力**：能在指导下或独立运用相应的地理信息技术分析某区域多年平均各月气温和降水数据	**综合思维**：绘制全球气压带和风带图，说出它们的名称和位置，简述其影响气候形成的基本特点；读图比较冬夏季气压中心的差异，解释季风气候形成及其影响；结合实例，综合分析不同气候类型形成的主要原因； **区域认知**：运用图表解释气压带和风带的分布、季节移动规律对不同地区气候的影响；归纳不同气候类型的特征及地区分布特点； **地理实践力**：能逐步推导、绘制大气环流的全球分布模式图，能分析、绘制气温曲线和降水柱状图； **人地协调观**：认识到大气环流对气候的决定性影响，尤其是季风气候对我国的影响

2. 水平进阶的教学指导：分层与创新

水平进阶是学生认知水平提升的过程，也是新型学业评价的激励特征。对部分

---
① 李家清,梁秀华.面向核心素养培养的地理学业评价：方向与实践(下)[J].地理教育,2017(11)：4-7.
② 崔允漷.追问"学生学会了什么"——兼论三维目标[J].教育研究,2013(7)：98-104.

要求较高、任务较难的教学目标及活动划分水平层次，能促进不同层级的学生不断进阶。分水平的教学目标的落实依托于教学活动的开展。教学活动不仅需要形式的创新，更需要内容本身及理念上的创新。由"过分注重'双基'的教授"转向"基础知识与高阶思维、品质内涵的形成过程"，是水平进阶的核心。

(1) 核心知识的分层设计。如表 4-3 的区域认知目标，对于不同层次的同质小组，可安排分层的活动，对于异质小组，也可设计任务难度递进的活动，以共同达到学业要求：① 根据教学目标安排层次，如 A 层达到创新创造水平，B 层达到综合分析水平，C 层达到学业要求中的理解水平。② 在完成铺垫性的学习基础上（如绘制全球气压带、风带分布图），设计不同层次的合作活动。其中，C 层完成基本知识和技能的任务，起基础性作用，如找出单一气压带或风带影响下的气候类型；B 层完成难度中等的任务，起推动性作用，如找出并区别两个及以上气压带、风带共同影响下的气候类型；A 层完成难度较高的任务，起提拔性作用，如从大气环流、下垫面等方面综合分析某地气候形成的原因。③ 教师释疑、总结归纳，确保不同层次学生共同达到最低标准。根据学生的表现水平，灵活调整下一轮的分层设计及活动组织。

(2) 高阶思维的形成。核心素养检测的是学生在复杂情境中解决实际问题时形成的知识和能力，具有高阶思维导向的问题设计能更好地连接实际情境和知识。一方面，通过问题式教学，把问题贯穿到真实生活情境中，或贯穿到 VR 虚拟仿真技术等网络平台创设的地理虚拟情境中，"不断进阶、似乎矛盾"的问题链能逐步提高学生综合思维。另一方面，可组织学生参与户外考察、社会调查和模拟实验等具体、复杂的问题解决活动，充实体验，以提高地理实践力。例如，学生分组用"定量＋定性"的方法调查武汉汽车工业的布局，可在实践、交流过程中掌握工业区位分析方法和工业地域形成的相关知识。这是组织方式和内容上的创新。

(3) 品质内涵的养成。在学习基础知识、深化思维过程中，可从地理环境对人类活动影响的方向和强度、人地相互作用的因果关系和人地协调发展观念的认知程度这三个维度进行思考。这实质上也是对建构知识逻辑与意义的回应。作为地理学科的核心价值观，人地协调观也是地理其他三大核心素养的"归宿"。课堂教学中，除了世界和而不同的观念和国际视野的培养，还要注重增强学生的民族自信和家国情怀认同感，提升自我生存的责任感与质量。这是品质内涵和理念上的创新。

3. 指向改进的课堂评价：个人与集体

学习改进是新型学业评价的本质属性。一般而言，班级授课同时存在两个过程：每一个学生习得学科内容的过程（认知过程）与学生交互作用的过程（集体过程）。集体过程可举同学之间和师生之间的交互作用，班级内的交友关系等。[①] 这些关系对于促进、维持每一个学生达成其潜能的最高限度水准具有一种积极的评价作用。因此，课堂评价的视点应当面向认知过程与集体过程展开分析。在评价个人的目标达成过程的同时，也必须关注集体的目标达成过程的评价。同时，应具体地认知教学内容的

---

① 钟启泉.课堂评价的挑战[J].全球教育展望，2012(1)：10-16.

"学习阶段性"与"价值层级性"。换言之,一节课的表现是教师此前一连串指导的产物,也是尔后教学指导的一种展望的反映。一方面及时评价学生个体和集体的学习过程及状态,另一方面将学习评价的射程放大,关注个体及集体的前后进阶水平及方向,可为以后的教学改进提供条件。

(二) 过程性与结果性并重的动态评价

过程性评价与结果性评价并重的动态评价能够客观地反映学生经过学习后的行为与结果变化。过程性评价(或称形成性评价)与学生日常学习最密切相关,是新型学业评价的核心手段,具体指在教学过程中对学生的学习方式、反映学生学习发展的过程性成果、与学习密切相关的动机、态度和情感等非智力因素进行全面评价。[①] 从时间上看,是对若干个重要时间节点的评价活动作出及时反馈,凸显动态性;从性质上看,以促进学生发展的等级评定或定量评价为主;从工具上看,包括思维结构评价、表现性评价和纸笔测试等。

1. 增设思维结构评价,推动综合思维与区域认知发展

思维结构评价尤其关注学生在学习中思维的发展,如学习概念、判断、推理、建立联系和创新思维等能力,可用于测评学生综合思维和区域认知的表现水平。其中,澳大利亚学者比格斯首创的 SOLO 分类理论利于教师在日常教学中及时关注学生个体的思维差异,它将学生思维水平划分为前结构、单点结构、多点结构、关联结构和抽象拓展结构 5 个结构。这 5 个结构水平与核心素养的表现水平有相似之处,通过设计开放性问题和结构化评价方案可评定学生思维层级和素养水平,并根据学生个体思维差异给予反馈与改进。案例[②]举隅如下。

评价目标:掌握某种农业地域类型的分析方法,思维达到抽象拓展结构水平。

任务设置:引导学生总结归纳,提供白纸和笔或在装有 X-mind 软件的平板电脑上绘制思维导图。

评价方案:如表 4-4 所示。

表 4-4 绘制思维导图评价量表

学生反应水平	学生作答情况	评价等级	分值
前结构	不知道	E	0
单点结构	答案破碎不完整	D	3
多点结构	答案完整但逻辑关系混乱	C	6
关联结构	从宏观系统的角度理解问题,全面概括季风水田农业的主要分布区,各区位条件、特点	B	8
抽象拓展结构	不仅将知识关联起来,还把问题迁移到相关的不同情境,从中归纳出其他农业地域类型	A	10

---

① 高凌飚.关于过程性评价的思考[J].课程·教材·教法,2004,24(10):15-19.
② 案例来源:冯业枫,李文翎.基于 SOLO 分类评价理论的高中地理课堂形成性评价——以"季风水田农业"为例[J].中学地理教学参考,2017(4):16-18.

反馈及改进建议：从关联结构进阶到抽象拓展结构水平，可进一步加强生活联系，拓宽思维，展开想象，概括总结同类问题的解决方法，并将其迁移应用于其他方面。

如上述案例所示，设置半开放或开放性问题(任务)，通过学生回答问题的思维可见学生个体的综合思维差异。根据不同水平可进行等级评定和量化打分。这种评价方式适合教学过程的随机检测，普适性较强，能为后续的教学提供针对性和个性化的指导。对于非简答题，也可设计一些具有创意的题目，除了分析对错，还可评估学生学习该知识点所处的水平，亦可让学生明确自身的"水平和进阶方向"。若是多点结构，可通过构建知识网络加强知识关联，向关联结构水平迈进。

2. 增强表现性评价，促进人地协调观与地理实践力发展

表现性评价侧重对学生在真实情境中完成某些任务时所表现出的实践能力和难以直接检测的情感态度与价值观方面进行评定，可用于测评人地协调观和地理实践力素养的表现水平。以地理核心素养和地理学业质量标准为依据，设计地理演示、实验和调查方案或科研项目等活动，制定活动评价量表，鼓励学生参与评价。以地理实践力培养为例，具体设计如下。

评价目标：通过实地考察和信息技术手段，说明工业地域形成的条件和过程，提高开展实践活动的地理实践力。

评价任务："武汉钢铁集团青山区的选址是否合理"调查活动，结合经济、社会和环境三大效益，以表格、地图等多种形式说明，并能提出针对性的决策方案。

活动过程：① 对应工业地域的形成特点，指导学生从区域自然环境、相邻工厂类型、数量与位置、生产工艺、市场占比等基本情况进行调查，小组内部可进一步分工。② 各小组根据调查资料，完成"评估目前武钢选址是否合理"的调查报告。③ 结合调查数据，课堂展开工业集聚、工业地域形成及评价工业区位变化的相关主题活动。

评价量表：见表4-5。

表 4-5 武钢选址调查的"地理实践力"评价表

评价要点	分值	教师评价	小组自评评价	小组互评
成员参与的主动性与积极性	10			
团队分工合理、执行有序	10			
资料搜集的广度和深度	15			
从经济、社会、环境三大效益分析的逻辑性和科学性	30			
展示表格、图表的多样形式和说服力	20			
建议和决策的针对性和可行性	15			

该设计案例以工业地域为知识载体，创设了一个真实有效的、与评价目标相对应的表现性任务情境，具有较强的可操作性和可行性，可结合课堂教学展开。这旨在通

过"师生共评表",面向认知过程与集体过程进行分析,从基础知识、逻辑思维、行动和态度各要点将学生开展地理实践活动的能力水平和品质内涵进行量化统计。如"从三大效益分析的逻辑性和科学性"要点,体现了对实践过程中扎实基础知识、提高综合思维的重视,符合核心素养评价理念。

3. 过程与结果结合测评学生核心素养的发展

总结性评价是在课程实施或进行以后对实施效果的评价,是一种事后评价。根据斯克里文的说法,过程性评价和总结性评价是评价这一连续体的两个相互关联的部分,总结性评价一般都要求有反馈,以让学习者利用这一反馈信息确定今后学习的目标。[①] 从反馈结果看,学期、学段及高考评定均属于总结性评价,但就学生终身发展的时间链条而言,又属于一种促进学生发展的过程性评价。

因此,学生核心素养发展状况的测评应是过程性与总结性评价的结合。其中,单元、期末应重点把握模块的学业要求,学考重点把握学业质量标准的1和2级水平表现,高考命题则要重点把握3和4级水平表现。具体路径为:把握"学业要求"和地理核心素养的对应关系,制定评价目标→从"内容标准"选择测试内容→以分水平的"质量标准"为依据,确定相应的具体评价任务,制定细目表→创设具体的地理情境或社会情境,编制题目→提供具有标准参照、实质内容的结果反馈。

(三)评价指向发展的深度学习指导

深度学习是指"学习者通过对新知识的批判性分析和与原有知识的整合,形成对学习内容的理解,以便应用所学知识解决复杂问题,完成学习迁移,最终能以改变个人所学或行为的方式内化知识的一种学习,它通常指向的是批判性思维、抽象思维和创造性等高级思维。"[②]学习指导是指教师在教学过程中向学生传授有关学习的知识,指导学习方法,调动学习积极性,以使学生形成正确的学习观点、较强的学习动力和学习能力。以学业评价为导向的地理学习指导更要侧重根据学生的思维水平和学习能力,促进学生学会地理学习方法、形成深度发展的地理思维和良好的学习素养。

遵循"学习评价指标－学习指导－学习评价－学习再指导"逻辑,学习指导应渗透到教学过程中,而诊断是再指导(补救)的基础,最终指向学生的深度发展。据此,以"热力环流"为例,依据综合思维的认知目标,巧用SOLO分类理论进行分析及后续指导,具体如下。

1. 分析学习目标层次,提供分层化指导

指导前,分解学习目标。依据目标设计不同方式或水平的教学活动、评价活动,采用不同学习方式的学生能以他们自己的方式来学习,直至学生能有效地达成学习的基本目标。如图4-2所示,将该课时学习目标划分为5个水平。"绘制图表说明热力环流的过程"的达标性目标是学生整体思维的关联结构水平。

---

① 卢健.形成性评价与总结性评价理论探究[J].福建教育学院学报,2011(5):30-33.
② 同上.

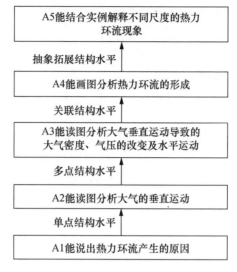

图 4-2　学习目标的层次

2. 建构认知逻辑,渗透地理思维与方法

深度学习指导过程中,重视指导学生结合原有知识经验加深对地理概念与原理的形成过程的理解、重视帮助学生学会运用地理视角和地理思维的方法进行思考。深度学习指导有利于学生强化认知逻辑、学会学习迁移。例如,学习"冷热不均引起的大气运动",假如学生不理解热力环流的垂直运动和水平运动的先后顺序,对风向判读只是死记硬背,便难以拓展到其他情境。因此,以深度学习指导为取向,通过结合生活的地理场景,设置"海陆风"等具体地理情境,引导学生参与知识的形成过程、用地理视角与地理思维去思考问题,并通过变式到"山谷风"等其他情境,促进地理知识的迁移,进而指导学生学会和掌握全球尺度、大洲、大洋和区域尺度的热力环流分析方法。

3. 编制检测问题,诊断个体认知水平

经过深度学习指导后,使用预先编制好的题目,对学生的认知水平进行诊断。如图 4-2 所示,每个子目标的上一级和下一级之间是思维水平递进的关系,设有与之相对应的 2~3 题的题目,能提高信度。如下列所设计的题第 5、6 到第 7、8 题就是检测学生从多点结构到关联结构水平的测试。值得注意的是,此处编制的试题仅是针对基础的认知目标本身,在具体考查核心素养时,应创设更丰富的真实、复杂情境,问题形式可多样。

【A1】1. 热力环流的根本原因是太阳辐射差异吗?

【A1】2. 热力环流的形成原因是什么?

【A2】3. 分析白天陆地近地面空气垂直运动情况并解释原因。

【A2】4. 分析晚上海洋近地面空气垂直运动情况并解释原因。

【A3】5. 说出白天海洋的风向。

【A3】6. 说出晚上陆地的风向。

【A4】7. 画出白天海陆风的热力环流图。

【A4】8. 画出晚上海陆风的热力环流图。

【A5】9. 运用所学解释山谷风的形成。

【A5】10. 说明季风环流与热力环流的关系。

4. 进行学习再指导，促进学生深度发展

诊断结果不仅能判断学生所处的思维水平，还可精确地找到学生的学习问题所在。据此，采取补救措施促进学生"更进一个台阶"。假若 A1、A2 题目错得多，预示着此类学生基础知识掌握不扎实，应采取补缺性学习指导策略：可通过丰富的地理表象和有趣的情境，提高学生学习兴趣，促进地理概念与地理原理的学习。若 A3、A4 题目错得多，预示着此类学生没有形成整体思维，应采取策略性学习指导策略，帮助学生构建地理认知图式。若 A5 题目错得多，说明学生地理综合思维不够强，不能举一反三，应采取元认知学习指导策略，提高学生的迁移能力。

四、我国学生表现性评价的探索过程及其在地理教学中的应用现状[①]

表现性评价，顾名思义，即以表现为本进行评价。在未有表现性评价一词以前，我国古籍就有相关记载。如庄子《九征》"烦使之而观其能，卒然问焉而观其知"，《说苑卷八·尊贤》"夫取人之术也，观其言而察其行"等。这些记载均反映了当时的表现性评价主要是观察学生的言语、行为和操作等表现，并加以一定的价值判断。随后，受心理学和行为科学等理论的影响，表现性评价被赋予了更深层的意义。《普通高中地理课程标准（2017 年版）》就在 5 条教学建议中提倡"教师要更多地运用学生表现性评价""让表现性评价成为一种能真实反映学生多种复杂能力的最佳评价"。

深刻理解表现性评价，其逻辑起点是厘清评价学生表现的发生规律，探寻其背后的历史逻辑。目前关于学生表现性评价探索过程的研究并不多，尤其是在地理学科教学中的应用现状。为此，运用文本分析法（Content Analysis），研究学生表现性评价的探索过程及其在地理教学中的应用现状，可以进一步科学有效地开展表现性评价，助力评价的根本目的即教学改进的实现。

（一）研究方法

文本分析法，旨在充分地、深入地理解文本内容并进行系统的、深层次的描述，实现提取文本特征、揭示关键信息、诠释意向等目的。文本类型具体包括文献、政策文件、作品、教材等。考虑到学生表现的"信息"的可提取性和可理解性，笔者选取了文献和作品两类文本介绍。

1. 文献分析对象与步骤

表现性评价的灵感源自 20 世纪中叶心理学基于观察实际行为的行为评估法，如在自然环境中观察行为，对行为进行编码等。直至 1992 年，美国技术评价办公室才赋予了其明确概念，即要求学生创造答案或成品展示他们所知和能做的。考虑到时代发

[①] 梁秀华，李家清.我国学生表现性评价的探索过程及其在地理教学中的应用现状[J].地理教学，2020，(11)：11-14.

展需求,筛选的文献所发表的时间范围确定为20世纪以后,分析步骤如下:第一,确定样本来源。以中国知网数据库为来源,搜集有关学生表现性评价的文献资料。第二,确定分析主题。根据要素分析思维方法,从理论和实践两层面进行分析。其中,实践层面包括在地理教学中的实施条件、实施步骤和实施成效三个主题。第三,不同主题下设二级单元进行具体分析。

2. 作品分析对象与步骤

表现性评价量规是表现性评价的关键工具,能够揭示评价理念、方法取向等比较内隐的信息。为此,进一步筛选地理教学评价设计作品,分析步骤如下:第一,选取15篇2014—2019年公开发表的地理教学评价设计作品,其中《中学地理教学参考》4篇、《地理教学》8篇、《地理教育》3篇。设计作品中内含一份或以上表现性评价量规。第二,确定一级和二级编码,包括"量规形式"(量规类型与数量)、"设计方法"(方法类型与运用程度)、"评价内容"(多元目标和多元主体)和"内容描述"(水平划分与表达详略),括号内为二级编码。第三,对设计作品进行S1—S15编号,并通过图表的形式呈现分析结果。

(二)我国学生表现性评价的探索过程

学生表现性评价的探索过程,实质上反映了学生发展需求的变化。通过分析文献,发现20世纪以来学生表现性评价的探索过程可分为以下三个阶段。

1. 主观经验为主,定性评价阶段

20世纪初,我国表现性评价已具雏形,多以"行为表现评估""实作量评"等名词出现。在此阶段,表现性评价多属于一种以评价者主观经验为主的定性评价,其适用范围和条件都比较零散,比如日常教学中对学生学习及操行的"评语"等。20世纪中叶,"基础知识和基本技能"成为主要的课程目标取向,评价者因过分关注知识的对错和技能的掌握与否,而忽视学生这些表现背后所隐含的教与学的深刻意义,甚至存在主观性强、看法不一、虚假等问题。实质上,此阶段的表现性评价缺乏明确的评价标准和操作导向,缺失对学生后续发展的指导意义。虽然有研究者意识到该问题,提出"要真实、具体、慎重地对待学生的操行评价,使学生明确过去学习和思想等方面的情况,以及存在的问题和努力方向",但期间仍然缺乏具有实证取向、强调水平的相关研究。

2. 借鉴日本,模仿学力评价阶段

进入20世纪70年代,受日本"学力改革"(即关键概念、关键技能、意志品质等方面的综合能力)相关研究的影响[①],我国开始借鉴日本展开学力评价研究。比如以日本的五级相对评价方法为参照,有研究者提出从达成→提高→体验目标三个层次描绘学生的学习质量[②],又如通过设计学习质量分析卡片(图4-3)进行实测和评价,预想以"优弱差强"的控制方式进行学习评价,帮助好学生或高年级学生自测、自评、自我

---

① 田中耕治,等.学习评价的挑战:表现性评价在学校中的应用[M].郑谷心,译.上海:华东师范大学出版社,2015:10-11.
② 程菊,王万燕.表现性评价设计与实施——《普通高中地理课程标准(2017年版)》评价方式解读[J].中学地理教学参考,2018(4):7-10.

改进方向,较弱学生和低年级学生由教师监控。① 相比于主观定性评价阶段,该阶段开始强调标准本位意识,学力的测评内涵开始重视学生的综合学习能力。但该阶段由于学生表现的评价指标比较粗略,缺乏具有明显差异的表现水平刻画,仍称不上真正意义上的表现性评价。

学习质量分析卡片:					学科:	
编号		姓名		班级	年级	
既往评价	教学内容 目标分析	知识评价	能力评价	意志情趣评价	改进措施	
学习能力						
意志情趣						
综合评价	综合评价					

图 4-3　学习质量分析卡片(1985 年,笔者重绘)

3. 借鉴欧美研究成果,素养导向评价阶段

自 20 世纪 80 年代以来,受美国第四代"建构主义"评价系统以及国内推行素质教育的影响,"过程与结果并重""注重发展性评价"等评价理念成为我国教育评价改革重点。进入 20 世纪 90 年代,国家基础教育课程改革项目组相继出版了国外表现性评价的系列译作。然而,国内本土化的表现性评价研究专著比较少,地理学科目前暂无专门的书籍。因此,在表现性评价"下推"到真实的课堂过程中,由于"原因站位不清晰、性能标准不统一、评级程序操作不当"等问题,导致其"名声不大""使用不多"。随后,借鉴欧美"核心素养/关键能力"相关研究成果,国内开始关注学生在核心概念、核心能力及必备品格等方面发展的核心素养评价。相比于其他阶段,该阶段倾向于使用定性或定量手段证实学生素养发展状况,其共同特点有:强调真实情境、聚焦学生的能力和内在倾向、指向深度学习、注重高阶思维,并面向更为广泛的评价听众。② 强调明确的水平划分及学习进阶是素养导向评价阶段的突出特点。

(三) 学生表现性评价在地理教学中的实施现状

1. 实施环节:要素和程序较为稳定

多数研究者认为,学生表现性评价大体可分为四个实施环节:确定评价目标、明

---

① 戎真理.《学习质量分析卡片》的设计与使用——兼谈小学数学教学管理[J].教育理论与实践,1985(5):23-26.

② 万勇.到达目标与到达度评价[J].全球教育展望,1983(6):21-34.

确学生表现应在的水平和范围、设计表现任务和设计评价量规。其中,针对表现性评价量规设计,相关研究认为:第一,量规开发可从学生作品中提炼、根据教师经验和相关理论框架设计三方面考虑,如基于 SOLO 学习质量评价的理论框架;第二,量规类型包括普适性的量规和针对某种任务(活动)的量规;第三,在内容上,通常包括目标维度、水平等级及学生具体表现。此外,也有研究者通过分析美国下一代科学标准(NGSS),提出评价量规应有学习表现预期、学科核心概念、评分要求等内容。[1] 针对表现性任务设计,其特征通常包括真实性、生成性和情境性等。设计路径有两种:一是把评价任务作为检测教学效果的手段嵌入教学过程,属于部分嵌入;二是把评价任务作为教学任务,使得教学过程与评价过程融为一体。[2] 实质上,前者多属于部分任务嵌入,灵活性较强,但基于每个任务设计的工作量比较大;后者多属于逆向(一体化)评价,普适性较强。当前,学生表现性评价在地理教学中的实施要素和程序都比较稳定。

2. 实施过程:应用范围比较广泛

学生表现性评价目前在地理教学中的应用范围较为广泛,主要集中在地理课堂评价、地理实践活动评价、大规模学业质量评价和综合评价四大模块。

课堂是教学的主阵地。课堂表现性评价主要的研究包括:① 基于标准,关注学生的高层次认知水平。如结合课堂观察法,利用李克特量表对学生的认知表现水平进行诊断。[3] ② 借助信息化技术,进行可视化反馈。如开发数字化观课平台,评价观察小组成员针对不同的表现性学习活动,针对每个人的行为选择评价,反馈学习效果。[4] ③ 结合地理学习作品,可视化成果。如指导学生考察工厂布局,组长、本人和教师等多方位对考察进行全过程评价;[5] 又如将地理空间表征与学生表现相结合,包括学生绘制并展示城市内部空间结构图、向同伴展示交流、师生共同制定评价标准等。[6]

在地理实践活动中实施表现性评价能够真实反映学生"在实践中解决问题、合作交流和批判性思考"等多种复杂能力。地理实践活动的表现性评价主要的研究包括:① 针对野外实践活动,高中地理推行探究式学习和表现性评价相结合的方式。[7] ② 针对项目式学习活动,以"雾霾"学习为例,从项目学习准备阶段、项目学习实施阶段和项目学习结束阶段三个阶段制定相应的评价量表分别评价学生取得了哪些进步,反馈哪些技能得到了提高。[8] ③针对地理实验活动,将表现性评价贯穿到地形模

---

[1] 王惠娟,张琦,周维国. NGSS 评估项目对高中地理表现性评价的思考[J]. 地理教学,2019(16):28-31+49.
[2] 佟柠. 如何开展指向核心素养的表现性评价[J]. 中学地理教学参考,2017(9):49-52.
[3] 侯德娟. 基于课堂观察的高中地理教学过程认知诊断——以"工业的区位选择"为例[J]. 地理教学,2016(23):7-10.
[4] 朱雪梅. 当代高等职业教育典型发展模式比较——一个新的分析框架[J]. 教育学术月刊,2015(3):24-31.
[5] 罗荣琴. 表现性评价在地理教学中的应用[J]. 贵州教育学院学报,2007(2):76-79.
[6] 佟柠. 运用评价量规培育学生自然观察智能[J]. 基础教育课程,2015(19):55-57.
[7] 王欢迎,冯生尧. 香港高中地理科校本评核的特点和启示[J]. 课程教学研究,2013(3):33-36.
[8] 张红. 基于地理项目学习的评价模式构建[J]. 地理教学,2015(14):13-16.

型制作实验教学的课前、课中和课后。①

纸笔测试是大规模学业质量评价的主要手段。如开放性纸笔测试,对学生产生的文字性产物(如论文写作、图纸设计、网页制作、反应论述题等)进行评价。② 又如,通过"纸笔测试+访谈"的实证方式对学生的地理问题解决能力表现进行水平划分,进而对学生的认知过程和结果进行诊断,从而展开补救措施。③

表现性评价既有独特的优势,也有不足。有一些研究者组合了多种表现方式进行综合测评。如表 4-6 所示,以模块学习为单位,通过结合多种方式,综合多个评价者角度,评价学生模块学习的特点和特长,并指出其努力方向。④ 又如,将过程性评价和结果性评价相结合,评价学生研学旅行过程中的表现,重点关注学生所表现出的信息搜集与分析、交流与协作等非认知因素能力,关注学生在复杂且真实情境中解决问题的核心素养以及流露出的地理探究兴趣与地理审美情趣。⑤

表 4-6 地理学业评价单(节选,笔者重绘)

姓名		模块类别			模块名称	
课时(总数)		学习时数			学时数的等第	
	项目	评语	得分	权重	总分	等级
表现性评价	地理作业			0.2		
	自绘地图			0.2		
	自制模型			0.1		
	搜集资料			0.1		
	项目设计方案			0.1		
	最佳作品			0.1		
	学习档案			0.1		
	其他			0.1		
过程性表现评价	等第	优秀		良好	合格	不合格
	考勤与守纪					
	努力与进步					
	参与及合作					
	创新与个性					
纸笔测试						
……		……				

---

① 王倩."外力作用与地表形态"教学设计[J].地理教育,2019(S2):9-11.
② 杨蓓蕾,陈昌文.纸笔式表现性评价及其在上海地理高考命题中的应用[J].地理教学,2011(9):23-26.
③ 冯士季.认知诊断视角的地理问题解决能力评价研究[D].武汉:华中师范大学,2014.
④ 黄财高,张克龙.高中地理学业评价有效性探讨[J].中学地理教学参考,2014(7):23-25.
⑤ 郝鹏翔.地理核心素养视域下中学地理研学设计与实施[J].地理教学,2019(2):45-47.

3. 实施效果:态度比较多元,缺乏学科"透视"依据

关于学生表现性评价在地理教学中的实施效果的观点比较多样,评价者的态度比较多元。有研究者通过调研和教师访谈等方法,指出江苏的教师在地理课堂中对学生的思考力、观察力、表现力这些隐性的学力评价关注度比较低,仅占 28%。[①] 有研究者通过观察地理课堂,认为表现性评价激发了拥有表现机会的学生的积极性,同时对于不善于表达或表达能力欠缺的学生也能起到榜样作用。[②] 也有研究者认为对学生表现进行判断具有复杂性,容易导致主观性问题。[③] 实质上,关于表现性评价在地理教学中遇到的具体问题,及其所产生的教学效果,从学科视角出发的切实可靠的实验"透视"(如从混合研究的实证视角)的研究尚为稀缺,多数只能依常理、依常情进行评价。

(四) 学生表现性评价量规在地理教学中的设计现状

通过制作热点图(见图 4-4),分析 15 篇地理教学评价设计作品中的学生表现性评价量规,总结出以下几个特点。

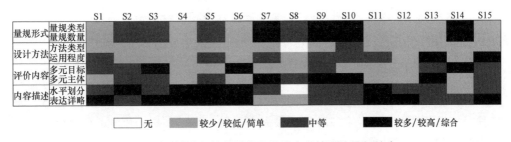

图 4-4 15 篇地理教学评价设计的表现性评价量规特点

1. 设计形式:重视多元性,忽视适用性

这些设计作品的量规形式比较纷繁,类型和数量也比较多。超过一半的课例为同一个教学内容设计了 2 个或 2 个以上的评价量规,类型比较多样,包括分析性评价量规、整体性评价量规和核查表等。比如 S7、S9、S10、S14 等评价作品都是针对一个具体的实践活动开发 5 个或 5 个以上的评价量规。虽然能够根据不同需求设计量规类型和数量,但是倘若每一任务都制定不同的量规,那么无论是对教师还是对学生而言都是浩大的工程,操作起来也比较困难。这也反映了表现性评价量规的适用性有待提高。

2. 设计方法:重视形式上的运用,忽视本体功能

这些作品在设计量规时,大多缺乏明确的方法指向。除了少部分作品注意到方

---

① 杨小华.新课程改革视角下地理教师课堂评价素养的调研与分析——以连云港市四星级高中为例[J].地理教学,2012(8):27-28+37-38.
② 郭芳英.活动化地理课堂是"过程与方法"目标达成的关键[J].中学地理教学参考,2012(Z1):45-46.
③ 周文叶,陈铭洲.指向核心素养的表现性评价[J].课程·教材·教法,2017(9):36-43.

法运用的重要性，如 S10 运用了 PTA 量表法（即要素特征分析法），其余大部分是通过解读课程标准、实践经验分析和理论演绎等方法进行设计。此外，有一部分作品只是模仿已有量表的外在形式，并没有深入理解每个方法，更没有注重到综合方法。如运用 SOLO 理论、李克特量表方法时，注意到了水平划分的程度不同，却没有厘清其背后的共同思想是等级评价，即为何分级、如何处理分级等，也不能厘清不同方法的优缺点。

3. 量规内容：目的都是培养地理学科核心素养

这些作品涉及的年份范围均在 2014—2019 年，从评价目标的维度来看，其直接或间接的目的都是培养地理学科核心素养。这说明了核心素养是这一阶段评价的目标指向。比如 S1、S2、S3 和 S5 都是以核心素养为主线贯穿整个评价设计；S6、S9 的内容维度虽然不是从核心素养角度进行设计，但实质上也是从核心素养的内涵进行解读。除此以外，仍有少部分量表是单纯从过程或成果的性质进行维度划分。从评价主体来看，约 25% 的作品关注到教师评价、学生自评、学生互评或家长评价的多元性。

4. 水平描述：以具体表现方式和学业质量标准相结合的形式为宜

从水平划分来看，除了 S8 没有进行等级评价之外，其他作品都是从 3～5 级水平进行划分，并且表达详略方面差异比较大。如 S2 直接摘录《普通高中地理课程标准（2017 年版）》中的学业质量标准，而 S1 结合具体的教学内容和学业质量标准，S6 则将学生具体表现方式与学业质量标准相结合。第一种描述比较宏观，第二种只能适用于该案例，第三种启发最大。可见，学生具体表现方式和学业质量标准相结合的水平描述最为适宜。

综上所述，表现性评价现已成为面向核心素养培养、遵循严密逻辑和系统程序的重要评价方式。将表现性评价真正落实到课堂中并加以推广，我们仍需要：一方面，抓住学科本原，挖掘学科特色。例如，学生的地理表现如何区别于其他学科，其体系化的结构是如何的？学生地理表现背后的解释机制是什么样的？另一方面，关注表现性评价"落地"到课堂后"生长"出的问题，从中探寻更多本土化的研究。例如，水平划分的内容描述能否将学科理解、学生的本土经验及课程目标相结合？如何针对具体学校或群体的真实学力情况，制定最低水平，确保进阶水平的严密性？只有不断总结、反思，才不会重走"评价浮于表面"的旧路，也不会盲目追求"唯量化"的评价范式。

五、新阶段以 SOLO 分类为基础的学习质量评价研究[①]

——以考查地理综合思维的纸笔测试为例

进入 21 世纪，以核心素养不同表现水平为标准的学习质量评价成为世界潮流。我国在 2017 年修订版的课程标准中亦给予了全面的肯定，开启核心素养培养评价的

---

① 李家清，梁秀华，朱丹.新阶段以 SOLO 分类为基础的学习质量评价研究——以考查地理综合思维的单元测试为例[J].教育测量与评价，2018(8)：11-17.

新阶段。以思维结构评价为例,虽然已有丰富成果着力阐述 SOLO 分类理论(以下简称 SOLO)的内涵及试题评价,①但我们也需要探讨如何利用 SOLO 指导新时期教学实践中的学习评价,落实核心素养导向下多种试题情境的学习评价设计。这恰是此处的重点。据此,以地理综合思维为例,通过命制"地球上的大气"单元诊断试题进行深入探讨,尝试为 SOLO 在其他情境的评价设计及在其他学科核心素养培养的评价研究中的应用提供一些参考。

(一) SOLO 分类思想与学习质量评价的一致性

1. 一致性表现

随着我国学科核心素养的提出,具有水平划分的核心素养目标成为各科学习质量评价的核心视点。这一定程度上与 SOLO 分类思想具有较高的一致性,具体表现如下。

(1) 学习进阶的思想。核心素养的培养符合个体学习进阶的过程,不同学生达到各个水平的时间与程度不同。② 澳大利亚学者彼格斯提出的 SOLO 分类理论又称"观察到的学习结果结构",亦是一套源自皮亚杰认知发展阶段论、描述学生学习发展的语言。③ 通过大量测评数据的分析,彼格斯认为学生个体的思维发展过程是逐步进阶的,不同学生的思维水平亦存在层级差异,可以以此作为个体学习质量的评价标准,即 SOLO 五种思维结构水平。④ 在新阶段下,学习质量可视为核心素养培养质量。因此,这种螺旋式、层级化的立体结构能清晰地对应核心素养由量变到质变、思维水平由浅层到深层的复杂过程,从而为学生的学习质量评价"应达到什么目标""目前处于哪种水平"及"该如何发展"提供理论支撑。

(2) 表现水平的描述。各大核心素养具有不同层次的水平划分,划分依据主要是知识运用于情境的复杂程度。⑤ 以地理综合思维为例,它是指人们全面、系统、动态地认识地理事物及现象的思维品质和能力,具体表现为各要素综合、时间与空间综合、区域内部及区际的地方综合三方面的相关思维品质和能力,本质区别于学生处理不同复杂程度的地理信息的认知能力。SOLO 的五种思维水平是依据递增的结构所划分的学习质量水平,本质区别于学生因思维操作和信息复杂程度不同所决定的认知反应水平。因此,在学习质量的水平描述上,信息和问题情境的复杂程度的判定至关重要。

2. 测评目标

不难发现,核心素养背景下用 SOLO 分类方法具体化地理学习质量的水平描述,

---

① 郭玉英,姚建欣. 基于核心素养学习进阶的科学教学设计[J]. 课程·教材·教法,2016(11):64-70.
② 同上.
③ 刘京莉. 以 SOLO 分类为基础的学生学习质量评价初探[J]. 教育学报,2005(4):41-45.
④ 约翰 B. 比格斯,凯文·F. 科利斯. 学习质量评价:SOLO 分类理论可观察的学习成果结构[M]. 高凌飚,张洪岩,译. 北京:人民教育出版社,2010:1-17.
⑤ 王民,张元元,蔚东英,韩琦. 高中地理核心素养水平划分标准研究(连载二)"综合思维"水平划分标准与案例研究[J]. 中学地理教学参考,2017(13):28-31.

具有可行性和必要性,具体可见图 4-5。笔者以地理综合思维为例,将其作为学生地理学习质量的测评目标之一,划分如下 5 个层次。

(1)前结构水平。即无结构,学生对所检测的内容一无所知或不清楚问题所在。在此结构水平上,学生没有形成综合思维。

(2)单点结构水平。学生只能联系单一事件或两个信息单元进行"概括"。在此结构水平上,学生具备低阶水平的综合思维能力:对地理数据类、分布类等封闭式事实性问题,仅能提取地形、气候等基本地理要素的其中一个,或简单分析某两个要素之间的相互关系。

(3)多点结构水平。学生能从多个事件或两个以上信息单元进行"概括",但无法有机整合这些信息。在此结构水平上,学生具备较高水平的综合思维能力:对地理特征类、演变类和规律类等问题,能结合时空视角从多个地理要素相互作用的角度进行描述、分析。

(4)关联结构水平。学生能将多要素进行综合"概括",从而解决具体问题,形成整体思维。在此结构水平上,学生具备高阶水平的综合思维能力:对于特定的地理成因类等问题,学生能从系统的角度综合各要素进行分析,做出合理的地域性解释;对于专题式的人地矛盾类问题,如生态保护、国土整治等,能从要素、时空和地方综合的角度,进行系统分析和评价。

(5)抽象拓展结构水平。学生能超越所给材料,通过演绎、归纳抽象概念,对新情境进行"概括"。在此结构水平上,学生具备专家水平的综合思维能力:对于区域发展或者地方建设等规划类、决策类问题,能从社会、自然等多维度进行综合分析、评价,提出解决方案等。

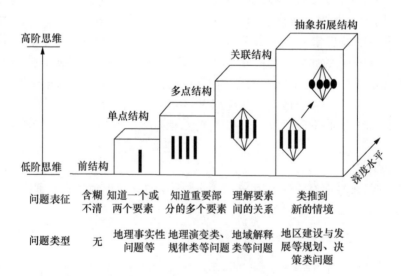

图 4-5 SOLO 思维结构水平及相应的地理问题

(二)新阶段 SOLO 视角下的纸笔测试工具

纸笔测试是学习质量评价的重要手段之一,在考查学生综合思维方面依然具有独特的优势。作为一种测量工具,试题设定刺激情境和规定应答形式,旨在获得被试的应答,并根据应答对考生的某些心理特质方面的表现(如认知、能力等)进行推测。[①]

据此,新阶段 SOLO 视角下的纸笔测试题应以思维立意为试题导向、多样化情境为载体、层次化设问为手段、等级化标准为依据,四者构成指向核心素养目标的有机整体。具体而言,依据课程标准,明确考查的核心素养目标和 SOLO 思维水平,以此统领多样化的情境和层次化设问,并且设计相应的等级化评分标准,最终使评价结果的解释和使用指向评价目标,如图 4-6 所示。

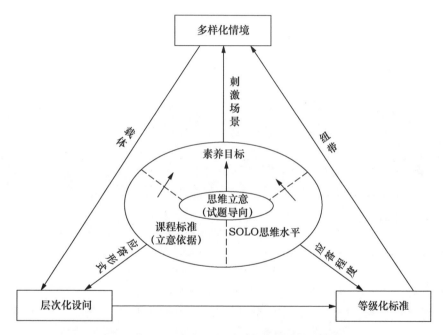

图 4-6 SOLO 视角下指向评价目标的试题构成

(三)新阶段 SOLO 视角下的测试框架与编制过程

新阶段 SOLO 指导下的纸笔考试以核心素养为目标,可操作性强。对于诊断性的单元试题,亦遵循着编制的一般流程,即确定目标→制定细目表、确定试题框架→创设情境和设问→编制参考答案。为使之更具有操作性,我们选取"地球上的大气运动"一单元,依据我国现行地理课程标准制定诊断试题细目表(见表 4-7),并依据细目表进行具体的试题命制。

---

① 雷新勇,周群.试题命制的理论和技术(二)[J].考试研究,2008(2):90-106.

表 4-7 "地球上的大气"单元诊断性试题细目表

内容	内容标准①	具体任务	综合思维测评点	P	U	M	R	EA
大气受热过程	A 运用图表说明大气受热过程	1. 结合生活实例分析大气受热各环节及其作用	多要素联系+时段差异+区际差异			√	√	
		2. 绘制热力环流示意图;说明热力环流的影响	多要素联系+时空运动+区域影响			√	√	
		3. 在水平等压线分布图上比较气压、风向和风力等大小	多要素特征+空间比较		√	√		
大气环流	B 绘制全球气压带、风带分布示意图,说出气压带、风带的分布、移动规律及其对气候的影响	1. 绘制并识记七个气压带和六个风带的名称、特征	单要素特征+空间分布		√	√		
		2. 用地图分析气压带、风带及其移动的特点和影响	多要素特征+时空变化+区域影响			√	√	
		3. 读图表辨别气候类型,并分析其成因与特征	多要素联系+区内分布+区际差异			√	√	
常见天气系统	C 运用简易天气图,简要分析锋面、低压、高压等天气系统的特点	1. 结合实例或图表,辨认常见的天气系统	多要素联系		√	√		
		2. 结合实例或图表分析天气系统等特征及变化规律	多要素联系+时空变化			√	√	
		3. 说明天气或气候变化对生产生活的影响及应对措施	多要素联系+区际差异+区域影响			√	√	√
总计				0	3	9	6	1

注:① A1 等符号可用于题号编码,如 C2 代表考查锋面系统内容任务,前结构在此不再探讨。√代表每个内容可预设题目及期望学生达到的思维结构水平。

② 根据学生认知发展阶段,在高一学生的测试中,多点和关联结构题占较大比例,特别是多点结构题,它能表现学生对众多基本概念的具体理解,而单点和抽象拓展结构题占比例很小。

③ 参照此表,教师可依据学生需要诊断的知识点和能力点进行具体命制,包括题型、情境和问题数量等。

1. 依据具体任务,明确思维立意

立意是试题的导向,强调思维和素养本位。"地球上的大气"单元要求学生能获取气温、气压、降水等多个地理要素信息,结合时空视角从相互影响、相互制约的角度分析大气运动,并能进行简单的地域解释。试题类型应以多点和关联结构为主,设计封闭性的天气事实类、天气变化类问题和半开放的天气地域解释类问题,并可增添部分开放性的决策类问题,以考查学生的要素综合和时空综合思维水平。例如,以 C 天气系统为例,设置如下四道原创题目。

C1.【事实类问题——单点结构】判读该天气系统是_____(冷或暖)气团占主导。

---

① 王民,张元元,蔚东英,韩琦.高中地理核心素养水平划分标准研究(连载二)"综合思维"水平划分标准与案例研究[J].中学地理教学参考,2017,(13):28-31.

该题立意为学生能辨认锋面系统,属单点结构题,对要素综合思维能力要求较低。

C2.【变化类问题——多点结构】根据图,说明该锋面过境前后的天气特点。

该题立意为学生能通过读图分析不同锋面系统及其天气变化特点,属多点结构,强调学生要素综合与时空综合的思维能力。

C3.1【地域解释类问题——关联结构】棉花怕水涝,喜好光照。每年6月,湖北省农业局召开棉花等作物生长汇报工作。请结合大气知识,预测棉花是否会面临威胁,说明你的理由。

C3.2【决策类问题——抽象拓展结构】安徽省某市老农民说:"每年这个时候(指10月下旬),是冬小麦的最佳播种期,但看了这几天的天气预报,我忍不住担忧了。"结合表4-8天气数据和所学知识,为老农民的担忧提出几条应对措施。

表4-8 10月下旬安徽某市天气记录

日期	最高温/℃	最低温/℃	晴雨状况
10月27日星期日	25	20	晴,微风
10月28日星期一	23	17	多云转小雨,微风
10月29日星期二	19	16	小雨转中雨,大风
10月30日星期三	17	13	中雨转阴,微风
10月31日星期四	…	…	…

C3两道题立意为考查学生分析材料,利用天气系统知识解释某地受天气影响的思维能力,强调时空综合和地方综合能力的运用。其中,C3.1需要学生理解天气变化与农作物生长的关系,能对区域要素相互作用进行解释;C3.2在此基础上提出更高的要求,要求学生迁移到新情境,并提出决策建议。

2. 针对不同水平,设计多样化情境

情境是刺激学生提取信息、解决问题的环境与场景,它决定着命题立意的表达程度。由于地理具有很强的综合性和区域性,应根据不同的思维层次和内容要求设置多样化的情境。一般而言,具有一般规律、概括化的学科情境,对学生处理复杂信息的能力要求较低,适用于考查地理概念、特征等中低阶思维或结构良好的问题。反之,去标准化、真实复杂的情境,对学生处理信息的能力要求较高,适用于考查较复杂的地域解释、地区发展等高阶思维或结构不良的问题。

上述四道题目,考查的内容和思维水平不同,创设的情境也不同。其中,前两题考查"冷锋概念和天气特点",情境具有普适性、概括性,读图、绘图即可完成。后两题考查"冷锋对生产生活的影响",情境具有特定性、真实性,需要学生加工多元信息。

3. 深化具体情境,综合分析结构化问题

设问是规定学生作出期待应答的内在形式,它决定着命题立意的实现程度。通过深化同一情境,设置多阶和结构化的问题链,能由浅入深地考查学生多个核心概念

的高阶思维。例如,针对2016年"秋台风"事件,改编原创综合题①如下:

【试题改编】阅读材料,完成下列问题。

材料一 影响我国的台风常发生在7~9月,发源地如图4-7所示。但2016年的几次台风形成在秋季10月,如10月15日的"海马"等,人们把这类台风形象地称为"秋台风"。

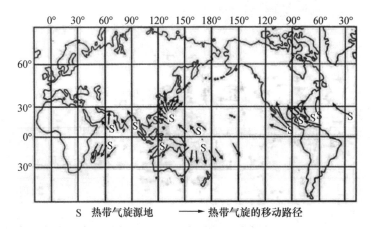

图4-7 世界热带气旋源地分布

材料二 频繁的"秋台风"不仅给我国南方沿海地区造成灾害性的影响,也预示着2016年全球范围的天气和气象异常现象。科学家认为这可能是一次"拉尼娜"事件,具体指热带太平洋中东部的海面温度异常持续降低。赤道附近的太平洋两侧的海水热力差异,使大气形成了热力环流(称沃克环流),从而促成两岸的不同天气,如图4-8所示。

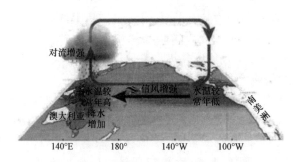

图4-8 "拉尼娜"现象导致的沃克环流

(1)结合材料一,从地理位置的角度,分析我国的台风多产生于"北纬5°~20°之间的热带洋面上"的原因。

(2)结合两则材料,从热力环流的角度,分析"拉尼娜"现象和我国"秋台风"的形成过程。

---

① 王民,张元元,蔚东英,韩琦.高中地理核心素养水平划分标准研究(连载二)"综合思维"水平划分标准与案例研究[J].中学地理教学参考,2017,(13):28-31.

(3) 结合实际,阐述"秋台风"会对我国南方沿海地区造成的影响,并提出应对措施。①

该综合题从学生已掌握的台风基础知识为起点,整合大气环流、天气系统、气象灾害等知识,构成了对同一情境进行深层探究的结构化问题链。它不仅考查学生认知能力,更关注学生能否用所学内容解释生活中复杂地理情境的核心素养,对学生提出了高级思维的要求。其中,前两题分别属于关联结构的中、高层次水平的题,最后一题属于抽象拓展结构的题。

4. 等级化参考答案,对结果进行水平诊断

参考答案是检测学生实际应答与预期应答的差异,它决定着评价结果的合理性和诊断效果,可从标准化走向等级化。对于非简答题,除了要分析答案的对错,还应评估学生该知识点所处的位置,若是多点结构,教师则在教学中加强知识点之间的联系,向关联结构水平迈进。对于简答题,除了按点评分、规范答题,可设置分层的参考答案,具体过程见表4-9。

表 4-9 基于 SOLO 分类理论的等级化评价标准

评价对象	【C3——关联结构】请结合天气系统知识,分析6月棉花生长关键期是否会面临威胁,说明你的理由					
① 明确诊断任务	锋面系统的特点及其对生产生活的影响					
② 描述不同水平的作答反应	水平	前结构	单点结构	多点结构	关联结构	抽象拓展结构
	维度	完全不达标	不达标	基本达标	达标	高于标准
	综合思维	空白卷或回答不会	回答会,但只指出梅雨天气或其中一个特征	回答会,并指出梅雨天气的两个重要特征及其影响	回答会,并整合材料中梅雨天气的两个特征与棉花两个生长习性的关系	回答会,并抽象出天气变化与作物生长的原理,使问题本身得到拓展
③ 配置不同水平的反应案例	答案例子	不会,因为天气热	会,因为受到梅雨影响	会,因为受梅雨影响,多阴雨天,光照不足	会,因为6月长江中下游受梅雨影响,多阴雨天,光照不足,棉花易涝,不易采光	会,因为6月长江中下游受梅雨影响,多阴雨天,光照不足,棉花易涝,不易采光,从而影响作物收成

(四) 可深化的评价理念:SOLO 分类理论对构建学习评价体系的启示

SOLO 分类理论在核心素养导向的学习评价方面具有重大的理论意义和实践价值,笔者就地理综合思维素养提出了一种可能思路,在实践中仍需更加深入地进行探

---

① 试题改编自贺小燕.2016年"秋台风"试题设计[J].中学地理教学参考,2017(3):16-17.

讨,具体包括以下几点。

1. 厘清核心素养各要素间的关系与水平划分

立足真实复杂情境的核心素养目标,应厘清各素养之间的关系,刻画各核心素养的表现水平。"借力"SOLO 分层思想,进一步明确全面核心素养和各子核心素养内部的要素关系,以实现功能耦合。如"风向的判读"内容,结合天气形势、工业布局或城市规划等核心概念,设置多种由简单到复杂的真实情境,以考查学生核心素养的全面发展情况。

2. 规范标准导向的"四位一体"命题流程

科学命题是教师评价素养的核心能力之一。尤其对于新任教师,在面向核心素养培养的测试题编制时应规范化,避免割裂式或填充式的编制。一方面,严格遵循"首定目标、先立意后设问"的整体有序原则,发挥 SOLO 在"立意—情境—设问—参考答案"四位一体的作用;另一方面要灵活处理情境多样化、问题结构化和答案等级化试题的编制。例如,除了传统客观题,可以编制一些具有创新意义的新颖度较高的纸笔测试题。

3. 优选过程与结果结合的多元化评价方式

SOLO 指导下的学习评价具有多元化的评价方式,包括纸笔测试、表现性评价、成长档案袋等。针对地理核心素养导向下的学习评价应优化组合以综合思维为立意的评价方式。因此,将 SOLO 的思维结构评价与纸笔测试、表现性评价相结合,对全面评价学生核心素养发展极具意义。例如,对于学生规划的"家乡工业布局"作品,既可评价学生的思维结构,又可对其反映出的地理观念、实践品质等方面进行评价。

4. 推进体现"学习进阶"的分层评价设计

SOLO 指导下的教学实践强调学习进阶与分层评价。为落实核心素养的教学实践,应研读核心素养在不同学段的学业水平,明确特定内容应达成的教学目标和学业水平表现。例如,根据该评价标准,以某具体课时或主题为例,针对不同学段或不同班级进行分层教学与分层评价的设计,这将是 SOLO 理论落实到具体核心素养培养过程的重要环节。

第二节 地理教学评价的改革与高考试题

一、2011 年高考地理红黑榜[1][2]

红榜(优质题)

(一)选择真实而新颖的试题素材

● 新课标文综卷 10~11 题。

在图(图略)示区域内拟建一座小型水库,设计坝高约 13m。若仅考虑地形因素,

---

[1] 李家清,冯士季.2011 年高考地理试题"红黑榜"[J].基础教育课程,2011(9):12.
[2] 以下案例保留原题叙述,选取部分呈现。——编辑注

最适宜建坝处的坝顶长度约

  A. 15m B. 40m C. 65m D. 90m

  据此完成10～11题。

10. M、N间的堆积物来源于

  A. 坡 B. 河流 C. 沟 D. 原地

11. T设施的主要作用是

  A. 防御坡部位崩塌对铁路的危害

  B. 防御沟部位洪水及泥沙对铁路的危害

  C. 防御河流洪水对铁路的危害

  D. 方便野生动物穿越铁路线

  点评：本题用一幅照片给出了"青藏铁路从拉萨向北上坡段某处的景观"，让考生依据图上信息和所学地理知识，对图中M、N间堆积物的来源、T设施的主要作用等做出判断。从图（图略）上看，T设施正好建于山坡上"沟"与铁路的交接处，其中部为沟槽状，由此可以推断其作用为"防御沟部位洪水及泥沙对铁路的危害"，M、N间的堆积物其实就是山上"沟"中被水流冲刷下来的泥沙。获取这些信息后，答对此题应该不难。

  该试题素材新颖，取材于青藏铁路沿线的真实照片，会让考生觉得真实可信，有亲切感。虽然也有人提出，该题配图不够清晰会影响考生作答。原图不够清晰，这确实是需要改进的地方；但是本题所创设的真实情境，让人见后有"眼前一亮"之感，这一点是非常值得肯定的。

  （二）通过巧妙设问考查学生的野外实践能力

  ● 江苏省地理卷第12题

  某学生骑自行车自甲地向乙地持续行进，进行野外地理考察。该学生利用手持GPS接收机每间隔60秒自动记录一次位置。图5-2（图略）是考察线路地质剖面图，图6-3是GPS所记录的位置分布图。据此回答11～12题。

12. 与图6（图略）相对应的剖面图是

  A. a图 B. b图 C. c图 D. d图

  点评：虽然野外考察是学生学习地理的重要方式之一，但由于多种原因，中学地理教学中对学生野外实践能力的培养被弱化。在纸笔测验中，怎样对学生的野外实践能力进行考查也是一个比较困难的问题。江苏省地理卷第12题，在这一方面做出了一个具有创新意义的尝试。

  观察GPS记录的位置分布图可以发现，位置点之间的距离并不是相等的。其变化情况为：先是非常稀疏，后来变得相对稠密但分布均匀，然后再次变为稀疏，之后位置点变得越来越稠密。由此推断，该学生行进速度的变化情况为：首先速度很快，接着减速后基本匀速行进，紧接着再次加速，其后逐渐减速。仔细观察a、b、c、d四幅图即可发现，它们显示的地质构造完全相同，不同之处在于地表形态。在以"自行车"作为交通工具的情况下，只有d图的地表形态（先下坡，再为平地，接着再下，最后上坡）符合题目要求，即为正确答案。

要正确回答该题目,要求学生首先读懂 GPS 记录的位置分布图,把该图转化为单位时间内行进速度的变化图,之后寻找与之相符的地表形态。该题通过这样的方式,巧妙地联系野外实践活动的实际,考查学生对地形剖面图的理解和运用。

(三)在具体情境中考查学生分析地理问题的能力

● 新课标文综卷第 36 题

依据图文资料及所学知识,完成下列各题。

某岛国人口约 500 万(2009 年),经济发达,淡水资源严重不足。该国国土面积约 640 平方千米,其中主岛面积约 540 平方千米,地形单调,平均海拔不足 15 米,岛上河流最长不足 16 千米。图 6-4(图略)示意该国主岛及位置,图 7-5(图略)为对应的气候资料。

(1)简述该国气候特征,并分析该国淡水资源严重不足的主要原因。(10 分)

点评:该试题的第(1)小题,要求考生"简述该国气候特征,并分析该国淡水资源严重不足的主要原因"。从所给气温曲线和降水量柱状图中,获取相关信息并进行归纳概括,即可得出该国气候特征。分析可以发现,该国每月降水量平均达到 200mm,且年内分布较为平均,即该国淡水资源不足并不是由于降水稀少造成的。根据题目信息,可以从该国地势低平、河流短小、湖泊不多且储水能力弱,以及人口密度大、消耗淡水多等方面来回答。要得到满分,学生必须理清思路,即至少从降水量并不小、陆地储存淡水能力差、生活用水消耗多等三个方面做出合理回答。

该题设置具体情境,考查学生对淡水资源的储存和利用、淡水资源短缺的理解,以及在此情境中分析问题的能力,较好地综合考查了学生分析和解决地理问题的能力。

(四)利用图表考查学生的抽象思维能力

● 安徽省文综卷第 27 题

1—耕地	2—居民地	3—湖泊		
11	33	33	31	11
11	33	33	31	22
31	31	31	11	11
31	31	11	11	11
31	11	11	11	11

图 10

1—耕地	2—居民地	3—湖泊		
11	33	33	31	11
11	33	33	31	22
31	31	31	11	12
31	31	11	11	11
31	11	11	11	11

图 11

图 10 表示辽宁西北部某土地利用的变化,将该区域分为 25 个方格,每个方格中的两个数字按左右顺序分别代表 1979 年和 2005 年土地利用类型,完成 27~28 题。

27. 图示区域土地利用变化会导致
A. 土地次生盐渍化加剧　　B. 空气湿度明显增加
C. 干旱、洪涝频率减小　　D. 水生生物物种增加

点评：乍看此题，可能会以为命题者把简单的问题复杂化了，认为答题时需要对1979年和2005年标号为1、2和3的区域分别进行统计，而后进行比较得出结论。实际上，细读此题可以发现，图中编码为"11""22""33"的地块，分别表示1979年和2005年均为耕地、居民地和湖泊，其土地利用类型没有发生变化。若把1979年标号为"3"（湖泊）的区域圈出来，如图11阴影所示，即可发现原湖泊区域的面积由12个单位缩小为左上角的4个单位，缩小的区域都变成了耕地（标号为"1"）。此外，除了右侧1块耕地变为居民地外，其他没有变动。于是我们可以初步得出结论，该区域最主要的土地利用变化为：原有的大面积湖泊，后来经围湖造田，变为耕地。据此即可判断，A答案为正确选项。

要想在有限的考试时间内高效地作答此题，需要学生有较强的抽象思维和空间思维能力，能够把抽象的土地利用地图在大脑中进行再现，进而认识到土地利用类型发生变化的过程和影响。该题在考查学生的抽象思维和空间思维能力、评价学生对大面积围湖造田后果的理解方面，具有较高的效度。

（五）利用综合题多角度考查学生地理知识和能力

山东省文综卷第26题。

为了解区域自然地理特征并认识自然地理环境对人类活动的影响，某地理实习小组在美国西部地区进行了野外考察。图8（略）提供的是考察路线（R地—旧金山—盐湖城）及周边区域自然地理环境的相关信息。读图回答问题。

点评：试题以在美国西部开展野外考察为背景，给出了考察区域的地图、R地和旧金山的气温和降水资料、内华达山脉的地形剖面图等信息，要求学生归纳R地的气温特点并说明其形成原因；比较内华达山脉东坡和西坡上三个标示位置降水量大小的区别，并说明理由；运用水循环的知识解释大盐湖由淡水湖变为咸水湖的原因；从农业发展的自然条件和适宜开展的农业生产活动两个方面，分析加利福尼亚谷地（北部）与大盆地农业发展的区域差异。

该题通过设置野外考察的情境，试图体现地理知识来源于野外考察等地理实践。试题需要学生具备从图表中获取信息的能力、比较和归纳的能力、运用地理知识对地理现象进行解释的能力、进行地理决策的能力等。考察的知识内容涉及气候（气温、降水等）及其影响因素、水循环的过程和影响、农业发展的自然条件及其对农业生产活动的影响、美国区域地理知识等。

这是一道设计较好的地理综合试题，无论是从考察的知识内容还是能力维度，都涉及多个方面。这样的试题能有效地评测考生对具体区域地理要素关系的理解和区域地理问题的分析能力。

黑榜(有歧义题)

(一)地理探究能力考查不宜"贴标签"

● 天津市文综试卷第4～5题。

某中学地理小组利用图2提供的信息开展探究学习。结合图文资料,回答4～5题。

4. 图中所示的L湖被污染。学生经过分析确定,污染物主要来自
   A. 城镇　　　　　B. 牧区　　　　　C. 林区　　　　　D. 矿区

5. 学生对图2所示牧区分布的影响因素提出四组假设。据图探究,其中正确的结论是
   A. 气候、交通　　B. 土壤、市场　　C. 水源、技术　　D. 地形、人口

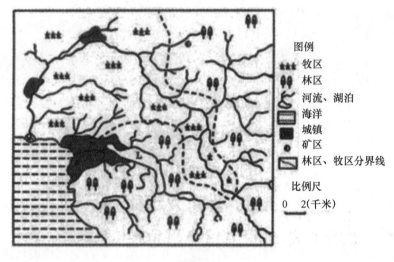

图2

点评:从题干中两次提到"探究"一词不难推断出,该题目试图考查的是学生的地理探究能力,但是题目的实际效度如何,值得我们思索。第4题,题干中以一句"学生经过分析确定"来体现该题的"探究味儿",却没有给出分析的过程和结果。考生如何才能确定污染物来自何处?公布的正确答案为A选项,即污染物来源于"城镇"。若把"城镇"与"L湖"的空间距离较近作为判断的依据,显然是站不住脚的,因为空间距离并不能直接导致因果关系。我们最多只能推测出污染物来自城镇的可能性较大,而是否确实如此,还需要进行进一步的取样和分析,然后根据污染物的成分进行初步判定。

第5题,公布的正确答案为D选项。该题要求考生"据图探究",判断所给四组假设中哪一组是图中牧区分布的影响因素。虽然使用应试时常用的"排除法",当我们首先排除实在无法从图中获取信息的"气候""市场""技术"因素后,只有D选项可以选择,但是"人口"因素是否可以作为牧区分布的影响因素,也值得商榷。因为图中"城镇"所在区域已经明确标注出来,显然,城镇是人口分布较集中的区域,而图中四处"城镇",有两处处于"牧区"之中,两处位于"牧区"之外,据此如何判断牧区分布与

人口的关系呢？从图中看，牧区主要位于地势相对较低的河谷地带，也许把"地形"和"水源"组合后设置为正确选项会更加科学。

这两道题目通过设置情境的方式，试图考查学生的探究能力，此意图值得肯定。但是需要注意的是，并非把"探究"二字放入题干，题目就变成了所谓的"探究题"。在考查探究能力之前，我们必须先弄清楚到底什么是"探究"，以及学生开展探究活动时需要具备哪些能力和素养。在此基础上，选取合适的问题情境进行有针对性的考查，才是地理探究能力考查的可行之路。

（二）基于同一素材的试题不宜相互"嵌套"

浙江省文综试卷1~2题。

表1为2005年联合国城市研究机构发布的关于日本、沙特阿拉伯、泰国、英国等四国的城市化水平表。完成1~2题。

表1

国家	甲	乙	丙	丁
城市化水平	90	83	66	32

1. 甲、乙、丙、丁依次代表的国家是
A. 日本、英国、泰国、沙特阿拉伯
B. 日本、英国、沙特阿拉伯、泰国
C. 英国、沙特阿拉伯、日本、泰国
D. 英国、日本、沙特阿拉伯、泰国

2. 下列关于乙国的叙述，正确的是
A. 人口出生率低
B. 人口集中在东南沿海城市
C. 人口集中在中部平原城市
D. 人口集中在绿洲城市

点评：很容易看出，如果考生无法正确做答第1题，或者说无法判断乙国到底是四国中的哪个国家，那么在做答第2题时就会遇到障碍。

在编制试卷时，一份试卷中各个题目之间不应出现相互提示答案的情况，这一点要求为大多数教育和考试工作者所熟知。但是，题目之间应该保持相对独立性，某道题目无法作答不应影响考生回答其他题目，这一点似乎并没有引起足够的重视。每道题目都有特定的考查目标，如果题目之间相互"嵌套"（正如现在讨论的这两道题目），当面对测试结果时，我们就不能解释考生无法作答的具体原因是什么。以这道题目为例，其正确答案为D（乙国为沙特阿拉伯）。但是，若学生没有正确作答，我们无法判断到底是因为他错把乙国当作了其他国家，还是不知道沙特阿拉伯的人口分布特点和出生率状况。

我国的高考是一种高利害性考试，在这样的考试中，一道题目也许就决定了考生的前途和命运。如果考生恰巧在某一个知识点上存在认知缺失，却由于题目之间存在"嵌套"关系而导致一连串的错误,从而失分过多,实在显得过于冤枉。

(三)应避免高级地理能力的考查目标被庸俗化

海南省地理试卷第24题。

衡山蜿蜒分布于湘江西岸。"祝融峰之高,水帘洞之奇,方广寺之深,藏经殿之秀",被称为"衡山四绝"。古人乘船观赏衡山有"帆随湘转,望衡九面"之说。图10-1(略)示意衡山中心景区。阅读图文资料,简述衡山的优势旅游资源。

点评:所谓"优势",至少需要在二者之间或多者之间进行比较才能够得出结论。题干所给图文信息,只是用文学语言描述了衡山的自然和人文景观特点,考生无法把衡山与其他景点进行比较,恐怕很难确定其"优势"旅游资源是什么。

对于此题,国内各大网站公布的参考答案要点均为"历史名山,是五岳中的南岳(2分);文化底蕴深厚(多古迹、寺庙)(2分);位于亚热带,降水丰富(多流泉飞瀑,多云雾),植被繁茂(观赏植物种类多)(4分);山地景观多样,风光壮丽(2分)。"可以看出,这种答案基本是把题干内容进行了一定程度的提升和概括后,"改头换面",换了一种说法而已。这也印证了笔者的前述论断。换个角度来考虑,若将该题设置的问题去掉"优势"二字,改为"衡山有哪些旅游资源?"是否也可以用上述几个要点来回答?

空间性是地理科学的重要特点之一。旅游资源空间分布的地域差异,是导致各个旅游景点具有各自独特优势旅游资源的最根本原因。对地理事物空间分布、空间联系和空间变化等进行解释,既是地理科学研究应该关注的问题,也是学生在地理学习过程中应该培养的重要能力之一。在纸笔测验中对这种能力进行考查,需要给予学生进行分析时可能借助的足够信息,以避免预设的能力考查目标实际上被庸俗化,沦为对记忆能力甚至是转换题干文字表述能力的考查。

就本题而言,若能给出2~3个景点的资料,要求考生对比分析其中某个景点的优势旅游资源是什么,也许更能考查学生的地理分析能力。

(四)理科内容不宜作为文科综合卷的考点

● 山东省文综试卷第31题。

图12-2(略)为1969—2008年山西省长治市寒潮发生总次数等值线图。请读图回答问题:

(1)指出该区域寒潮发生总次数的空间分布特征,并说明该特征形成的主要影响因素。(8分)

(2)当地菜农在寒潮到来之前,采用浇水的方法来防御寒潮对蔬菜的冻害,其中的原理是什么?(2分)

点评:第(2)题的答案是:首先,水的比热容较大,浇水后可以降低地表温度的下降速度,从而减轻冻害;其次,浇水后近地面空气的湿度增加,空气中的水汽凝结时会放出热量,从而减轻冻害。

作为众多高考科目中的一个,文科综合能力测试有区别于其他考试科目的独特考查目标。该题答案涉及的水的比热容、水汽凝结放热等知识,都是初中物理课程的内容。在文科综合能力测试中设置了一道几乎完全用理科知识来解决的问题,这种做法是否合适值得商榷。

(五) 部分填空题的设计有待改进

江苏省地理试卷第30-A题。

阅读材料,回答问题。(10分)

材料一:图22-3(略)为太平洋西部部分海域海洋初级生产力分布图。

材料二:海洋初级生产力是指浮游植物、底栖植物及自养细菌等通过光合作用制造有机物的能力,以每年单位面积所固定的有机物或能量来表示。海洋初级生产力主要受光照、温度、营养盐、海水垂直运动等因素的影响。

材料三:海洋初级生产力决定了鱼虾蟹等海洋生物饵料的多少,进而影响海产品产量的高低。

(1) 图示海区海洋初级生产力的分布特点是_____。(2分)

(2) E地海洋初级生产力高的原因是,位于长江口附近,海水中的①_____较为丰富;海底地形类型是②_____,深度较③_____,④_____较为充足。(4分)

(3) ①②⑤地中,渔业资源最丰富的是_____地,原因是_____。(2分)

(4) 沿海易发生赤潮,其危害是_____。(2分)

点评:对这道题,命题者预先对E地海洋初级生产力高的原因进行了解释,然后将该解释中的部分关键词隐去,留出空缺,要求考生补充完整。下面具体谈一下对第(2)题设计的看法。对于第②处空缺,要求考生填写该处的海底地形类型,在一定程度上能够考查考生对海底地形分布情况的了解。而对于第①④两处空缺,到底该填什么呢?是否所给参考答案即为唯一正确答案呢?试想一下,若在①处填入浮游植物、底栖动物或者自养细菌,甚至某一具体浮游植物的名字,在文字逻辑上是否也算通顺?是否也能作为E处海洋初级生产力高的原因?此外,若将①④两处的答案互换,难道会对题干原意产生很大影响吗?

类似这种补充句子的填空题,要求考生填入的仅仅是1～2个简单的词汇,若设计良好,就容易保证评分的客观性。而对于第(2)题①④两处填空来说,因为上下文对其内容的限制性不强,导致多种填答方式都可以完成语句的逻辑关系,并形成对海洋初级生产力的解释。这样就会给评分工作带来很大的难度,若评分时死扣参考答案,就可能造成很多考生的无谓失分。从考生的角度来说,他们明明知道这样的题目有一个预先制定的"标准答案",为了得分,就只能费尽心思去猜测命题者的意图。这样,测评能力的高考考场,就变成了考生与命题者打心理战的"战场",这恐怕是谁也不想看到的。

另外,第(2)题第③处空缺,根据文字逻辑关系,只能填"深"或"浅"字,猜对的概率可以达到50%。这样的情况,在编制填空题时也应尽量避免。

二、2013年全国高考地理试题错误异议[①]

纵观近年来高考地理试题,试题的选拔性、公平性、创新性得到了充分体现。地

[①] 张继武,李家清.2013全国高考地理试题错误疑议[J].考试(理论实践),2014(12):48-49.

理试题的命题能紧紧围绕高考考纲中提出的"获取和解读地理信息""调动和运用地理知识""描述和阐释地理事物""论证和探讨地理问题"四项考核目标与要求,运用多种设问的形式和角度设问。地理考试大纲和新课程标准试题新颖,生活性、应用性、时代性、导向性强,体现了新课程理念、彰显了地理学科特色,获得广大地理教师和教研工作者的一致好评。但笔者对近年来高考试题的研究过程中发现,有部分省市的地理高考试题存在命题不规范、不严谨,甚至出现一些科学性的错误。现列举部分例子进行异议。

【疑义案例一】绘图错误

案例:2013年普通高等学校招生全国统一考试(江苏卷·地理)

图14是2013年5月15日14:00欧洲部分地区海平面等压线分布图,图15是①②两种气候类型的气温与降水量图。读图回答25～26题。

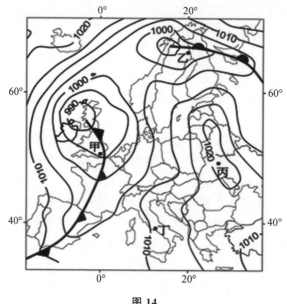

图14

25. 甲、乙、丙、丁四地天气状况及其成因的描述,可信的有
   A. 甲地阴雨,受冷锋影响
   B. 乙地降雨,受暖锋影响
   C. 丙地晴朗,受反气旋影响
   D. 丁地强风,受上升气流影响

【命题立意】本题考查等压线图中各种天气系统的判读和常见的天气系统过境前、时、后的天气状况。

【解题思路】根据等压线分布状况及图中锋面符号,甲地为冷锋锋后,冷气团一侧,为阴雨天气,故选A;乙地为暖锋锋后,暖气团一侧,为晴朗天气,故排除B;丙地为高气压中心,盛行下沉气流,天气晴朗,故选C;丁地等压线较稀疏,且水平气压存在差异,因此该地有风,气流水平运动,故排除D。

【答案】25. AC

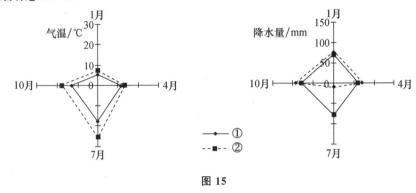

图 15

26. 图15所示①②气候类型与图14中甲、乙、丙、丁四地气候类型相符的有
A. ①—甲 B. ①—丙 C. ②—乙 D. ②—丁

疑义体现在:绘图错误,即图15右图中的线条绘制出现错误。图例规定带菱形的实线代表气候类型①,带小方框的虚线代表气候类型②。但在反映①②两地降水量变化的右图中,把代表气候类型①的带菱形的实线却绘成带小方框的实线,代表气候类型②的带方框的虚线绘成带菱形的虚线。这样的绘图错误,很容易误导考生而引起对①②两地气候相关信息的误判。这对考生的审题、答题以及地理高考成绩的影响就可想而知了,另外,这也会使这套题的效度和信度大打折扣。高考关乎千万高考学子的学业前途,试题的权威性、科学性、严谨性应毋庸置疑。但作为高考大省、文化强省的江苏省在"2013年普通高等学校招生全国统一考试(江苏卷•地理)"中出现如此低级的绘图错误,笔者认为实在不应该。

修正后的降水量月分配坐标图如右图(图略)所示。

【命题立意】本题考查雷达图的判读和气候类型的判断及其分布。

【解题思路】本题考查气候类型特征及其分布。

从图15(图略)的左图气温曲线可以看出,①②两地均位于北半球,且最低月气温大于0℃,为亚热带地区或温带海洋气候。结合图15右图的降水状况,①降水较为均匀,因此为温带海洋性气候,主要分布在40°~60°大陆西岸,甲位于英国附近,故A正确;而丙地处大陆内部,为温带大陆性气候,故排除B选项;②为冬雨型气候——地中海气候,主要分布在30°~40°大陆西岸,典型分布区为地中海沿岸,乙处为波罗的海沿岸,纬度高于60°N,为温带大陆性气候,故排除C;丁地地处意大利沿海,为地中海气候,故D正确。

【答案】26. AD

【疑义案例二】有些高考试题的参考答案表述不严谨、不科学

案例:2013年普通高等学校招生全国统一考试(新课标全国卷Ⅱ•文科综合)

43. (10分) 自然灾害与防治

阅读材料,完成下列要求。

经过长期的农业生产实践,我国各地不同农作物的播种、收获等的时间相对固定,否则会影响农作物的产量和质量。2013年4月,东北地区持续低温,大田春播时间普遍比常年推迟7～10天。

分析4月份持续低温对东北地区农作物产量和质量的影响。

【命题立意】以文字为信息载体,考查自然条件(灾害性天气)对农业生产的影响。试题以能力立意为主,命题者通过此题的立意旨在体现学习对生产生活有用的地理,关注农业生产、关注粮食问题。试题难度:中等。解题关键:文字信息的提取和农业生产的特性。

【解题思路】农作物的生长和农业生产具有季节性和周期性,不违农时是各地农业生产中必须坚持的原则,否则会影响农作物的产量和质量。东北地区纬度高,无霜期短,只有一年一熟。春季气温持续偏低,导致春播推迟,意味着适宜农作物生长的时期(气候生长期)会缩短7～10天,扰乱了农作物的正常生长周期。在当年霜冻之前可能不能成熟或成熟程度不够,从而导致农作物的产量和质量下降。

【参考答案】东北(农作物春播秋收,一年一熟)适宜农作物生长的时间较短(2分)。春播推迟7～10天,即农作物生长期缩短了7～10天(3分);错过适宜的播种期,扰乱了农作物正常的生长节律(3分)。所以,农作物的产量会减少,质量会降低(2分)。

疑义体现在:参考答案中有关农作物生长期的表述,不严谨、不科学。

关于生长期的概念的界定。

生长期:是指一年中植物显著可见的生长时期,生长期与温度条件有着密切的关系,农作物在一定的温度以上可继续生长的期间就称为生长期。通常,以日平均气温5℃作为界限。生长期应包括气候生长期和作物生长期。

气候生长期:是指农作物能够活跃生长的持续时期,与积温有关,成正相关。如热带地区,适宜农作物种植的气候生长期长,农作物可一年三熟。而中温带或寒温带,气候生长期短,农作物则一年一熟。气候生长期更短的则无农作物分布。

作物生长期:是指作物从播种到成熟所需要的时间,也就是作物完成一次生命活动的生命周期,与积温呈负相关。积温越高的地区,作物从播种到收获的时间越短,即作物的生长期就越短。反之,作物的生长期就越长。

气候生长期与作物生长期的关系:

气候生长期长的地区,一般作物的生长期短;气候生长期短的地区,一般作物的生长期较长。如我国南方地区,积温高,适宜农作物的生长时间长(即气候生长期长),由于水热条件好,农作物生长成熟快,农作物生长发育成熟的周期则较短(即作物生长期短),故一年农作物可二到三熟。而我国的东北地区、青藏高原河谷农业区、宁夏平原、内蒙古河套平原等地区,由于这些地区积温低,适宜农作物的生长时间短(即气候生长期短),只能满足一年一熟,农作物从播种到成熟所需要的时间则较长

(即作物生长期长)。而且农作物的有机质积累多,品质好,如宁夏大米和东北大米品质一般好于我国南方的大米。

笔者认为:参考答案"春播推迟7～10天,即农作物生长期缩短了7～10天",表述不科学规范,易产生歧义,这可能是高考试题命题者把气候生长期和作物生长期混淆所致。由于东北地区持续低温,使"春播推迟7～10天",会使适宜农作物的生长时期(气候生长期)相应缩短,从而使农作物的生长期和成熟期也相应会推迟7～10天,甚至更长,农作物的收获期也相应延迟。但不能使某种农作物的生长期(从播种到成熟所需要的时间)会缩短。在一定的气候条件下,某种农作物从播种至成熟,其生长期一般是一定的。故播种一旦推迟,只能使农作物的生长发育直至成熟也相应地延迟。正因为2013年4月,由于东北地区持续低温使农作物的播种推迟以后,扰乱了农作物的正常生长周期,农作物还没成熟时,易遭受深秋季节的寒潮、低温冻害,使农作物减产甚至绝收。这也是农业生产具有季节性特点的体现。因此,笔者认为:参考答案"春播推迟7～10天,即农作物生长期缩短了7～10天"应改为"春播比常年推迟7～10天,从而使适宜农作物生长的时间相应缩短了7～10天"。

修改后表述科学规范的试题参考答案为:东北(农作物春播秋收,一年一熟,)适宜农作物生长的时间较短(2分)。4月份的持续低温,春播比常年推迟7～10天,从而使适宜农作物生长的时间相应缩短了7～10天(3分);错过适宜的播种期,扰乱了农作物正常的生长节律(收获延迟,农作物易受秋季低温冷害影响)(3分),所以会影响农作物的产量和质量(2分)。

高考关乎"民生",具有巨大的社会影响力,相信各省教育主管部门对命题工作是百分之百重视的,应力求命题严谨、科学。其实,高考命题的科学性、严谨性一直是个颇具争议的话题,难有定论,而出现在试题中的低级硬伤,则往往只能从态度、从责任心方面找原因了。既然高考试卷命题有"漏洞",说明命题流程在规范之外,还有不够严谨细致之处。希望高考命题屡屡出错的情况能倒逼今后命题工作更加规范严谨细致,使高考命题真正体现出应有的专业精神与责任意识,对得起它所承载的社会期盼。

第五章 地理教师专业能力发展与测评研究

古人云"国将兴,必贵师而重傅,贵师而重傅,则法度存"(《荀子·大略》)。

历来我国就把"尊师重教"作为事关国家兴衰存亡的大事、国事来看待。进入新时期,国家把加强教师队伍建设提高到了前所未有的高度,出台了《关于全面深化新时代教师队伍建设改革的意见》等一系列政策文件;颁布了《中学教师专业标准(试行)》等一系列标准;进行了资格考试、本科评估、师范专业认证等一系列质量检测,旨在从源头上提升教师队伍教书育人的能力水平。"地理教师专业能力发展与测评研究"这一章,选取了2011—2021年间发表的9篇文章,这些文章走进政策、解读标准、探析机理、诊断教学,为专家型地理教师的有效培育谈思想、献策略、讲方法、助启迪!

"引领教师教育改革 促进地理教师专业发展"解读了师德为先的教师性特征、学生为本的教学性特征、突出能力的实践性特征、强调终身学习的发展性特征、整体联系的结构性特征,深刻论述了《中学教师专业标准(试行)》引领教师教育改革和地理教师发展的路向,为培养不断适应时代发展和不断超越时代挑战的地理教师队伍做了有益探索。"论基于《专业标准》的职前教师专业能力形成机理""创新地理教学论课程模式 培养专家型地理教师"有力回应了如何培养教师、培养什么样的教师的哲学命题。教育实践能力是职前教师必备的专业素养,是不可或缺的,它是教师在复杂的教育实践情境下,面对解决教育教学问题和完成教育教学任务时应具备的能力和应达到的水准。"职前教师教育实践能力动态评估的实验研究和启示"采用动态评估模式,对职前教师"实习初""实习中""实习末"三个时间节点进行实验研究,诠释了职前教师教育实践能力的发展变化机理,为教师教育提供了方法参照,研究结论发人深省。

课程论专家指出,课程的研究和发展是教师的责任,教师要构建理论,做课程的学习者、研究者和开发者。成功的课程改革必须鼓励教师参与,认同改革理念、参与改革过程,在改革中学习和成长,才能实现真正的改革。我国基础教育课程改革要求充分培育教师课程能力并充分发挥教师作为学校课程建设的主体力量。"教师课程能力评价指标体系的建构研究""职前教师教育实践能力动态评估的实验研究和启示""教师课程能力评价指标体系的建构研究""中小学教师资格考试教育教学实践能力考查指向探析——以地理学科为例"通过定性梳理、定量分析,构建了教师课程能力指标体系,为教师专业能力精准发展、有效厘定、客观诊断提供了行动方案、实操工具。

当下,我国教师教育改革正在迈着强有力的、坚定的步伐朝着标准化、专业化的时代前进。探讨教师教育如何成为教育事业的"工作母机",如何挖掘提升教育质量的动力源泉是国家、社会赋予地理教育研究工作者的使命。教师教育改革的新征程已经开启,乘风破浪潮头立,扬帆起航正当时,为培养德才兼备、引领国家基础教育发展的教育家型地理教师,我们已做好准备!

(注:本章卷首语作者常珊珊,师从李家清先生攻读硕士学位、博士学位,现为华中师范大学城市与环境科学学院副教授、地理科学系主任。)

第一节 地理教师关键能力及发展指向

一、引领教师教育改革 促进地理教师专业发展[①]

——《中学教师专业标准(试行)》解读

2011年12月,教育部颁发了包括《中学教师专业标准(试行)》(以下简称《专业标准》)在内的幼儿园及中小学教师相关专业标准的征求意见稿。这与教育部先后颁发的《教师教育课程标准(试行)》《中小学教师资格考试标准》及"国培计划"课程标准(试行)》等共同构成了引领教师教育改革,促进教师专业发展,并以《专业标准》为核心的系列政策文件。

《专业标准》是落实教育规划纲要中"严格教师资质,提升教师素质,努力造就一支师德高尚、业务精湛、结构合理、充满活力的高素质专业化教师队伍"的重要举措。

《专业标准》是中华人民共和国成立以来,第一个明确教师专业发展要求,健全教师专业管理制度的政策性文件。《专业标准》的政策实践,必将开启教师教育改革与教师专业发展的新时代。

认识《专业标准》的时代背景,解读《专业标准》的基本内涵,谋划教师教育改革思路,理清教师专业发展方向,是新时期我国教育改革的重要任务。

(一)《专业标准》的时代意义

1. 契合教师专业发展的国际潮流

1966年,联合国教科文组织与国际劳工组织在《关于教师地位的建议》中首次提出:应把教师职业作为专门职业看待。20世纪80年代以来,研究和制定教师专业标准就成为世界教师教育改革与教师专业发展的重要潮流。例如,2003年,美国新泽西州从学科知识、人的成长与发展、多样化的学习者、教学计划与策略、评价、学习环境、特殊需要、沟通与交流、合作与伙伴关系,以及专业发展等方面制定教师专业标准。又如,2007年,英国的教师专业标准包括专业品质、专业知识与理解、专业技能等内容。综览世界许多发达国家,大多从专业知识、专业实践能力、专业品质、专业关系协调能力等维度确立教师专业标准。

我国的《专业标准》是在国际比较、科学调查、课题研究、征求意见和专家审定的基础上制定的,它契合了国际教师专业发展潮流。

---

① 李家清,龙泉.引领教师教育改革 促进地理教师专业发展——《中学教师专业标准(试行)》解读[J].中学地理教学参考,2012(9):2-4.

2. 反映教师专业发展的时代诉求

在我国,各个时期教师资格制度的共同特征是:要求新任教师应是师范院校毕业生。教师资格是指教师任职所需达到的学历与道德修养及能力标准。1986年颁布的《中华人民共和国义务教育法》中规定:"国家建立教师资格考核制度,对合格教师颁发资格证书"。这是中华人民共和国成立以来首次以法律的形式明确规定教师资格的标准,也是国家对教师实行的一种法定的职业许可制度。1994年1月1日起实施的《中华人民共和国教师法》(以下简称《教师法》)从法理上确立了教师的资格、聘任、培养、培训、考核等一套法律制度。《教师法》对于提高教师的社会地位和待遇,维护教师的合法权益,调动广大教师教书育人的积极性产生了重大影响;对于教师队伍建设走上规范化、法治化的轨道也具有重要意义。

社会不断前进,教育不断发展,对教师专业素养的要求也在不断提升。《专业标准》明确规定的职业道德,必备的专业知识、专业技能等教师专业素养,不仅为教师资格的认证提供了政策依据,体现了《教师法》的法律精神,还为教师教育改革和教师发展指示了方向,反映了教师专业发展的时代诉求。

(二)《专业标准》的主要特征

1. 师德为先的教师性特征

教师性是教师区别于社会其他专业或职业的基本属性。"古之学者必有师。师者,所以传道受业解惑也。"《师说》中阐明教师的基本职责应为"传道、授业、解惑",今天,"传道"仍是教师的首要任务。教师要担当起"人类灵魂工程师"的社会职责,这是社会对教师的殷切期望和崇高信任。

教师性是《专业标准》的首要特征,《专业标准》提出"师德为先"的理念,突出师德要求,强调教师要履行职业道德规范,要认同中学教师的专业性和独特性,理解中学教育工作的意义;要贯彻党和国家的教育方针政策,遵守教育法律法规;要增强教书育人的责任感和使命感;要热爱中学教育事业,具有职业理想,践行社会主义核心价值体系;要关爱中学生,尊重中学生人格,富有爱心、责任心和耐心;为人师表、教书育人、自尊自律,以人格魅力和学识魅力教育和感染学生,真正成为中学生健康成长的指导者和引路人。

2. 学生为本的教学性特征

学校教育是为了培养人和为了人的发展。教师是由于学生的成长需要而形成的一个专业。《专业标准》提出"学生为本"的理念,指出了教学工作的基本取向。"学生为本"就是以学生的发展需要为本,这既是教学工作的起点,也是教学工作的追求,要贯穿教学工作的始终。《专业标准》要求教师要遵循中学生身心发展特点和教育教学规律,促进中学生生动活泼地学习、健康快乐地成长、全面而有个性地发展。"学生为本"就是强调学生主体地位,要求教师要尊重并关爱学生,充分发挥学生的主动性;为学生提供适宜的教育,促进每个学生主动、活泼地发展。"学生为本"就是要尊重中学生独立人格和个体差异;主动了解和满足中学生的不同需要,营造良好的学习环境与氛围,激发并保护中学生的学习兴趣;充分运用教学评价工具,采取多元评价方法,多视角、全过程评价学生,鼓励学生充满自信地发展。

3. 突出能力的实践性特征

教师的基本工作是教学。教师教学实践的工作能力直接关系教学质量、关系学生发展的质量。

《专业标准》十分强调突出实践能力,要求教师要把学科知识、教育理论与教育实践相结合,不断研究、改善教育教学工作,提升专业能力。《专业标准》通过教学设计、教学实施、班级管理与教育活动组织、教育教学评价、沟通与合作、反思与发展等领域,要求教师的教学能力能落实在科学设计学科教学目标和教学计划上,合理利用学科教学资源和方法设计教学过程,有效实施教学;通过启发式、探究式、讨论式和参与式等多种教学方式,有效调控教学过程,引发中学生独立思考和主动探究,发展学生的创新能力;将现代教育技术手段渗透到教学中;有效管理和开展班级活动,妥善应对突发事件;主动搜集分析相关信息,不断进行反思,改进教育教学工作。

4. 强调终身学习的发展性特征

教师发展更多的是指教师专业水平的进步和提升过程。《专业标准》强调学习的发展性特征主要体现在:通过规定和基本要求,引导教师在"专业理念与师德""专业知识"和"专业能力"这"三个维度"上不断进步,不断适应社会和教育的发展。如在个人修养与行为领域,要求做到乐观向上、热情开朗、有亲和力;善于自我调节情绪,保持平和心态;勤于学习,不断进取。在教育教学评价领域,要求做到自我评价教育教学效果,及时调整和改进教育教学工作。在沟通与合作领域,要求做到与同事合作交流,分享经验和资源,共同发展。在反思与发展领域,要求制订专业发展规划,不断提高自身专业素质,坚持实践、反思、再实践、再反思,不断提高专业能力;要优化知识结构,形成终身学习与持续发展的意识和能力,做终身学习的典范。

5. 整体联系的结构性特征

结构性是指系统中各组成要素之间相互联系与相互作用的方式。结构性标志着系统组织化、有序性的程度。《专业标准》内容由"基本理念、基本内容、实施建议"三个部分组成,形成密切联系的整体,体现出明显的结构性特征,具有良好的内在逻辑关系。

"学生为本、师德为先、能力为重、终身学习"的基本理念,为基本内容中的"专业理念与师德""专业知识"和"专业能力""三个维度"的规范确立指出了方向,为实施建议提供了依据。专业知识是专业能力的基础;专业能力的实践过程又是专业理念与师德及专业知识的重要体现。

《专业标准》的每个"维度"由"领域"和"基本要求"组成,体现出组织化和有序性。如"专业理念与师德"维度分解为职业理解与认识、对学生的态度与行为、教育教学的态度与行为、个人修养与行为等子维度。"专业知识"维度分解为教育知识、学科知识、学科教学知识和通识性知识等子维度。"专业能力"维度分解为教学设计、教学实施、班级管理与教育活动组织、教育教学评价、沟通与合作以及反思与发展能力等子维度。

系统的层次性原理表明,组成系统的诸要素存在种种差异,包括结合方式上的差异,从而使系统组织在地位与作用、结构与功能上表现出等级秩序性,形成了具有质的差异的系统。《专业标准》具有层次性特征，既表现在同一维度有多个领域要素，又体现在同一领域包含几个不同水平层次的基本要求，具有丰富性和多样性，为更好地发挥《专业标准》的功能提供了条件。如职业理解与认识领域包括：贯彻党和国家教育方针政策，遵守教育法律法规；理解中学教育工作的意义，热爱中学教育事业，具有职业理想和敬业精神等。学科教学知识领域包括：掌握所教学科课程标准，掌握所教学科课程资源开发的主要方法与策略；了解中学生在学习具体学科内容时的认知特点；掌握针对具体学科内容进行教学的方法与策略。

（三）《专业标准》的核心功能

实施《专业标准》将是我国教师教育和教师专业发展的一次非常重要的制度改革。《专业标准》具有多种功能，重点体现在教师队伍建设，教师培养、准入、培训、考核、管理等方面。

1. 教师队伍建设的依据

《专业标准》是中学教师队伍建设的基本依据。教师队伍建设是关系到高质量教育目标能否得以实现的基础性工作。建设一支什么样的队伍，以及如何建设一支教师队伍，一直是我国各级教育行政部门教师队伍建设工作的重大命题和主要任务。各级教育行政部门将"充分发挥《专业标准》引领和导向作用，深化教师教育改革，建立教师教育质量保障体系"，"形成科学有效的中学教师队伍管理和督导机制"，"制定中学教师聘任（聘用）、考核、退出等管理制度，保障教师合法权益"，建成满足教育发展需求的高水平的教师专业队伍。

2. 教师教育培养的依据

《专业标准》是中学教师教育院校开展中学教师培养和教师培训的主要依据。在我国开展中学教师培养、培训的院校主要是师范院校。师范院校要以《专业标准》为依据，深入研究中学教师职业特点，加强中学教育学科和专业建设；完善中学教师培养、培训方案，科学设置教师教育课程，改革教育教学方式；重视中学教师职业道德教育，重视社会实践和教育实习；加强从事中学教师教育的师资队伍建设，建立科学的质量评价制度。

3. 教师队伍管理的依据

《专业标准》是进行教师管理的重要依据。管理出质量，管理出效益。《专业标准》强调中学要制订中学教师专业发展规划，注重教师职业理想与职业道德教育，增强教师育人的责任感与使命感；开展校本研修，促进教师专业发展；完善教师岗位职责和考核评价制度，健全中学绩效管理机制。

4. 教师自身发展的依据

《专业标准》是中学教师自身专业发展的基本依据。《专业标准》强调中学教师要"制订自我专业发展规划，爱岗敬业，增强专业发展自觉性；大胆开展教育教学实践，不断创新；积极进行自我评价，主动参加教师培训和自主研修，逐步提升专业发展水平"。

（四）《专业标准》引领的教师教育改革路向

师范院校要以《专业标准》为依据，确立教师教育改革的基本路向，将《专业标准》

中"学生为本、师德为先、能力为重、终身学习"的基本理念贯穿在教师培养的课程设置、教学改革、社会实践、教育实习、教师教育的师资队伍建设等系列改革中,造就符合《专业标准》的大批新型教师和创新人才。

1. 加强对中学教师专业性的认同,理解中学教育的独特内涵

师范生是未来的中学教师,是担当未来教育活动的主力军。教育活动旨在教人为善,教人做人。教师在教育过程中不但要以言立教,而且要以身立教,要以教师高尚的人格与良好的行为,激励和感召学生的心灵世界。

加强师范生对中学教师专业性的认同,理解中学教育的独特内涵是师范教育的首要任务。要通过教育学、心理学等教师教育教学内容,密切联系教育实践;要通过多种教育活动,发挥卓越教师、模范教师的职业榜样引领作用,开展教师形象与定位的讨论与研究性学习,让教师专业的独特性在理性上真正走进师范生的心灵世界,自觉形成中学教师的专业取向。

2. 科学设置教师教育课程,改革教育教学方式

近年来,在基础教育课程改革的拉动下,师范院校的教师教育课程设置在促进师范生发展方面取得了许多突破。师范院校本科课程改革的深度推进还要以《专业标准》为依据,遵循教育部颁布的《教师教育课程标准(试行)》,参考《中小学教师资格考试标准》及"国培计划"课程标准(试行)》,理顺必修课程与选修课程的关系,更加科学地设置教育学、心理学、教师学、教师口语、学科教学论、教育技术学等教师教育课程,发挥教师教育课程的育人功能。

目前,讲解—接受为主的教学方式仍然是师范院校的主要教学方式,教育教学方式的改革,要以《专业标准》为引领,通过建立一系列机制、体制进行引导,倡导多种教学方式走进课堂,将参与式学习、讨论式学习、案例式学习、探究式学习、自学辅导式学习、研究性学习等方式,与讲解—接受的教学方式相结合,提高教学质量。

3. 重视社会实践和教育实习,突出教师能力培养

教书育人的能力是教师有效地履行教师职能,对教育事业有所建树的基本条件。提高师范生的教学实践能力、教书育人能力一直是师范院校办学的基本目标。近年来,师范生的教师能力培养在师范院校得到进一步的重视,取得了显著成效。突出师范生的教师能力培养还要以《专业标准》为依据,更加重视社会实践和教育实习(在广度和深度、质量与效益上仍有很多空间),积极探索师范生教师能力的有效培养机理、机制,建立科学的师范生教师能力评价标准体系,提高师范生教书育人的能力。

4. 加强从事中学教育的师资队伍建设,建立科学的质量评价制度

学科教学论教师队伍是师范院校从事中学教师教育的主要队伍。他们处在师范院校教育教学与中学教育实践转换的节点。学科教学论课程是一门兼具理论性、实践性、跨学科性的综合课程。它既是体现学科教师教育特点的必修课,又是直接反映基础教育新课程改革要求的重要载体。它和其他层面的课程有机配合,担负着培养高素质教师的重任。学科教学论具有"学科性和教育学科性"双重性质,既不能在学科中找到应有的学术地位,又不能很好地在教育学科中找到应有的学术地位,特别是高校在学科建设上的投入力度,远远不及其他课程。导致学科教学论课程在高校课程中的学术地位普遍不高,以致学科教学论师资队伍建设存在诸多问题。

《专业标准》要求加强从事中学教育的师资队伍建设,建立适合学科教学论专业特点的评价标准和体系,以科学有效的评价方式,引导学科教学论教师不断提高研究的层次和服务基础教育工作的水平;构建学科教学论教师专业发展平台,促进学术交流,凝聚研究力量,不断提升自身专业发展水平,发挥学科教学论教师队伍在教师教育中的重要作用。

(五)《专业标准》指导下的地理教师发展

一次职前的专业教育无法满足一名教师近四十年教学生涯的全部专业知识、技术、理念和素养需求。教师需要终身的专业学习和发展,更需要有效、简便的专业发展策略。《专业标准》的实施,既是地理教师发展的机遇,在促进自身专业化的发展中提升地理教育的功能,也是对地理教师的挑战,教师必须树立终身学习的基本理念,完善知能结构,增强研究能力,不断适应和超越,为地理教育做出应有的贡献。

1. 树立终身学习的基本理念

教育实践表明,课程改革需要教师以全新的理念和方法去实施,社会变化和市场经济影响下的学生和家长向教师提出了各种挑战,新技术革命为教师带来了新工具、新技术,同时也向我们的教育教学提出了新要求。地理科学的新进展、地理课程改革实践的深度推进、社会对地理教育质量要求的不断提高等,都需要地理教师不断提升专业素养,积极解决地理教育实践中的新问题。

《专业标准》的实施,是地理教师专业化时代的开启。它既是教师个体专业水平提高的过程,又是教师群体为争取教师职业的专业地位而进行努力的过程。就个体而言,教师专业生涯研究表明,教师专业成长是终身的发展过程,是职前教育、新任教师培养和职后培训一体化的过程,在不同时期有着不同的发展需求。[①] 树立"终身学习"的基本理念,是地理教师实践《专业标准》,不断学习,形成持续发展的意识和能力,做终身学习的典范的必由之路。

2. 完善地理教师的知能结构

教育改革的实践使人们认识到:"一切教育努力最终赖以成功的正是教师的个人品质和性格、他的学历和专业能力"[②]。随着地理课程改革实践的深度推进,地理教师完善知能结构是专业化过程中的重要任务。就目前而言,既要关注地理科学的新进展,更新地理科学知识(理论、技术、方法),又要在学习课程知识方面多下功夫,改变过去单纯的、过于重视地理教科书的地理知识学习研究,向学习一定的地理课程理论知识,学习研究和掌握初、高中地理课程标准,学习研究和掌握地理课程资源开发的主要方法与策略等方面转变。在完善能力结构方面,要努力提高针对地理学科教学内容的认知、针对地理学科内容进行教学的方法与策略的实践能力,尤其是要努力

---

① 陈永明.现代教师论[M].上海:上海教育出版社,1999:16.
② 王长纯.简论当代教师教育发展的基本特征[J].外国教育研究,1996(6):1.

提高具有地理学科教学特色的启发式、探究式、讨论式、参与式教学方法与策略的实践能力;要努力提高充分利用评价工具,掌握多元评价方法,多视角、针对全过程评价学生地理发展的能力。

3. 增强地理教师的研究能力

《专业标准》强调,教师要制订专业发展规划,不断提高自身专业素质。要坚持反思与发展,针对教育教学工作中的现实需要与问题进行探索和研究。在教学研究中,提高专业素质、开展教学研究应成为地理教师常态化工作的重要内容。当前和今后一段时期内,要围绕《专业标准》进行实践,提高地理教师专业水平,围绕深度推进课程改革实践展开若干问题的研究。如《专业标准》引领下的地理教师专业理念与师德实践研究;《专业标准》引领下的地理教师专业知识更新的理论与实践;《专业标准》引领下的地理教师专业能力结构优化与实践等。在深化课程改革方面,如对《义务教育地理课程标准(2011年版)》的深度解读与教学实践;《普通高中地理课程标准(实验)》修改的若干建议;《普通高中地理课程标准(实验)》教科书落实"三维目标"的比较研究;《普通高中地理课程标准(实验)》教科书改变学习方式的比较研究;《普通高中地理课程标准(实验)》教科书教学性的比较研究;《普通高中地理课程标准(实验)》教科书教育性的比较研究;《普通高中地理课程标准(实验)》教科书培养学生地理思维能力的比较研究;高中地理新课程有效教学理论研究;高中地理新课程有效教学目标设计研究;高中地理新课程有效教学模式研究;高中地理课堂有效教学的策略研究;地理课程资源的开发利用与有效教学研究;高中地理新课程课堂师生互动行为研究;高中地理新课程课堂合作学习的有效性研究;高中地理新课程课堂问题解决教学行为实践研究;高中地理有效教学与低效教学的课堂行为差异研究;学生地理学习倦怠的心理机制与干预策略研究;学习理论的地理教学应用研究;发展性地理学习评价研究等。

二、践行《中学教师专业标准(试行)》,促进地理教师核心能力提升[①]

《国家中长期教育改革和发展规划纲要(2010—2020年)》(以下简称《规划纲要》)提出了在2020年把我国从人力资源大国建设成为人力资源强国的战略目标,并把教师队伍建设作为落实规划纲要的保障措施第一条,提出要建设一支"师德高尚、结构合理、业务精湛、充满活力"的高素质、专业化教师队伍。

为保障《规划纲要》目标实现和建设高素质教师队伍保障措施的落实,2011年12月,教育部颁布了《中学教师专业标准(试行)》(以下简称《专业标准》)。

《专业标准》由"基本理念""基本内容""实施建议"三个部分组成,提出了4条基本理念。在基本内容中,设计了"专业理念与师德、专业知识、专业能力""3个维度""14个领域""61条基本要求"。《专业标准》建构了道德坐标、专业知识坐标、专业能力坐标,

---

① 李家清,侯德娟. 践行《中学教师专业标准(试行)》,促进地理教师核心能力提升[J]. 地理教育,2015(12):4-6.

明确了教师专业发展的方向,说明了《专业标准》在培养、准入、培训、考核四个方面的重要功能。

探析《专业标准》颁布的背景,理解《专业标准》的意义与功能,解读中学教师专业能力结构,研究其内涵及其深刻意蕴,对于指导地理教师专业发展,提升地理教师核心能力具有重要意义和现实价值。

(一) 深刻领悟《专业标准》的背景与功能

当今世界,谁拥有人力资源优势就等于拥有了综合国力竞争优势。随着我国经济建设水平的不断提升、国家整体实力的不断增强、国家地位的不断凸显、国家影响力的不断提升,教育改革在促进国家社会发展、强国兴国进程中的功能、担当能力也在不断突出。

《规划纲要》在建设人力资源强国宏大目标规划中,从国家发展战略的高度设计了教育在国家前进中的历史功能,把建设高素质教师队伍列在《规划纲要》目标实现的保障措施的首位。无疑,《专业标准》是为全面实现"建设人力资源强国战略目标"而制定,《专业标准》不仅将中学教师专业发展提升到新阶段,而且建构了中学教师专业发展的新坐标,建立了中学教师专业发展的新机制。显然,领悟《专业标准》的背景与功能,能指导地理教师专业发展。

1. 《专业标准》将中学教师专业发展提升到新阶段

《专业标准》是新中国成立60多年来颁布的第一个教师发展的专业标准。《规划纲要》将人力资源强国战略与教师发展紧密联系,具有划时代的作用和里程碑式的意义,已将中学教师专业发展提升到了新阶段。

我国是人力资源大国,还不是人力资源强国。人力资源强国是一种集合概念。《规划纲要》提出的建设人力资源强国的宏大目标,表明国家重视整体人力资源的开发,并要求国家整体人力资源在开发规模、开发结构和开发质量方面居于世界领先位置;它还表明要充分发挥每个公民的潜能和价值,促进人的全面发展,为国家现代化建设提供强大的人力和智力支撑。

从"人力资源大国"到"人力资源强国",其重心是人口资源质量的飞跃。发展教育是提升人口资源质量的基本途径,教师在保障高质量教育中发挥应有功能。《专业标准》将中学教师专业发展提升到新阶段,为保障发展高质量的教育提供了基本前提。

2. 《专业标准》建构了中学教师专业发展新坐标

在满足对教师队伍的量的需求基础上,如何保证入职教师的专业质量,则需要科学的工具来引导、衡量和培训。2008年3月,在联合国教科文组织支持的教育部长级会议上通过的《巴厘宣言》明确提出:制定教师专业标准是提高师资队伍质量的战略性途径。

我国的《专业标准》按照建设高素质教师队伍,满足建设人力资源强国的要求,从"学生为本,师德为先,能力为重,终身学习"四个方面定义了中学教师专业的"基本理念",阐明了教师工作的基本取向、职业规范、实践特点和发展方式,为教师专业发提供了思想引领。

《专业标准》按照高素质教师特定的队伍的建设要求，从"专业理念与师德""专业知识""专业能力"三个维度，设计了教师专业发展的基本内容。《专业标准》阐明要把对待"职业理解与认识、对学生的态度与行为、教育教学的态度与行为、个人修养与行为"作为教师专业理念与师德的职业规范内涵；《专业标准》提出教师应该具有"教育知识，学科知识，学科教学知识，通识性知识"；《专业标准》要求教师应该具备的专业能力包括"教学设计能力、教学实施能力、班级管理与教育活动能力、教育教学评价能力、沟通与合作能力和反思与发展能力"六大能力。

3.《专业标准》建立了中学教师专业发展新机制

教师教育的实践表明，再好的思想理念、再好的政策均需要强化落实。提高《专业标准》实践的执行力，不仅是《专业标准》的期待，也是《专业标准》的组成部分。

《专业标准》指出：中学教师是履行中学教育工作职责的专业人员，需要经过严格的培养与培训，具有良好的职业道德，掌握系统的专业知识和专业技能。《专业标准》是国家对合格中学教师的基本专业要求，是中学教师开展教育教学活动的基本规范，是引领中学教师专业发展的基本准则，是中学教师培养、准入、培训、考核、管理等工作的重要依据。

《专业标准》建构了中学教师专业发展的新坐标，制定了可操作的政策、路径和方法，建立了中学教师专业发展的新机制。将我国教师专业发展推向新高度。

（二）深度解读《专业标准》的能力结构与特征

能力是什么？一般认为，能力就是指人们顺利完成某一活动所必需的主观条件。能力是直接影响活动效率，并使活动顺利完成的个性心理特征。能力总是和人们完成一定的活动相联系在一起。教师的工作是有目标、有任务内容、有工作结果的工作，是需要以能力为过程的工作。"能力为重"是中学教师专业理念的基本组成，也是中学教师工作的实践特征。《专业标准》从"教学设计、教学实施、班级管理与教育活动、教育教学评价、沟通与合作、反思与发展"六个领域规定了中学教师应该具备的专业能力。从中学教师的教学环境、教学特点、工作流程以及教师本身的发展看，《专业标准》设计的教师专业能力领域具有能力结构完整、体现关键性，能力内涵清晰、体现实践性，能力过程鲜活、体现发展性等特征。

1. 能力结构完整，体现关键性

教师的能力总是和教师的教学能力密切联系。《专业标准》提出"教学设计、教学实施、班级管理与教育活动、教育教学评价、沟通与合作、反思与发展"等领域的教师"六大能力"，这些能力均是教师在教学中必须得到反映或具有的，结构完整，是基本能力，缺一不可。

教学设计是对教学过程各个要素的系统安排和规划的过程，是教师教学前的准备工作，是教师教学的工作方案，是有效教学的前提，教学设计能力是教师教学工作必备的基本能力。

教学实施是以教学设计为基本依据，在课堂内（外）进行教学的具体过程，以教学目标为导向、以教学内容为凭借、以方法媒体为手段,是教师组织学生参与教学活动的过程,教学实施能力是教师教学工作必备的基本能力。

班级管理与教育是学校教育组织和教学的基本形式,是教师根据一定的教育教学目标要求,采取适当的方法手段,带领班级学生,对班级中的各种资源进行计划、组织、协调、控制,建构良好的班级集体,以实现教育教学目标的组织活动过程。班级管理与教育活动是教师开展教育教学工作必备的基本能力。

教育教学离不开评价。教育教学评价是以一定的价值观或教育教学目标为依据,运用科学可行的方法和技术手段,广泛搜集评价信息,对评价对象进行价值判断,为改进和优化教育教学决策提供依据的过程。开展教育教学评价是教师开展教育教学工作必备的基本能力,而课堂教学评价的目的不仅仅是对教师的课堂教学进行评价,是对学生学习成长的判断,同时,它也是激励教师有目的性地、有针对性地不断学习、改进、提高的过程。

沟通与合作能力是教师应具备的基本能力。这是因为,教师的工作与学生、家长、同事等密不可分,离开了沟通与合作,教学难以顺利进行。教师工作的对象是发展与变化的学生,是实践性很强的工作,教师需要在教学中不断地积累经验,增长才干。

反思与发展也是教师应具备的基本能力。

2. 能力内涵清晰,体现实践性

《专业标准》对"六大能力"的内涵做出了明确要求,突出了实践性,如教学设计能力的基本要求是:科学设计教学目标和教学计划;合理利用教学资源和方法设计教学过程;引导和帮助中学生设计个性化的学习计划。

又如,教学实施能力的基本要求是:营造良好的学习环境与氛围,激发与保护中学生的学习兴趣。通过启发式、探究式、讨论式、参与式等多种方式,有效实施教学,有效调控教学过程,引发中学生独立思考和主动探究,发展学生创新能力,将现代教育技术手段渗透应用到教学中。

再如,教育教学评价能力的基本要求是:利用评价工具,掌握多元评价方法,多视角、全过程评价学生发展。引导学生进行自我评价。自我评价教育教学效果,及时调整和改进教育教学工作。

《专业标准》的这些基本要求,不仅为教师能力培养、培训提供了基本要求和操作方式,而且为教师的准入、考核提供了指导。

3. 能力过程鲜活,体现发展性

由教师与学生组成的教学过程是动态的、是有生命的、是鲜活的。一个教师不可能两次踏入"同一个教室"。这是因为教学目标、教学内容、教学方法,教学环境,特别是学生在不断发展和变化,教师本身的"教学设计、教学实施、班级管理与教育活动、教育教学评价、沟通与合作、反思与发展"等的基本能力也在发展变化。如果我们细心考察,就会发现"今天的教师"与"昨天的教师"相比,就会有许多进步。

认识教师能力过程的鲜活性,有助于认识教师能力的基本特性,理解教师能力所体现的发展性,从而在教师能力发展上给予更多的促进与激励。

（三）深入探索地理教师核心能力提升路径与方法

在广义上讲，中学地理教师既包括在中学地理教学一线的教师，还包括在师范大学地理科学（教育）专业的地理师范生，因为他们是即将走进教师队伍的生力军。进入《专业标准》时代，深入探索地理教师核心能力提升路径与方法具有普遍价值。这里主要就师范大学地理科学（教育）专业的地理师范生的核心能力培养展开讨论，在遵循《专业标准》、推进改革的过程中，积极探索，努力做到坚持《专业标准》导向，改革课程体系；坚持"学科"导向，改革课程内容；坚持"能力"导向，改革课程实施；坚持"育人"导向，改革课程评价。

1. 坚持《专业标准》导向，改革课程体系

坚持《专业标准》导向，改革课程体系，就是要实现课程体系与《专业标准》指向无缝对接，借助课程体系的中介，实现专业标准和教师的教学行为之间的联系。毋庸置疑，近年来师范大学地理科学（教育）专业课程一直处在改革发展之中，特别是在基础教育地理新课程改革的拉动下，学科教师教育类课程体系也在不断变革。本科课程体系中设置的"中学地理课程标准与教材分析""中学地理教学设计""地理课程资源开发与研究"等课程与实施，不但为培养地理教师发挥了作用，而且对促进中学地理课程改革发挥了积极作用。从现状看，《专业标准》颁布以来师范大学地理科学（教育）课程体系与《专业标准》要求有较大距离，仍需要改革发展。其思路：一是在课程设置上，至少要实现《专业标准》的"基本内容"的全覆盖，不留空白；二是要将"基本内容"涉及的"专业理念与师德""专业知识""专业能力""3个维度""14个领域""61条基本要求"细化研究，明确分工，尤其要实现公共性（通识性）教师教育类课程与地理科学（学科）类教师教育课程的完整衔接，实现课程体系改革（设置）与《专业标准》提出的中学教师专业发展新阶段相适应，与《专业标准》建构的中学教师专业发展的新坐标相适应，与《专业标准》建立的中学教师专业发展的新机制相适应。

2. 坚持"学科"导向，改革课程内容

坚持"学科"导向，改革课程内容，就是指在遵循《专业标准》推进课程内容改革的过程中，新的课程内容应该是经过遴选的必备的地理学科知识和地理学科的教学知识，要特别注意帮助地理师范生深刻理解地理学科的整体特性、理解地理学科的育人功能；新的课程内容要能积极关注基础教育地理课程改革对地理教师能力发展的新要求，为师范生能适应和胜任要担当的教师工作奠定坚实基础。教育部正在主持修订相关普通高中地理课程标准，课程组专家们在广泛调研的基础上，拟从"可持续发展、综合思维、区域认知、地理实践能力"等方面界定培养高中生地理核心素养的基本内涵，这一取向值得注意。培养高中生的地理核心素养，需要地理教师具备相对应的地理教师专业核心能力。高等师范院校地理教师教育课程内容应积极探索教师能够胜任培养高中生地理核心素养的能力。

3. 坚持"能力"导向，改革课程实施

坚持"能力"导向，改革课程实施，就是指遵循《专业标准》推进课程实施改革的过程中，坚持实践教学，体现"能力"本位，尤其是在地理学科教学知识的课程实施中，把引导地理师范生如何"做"及理解"做"意义的学习置于突出位置。例如,教学方法"讲授法"这一内容的教学。以往,教师更多的是介绍、说明和解释"讲授法"作为一种教学方法本身的优势和局限性,以及运用这一方法要注意的问题。这种教学方式,主要是能帮助地理师范生"理解""讲授法"。如果将这一过程改变为:要求地理师范生选择高(初)中地理教材中的一个教学因子或地理知识点,设计一段讲解(授)词,进行讲解(授),并说明讲授法的优点和局限性,这样就能帮助地理师范生变"倾听"为"实做",在实践中提升运用"讲授法"的教学能力,克服其局限性,并能注意把讲授法的运用与其他方法相结合。又如,在学习"如何选择教学方法"这一内容时,以往,教师更多的是介绍、说明和解释教学方法的选择要注意教学目标、教学内容、学生学习状态、教学环境和教师本身的素养等因素。如果将这一过程改变为:提供一个初、高中地理教学设计案例或观摩一个地理教学录像片段,要求地理师范生从教学方法的选择合理性上进行讨论评价,或者要求选择高(初)中地理教材中的一个教学因子或地理知识点,设计其教学方法,并说明理由等,这样就能帮助地理师范生变"倾听"为"思考""实做",在实践中提升设计运用教学方法的能力。

4. 坚持"育人"导向,改革课程评价

坚持"育人"导向,改革课程评价,就是指遵循《专业标准》,在推进课程评价改革的过程中,始终把引导、帮助师范生能深刻理解地理教师的职业,切实认同当好地理教师"要有理想信念、要有道德情操、要有扎实学识、要有仁爱之心"作为行为示范、职业取向和作为地理教师教育课程的评价取向。

当今社会,教师不仅是知识的传播者、学术的研究者,而且是文化的先行者、德育的教化者、未来社会的塑造者。在科学技术飞速发展、信息技术突飞猛进、综合国力体现国家意志的全球竞争时代,教师成为国家、民族强盛的原动力,科教兴国的主力军。

强国必先强教,兴国必须先重教;三尺讲台,关系未来!解读《专业标准》,促进地理教师核心能力提升,让地理教师教育课程改革在地理教师的培养中发挥重要作用。

三、论基于《专业标准》的职前教师专业能力形成机理[①]

教师专业能力的提高,是发展我国教育事业,形成人力资源强国的基础和保障。2011年教育部颁布了《中学教师专业标准(试行)》(以下简称《专业标准》),这是首次从国家层面提出的对合格中学教师的基本要求。《专业标准》把教师的"专业能力"作为教师专业素养的重要维度。高等师范院校教师教育工作的理论和实践水平必须不断提升,以适应国家教育发展的需要和师范生的学习需要。

笔者对基于《专业标准》的教师专业能力的性质与内涵进行深度解读,并在现代教育理念的关照之下,探索师范生的教师专业能力的形成机理。

---

① 李家清,冯士季.论基于《标准》的职前教师专业能力形成机理[J].教师教育研究,2013(6):32.

（一）教师专业能力的性质定位

《专业标准》把"能力为重"作为教师专业发展的基本理念之一，并将其描述为把学科知识、教育理论与教育实践相结合，突出教书育人实践能力；研究中学生，遵循中学生成长规律，提升教育教学专业化水平；坚持实践、反思、再实践、再反思，不断提高专业能力。

从《专业标准》来看，教师专业能力就是教师在先进教育理念的指导下，把自己掌握的专业知识和技能具体运用于实际教育教学情境的过程中所表现出来的心理特征。笔者认为，可以从两个角度对教师专业能力进行性质定位：从职业定位而言，它具有教师职业的特殊性，区别于一般职业能力；从目标定位而言，它是一种实践能力，以解决实际教学问题为基本目标。

1. 职业定位：教师职业的特殊能力

"能力"是"顺利实现某种活动的心理条件"，可以分为一般能力和特殊能力，前者是指人们从事大多数活动所共同需要的能力，后者是指人们从事专门活动时需要的能力。师范生的"教师专业能力"，属于特殊能力的范畴。它是指师范生从事教师职业后，顺利开展教育教学活动所需具备的个性心理特征。之所以"特殊"，是因为教师职业具有不同于其他职业的特点。

教师职业的特殊性，是由这个职业的社会功能决定的。首先，从职业目的来说，教师职业是为了实现自身发展与社会发展的统一。教师促进社会发展的主要途径是促进学生的素质发展，通过为国家培养人才，促进国家经济、社会和文化发展。教师职业目的之实现，是个人前途和国家未来发展的保证。其次，从职业对象来说，教师职业面对的是"人"，是活生生的生命个体，而不是没有生命的"物"。学生个体具有自己的生活经验和思想观念，具有不同的兴趣特点和情绪状态，他们是具有能动性、自主性和创造性的个体。这些特点，使得教师工作比其他任何工作都更加复杂。

2. 目标定位：教育教学问题解决能力

《专业标准》中提出应主要从教学设计、教学实施、班级管理与教育活动、教育教学评价、沟通与合作、反思与发展六个方面提高和促进教师专业能力的发展，这六个领域是教师职业活动的典型内容所在。这实际是对教师专业能力进行了目标定位，即具备合格专业能力的教师应该能够解决主要教学活动领域内出现的各种实际问题。

各国从事职业能力研究的学者一致把"问题解决能力"作为职业关键能力的基本要素之一。教师需要解决的问题是教学问题，也就是在教学情境中发生的需要教师付出努力才能解决的各种问题。这些问题大多属于"结构不良的"问题，它们没有确定的答案，但是却需要教师做出回应和处置；有时，问题还会隐藏在现象的背后，需要教师仔细思考和分析，才能弄清楚"到底出了什么问题"。

（二）《专业标准》视域的教师专业能力内涵解读

《专业标准》把教师专业能力划分为六个主要领域。对能力的要素和结构进行解读，能够让我们对教师专业能力形成更加清晰全面的认识。

1. 能力要素解读

（1）教学设计能力

教学设计能力是指教师对教学实施过程进行预设的能力。加涅认为："要使教学有效，则它必须有计划。"教学计划，既有微观和即时的，又有宏观和长期的——前者指对于即将开始的教学过程进行的细致设计，后者指对于整个课程的结构和进程进行的长远规划。

（2）教学实施能力

教学实施能力是指教师把预设的教学设计付诸实践的能力。教学实施的过程是师生互动的过程，在此过程中，教师并不能一成不变地执行预设，而是要随时对生成的课堂事件作出敏捷的反应和智慧的处理。

（3）教育教学评价能力

教育教学评价能力是指教师对学生的学习进程和自我教学效果作出价值判断的能力。教师需要获取有关学生学习进程的全面信息，并对这些信息进行分析，依据课程标准的要求，对学生发展的优势和不足作出判断和反馈，并对自我的教学效果进行评价。

（4）班级管理与教育活动组织能力

班级管理与教育活动组织能力是指教师对学生的学校教育生活进行规划和协调的能力。教师需要组织学生参与丰富多彩的校园生活，让学生不但获得知识，还在各种活动中锻炼自己的身体和心理素质，帮助学生建构自身存在的意义，树立远大的理想，形成正确的世界观、人生观和价值观。

（5）沟通与合作能力

沟通与合作能力是指教师清晰表达自己的观点和愿望同时理解他人的观点和愿望，并在此基础上与他人合作共事的能力。教师沟通的对象包括学生、同事、领导、家长等；同事之间的合作可以实现教学资源共享、凝聚集体智慧共同解决教学问题。

（6）反思与发展能力

反思与发展能力是指教师对自身的教育实践进行反身性思考，以研究的心态对待自己的教育教学生活事件，通过不断发现问题、分析问题和解决问题的循环过程，促进个人教育教学能力不断提升的能力。

2. 能力结构解读

从要素构成来看，《专业标准》中对中学教师提出的六种专业能力要求共同构成了教师的专业能力系统。其中，教学设计、实施、评价，以及反思与发展能力，虽然在教学活动中并不能绝对分开，但是相对来说可以作为一个完整教学活动的各个阶段，构成专业能力发展的基本进程，而沟通与合作能力、班级管理与教育活动的组织能力，则贯穿教育教学活动的每一个阶段。该系统内部各个能力要素之间是相互支撑、相互促进的关系（见图5-1）。任何一方面能力的缺失或能力水平过度低下，都会使得教师的综合素质出现"木桶效应"的"短板"问题。师范生的能力缺失，会导致其无法获得合法的教师资格。

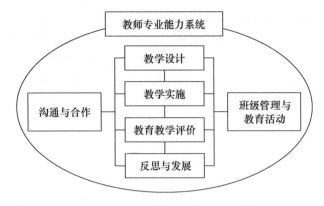

图 5-1 教师专业能力系统的结构

教师的专业能力水平并非稳定不变,而是随着实践经验的丰富和理论素养的提升而逐渐得到发展。师范生在通过师范院校的学习和训练,达到《专业标准》对其教育理念与师德、专业知识与专业能力的基本要求,通过教师资格证考试而获得教师资格之后,从事教师职业成为一名新手型教师,随后通过实践锻炼和不断学习,可以发展为成熟型教师。其中,对自己的职业理想孜孜以求,不断进取的部分教师,最终成为专家型教师。这个过程,是逐渐积累教育经验,不断加深教育理解,最终形成个人教育智慧的过程。

(三) 达标取向的职前教师专业能力形成机理

教育环境和教育活动对于学生的发展具有主导性作用。对于师范生来说,任何一项教师专业能力的形成,都需要其充分发挥主体性,把教师教育课程当作个人的"发展资源",以教育教学专业知识体系的形成和基本技能的获得为基础,并以各种实践和反思活动为巩固和提高的途径。师范教育活动包括教师"教"的行为与师范生"学"的行为两方面,二者具有目的的共同性、活动的一致性和行为的对应性等特点。

1. 教学设计能力的形成机理

要形成教学设计能力,首先,师范生需要学习有关教学设计的理论基础,包括教育学、学习心理学、学科教学论等课程;其次,要通过对现有教学设计文本案例的分析和理解,初步具备对教学设计基本要求的感性认识,并逐步上升为理性认识;最后,师范生要亲自参与教学设计实践,并通过反复修改使之逐步完善。在这整个过程中,师范生的学习都是在与授课教师的互动中进行的,师生互动机制如图 5-2 所示。

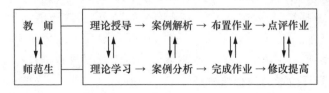

图 5-2 师范生教学设计能力的形成机理

在能力形成过程的不同阶段,教师通过设计和组织各种活动,为学生的能力发展提供学习环境。首先,教师要深入浅出地为学生讲解教学设计的相关理论。其次,教师要精心挑选具有不同特点的教学设计案例,作为学生开展案例分析的素材。选取的教学设计案例需要具有典型性、代表性、教育性。教师要带领学生分析各个案例的优点和缺点,并尝试提出改进的办法。继而,教师应当让学生亲自进行教学设计实践,从教学目标设计到教学环节设计,按要素训练,由易到难,直到完成完整的课堂教学设计。在此过程中,教师应及时检查学生的作业,与学生讨论其教学设计的不足,促使学生进行完善和改进。对于学生作业中普遍存在的共性问题,教师应引起重视,必要时需对教学设计的理论和规范进行变式讲解,以促进学生的有意义学习。

具备《专业标准》所要求的教学设计能力的师范生,应该能够基于学情和课程标准的要求,考虑多维课程目标,使用多样的教学资源和教学媒体,选择合适的教学方法,对教学进程进行科学规划,完成本学科课程内容的教学设计。

2. 教学实施能力的形成机理

师范生的教学实施能力主要在教育见习、教育实习等实践类课程中得到培养。此阶段的师生互动学习机制如图 5-3 所示。

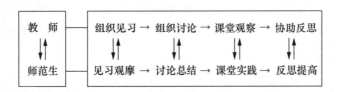

图 5-3 师范生教学实施能力的形成机理

在教育见习和实习阶段,一般应由教师教育专家和学科教育专家组成指导团队,对师范生的见习和实习活动进行全方位指导。在见习阶段,教师应与师范生一同参与课堂观摩,随后组织师范生开展研讨活动,并通过制定讨论框架、适时提问等方式,引导研讨深入开展;在实习阶段,教师应尽量多观察师范生的课堂实施过程,发现和提出他们的教学过程存在的问题,鼓励和引导他们积极反思。

在教育见习阶段,师范生首先要对一线教师的课程实施活动进行观摩,然后要对所观摩课堂的优点和缺点进行系统总结。在教育实习阶段,师范生能够获得对课堂教学的真切体验;之后,师范生通过对自己的课堂实践体验进行反思,进一步促进教学实施能力的提高,进入"实践—反思—提高"的能力增长良性循环。

具备了《专业标准》所要求的教学实施能力的师范生,应该能够运用多种教学方法和现代教育技术手段,营造轻松愉快的学习氛围,激发和维持学生的学习兴趣,帮助学生积极主动地参与学习过程,并根据课堂实际对教学进程进行有效调控。

3. 教育教学评价能力的形成机理

教育教学评价能力增长的前提和关键,是师范生具有清晰而正确的教育价值取向。虽然基础教育各学科课程标准对课程理念的表达不尽相同,但是基本取向都是要促进中学生习得终身发展必备的基础知识和基本技能,理解获取知识的过程,学会获取知识的方法,形成符合时代要求的情感态度与价值观,养成积极探索和主动学习的良好习惯。

教师应通过设计有利于"价值澄清"的教学问题情境,引导学生参与对话式价值学习,获得价值澄清,逐步形成正确的教育价值观。此外,教师应帮助学生学习掌握搜集和分析评价信息、反馈评价结果的方法和技术手段,并在学生的评价实践活动中对其进行指导。

师范生应通过"价值澄清"活动,选择并珍视自己所认可的教育价值取向,并使之符合教育发展需要和社会期望,继而在教育教学评价实践中践行这种价值取向。之后,作为教学设计能力和教学实施能力培养的一部分,教育教学评价的设计和实施能力在各种学习和反思活动中得到锻炼。学习过程中的师生活动机制如图5-4所示。

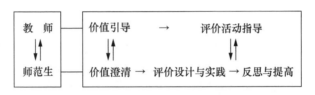

图 5-4 师范生教育教学评价能力的形成机理

达到《专业标准》要求的师范生,应该能够设计有利于学生发展的教育教学评价活动,通过多种方法获取关于学生发展现状和过程的信息,并通过对评价结论的合理使用,达到激励学生学习、改善自身教学效果等多重目的。

4. 班级管理与教育活动组织能力的形成机理

师范生要同时具备学科教师和班主任应该具备的管理和组织能力。现代班级管理理念认为,应由"控制性管理"走向"预防性管理"。

作为授课教师,首先,应鼓励和支持师范生在大学期间参与各种集体活动,积累管理和组织经验,为形成适用于中学的班级管理和教育活动组织能力奠定前期的经验基础;其次,应邀请中学有经验的教师和班主任,为师范生开设专题讲座,使他们积累一定的管理和组织的间接经验,并在师范生的教育见习和实习期为他们提供相关指导。

在接受师范教育初期,首先,师范生应积极参与班级和社团活动(如作为学生干部承担部分管理和组织工作),在这些活动中积累管理经验和活动组织经验;其次,应积极向有经验的中学教师和班主任学习,聆听和借鉴他们组织中学生参与各种教育教学活动的鲜活经历;最后,在教育见习和实习阶段,师范生在班级管理实践中获得能力的进一步提升。在学习过程中,师范生与授课教师的互动过程如图5-5所示。

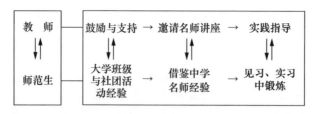

图 5-5　师范生班级管理与教育活动组织能力的形成机理

具备《专业标准》要求的班级管理与教育活动组织能力，意味着师范生能够与中学生建立良好的师生关系，使用有效的管理策略形成团结合作、奋发向上的班级氛围，合理组织教育活动，妥善处理突发事件，促进学生全面发展。

5. 沟通与合作能力的形成机理

沟通与合作贯穿于教师职业生涯的全部阶段。沟通与合作能力的核心是"人际理解力"，即进行换位思考，理解他人的生活需要与生命意义的能力。

师范院校教师应鼓励学生在理解他人立场的同时敢于表达自己，对部分不善于沟通和合作的学生进行重点关注，以"良师益友""咨询顾问"的身份，及时为学生解决心理和能力障碍。在微格教学训练中，教师可以有针对性地关注师范生在教学实施过程中的沟通与合作技能的发展状况。

师范生主要是在与自己的同学、父母、老师，以及见习、实习学校的师生交往的过程中积累沟通与合作经验。这包括学会适宜地表达自己的需求和想法，努力站在他人的立场思考问题，在出现冲突和矛盾时善于协商并解决问题。此过程的师生互动机制如图 5-6 所示。

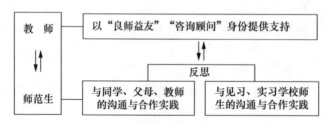

图 5-6　师范生沟通与合作能力的形成机理

具备《专业标准》所要求的沟通与合作能力的师范生，应该能够以合适的方式表达自己的思想，能够尊重他人的立场并理解他人的想法，能够与他人讨论、协商，通过分工合作完成集体任务。

6. 反思与发展能力的形成机理

反思是对自身意识的觉察，是一种敏感的觉醒状态。杜威认为，反思的目的在于"求得结论"，实际上就是要理清思绪，解决问题。

教师应通过鼓励学生撰写反思笔记、组织集体研讨等方式，帮助学生养成勤于反思的良好习惯；在学生感到迷惑和彷徨时，及时给予点拨和提醒。教师可以要求师范生以教学反思为主题开展小论文写作，通过写作和反思过程，提高师范生的教学能力发展水平。

师范生应该学会"有目的"地反思,并及时解决反思时意识到的问题,促进个人能力的发展。所谓"有目的"的反思,即认识到反思本身的重要性,并定期对自己的理论知识和实践体验、教学期望与教学效果、职业理想与职业现状等进行联系和比较,发现其中存在的差距,查找问题出现的原因和解决方案。此过程的师生互动机制如图5-7所示。

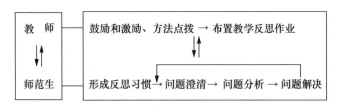

图 5-7 师范生反思与发展能力的形成机理

具备《专业标准》所要求的反思与发展能力的师范生,应该具有职业理想并制订个人发展规划,能够对个人学习和工作中出现的问题进行反身性思考,通过搜集和分析信息,形成解决问题的方案。

(四)结语

师范生的受教育经历会形成其自身的教育生活史,这种生活史是塑造其未来教师职业品性的基础性因素之一。国外研究认为,教师倾向于"用自己被教的方式来教学生"。师范生在接受高等教育期间所经历的各种教育活动体验,对其在未来职业生活中将秉持何种教育理念、选择何种教育行为具有重要影响。因此,创建符合教育规律和师范生学习实际的教师教育环境,是影响师范生的教师专业能力的形成和未来发展路向的关键因素。

四、创新地理教学论课程模式 培养专家型地理教师[①]

(一)教师教育奠定教育的基础

1. 教师教育政策指向的新目标

2007年《国务院办公厅转发教育部等部门关于教育部直属师范大学师范生免费教育实施办法(试行)的通知》(国办发〔2007〕34号)中指出,国家在教育部直属师范大学实行师范生免费教育,旨在培养造就优秀中学教师和教育家,鼓励优秀人才长期从教。教育部还在后续政策上提出了免费师范生要实施职前本科学习学段和职后教育硕士阶段一体化的培养要求(免费师范生毕业任教满一学期后,均可申请免试在职攻读教育硕士专业学位,学习年限2~3年,学习实行学分制)。教育部还通过985教师教育建设平台等渠道,进行了较大额度的经费投入,意在为进一步发展和提升免费师范生教育质量奠定必需的经济基础。

---

① 李家清,户清丽.创新地理教学论课程模式 培养专家型地理教师[J].内蒙古师范大学学报(教育科学版),2011(2):35.

多年来,我国师范大学的教师教育以培养合格的中学教师为主要目标,基本上形成了一套完整的培养方案和教学体系。新时期,国家要求教育部直属师范大学培养优秀中小学教师和教育家,明确了培养目标,体现了国家意志,不仅大大提升了教师教育的培养规格,还明确了我国教师教育在今后相当长的时期内的发展路向。这既给教师教育发展创造了前所未有的机遇,也给教师教育的培养质量提出了更高要求。这一路向,实际上也给我国不同类型的师范大学的培养规格提出了不同要求。如果说培养教育家是一个渐进的和较长时间的战略取向,那么培养优秀教师即专家型教师,为培养教育家奠定坚实基础,就是当前教育部直属师范大学的紧迫任务。

2. 基础教育课程改革提出的新要求

新一轮的基础教育课程改革以"为了每位学生的发展,为了中华民族的复兴"为主旨,在课程理念、课程目标、课程结构和教学实施上与原有课程相比,都有很大的发展和创新。地理课程改革的实践表明,地理教师的工作职能已经出现了许多变化,这些变化极大地提高了地理教师劳动的复杂程度和创新要求。地理教师的专业素养、基本能力、教学效度、研究反思等必须与改革实践相匹配。没有大批地理教师专业上的成长,地理课程改革的目标就无法实现。实现基础教育课程改革的目标关键在教师,培养大批优质地理教师,培养专家型地理教师是课程改革对教师教育的呼唤。

3. 地理教学论改革的新发展

中华人民共和国成立以来,特别是改革开放以来,我国地理教学论在历次教育改革中均得到了不同程度的发展。特别是基础教育课程改革以来,在教学一线的地理教师积极投入地理教学研究,取得了极其丰富的研究成果,推进了地理教学改革的实践与创新。回顾和总结地理教学论的研究成果,主要有如下两种趋势:一是为适应和推进地理基础教育改革,在中学地理课程理论、教材编制理论、教学方法和教学媒体改革等方面有较多的关注和研究。二是针对以本科地理教学论为核心的课程群的建设,在较为宏观的层面进行了有益的探索。总体看来,对地理教学论的教学模式改革研究还很不够,迄今还没有学者在《课程·教材·教法》等国内有影响的权威刊物上发表有关地理教学论的教学模式改革成果,特别是在培养专家型地理教师方面还未出现有影响的研究成果。

我国免费师范生的政策指向,地理教学论的研究发展,基础教育课程改革的实践需求,为创新培养专家型地理教师奠定了政策基础、理论基础和实践基础。培养专家型地理教师是师范大学的重要目标和价值追求。创新地理教学论课程教学模式,研究培养专家型地理教师的基本路径,是地理教学论教学改革的紧迫任务。

(二)专家型地理教师成长模型

1. 专家型地理教师的内涵界定

培养专家型地理教师是当前和今后我国高等师范院校地理教育的重要任务,研究专家型地理教师的基本特征和特定内涵是培养专家型地理教师的逻辑起点。界定专家型地理教师的基本特征和特定内涵,能为创新地理教学论提供基本依据。

一般研究认为,专家的概念可从广义和狭义两个层面进行认识。广义概念的专家是指在某个领域（或方面）有专长的人；狭义概念的专家特指对某种学术或技能有特长、有专门研究的人。比较是一种重要的思维方式，也是一种重要的研究方法。运用比较方法，研究具有不同特征的教师群体，能帮助我们科学地界定专家型教师的基本内涵。美国学者斯滕伯格等人的研究认为，专家型教师和新手教师在专业知识、问题解决的效率和洞察力等三个方面有明显区别：在专业知识方面，专家型教师不但在知识的存量上比新手教师丰富，而且在知识的记忆组织方式上也优于新手教师。专家型教师拥有的知识以脚本、命题结构和图式的形式出现，在知识体系上比新手教师整合得更完整；专家型教师与新手教师之间最基本的差异还在于专家型教师能将更多的知识运用于专业范围内的问题解决之中，并且比新手教师更有效。在效率上，专家型教师依靠丰富的经验，能迅速完成多项活动。程序化的技能能使他们获得高水平的推理和解决问题的能力。研究表明，在洞察力方面，专家型教师和新手教师都注意运用知识分析和解决问题，但专家型教师在解决教学领域里的问题时却极富洞察力，能够有效地鉴别出有助于问题解决的信息，并清楚地将这些信息联系起来；能够找出相似性及运用类推方法重新建构问题的表征；能够对教学中的问题做出新颖而合理的解答。

我国学者对专家型教师标准或特征的研究虽然不少，但迄今未形成有影响的权威见解或观点。比较公认的看法是：专家型教师应该具有积极进取、勤奋好学的思想；具有勤于思考、求异创新的思维；教学技能娴熟，教学效果好；教学成绩突出，教育科研成果丰硕。

基于上述研究，我们将专家型地理教师界定为：具有高尚的教师职业道德和先进的教育理念，具有丰富的和结构化的地理专业知识、教学知识和娴熟的地理教学技能，富有敏锐的地理教学的洞察力和创造力，能够高效率地解决地理教学中的各种问题的地理教师。

2. 专家型地理教师成长模型

教育实践表明，专家型地理教师的培养和成长有一个重要的特点，就是它是一个不断渐进和提高的过程。这个特点能为我们培养专家型地理教师找到切入点。

笔者尝试提出准专家型地理教师和成熟的专家型地理教师的成长模型（见表5-1），意在指导免费师范生通过职前学习和职后学习基本奠定准专家型地理教师的基础，在此基础上进一步成长为成熟的专家型地理教师乃至地理教育家，最终实现国家对免费师范生的培养期待。

表 5-1　专家型地理教师成长模型

维度与层次	准专家型地理教师	成熟的专家型地理教师
高尚的教师职业道德	良好的思想素质；以身作则，为人师表，热爱学生、教书育人；团结协作；对祖国有着深厚的情感、对社会有强烈的责任感和使命感	良好的思想素质，具有献身教育的精神；尊重学生；严谨治学，精心施教；以身作则，培育新人；对祖国有着强烈而深厚的情感，对社会有强烈的责任感和使命感，对地理教师工作的本质、特点、责任有深刻的理解

续表

维度与层次	准专家型地理教师	成熟的专家型地理教师
先进的地理教育理念	能领会素质教育的精神实质；注意学生需要，培养学生学习兴趣；在地理教学中自觉实施素质教育；建立"学生发展为本的教育理念"，突出学生的主体性；重视学生的地理观念、地理技能和实践能力的形成，学会用所学知识解决地理问题；努力培养学生的创造力和创新精神	深刻领会素质教育的精神实质；注意学生需要，培养学生的学习兴趣；在地理教学中自觉实施素质教育；树立"学生发展为本的教育理念"，突出学生的主体性；培养学生的自主学习能力；重视学生的地理观念、地理技能和实践能力的形成，学会用所学知识解决地理问题；努力培养学生的创造力和创新精神；有效促进学生学习和人格全面发展、终身学习
优化的地理教师专业知识结构	扎实的地理专业知识，了解学科发展历史和趋势；理解并掌握现代教育学、心理学和地理教学论知识；掌握并能运用现代化的教学手段开展地理教学；同时还具有跨学科知识来引导学生去认识地理知识之间的联系和地理现象的本质	系统的地理专业知识，了解学科发展历史和趋势；了解相关自然科学和社会科学的新知识；理解并掌握现代教育学、心理学和地理教学论知识及研究前沿；能以宽厚的教育理论、科学的方法、最新的学科信息、现代化的教学手段实施地理教学；同时还具有广博的人文科学知识及跨学科知识引导学生去探索地理知识之间的联系、说明地理现象和揭示地理本质
高效的地理教学能力	扎实的教学基本功；能针对不同教学情境，做出调控；能合理地进行地理教学设计和使用多种教学策略，保证课堂教学的顺利进行；能合理运用多种教学媒体，提高教学效果，教学效果好，并能将获取和处理地理信息的技能传递给学生	娴熟的教学基本功；教学经验丰富，能针对不同教学情境，做出迅速准确的预测，并能自如地调控；能做出出色的地理教学设计和灵活地运用多种教学策略，保证课堂教学的顺利进行；能合理运用多种教学媒体，尤其是现代教学媒体辅助教学；教学效率高，教学效果好，并能将获取和处理地理信息的技能传递给学生，帮助学生由"学会"到"会学"
突出的地理教育科研与实践	具有开拓创新意识；能观察有助于地理教学问题解决的信息，并能够有效地将这些信息联系起来，总结思考，不断提高自己的地理教育科研能力，研究成果在一定范围内产生明显影响	具有开拓创新精神和敏锐的观察力，善于鉴别出有助于地理教学问题解决的信息，并能够有效地将这些信息联系起来，总结思考，具有良好的地理教育科研能力和突出的教改实验能力，能结合地理教学实践，对原有的教学观念和教学方法提出疑问，并勇于通过实践，完善自己的教育思想，研究成果在国内产生重要影响，推动了地理教育理论和实践发展

（三）专家型地理教师培养的基本路径

作为课程，"地理教学论"在培养地理教师的教师教育课程体系中居于核心地位。在地理免费师范生培养中，可以以专家型地理教师模型为参照，创新地理教学论课程模式，建立以地理教学论为核心的课程群，改革培养方式，努力实现把地理免费师范生培养成为专家型地理教师的重要目标。

1. 创新课程体系，实现职前职后培养一体化

根据地理免费师范生的职前学习和职后培养（教育硕士阶段）衔接紧密的特点，可以设计以理论学习为主的课程板块、以实践学习为主的课程板块和以创新学习研究为主的课程板块，建构三个板块密切联系的课程群，实现职前、职后课程体系一体化，做到目标引领、重点突出、阶段推进、各具特色，创新地理教师教育培养的课程新模式（见表5-2）。

表5-2 专家型地理教师教育课程模式

课程类型	职前课程	职后课程
以理论学习为主的课程板块	地理教学论、地理教育发展简史	地理课程与教学论、中学地理教学设计、地理教学评价、地理教育比较研究
以实践学习为主的课程板块	地理教学技能训练、地理微格教学、计算机辅助地理教学、地理教材分析、地理实验教学、经典地理课例赏析、地理教具制作	地理试题编制与地理竞赛、地理教学专题研究（人文地理教学论、自然地理教学论、区域地理教学论等）
以创新学习为主的课程板块	乡土地理、校本地理课程	中学地理教学改革前沿、地理科学新进展、地理教学诊断学、地理名师思想研究、地理教育科研

2. 优化地理教师专业知识结构，创新教学理念

素养专家型地理教师的专业知识结构包括丰富的本体性知识、条件性知识、实践性知识和素养性知识。本体性知识是教师从事学科教育的专业性知识。丰富的地理学科专业知识是专家型地理教师的必备素养。条件性知识是指地理教师的教育学、心理学和地理课程与教学论等方面的知识。这些知识能够对教师的本体性知识的教育实践起到支撑作用。因为教师只有在理解了教学本身所具有的客观规律和学生发展的心理特点及学习规律的基础上，选择优化的教学方法，才能更好地将教师所具有的本体性知识传授给学生，培养学生的地理思维力，促进学生主体性发展。

实践性知识是相对于地理教师的理论知识而言的，是指地理教师真正信奉的、在实施有目的的地理教学行为过程中所具有的教学情景知识和解决问题的知识。素养性知识是指地理教师除了地理学科知识还需了解的、掌握的有关自然科学、人文社会科学的知识以及熟练运用工具性学科的知识。

优化知识结构，提高教学理论素养，就是要求地理免费师范生在学习和掌握上述知识的过程中，注意结合、注意融合，能够做到"学会贯通"，从理论到实际，建构起具有实践意义的知识体系。在一定意义上讲，准专家型地理教师与成熟的专家型地理教师的不同，就在于对这些知识融会贯通的程度和实践能力的差异。

3. 注重案例学习，提高教学效能感

案例教学作为一种教学方法在培养学生的实践能力和创新能力方面有重要价值。教师的教学效能感由个人教学效能感和一般教学效能感组成。个人教学效能感是指教师对自己是否有能力完成教育教学任务所具有的信念。一般教学效能感反映了教师对教与学的关系,对教学在学生发展中的作用等问题的看法和判断。教师的教学效能感对教师的职业成就感有重要影响,也是教师专业成熟的重要标志。

注重案例学习,对于弥补现行地理教学论存在的弊端,促进教学改革有着积极的意义。通过案例学习,如教学导入案例、讲解案例、承转案例、"三板"案例、结束案例、地理概念教学、地理原理教学等专题教学案例,不仅能缩短理论学习和实践应用的距离,提高师范生的教学能力,符合当前基础教育教学改革的趋势及专家型教师的基本能力要求,还能大大增强地理免费师范生的教学效能感。

4. 注重实践学习,修炼教学技能

地理教学技能是地理教师有效地将地理教学内容和地理学习方法传授给学生,并以实现教学目标为着眼点的教学本领和技巧的总称。它具有指向性和创造性、丰富性与选择性、操作性与习得性等特点。它能反映教学理念、提高教学效率、增加教学价值、提升教师素养。

地理教学技能按照教学阶段可划分为地理教学设计技能和地理课堂推进的教学技能。地理课堂推进的教学技能还可依据教学目的分为例证技能、演示技能、确认技能;依据教学行为分为语言技能、图表技能、导入技能、承转技能、讲授技能、演示技能、拓展技能、引导技能、提问技能、评价技能、结束技能、"三板"技能、教学媒体技能、课堂组织技能;按归纳方法特性分为导入技能、展开技能、承转技能、总结技能;按师生相互作用分为教态变化技能、导入技能、强化技能、提问技能、说明技能;按教学展开次序分为教学之前的分析对象技能、设计目标技能、分析任务技能,教学之始的课堂导入技能,教学之中的讲授技能、提问技能、承转技能、评价技能、辅导学习技能、组织管理技能、使用媒体技能,教学之终的结束技能。

随着地理新课程教学目标和要求的发展变化,教师必须改变教学观念、提高教学技能、创新教学技能,尤其要具备指导学生掌握地理学习方法的技能,指导学生由"学会"到"会学";要掌握对学生进行发展性评价的技能;要具备现代地理教学技术的使用技能和进行地理课程资源开发的技能。

地理教学技能是可以修炼习得的。进行地理教学技能的分类能为地理教学技能的训练习得提供有益参照,同时应编制地理技能的相关标准,规范技能习得行为。针对地理免费师范生职前和职后的学习特点,师范生可制订计划、有组织地和自主地学习修炼地理教学技能。"冰冻三尺,非一日之寒""没有天生的大师,只有练就的专家"。

5. 加强研究性学习,提高教学洞察力

研究性学习对于改变当前地理教学论课程仍然存在以传授学习为主的教学方式具有重要意义。加强研究性学习,有利于培养地理免费师范生在研究过程中主动地获取知识、应用知识、解决地理教学问题的能力。

洞察力是心理学的一个术语,是指心灵对事物本质的穿透力、感受力,是对认知、情感、行为动机与相互关系的透彻分析,是变无意识为有意识的过程,是运用心理学的原理和视角来归纳总结人的行为表现的过程。

加强研究性学习,有利于提高教学洞察力,有利于培养地理免费师范生运用现代教育教学理论,捕捉地理教学发展趋势,能对某些地理教学问题进行深入研究,创建新的地理教学方式。

6. 加强反思性学习,提高教学监控力

反思性教学是以教师的反思性学习为前提的。反思性教学是教师以自己的教学活动为研究对象,对教学活动过程中运用的教学方法、教学策略、教学媒体以及教学效果等方面进行全面审视的过程,是教师通过反思来促进自身发展的有效方法。通过反思性学习,教师可以提高教学自控和监控能力,从而更加自主、更加理性地进行教学。

反思性教学既是一种理念,也是一个平台,更是一个过程。"才能不是天生的、任其自便的,而要钻研艺术,请教良师,才会成材"(歌德),"经验+反思=成长"。专家型教师的成长过程本身就是反思性教学的过程。反思性教学,能使教师走出经验的局限,走向理论的体认和教育意义的真正追求。

7. 倡导不断进取学习,铸就专家型地理教师

从职业的特性看,选择了教师职业,就是选择了终身学习,不断进取。因为教师需要不断更新教育理念,适应以学生发展为本的要求;需要提高教师专业知识,将知识转化为教学智慧,需要将理论转化为实践的能力;需要适应综合性教学、研究性教学、实践性教学的要求;需要提高将地理学科知识、教育理论和现代信息技术进行有机整合的能力。

专家型地理教师的培养是一个系统工程,铸就专家型地理教师,一方面需要深化地理教师教育的课程改革,深化教学过程的改革,实现地理免费师范生培养职前、职后整体培养;另一方面需要倡导终身学习、不断进取的学习精神。专家型地理教师的成长是一个持续、渐进的工程,并非按照某个固定的逻辑图式发展,也不会存在通向成功的唯一路径。专家型地理教师的成长具有阶段性、鲜活性、多样性、丰富性等特性,只有不断创新,不断发展,才能形成具有自己特色的地理教育理论和教学实践,成为专家型地理教师。只有成为真正的专家型地理教师,才有可能进一步成长为地理教育家。

第二节 地理教师关键能力的评测实践

一、砥砺前行:地理教师专业能力发展——基于教学诊断的视角[①]

党的十八大提出把"立德树人"作为教育工作的根本任务,从国家层面系统地提出了"教育要立什么德,树什么人"或者说"教育要培养什么样的人"的根本问题。

《教育部关于全面深化课程改革 落实立德树人根本任务的意见(2014)》提出,研究制定学生发展核心素养体系是落实"立德树人"根本任务的基本措施。

社会在发展,教育应改革,教师要跟进。进入21世纪,社会发展以全球化和信息化为基本标志。教育改革只有以此为背景和指向,深化和细化符合全球化和信息化

[①] 李家清,侯德娟.地理教师专业能力发展——基于教学诊断的视角[J].地理教育,2016(10):4-6.

需要的教育理念与教育实践，培养服务社会的人才，才能适应和促进社会发展，更好地发挥教育的基本功能。

教师是教育改革的实践者。没有教师专业能力的提升，要想实现教育改革的目标是不可能的。在地理教师专业能力的研究中，我们通过教学实践调查，包括问卷调查、作品分析、深度访谈和课堂观察等，对地理学科教师的教学能力进行了诊断分析，认为增强对地理学科的整体理解、细化和厘定地理教学目标、学会开发多样化的地理课程资源、提升地理课堂教学实施能力等方面是当前地理教师专业能力发展与提升的优先领域。

（一）加强学科整体理解，发挥地理课程育人价值

地理教师对学科的整体理解是对地理教师专业的基本要求，也是地理教师把握"为什么教""教什么""怎么教"的基本体现。对学科整体理解是彰显地理课程育人价值的前提。没有对地理学科的整体理解，不可能很好地发挥地理课程的育人功能。地理教师对地理学科的整体理解，具体可以包括以下三个方面。

1. 深化细化对地理学科性质的理解与教学实践

在不同内容专题的教学过程中，要能反映地理学科的综合性、区域性、思想性、生活性和实践性。

教学诊断表明，地理教师需要加强对自然环境要素与人类活动之间关系的认识，能从不同角度反映地理环境的综合性；需要加强区域发展差异的比较；需要加强关注全球以及可持续发展思想的教育内容；需要加强联系生活实际，提升学生的生活质量和生存能力，尤其要创造条件，引导学生开展野外观察、社会调查和乡土地理考察等实践活动。

2. 深化细化对地理课程理念的理解与教学实践

在不同内容专题的教学过程中，要把地理课程理念作为确立教学目标、开发教学资源、选择教学方法和开展教学评价的指导思想。

教学诊断表明，在初中地理教学过程中，要能结合具体教学内容、具体教学情境，重点体现学习对生活有用的地理、对终身发展有用的地理、建构开放的地理课程的基本理念。在高中地理教学过程中，要能结合具体教学内容、具体教学情境，重点体现出提升地理课程的育人价值、满足不同学生的地理学习需要、促进学生地理核心素养的培养、创设富有特色的地理学习方式、构建基于核心素养的地理学习评价体系的基本理念。

3. 深化细化对地理课程设计思路的理解与教学实践

在不同内容专题的教学过程中，要能处理好初中地理与高中地理教学的关系、高中地理必修课程与选修课程的关系、高中地理必修课程之间的关系、初中区域地理内容多与学时有限的关系。要能深刻理解相关初中地理课程标准说明中所指出的"旨在使学生通过认识所学区域自然地理和人文地理的主要特征，初步掌握学习和探究区域地理的基本方法"的设计思路。

教学诊断表明，不少教师没有体现这一设计思路。比如，在世界地理中，学习亚洲的气候，不能引导学生总结学习气候的基本方法；学习俄罗斯地理，不能引导学生总结出学习国家地理的方法。地理教师在教学过程中如何通过几个区域的学习，帮助学生初步掌握学习区域地理的基本方法，引导学生举一反三将是初中地理教学需

要研究和解决的问题。

（二）重视教学目标设计，发挥目标指向的教学功能

地理教学目标是教学开始之前，对教学结束后的预期行为与结果的表达。地理教学目标是对地理教学效果的期许，也是对地理教学过程中活动方式及其结果的要求。优秀的教师，总愿意在教学目标的思考和设计上投入较多的时间和精力。设计科学、合理的地理教学目标是地理教师专业的基本能力。科学、合理的地理教学目标有以下三个基本特性。

1. 地理教学目标具有整体性

美国学者布鲁姆将教育目标分解为"认知领域、动作技能和情感领域"，因其有助于人们深入地认识教育的教学过程和理解教育效能，而在世界范围内产生广泛影响。我国将地理教学目标确立为"知识与技能""过程与方法""情感态度与价值观"三个维度（特别强调是一个整体），或"人地协调观""综合思维""区域认知""地理实践力"四个领域。这对于深化地理教学实践，提高地理教育价值具有重要意义。

教学诊断表明，地理教学目标需要提升整体性，要强化三个维度之间的内在联系，克服重"知识与技能"，轻"过程与方法"，忽视"情感态度与价值观"目标的做法。

2. 地理教学目标具有操作性

地理教学目标作为对教学结束后的预期行为与结果的表达，其设计和表述应该具有可操作性和可观察性。大多能通过学生外显的行为表现判断教学效果。

教学诊断表明，教师在表述地理教学目标设计时，要特别注意选择和运用反映学生行为的外显性动词，如说出、说明、解释、制作、绘制等，减少使用理解、掌握等不易观察的具有内隐性的行为动词，使教学过程与效果具有可观察性。

3. 地理教学目标具有指向性

一个好的教学目标本身就有比较明确的指向性，对教学过程、教学方法、教学结果有指导作用。例如，初中地理教学目标中的"运用地形图，说出新疆的主要地形区，并概括新疆的地形大势"，高中地理教学目标中的"结合实例，说明城市化的基本标志；运用影响农业区位因素理论，解释家乡主要农业产品的构成原因"等，都对地理教学过程、教学方法、教学结果具有指导价值。

教学诊断表明，地理教师应注意发挥教学目标的导向作用，避免教学过程与教学目标不关联，甚至脱节的现象；避免教学评价不依据教学目标的倾向。

（三）拓展资源开发视野，发挥载体的禀赋功能

地理教学资源是孕育地理核心素养的土壤，是促进学生成长的养分，是开展教学互动的平台。开发和运用好地理教学资源是地理教师专业的基本能力。广大地理教师大多认同应该由传统的"教教材"，走向"用教材"，认同开发多样的地理教学资源具有丰富教学过程、促进学生成长的作用。拓展资源开发视野，发挥载体的禀赋功能，可从三个方面思考。

1. "融媒体"平台开发的视角

融媒体是指充分利用媒介载体，把广播、电视、报纸等既有共同点，又存在互补性的不同媒体，在人力、内容、宣传等方面进行全面整合，实现资源通融、内容兼融、宣传

互融、利益共融的新型媒体。这里主要是引用"融媒体"的概念,拓展资源开发的视野,重在说明地理教学资源的开发应该是多视角、多渠道、多路径、立体式的,又是为实现教学目标能够共融互通的。我们处在网络媒体、电视媒体、电影媒体、平面媒体(报纸、杂志等)多媒共舞的时代,应该说,我们有理由、有条件使地理教学资源丰富多彩、地理教学情境生动活泼。

教学诊断表明,教学过程中地理教学资源即教材的现象客观存在,"一媒"现象或"单媒"现象还较普遍。地理教师要真正走向"用教材",需要在"用教材教"的同时,学习掌握地理教材以外教学资源的开发技术、方式、路径,走向"融媒体"平台的教学资源开发时代。

2. 聚焦促进目标达成的视角

地理实践表明,教学资源不仅是愈多愈好,更重要的是选择运用得愈精当愈好。这说明,地理教学资源的开发和运用是有条件的、有方向的。这个条件、方向,就是地理教学资源的开发和运用要服从和服务于地理教学目标,目的是为了促进地理教学目标的达成。不能服务于实现地理教学目标的所谓"资源",应该称之为"假资源""伪资源"或"滥资源"。

教学诊断表明,地理教学中不同程度地存在"假资源""伪资源"或"滥资源"充斥地理课堂的现象。如有的地理课堂或在导入时、或在新课学习中、或在课堂结课时,存在滥用视频或音频资源的现象,看上去光鲜,实际上与教学目标或教学内容关联不紧。为了提升教学资源的利用价值,在利用资源之前,要进行资源的教学性分析,明确其价值所在,适时、适量使用。

3. 聚焦地理核心素养的视角

地理核心素养包括人地协调观、综合思维、区域认知和地理实践力等。人地协调观是现代公民应具备的重要价值观;综合思维和区域认知是学习地理学科的重要方法和能力;地理实践力则是在真实的情境中运用所学的地理知识和技能,观察、感悟、理解地理环境和人地关系的能力。地理教学资源的开发与运用,要聚焦或凸显地理核心素养,培养学生的地理能力,促进人地协调观念的形成。

教学实践表明,教学资源的开发和运用存在非地理的现象(当然,不排斥、不排除地理学科与相关学科之间的合理联系),如过度的地理数学化分析、物理化分析、化学化分析或生物化分析等。地理教学资源的开发与利用要克服这种"过度化"的现象。地理教学资源开发利用有利于正确引导学生对人类与地理环境之间形成协调关系的必要性和可能性的深刻认识和理解;有利于提升学生全面、系统、动态地认识地理事物和现象的思维品质与能力;有利于帮助学生掌握区域认知方法,形成从区域空间认识地理现象的意识与习惯,形成因地制宜进行区域开发的观念;有利于调动学生参与地理实践活动的积极性,培养和提高在现实的情境中运用地理信息技术和其他地理工具完成活动任务的地理实践力。

(四)优化教学过程互动,提升课程实施品质

教学是鲜活的,教学是生动的,教学本质是互动的,这是教学区别于其他活动的基本特点。互动是学生知能习得的基本途径,是学生生命课堂的重要体现,是教学相长的基本过程,是有效教学的基本条件。优化教学过程互动,提升课程实施品质,可以从以下三个方面探索。

1. 基于学生方法主体的互动

随着课程改革的推进,"学生是学习的主体"的教学理念已被广大地理教师广泛认同,但在教学过程中,学生如何真正成为学习的主体这一问题仍然困扰着部分教师。按照主体间性理论,教师与学生都是课堂的主体,二者关系平等。教师有责任引导学生参与学习过程。

教学诊断表明,地理课堂互动存在"浅化"现象,如教师"满堂问",学生"满堂答",没有深度思考的低层互动;存在互动(活动)"泛化"现象,动辄"探究""合作""研究"等,由于这些活动过频过多,学生没有明确的活动目标、要求、任务,很难达到预期效果。教师要优化教学过程互动,结合教学内容设计符合学生认知特点的课堂互动,采用适宜于学生参与的方法,发挥学生参与教学过程的功能。

2. 基于学生内容主体的互动

地理教学内容是教学过程互动的载体和平台。它直接影响教学互动的方式。地理教学内容的地理知识按照其性质和形成来源,可分为自然地理、人文地理和区域地理知识内容;按照教学目标,可分为一般内容、重点内容和难点内容(重点内容就是达成教学目标的内容;难点内容就是教与学都有困难的内容;每节课都有重点,但不一定有难点;有时候重点与难点是重合的;有时候是分离的);按照学生认知水平,教学内容有难与易之分。在教学过程中,基于学生内容主体的互动,有利于提高互动的质量,提升课程实施的品质。

基于学生内容主体的互动就是要求教师依据教学内容,设计学生参与教学互动的方式,要注意联系学生已有的知识经验,既包括已有的知识,也包括生活的经验,引导学生参与互动过程。这样能够激发学生参与互动的兴趣,克服拘泥、紧张、焦虑情绪。

教学诊断表明,地理课堂在不同性质和形成来源的地理知识的教学过程中存在教学互动方式针对性不强;教学重点、难点内容互动方式突出不够的现象。实践表明,在教学互动方式的选择上,自然地理知识内容的教学互动更多地要选择观察类互动方式,从而促进学生对自然地理知识形成过程的理解;人文地理知识内容的教学互动,更多地要选择讨论、交流、体验、角色扮演等互动方式,帮助学生从不同角度思考问题,培养综合思维素养;区域地理知识内容的教学互动更多地要选择任务驱动类互动方式,包括判断、选择、区分、设计、规划等解决问题的方式,培养学生运用地理知识解决问题的地理实践能力。教学重点、难点内容互动方式应该具有多样性(且在时间上占量多),学生参与面大,以帮助绝大多数学生理解和习得教学内容。

3. 基于学生效果主体的互动

学生参与教学过程互动是学生学习成长的主体需要和客观需求。基于学生效果主体的互动就是要求教师在设计和开展地理教学过程互动时,应该具备提升教学互动效果的价值追求,以及对达成课堂教学目标,选择教学内容平台和互动方式,开展互动质量评价的整体思考。

教学诊断表明,地理课堂存在教学互动与课堂教学目标关联度低,与教学内容结合不紧的现象;互动方式选择重形式、轻过程,尤其对学生主动参与的获得感、存在感关注不够,对互动质量的评价停留在表层,没有从地理知识与技能的习得、地理方法的掌握、地理情感的陶冶、态度的养成和价值观的初步树立等方面进行反思和总结,往往是就事论事,缺少升华和推理。

地理教师只有高度关注课堂师生互动、深度研究地理课堂师生互动,精心建构充满生命活力、师生互动的地理课堂,才能实现地理教师的专业发展与学生全面发展的多赢!

二、职前教师教育实践能力动态评估的实验研究和启示[①]

教育实践能力是职前教师必备的专业素养,是教师在教育实践情境下解决教育教学问题、完成教育教学任务时应具备的能力和应达到的水准。由于职前教师尚处于学习教学的"准教师"阶段,其教育实践能力的发展具有多层次完善性特征,因此,对于职前教师教育实践能力的评价应采用动态评估的模式,放眼过程,关注发展。动态评估是在维果茨基的"最近发展区"情境中出现的一种整合评估与教学的交互式评估模式,[②]评估者同时也是教育者,通过在评估过程中和学习者的互动,准确诊断学习者的潜在发展能力,并根据每个学生的现实水平实施相应的介入活动,以提高和实现这种潜力。我们基于职前教师教育实践能力发展的多层次完善性特征,构建了职前教师教育实践能力动态评估指标,从能力诊断和提高性介入两个层面,对教育实习情境下职前教师教育实践能力的发展过程进行动态评估实验研究,以揭示动态评估机制对于职前教师能力发展的促进意义。

(一)职前教师教育实践能力动态评估机制构建

1. 动态评估目标的确立

职前教师教育实践能力动态评估的目的在于实现职前教师教育实践能力评价由偏重结果转向关注过程,从知识技能考察转向能力发展评价。它强调教师教育者全过程参与到职前教师的教育实践活动中,准确诊断出职前教师教育实践能力发展的现状、优势和潜力,并通过及时的提高性介入,促进职前教师教育实践能力的不断发展和完善。

2. 动态评估指标的制定

动态评估的前提是建立一个评估指标体系,该指标体系既是职前教师教育实践能力发展的目标,也是动态评估的依据。从当前国际教师教育趋势来看,职前教

[①] 户清丽,李家清.职前教师教育实践能力动态评估的实验研究和启示[J].内蒙古师范大学学报(教育科学版),2020(3):38-44.

[②] 胡锋,徐春霞.动态评估理论研究回眸[J].当代继续教育,2014(5):80-83.

师培养与评价已转向"标准型准教师",越来越强调"反思性教学"为重心的发展性教学能力,将学业整合能力、行动研究能力、反思性实践能力作为教育实践能力发展的核心。①

学业整合能力是教师的教学操作能力,是指将所获得的学科专业知识与一般教学法知识联系起来,以便在情境中加以合理调配运用的能力;行动研究能力以实现教师专业素养的理性提升为目标,是教师以自身教育教学为研究对象,以解决教育实践中存在的实际问题为导向的能力;反思性实践能力指向宽泛的教师专业化发展概念,着眼于培养具有终身发展理念、独立学习能力和批判反思精神的"反思性实践者"。

职前教师教育实践能力发展的多层次完善性特征不仅表现在能力结构的发展完善上,也表现在能力结构诸要素的形成发展上。一般来说,学业整合能力会经历学业知识整合、教学知能整合、教学论整合、情境性整合四个水平,行动研究能力会经历模仿性教学、策略性教学、开放性教学、创造性教学四个水平,反思性实践能力会经历自发性反思实践、理性反思实践、发展性反思实践三个水平,每个能力水平的质量描述如表5-3所示。该表将作为职前教师教育实践能力要素发展动态评估的依据。

表5-3 职前教师教育实践能力要素发展动态评估表

能力要素	能力水平	质量描述
学业整合能力	学业知识整合	能够将不同学业知识联系起来,在情境中加以调配运用
	教学知能整合	能够根据具体情境整合所学知识和技能,以解决教育实践情境中的细节性问题
	教学论整合	能够整合若干理论观点来理解某一情境并做出教学决策
	情境性整合	善于感知情境、理解情境和处理情境,能够根据具体情境调整教学方案,创造丰富的学习环境和机会
行动研究能力	模仿性教学	遵循教学专家提出的建议和规则施教,以完成预定教学任务为目标
	策略性教学	可以打破一些规则,依据具体情境开展教学规划和做出教学决策
	开放性教学	能够根据不同的教学目标,合理采用发现式、讨论式、探究式等开放性教学模式施教
	创造性教学	追求教学的建构主义方法和艺术性的问题解决,能够设计各种旨在促进学生全面发展的活动
反思性实践能力	自发性反思实践	仅对教学过程进行描述性回顾,很少能发现和剖析其间的问题和困惑
	理性反思实践	能够对自己的教学行为及行为后果进行价值判断和澄清
	发展性反思实践	能够依照教师专业化发展的一般路线和自己目前的发展条件进行自我专业发展规划

---

① 户清丽.职前教师教育实践能力发展的层次性解析[J].教育研究,2018(5):93.

3. 动态评估方案的设计

教育实习经历是职前教师教育实践能力发展的关键时期,我国师范院校都比较重视职前教师教育实践能力的培养,要求师范生都要有在教育实习基地集中实习2~3个月的实习经历。动态评估实验研究选取某师范院校12名公费师范生为对象,以教育实习期(2016年9月初到11月末)的3个时间节点,即"实习初"(9月1日~9月30日)、"实习中"(10月1日~10月31日)、"实习末"(11月1日~11月30日),作为动态评估的时间序列,评估者即为该实习基地的实习导师组,由1名师范院校实习导师和3名实习基地中学实习导师构成。

动态评估包括能力诊断和提高性介入两个层面,能力诊断通过"随堂观课＋访谈＋文本分析"的方式进行,其目的在于帮助职前教师了解自身教育实践能力发展的现状、优势与潜力。随堂观课的主要依据是课堂教学录像带,访谈包括实习初、实习中和实习末导师组与职前教师的三次"一对一"访谈(访谈提纲见表5-4),文本分析的对象是职前教师的反思性教学日记。提高性介入是在职前教师教育实践能力现有水平与潜在水平的发展区间内实施的教学干预活动,其目的有二:一是为职前教师提供应对和解决教育实践能力发展困境所需要的知识与技能;二是补救职前教师教育实践能力发展过程中出现的纰漏与不足。

表5-4 职前教师教育实践能力发展访谈提纲

实习初	• 本次实习你主要想得到哪些方面的收获? • 你对自己的专业能力有何判断? 哪些方面好? 哪些方面不够好? • 你现在面临的最大的教学困境是什么? • 本次实习,你将通过哪些途径来提升自己的专业素养?
实习中	• 实习以来,你感觉自己哪些方面取得了较大进步? • 你最满意的是哪一节课的教学? 你是怎样把这节课上成功的? • 你现在面临的教学问题有哪些? • 下一阶段你将重点考虑哪些教学能力的发展和提升?
实习末	• 实习以来你都进行了哪些教育实践工作? 做好这些工作,需要哪些能力或素质? • 你认为一个高水平的教师和一个一般水平的教师区别在哪里? • 请自我评价一下实习以来专业能力的发展和变化。 • 在你的同伴中,有没有人虽然也参与了实习却没有太大进步? 如果有,请分析是哪些原因造成的。

(二)职前教师教育实践能力动态评估的研究过程

1. "实习初"职前教师教育实践能力诊断和提高性介入

(1)能力诊断结果:能力结构不完善,诸要素发展水平低

理想的教育实践能力应呈现立体结构化特征,即能力要素多元,且诸要素之间具有相互嵌套、相互影响的态势。通过"一对一"访谈发现,"实习初"职前教师的教育实践能力结构还很不完善,诸要素发展也处于低水平。

> • **学业整合能力** 10名职前教师处于学业知识整合水平,可以根据自己的理解设计教案,但是不能顺利完成预设任务,面对复杂的教学情境常常感到无从下手。有2名职前教师可达到教学知能整合水平,能够根据具体情境整合所学知识、技能,以解决细节性的教学问题。
> • **行动研究能力** 12名职前教师均处于模仿性教学层次,教育研究意识薄弱,在遭遇到教学问题时,会向同伴诉苦或抱怨诸如课堂氛围不好、学生不肯投入或配合等问题,但尚不能指出问题所在和思考问题背后的原因。
> • **反思性实践能力** 12名职前教师均处于自发性反思实践水平,尚未形成反思的意识和习惯,很少能关注到课堂教学中存在的问题和发生的事件,即使引导其反思课堂教学活动,也仅限于对教学活动的回顾和描述,对于教学行为背后的理念、方法和效果缺少思考。

(2) 提高性介入活动:反思性实践合作行动研究

通过研讨分析,导师组认识到"实习初"职前教师面临的最大问题就是反思性实践意识和能力薄弱,这也严重制约着其学业整合能力和行动研究能力的发展。通过商议,导师组以培养职前教师的反思性实践能力为重点,确定了反思性实践合作行动研究方案,将12名职前教师和3名中学导师划分成三个行动研究小组,每组1名中学导师和4名职前教师。各小组围绕职前教师反思性实践能力的发展确定行动研究主题,制订行动研究计划,开展反思性实践合作行动研究。导师组则针对合作行动研究制订了系统的介入指导方案。

① 教育实践目标引领。能力发展的前提是确定发展的方向性,对于职前教师不了解教师专业化发展的目标和过程,教育实践定位偏差等问题,导师组开展了"教师专业化发展的基本阶段与有效途径"专题讲座,引导职前教师全面关注教师专业化发展的进程与途径,明确要求其依据《中学教师专业标准(试行)》来反思和监控其教育实践过程,以尽快缩短与在职教师专业水平上的差距。

② 反思性实践技能培训。针对职前教师反思性实践知识和技能匮乏的问题,导师组进行了"教师的PCK结构与建构""反思性实践的目标和策略"两个专题讲座,帮助职前教师全面掌握反思性实践的知识和技能。

③ 课堂观察工具支持。对于那些不善于进行课堂观察的学生,导师组为其提供了"课堂教学质量评价表",帮助其提高课堂观察和观摩学习的效果;对于那些不善反思的职前教师,则每星期组织一次"教学经验交流会",让他们在教学观点和实践智慧的碰撞交流中激荡起对自身教学行为的批判性思考;对于那些重竞争轻合作的职前教师,则将"学习共同体"引入他们的实习生活,引领他们打破封闭与隔离,走向合作与分享。

④ 行动研究方法引领。为了促进合作行动研究的有序开展,大学导师制订了系列合作行动研究计划(见表5-5),以提升职前教师的合作行动研究能力。

表 5-5　职前教师反思性实践合作行动研究计划

研究计划	研究内容
确定研究问题	明确研究问题,并围绕问题设计研究方案(包括研究目标、研究内容、研究思路、研究方法等)
阅读相关文献	阅读行动研究的相关文献,讨论和学习行动研究的思路和方法,以便掌握开展合作行动研究的基本理论与方法
展开叙事研究	综述自己或同伴在教师课堂教学录像带中的相关理论与实践;对自己的实践经历进行反思,并以反思性日记的方式撰写下来
行动研究会议	定期召开行动研究交流会,对自己和小组成员的行动研究经历进行批判性反思,并对下一阶段行动研究做出规划与调整
撰写研究报告	从理论视角对研究过程和结论进行综合归纳,撰写完成合作行动研究报告,注意逻辑结构的连贯性和一致性、语言表述的科学性和准确性

2. "实习中"职前教师教育实践能力诊断和提高性介入

(1)能力诊断结果:能力要素发展明显,却遭遇到更多实践问题

实习 1 个月后,由于拥有了一定的教育实践经历和反思性实践技能,职前教师教育实践能力诸要素均有明显发展。

- **学业整合能力**　7 名职前教师尚处于教学知能整合水平;3 名职前教师达到教学论整合水平,可以运用新课程理念和师生互动理论的某些观点分析评价某一教学情境并提出教学决策;2 名职前教师可达到情境性整合水平,对于一些重难点知识,能够依据具体情境,运用恰当的手段和策略促进学生的理解和强化学习动机。
- **行动研究能力**　除了 2 名职前教师仍停留在被动的模仿性教学层面外,已有 6 名职前教师达到策略性教学水平,能够为解决遭遇到的教学问题做出教学行为的改变;4 名职前教师达到开放性教学水平,教学行为倾向于采用以学生为主体的教学模式,还可以开展小规模的课堂教学实验,以寻求问题解决之道。
- **反思性实践能力**　除了 2 名职前教师仍处于自发性反思实践水平外,其他 10 名均达到理性反思实践水平,可以理性思考合格教师的特征与要求,注意教学方法与教学技能的获得,但教育实践能力发展目标偏颇,仅关注"教师教"的技术,却忽视理解学生、研究学生的理论与方法,不注意对教学理念进行反省和思考。

面临教育实践场的复杂性、不稳定性和价值冲突性,他们也遭遇到更多的教育实践问题。一是部分职前教师教育实习态度消极。例如,实习教师小吴在访谈中谈道:"我对于教师职业没有多少兴趣,学院组织的一些教学技能训练和教育见习活动,我都没有参加。现在虽然上了几节课,但还是不喜欢教师这个职业。"二是缺乏教学反思的时间和精力。正如实习教师小张在访谈中所言:"教育实习期间,我们需要做太多实习任务,除了进行听评课、课堂教学,还要担任实习班主任、帮助导师批改作业、检查早晚自习、监考、改试卷、整理档案等,诸多任务让我们疲于应付,几乎难有时间和精力进行系统周密的反思性实践。"三是部分职前教师缺少独立的教学机会。例如

小叶在访谈中所言:"我的中学导师对我很不放心,很少给我上课的机会,即使让我上课,也要求我必须完全按照她的教学方案来上……"四是难以发挥优秀教师的榜样和示范作用。正如小黄在访谈中谈到的:"我们的实习模式是一对一的'学徒制'模式,这并不利于我们接触到那些教育理念先进、教学水平高的优秀教师,无法从他们身上获得成功的反思性实践经验。"五是只关注教学技能的获得。例如,小杨的中学导师教学经验丰富但教育观念滞后,但小杨非常信服导师的经验和做法,而较少思考教育的本质和价值。他在访谈中多次提到:"我的导师教学方法传统但实用有效,所以我非常重视他对于我教学技能的建议,我现在的教学就是他的翻版。"

(2) 提高性介入活动:提供双支架行动支持

职前教师教育实习期形成的职业形象,包括教育信念、教育认知、教育情感和教育行为等,会深刻影响其职后的教学生涯。为了解决职前教师职业形塑视角单一偏狭的问题,导师组提供"双支架行动支持",发挥大学导师专业引领与中学导师实践指导的双支持作用,帮助职前教师澄清职业形塑的视角,逐步完善教师的职业形象。

中学导师提供"渐减支架"行动支持。所谓"渐减支架"行动支持,是指中学导师要在职前教师需要时为其提供教学技能培训、优质课观摩、教学技能比赛等教研活动,全面提升职前教师的教育实践能力;在他们教育实践能力增长时则要减少规限和约束,给予他们更多的教学机会和鼓励他们进行创新性实践,其最终目的是由扶到放、逐渐放手,使职前教师成长为有实践智慧和决策能力的教师。

大学导师提供"追问实践"行动支持。"追问实践"是教师行动研究的特质,其目的是帮助职前教师学会在复杂的教育情境中发现、分析和解决教育问题,形成敢于探究、质疑、追问、澄清的专业态度和专业品性,从而成长为更具有反思意识、问题解决能力和审慎决策能力的反思性实践者。其行动支架包括榜样激励、视角澄清、同辈合作教学、同课异构等方法。例如,对于那些缺乏职业兴趣的职前教师,大学导师采用榜样激励等方法,鼓励他们重建教育信念和端正实习态度;对于那些只关注教学技能获得而较少思考教育本质的职前教师,采用视角澄清、同课异构等方法,让他们认识到关照学生、理解学生和研究学生的重要性。例如,在观察了其他一些优秀的职前教师的课堂教学之后,小杨的想法有所改变:"我一直非常自信我得到了导师独特的教学技能,但是现在我被这些以学生为中心的教学方法震撼了。显然,我的课堂教学忽略了这些方法的运用。"

3. "实习末"职前教师教育实践能力诊断和提高性介入

(1) 能力诊断结果:大部分达到合格教师水平,能力要素发展水平不一

"实习末"职前教师能力诊断采用"随堂观课+访谈+文本分析"的综合方式进行。结果表明,有10名职前教师的教育实践能力达到合格教师的专业水平,其中3名成长为优秀的反思型教师,7名表现良好;有2名职前教师能力水平表现一般,与合格教师的能力要求尚存在一定差距。此外,每位职前教师教育实践能力诸要素的发展水平也不一致。

- **学业整合能力**　9名职前教师处于教学知能整合或教学论整合水平,能够根据需要适当调整教材知识顺序,并合理运用有关的材料、资源和技术促进学生的学习。3名优秀的职前教师达到情境性整合水平,能够根据情境需要合理整合所学的知识、理论、策略和模式。
- **行动研究能力**　除2名职前教师尚处于模仿性教学层次外,有5名职前教师可达到策略性教学层次,3名职前教师可以开展开放性课堂教学模式,2名职前教师的课堂教学呈现出创造性教学特征。
- **反思性实践能力**　9名职前教师达到理性反思实践水平,其教学反思不再受外部评价所左右,而是可以根据自身的教学信念进行价值评判和理论澄清。3名职前教师达到发展性反思实践水平,专业化发展意识强烈,能够基于学生的发展需要开展教学。

(2) 提高性介入活动:提供总结性评估

与传统教育实习评价的终端评价方式不同,总结性评估不仅仅是为职前教师打一个分数,还要针对职前教师个体教育实践能力发展的优势与不足,提出具体的"能力发展建议",为其今后能力发展指明方向。现从优秀、良好、一般三个发展级别中各选出一名职前教师,展示对其教育实践能力发展的总结性评估,以阐明动态评估着眼未来、关注发展的要义。

① 优秀级别职前教师教育实践能力总结性评估

12名职前教师中,小魏专业化发展意识强烈,教育实践态度端正,教育实习表现突出。实习末能力诊断表明,该生教学能力得到全面提高,课堂教学问题解决的策略性、开放性和创造性强,能力水平诊断被评定为优秀。

关于小魏同学教育实践能力的总结性评估

【教育实践能力总评】该生能够基于先进的教育理念开展教学和合作行动研究,教育实践能力表现优秀。在实习初期,该生就表现出强烈的教学热情,经常主动与实习导师沟通,讨论专业化发展目标、实习中遇到的困难以及如何克服这些困难。在实习期间,该生坚持观摩学习,善于反思课堂教学。为了多渠道获得优秀教师的教学智慧,该生探索出了"同课异构观摩学习法"和"博采众长观摩学习法";积极尝试课堂教学改革,开展了"小组合作学习的优化策略"行动研究,以寻求课堂教学改革的办法。不过,课堂教学按固定套路进行"表演"的痕迹还较明显,教学决策能力和课堂应变能力尚待提高。

【能力发展建议】① 进一步加强对教学情境的感知、理解和处理,提高课堂教学应变力和决策力,创建学习环境时要进一步考虑激发与促进学生创造性思维的策略。② 教学反思要进一步关注学校教育和学生发展,以新课程理念为指导思考课堂教学目标及教学行为的合理性。③ 以日常教学中发生的问题和事件为对象开展行动研究,通过教学研一体化,促进教师专业化发展。

② 良好级别职前教师教育实践能力总结性评估

12名职前教师中,小林偏重教学技能的获得而不太重视思考教育的本质和价值,不注意从学生学的角度设计和开展教学,实习末能力水平诊断被评定为良好。

关于小林同学教育实践能力的总结性评估

【教育实践能力总评】该生专业化发展意识较强,课堂教学技能得到很大程度提高,教育实践能力表现良好。不过相对忽视理解学生和研究学生的重要性,不够重视用先进的教育理念来审视、反思教学和改进教学。

【能力发展建议】① 注意更新教育观念,能够用新课程理念指导教学。② 关注学生的学习,能够根据学生的需求开展教学实验以改善教学。③ 要善于思考和研究自身或他人的课堂教学问题,能与其他教师和学生开展基于问题解决的合作行动研究。

③ 一般级别职前教师教育实践能力总结性评估

小吴是两个一般发展水平职前教师中的一个。回溯其成长经历,阻滞其教育实践能力发展的因素主要有两个,一是消极的教育实习态度,二是没有与中学导师建立良好的互动关系。因此,虽然经历三个月的教育实习,其教育实践能力发展仍处于一般水平。

关于小吴同学教育实践能力的总结性评估

【教育实践能力总评】该生的教师专业化发展意识有待加强,需要进一步理解教师工作的信念和责任,掌握教学的基本理论和基本方法,完善知识整合能力和课堂教学能力,认同教学反思对教师专业成长的意义,以立德树人为己任,成长为有教育情怀的新时代好老师。

【能力发展建议】① 阅读一些国内外教育名著,进一步强化教书育人的信念和责任感,成为一个有人格魅力和学识魅力的教师。② 注意学习先进的中学教育理论和借鉴其他老师的教学智慧,学会遵循学生身心发展特点和教育教学规律进行教学设计。③ 日常教学要注意把学科知识、教育理论与教育实践相结合,坚持"实践+反思"的教师专业化发展路径,不断提高教学能力。

(三)结论与思考

动态评估实验研究揭示了动态评估机制下职前教师教育实践能力的发展变化机理,相比传统静态评价,更有助于职前教师教育实践能力的认知诊断和发展完善。

首先,相较于传统的结果性评估模式,动态评估更加注重发现和开发职前教师的发展潜能,对于职前教师成长为适应并引领基础教育课程改革的高质量标准化教师起到了很好的促进作用。正如维果茨基所言:"教学的着眼点不是迄今为止已经完成了的发展过程,而是判明学习者发展的动力状态,教学必须在发展的前面引导发展。"不过,动态评估也对评估者提出了较高要求,不仅要求评估者熟悉职前教师教育实践能力发展的多层次特征,还要求评估者全程参与到职前教师的教育实践情境中。

其次,开展合作行动研究作为基本的提高性介入方法,为高校教师与优秀中小学教师共同指导教育实践的"双导师制"提供了一条思路,有助于为职前教师提供全方位、及时有效的实践指导。例如,虽然本研究实验中存在个别中学导师并非反思性实践的好榜样,但是通过合作行动研究的环境支持,大多数职前教师的教育实践能力得到了良好发展。

再次，高校教师对于改善中学导师和职前教师之间的合作关系非常重要。例如，本研究中的高校教师在发现个别中学导师教学做法比较落后后，及时通过"双支架行动支持"介入方案，让中学导师和大学导师在对话、互动与支持的合作过程中，充分发挥各自的理论知识与实践智慧的作用，使教师教育资源得到最优化配置和协同发挥作用。

最后，实习学校要高度重视对实习导师的遴选和培训工作。如前所述，职前教师的教育信念和专业发展除了职前教师的自我激励和努力之外，还深受中学实习导师言传身教的影响。因此，实习学校必须高度重视对实习导师的遴选和培训工作，并制定相应的激励政策，如将实习导师的选拔机制与教师专业发展的评价机制和教师评分制度结合起来，充分调动优秀教师担任教育实习导师的积极性。

当然，本研究仍有较大的改进空间，尤其是设计高质量的介入方案为职前教师的反思性实践提供行动支持上还需深入研究。本研究中，中学导师对于开展合作行动研究很感兴趣，认为这是促进他们自身反思性实践和专业化发展的好机会，但是高校教师队伍中却缺乏足够数量的具有教师教育理论和教育实践经验的教师教育者。这也意味着师范院校应进一步加强教师教育师资队伍建设，真正建立协同育人机制和优化实践育人机制，形成人才培养质量持续改进的机制。

三、教师课程能力评价指标体系的建构研究[①]

英国课程专家斯腾豪斯指出，课程的研究和发展是教师的责任，教师要构建理论，做课程的学习者、研究者和开发者，要成功改革课程必须鼓励教师参与改革过程，认同改革理念，教师在改革中学习和成长，才能实现真正的改革。[②] 21 世纪以来，国际上(英国、新西兰、澳大利亚、印度等)的卓越教师培养计划已经将提高教师课程能力纳入培养体系中，并有相应的质量标准要求。例如，澳大利亚 2010 年颁布的《国家教育课程认证标准》将课程设计、课程组织与开发、课程评估、基础课程研究等列为职前教师教育课程内容。新西兰 2016 年颁布的《职前教师教育成果：毕业教师标准(讨论稿)》明确指出课程方面的知识包括：了解新西兰制定的相关课程文件；利用相关课程文件有效地设计课堂内容。因此，在国内外时代背景下，发展教师课程能力既是大势所趋，又是促进我国基础教育课程良性发展的动力。那么课程能力究竟是什么？它对促进教学实践有何效益，是否能在教育场域中评价、测量？基于对这些问题的思考，笔者在界定课程能力概念的基础上建构教师课程能力评价指标体系，借助特尔菲法对指标体系进行修正优化和权重赋值。

(一)核心概念界定

国内学者对课程能力的研究根据主体的不同，经历了从研究学校课程领导力过渡到研究校长课程领导力，再到当今教师课程能力的演变过程。显然，课程能力研究

[①] 常珊珊,李家清.教师课程能力评价指标体系的建构研究[J].教育科学研究,2021：4-8.
[②] 王守恒,姚运标.课程改革与教师专业发展[M].北京：教育科学出版社,2007：7.

是课程改革推进过程中,解决教育实践问题的现实所需。关于教师课程能力的定义,国内学者的观点归纳起来有两类。第一类观点从"课程活动"的角度将教师课程能力描述为一种胜任力,这种胜任力或表现为心理特征,或表现为生理特征,或表现为能动力量,持此类观点的居多。例如,吴惠青和刘迎春指出,教师课程能力是"教师对于课程这一特定领域的运作、驾驭过程中所表现出来的个性心理特征"[1];赵文平主张,教师课程能力是影响教师课程活动成效的心理特征,是教师综合素质的重要组成部分;[2]刘艳超和于海波提出,教师课程能力是教师在课程活动中逐渐形成、发展并体现出来的,直接影响其课程活动成效的个性心理特征与生理特征的总和;[3]朱超华从教育学视角认为,教师课程能力是教师自身所拥有并运用于课程活动中,直接影响课程活动实施效果,决定课程活动成效的能动力量;[4]田秋华认为,教师课程能力为"教师具有的、基于课程知识与技能的、直接影响课程活动运行及其成效取得的能动力量"[5];徐红认为,新时期的教师课程能力是指教师顺利完成一切显性与隐性形式的国家课程、地方课程、校本课程及创生课程等课程活动所需的体力与智力、物质与精神构成的整合系统[6]。第二类观点从课程能力的构成要素角度将教师课程能力描述为同时具备这些要素的综合体,持此类观点的较少。例如,我国学者魏青云和张立新提出,教师参与各种课程发展活动、完成参与任务、实现参与目标时必须具有专业品格、知识储备及课程技能等能力要素,这些能力要素的整合就是教师课程能力;[7]王一军认为,教师课程能力是教师在完成课程设计、实施、评价、管理等课程活动任务时,所需要的素质基础、行为特征和实践智慧[8]。可见,学界至今未达成基本共识,可谓仁者见仁、智者见智,但均表达出课程能力具有实践性、活动性和综合性等特性,即教师课程能力是教师在课程实践过程中表现出来的能够成功应对课程活动的能动力量,这种力量是教师自身知识、能力、情意、品格等要素的综合体。

教师课程能力究竟包含哪些结构要素?20世纪90年代,最早系统研究课程理论的两位学者陈侠和钟启泉在各自的论著中均提到课程能力的要素包含课程开发、课程实施、课程管理和课程评价等,随后廖哲勋也提出课程是包括课程设计、课程评价和课程管理在内的课程系统工程。[9] 黄甫全曾将课程要素概括为:关于个体和社会的理论、教育宗旨和目标、教育内容、活动样式、效果、评价。[10] 徐红认为,新时期的教师应该具备与时俱进的课程理解能力、课程决策能力、课程规划能力、课程开发能力、

---

[1] 吴惠青,刘迎春.论教师课程能力[J].高等师范教育研究,2003(2):68.
[2] 赵文平.教师课程能力——一个不容忽视的问题[J].江西教育科研,2007(2):89-92.
[3] 刘艳超,于海波.中小学教师课程能力培养模式研究[J].教育理论与实践,2013,33(29):27-29.
[4] 朱超华.新课程视角下教师课程能力的缺失与重建[J].课程·教材·教法,2004,24(6):14.
[5] 田秋华.论教师的课程能力[J].课程·教材·教法,2013(8):25.
[6] 徐红.新时期我国教师课程能力审思[J].课程·教材·教法,2019(12):127.
[7] 魏青云,张立新.课程能力:教师参与课程发展中的一个迫切问题[J].教育理论与实践,2005(11):20.
[8] 王一军.三级管框架内课程能力的实践诉求[J].当代教育科学,2007(22):10.
[9] 张廷凯.我国课程论研究的历史回顾:1922—1977(上)[J].课程·教材·教法,1998(1):1.
[10] 黄甫全.大课程论初探——兼论课程(论)与教学(论)的关系[J].课程·教材·教法,2000(5):3.

课程整合能力、课程组织能力、课程实施能力、课程评价能力、课程研究能力及课程合作能力。① 另外也有学者通过实践反思来衡量课程自身的价值与意义,提出从"课程开发"到"课程理解"再到"课程反思"的课程研究范畴。② 沿着已有相关研究思路,我们梳理了国内学者对"课程能力构成要素"的研究成果,归纳起来有几个视角:一是依据"泰勒原理"的目标、内容、方法和评价角度,将课程能力分为课程目标的确定能力、课程内容的开发和组织能力、课程实施能力和课程评价能力;二是从课程实践角度将课程能力划分为课程开发能力、课程设计能力、课程组织能力、课程实施能力、课程评价能力和课程研究能力;三是从教育心理学出发,将课程能力看作认知、实践和反思的过程的能力。③ 可以看出,相关研究虽从不同的角度对课程能力进行解构,但其实"大同小异",只是有些是从宏观角度,有些是从微观角度,都涉及课程设计、课程实施、课程管理、课程评价等要素。接下来笔者将据此设计具体的评价指标。

（二）研究的过程和结果

英国学者曼斯菲尔德（B. Mansfield）提出并区分了能力的三种用法:① 结果,即侧重描述人们需要会做什么;② 现在发生的,即侧重目前人们从事的任务;③ 品质或特征,即侧重描述人们的品质或特征是什么样的。基于此,曼斯菲尔德将能力模型分为"输入"和"输出"两种,其中"输入"能力模型指个体所拥有的知识、技能和品质等基础。在教育心理学中,知识、技能、品质分别指向思维层面的认知领域、操作层面的实践领域和价值层面的思想领域。曼斯菲尔德对能力的描述类似于马克思主义哲学活动观,从马克思主义哲学观来看,人类与外部世界相互作用的三种活动与能力包括"认知活动与能力、实践活动与能力、反思活动与能力"。④ 从认知、实践、反思三个维度与相应的能力类型进行匹配,即应对认知活动的能力属于认知性能力,应对实践活动的能力属于实践性能力,应对反思活动的能力属于反思性能力。基于教师课程能力的活动性和实践性,参照马克思主义哲学活动观的能力类型,笔者将"认知性课程能力"和"实践性课程能力"作为教师课程能力的前两个维度,但对于"反思性能力"我们将其上升为"研究性能力",这是因为在教师专业发展的高级阶段,教师的课程反思能力是基础能力,终极能力是研究课程的能力。由此得来教师课程能力评价体系的一级指标。

1. 一级指标的分解与阐释

（1）认知性课程能力

认知性课程能力是思维、理念层面的能力,是开展课程实践活动的基础,影响教师的课程行为方式和课程价值取向,主要包括教师对课程理论、课程改革、课程文件、课程价值等内容进行认识并理解的能力。依据教师对课程认知的深浅程度可以将其

---

① 徐红. 新时期我国教师课程能力审思[J]. 课程·教材·教法,2019(12):127.
② 罗生全. 70年课程研究范式的回顾与展望[J]. 湖南师范大学教育科学学报,2019(3):25.
③ 包兵兵,陈菊. 我国教师课程能力十年研究述评[J]. 教师教育学报,2014(12):34.
④ 赵文平. 教师课程能力——一个不容忽视的问题[J]. 江西教育科研,2007(2):89-92.

划分为认识和理解能力两个维度：认识是课程理解的前提和基础，理解是对课程认知的深化和发展。目前学术界关于课程的认识具体表现的观点可谓仁者见仁、智者见智，对课程的认识具体表现在三方面：一是知道课程的基本理论，认识课程的定义、性质及功能，旨在了解课程的体系及其构成要素；二是概述课程改革发展的历史、成就和未来发展趋势，认识课程改革发展的历程；三是知道课程改革的指导思想及其前沿信息，认识课程改革的指导思想，要求教师能够了解课程改革的历史、现状及发展趋势。[1] 课程理解能力是教师对课程本质、课程内容的整体把握能力，它是实施课程的逻辑起点。[2] 教师的课程理解能力具体表现在：一是理解课程的本质及价值，即课程的本质特征，课程对学生、社会、学科等方面的意义；二是理解课程内容，包括理解课程内容的基础性、时代性、学科性、其与课程标准的联系；三是理解课程理念，即课程理念对促进课程改革、教学改革、教材改革的指导意义，即能够理解课程所体现的价值。[3] 综上所述，初步建构的认知性课程能力评价指标如表 5-6 所示。

表 5-6　认知性课程能力评价指标

一级指标	二级指标	关键能力表现
A：认知性课程能力	A1：课程认识能力	认识课程的定义、性质、功能，知道有关课程的基本理论
		认识国内外课程改革的发展过程，概述课程改革的历史、成就及未来发展趋势
		认识课程改革的指导文件，知道课程改革的前沿信息、课程改革的指导思想等
	A2：课程理解能力	理解课程本质及价值，即课程本质特征，课程对学生、社会、学科等方面的意义
		理解课程内容，包括内容的基础性、时代性、学科性等，与课程标准的联系等
		理解课程理念，即课程理念对促进课程改革、教学改革、教材改革的指导意义

（2）实践性课程能力

实践性课程能力是指教师在课程实践中将课程目标转化为学生发展年龄和现有水平可以接受的、实际上可以操作的课程行为，并在这个过程中运用课程相关技术完善支撑、监控评价实施过程与实施结果的能力。[4] 以斯腾豪斯的课程模式理论为基础，将教师的实践性课程能力分解为四个，依次是：① 课程设计能力，是指有目的地对课程的各个方面做出规划和安排的能力，是课程组织和实施的前提与基础。[5] 具体表现为：一是依据课程目标，科学规范地表述教学目标；二是开发并选择符合课程目

---

[1] 仇奔波.我国高校世界地理课程改革与发展再认识[J].世界地理研究,2002(4)：99-105.
[2] 陈辉英.提升课程理解力：教师课程能力培养的逻辑起点[J].江苏教育研究,2017(11)：24-28.
[3] 陆军.教师课程能力的核心要素及其提升路径[J].教育理论与实践,2016(14)：31-34.
[4] 朱超华.新课程视角下教师课程能力的缺失与重建[J].课程·教材·教法,2004(6)：13-16.
[5] 丛立新.课程论问题[M].北京：教育科学出版社,2000：253.

标和学生发展规律的课程内容和课程活动;三是依据课程标准制订科学有效的课程实施方案;四是设计课程评价方案,包括课程评价的依据、评价方法、评价标准等。② 课程组织能力,是指教师依据课程计划的相关要求,在实际中对教学进行组织所表现的能力。一方面要求教师能够组织已有的课程资源,整合跨学科的课程资源以适应学生需要;另一方面是能够依据学生需要合理组织课程活动,组织和规划课程活动的类型、方案等。③ 课程实施能力,是指把课程计划付诸实践,落实课程的能力。① 教师的课程实施能力具体表现在:一是执行课程计划,即通过课堂教学、学生自学、社会考察等方式使学生获得学习效果;二是调试课程实施方案,即依据实际情况对现有课程实施方案进行监控、调整。④ 课程评价能力。由于课程评价的内涵具有复杂性和多义性,目前对教师的课程评价能力缺少清晰明确的表述,②结合课程评价的内涵,笔者将教师的课程评价能力界定为:教师诊断、监控和评价课程设计要素、课程实施过程、课程达成效果的能力。依据评价的内容,教师课程评价能力可以从三个方面具体描述:一是评价课程标准,即评价课程标准对教学实施的指导意义等;二是评价学科教材,即评价教材内容选择、编排的科学性、适切性等;三是评价课堂教学,即评价课堂教学中的师生表现、教学效果等。综上所述,初步建构的实践性课程能力评价指标如表 5-7 所示。

表 5-7 实践性课程能力评价指标

一级指标	二级指标	关键能力表现
B：实践性课程能力	B1：课程设计能力	依据课程目标,科学规范地表述教学目标
		开发并选择符合课程目标和学生发展规律的课程内容和课程活动
		依据课程标准,制订科学有效的课程实施方案
		设计课程评价方案,如课程评价的依据、评价方法、评价标准等
	B2：课程组织能力	组织已有的课程资源,整合跨学科的课程资源以适应学生需要
		能够依据学生需要合理组织和规划课程活动的类型、方案
	B3：课程实施能力	执行课程计划,即通过课堂教学、学生自学、社会考察等方式使学生获得学习效果
		调试课程实施方案,即依据实际情况对现有课程实施方案进行监控、调整
	B4：课程评价能力	评价课程标准,即评价课程标准对教学实施的指导意义
		评价学科教材,即评价教材内容选择、编排的科学性、适切性等
		评价课堂教学,即评价课堂教学中的师生表现、教学效果等

(3) 研究性课程能力

研究者是新课程赋予教师的重要角色之一,研究性课程能力是教师在课程实践

---

① 闫守轩,张晓晓.中小学教师课程评价能力的研究[J].教育测量与评价(理论版),2013(6):36-40.
② 刘艳伟.中学物理教师课程反思能力发展研究[D].长春:东北师范大学,2009:36.

中对自身的课程行为进行自主审视反思、服务研究的能力,是教师课程能力的最高层次。依据课程反思的客体对象(反思自我课程行为、反思外部课程对象),可将其划分为:① 课程反思能力。课程反思能力是指教师为了保证课程的顺利实施,对影响课程实施的因素以及对课程实践中所蕴含的观念、理论加以系统、全面、深刻的审视、解释、理解批判和重建的能力。[①] 根据课程实践的阶段性特点,课程反思能力具体表现在:一是反思课程设计,即反思目标设计的全面性、适宜性等,课程方案设计的有效性等;二是反思课程实施,即反思课程计划执行情况、课程方案调适的对学生的适宜性等;三是反思课程效果,即反思目标达成度、需改进的问题、困惑、特殊事件的教学影响等。② 课程研究能力。课程研究能力要求教师主动参与到关于新课程的改革和实施的研究中,要求教师改变传统的教学方式和教学思维模式,结合新课程的要求、实际情况和学生的需求对自己所在学科进行多维课程研究。良好的课程研究能力有助于新课程的进一步完善,为课程的改革注入新的动力。教师的课程研究能力具体表现在:一是研究课程标准,即能够辩证看待课程标准,提出改进和使用课程标准的建议;二是研究学科教材,能辩证看待学科教材的发展现状,提出开发和使用教材的建议;三是研究课程实施,即能够审视和评价课程实施中的理论和实践问题,并提出改进策略。综上所述,初步建构的研究性课程能力评价指标如表5-8所示。

表 5-8 研究性课程能力评价指标

一级指标	二级指标	关键能力表现
C:研究性课程能力	C1:课程反思能力	反思课程设计,即反思目标设计的全面性、适宜性,课程方案设计的有效性等
		反思课程实施,即反思课程计划执行情况、课程方案调适对学生的适宜性等
		反思课程效果,即反思目标达成度、自身需改进之处、困惑,特殊事件的教学影响等
	C2:课程研究能力	研究课程标准,即能够辩证看待课程标准,提出改进和使用课程标准的建议
		研究学科教材,即能够辩证看待学科教材的发展现状,提出开发和使用教材的建议
		研究课程实施,即能够审视和评价课程实施中的理论和实践问题,并提出改进策略

2. 指标体系的专家修订

(1)调查对象与问卷构成

本研究问卷调查的专家主要面向对"教师课程能力"有一定研究成果的高校课程与教学论领域专家。在调查过程中我们通过电话、短信联系,取得专家同意后,通过邮箱发送电子问卷,其间共发放问卷 18 份,回收问卷 16 份,有效率为 88%。问卷共

---

① 赵文平.教师课程能力——一个不容忽视的问题[J].江西教育科研,2007(2):89-92.

包含三大板块：关于"一级指标"划分的合理性及重要性；关于"二级指标"划分的合理性及重要性；关于"关键能力表现"划分的合理性及重要性。

（2）数据的处理与分析

问卷回收后，采用 SPSS 19.0 进行数据录入，采用李克特 5 分计分法。在此基础上，通过 SPSS 对数据进行平均数(M)、标准差(SD)、众数($M0$)和 $|M0-M|$ 的量化统计。平均数(M)在统计学中属于集中量数，代表专家意见的集中程度，数据越大，表明集中性越高，通常以 75% 为界，本研究中的数据超过 5 分等级的 75%（即 3.75），表明集中性良好；标准差(SD)是差异量指标，表明数据的离散程度，值越大，表明数据的离散程度越大，数据越分散，反之，则表明数据越集中；众数($M0$)是我们可以观察到的每一项分数的频数的集中点，即专家意见一致性最高的数据；$|M0-M|$ 是衡量数据一致性的指标，当 $|M0-M|\leqslant 1$，表明数据的一致性较高，反之，则一致性较差。

（3）问卷结果与讨论

专家对"一级指标"划分的合理性及重要性、"二级指标"划分及"关键能力表现"的合理性及重要性的意见统计结果如表 5-9、表 5-10 所示。

表 5-9　关于"一级指标"划分的合理性及重要性的数据统计结果

一级指标	平均数(M)	标准差(SD)	众数($M0$)	$\|M0-M\|$
总划分	4.33	0.82	5.00	0.67
认知性课程能力	4.50	0.55	5.00	0.50
实践性课程能力	4.67	0.52	5.00	0.33
研究性课程能力	4.33	0.82	5.00	0.67

表 5-10　关于"二级指标"划分及其关键能力表现的合理性和重要性的数据统计结果

二级指标	平均数(M)		标准差(SD)		众数($M0$)		$\|M0-M\|$	
	A	B	A	B	A	B	A	B
课程认识能力	3.50	4.33	0.55	0.52	4.00	4.00	0.50	0.33
课程理解能力		3.67		0.82		3.00		0.67
课程设计能力	4.50	4.50	0.55	0.55	5.00	5.00	0.50	0.50
课程组织能力		4.17		0.75		4.00		0.17
课程实施能力		4.33		0.52		5.00		0.33
课程评价能力		4.17		0.41		4.00		0.17
课程反思能力	3.83	4.17	0.75	0.75	4.00	4.00	0.17	0.17
课程研究能力		4.17		0.75		4.00		0.17

备注：A 表示对二级指标划分的合理性及重要性，B 表示关键能力表现的合理性及重要性。

表 5-9 中数据显示：三个"一级指标"的平均数在 4 分以上，众数均是 5，说明专家对

三个"一级指标"的设置表示同意;标准差在 0.50～0.90 之间,说明专家的意见集中;另外,$|M0—M|$ 的值均小于1,"说明专家"对三个"一级指标"设置合理性的一致性很高。

表 5-10 中数据说明:关于"二级指标"的划分中,除了"课程认识、理解能力"的均分略低于 3.75,其余指标的均分均大于 3.75,众数为 4、5、4,说明专家对课程能力的"二级指标"划分的认可度较高;标准差均在 0.55～0.80 之间,表明专家意见的集中性高;$|M0—M|$ 小于等于 0.50,说明专家对"二级指标"设置合理性的意见一致性高;在关键能力表现数据中,除"课程理解能力"的平均数略低于 3.75 以外,其余各项的平均数都在 4 分以上,表明专家对关键能力表现的描述表示同意;标准差均小于 0.90,表明专家意见集中;$|M0—M|$ 的值均小于 0.70,表明专家对关键能力表现设置合理性的意见一致性高。因此对于课程能力"一级指标"框架构建已达成共识,在后期修正时,我们对部分"二级指标"和关键能力表现的描述进行优化。

3. 评价指标体系的权重赋值

在优化课程能力评价指标体系的基础上,运用 AHP 决策分析方法咨询专家意见,运用和积法计算课程能力评价指标体系的权重。经计算,专家构建的课程能力"一级指标"3 阶判断矩阵的 CR 值分别为 0.0567,0.0334,0,0.0251,0,均小于 0.052,构建的认知性课程能力、研究性课程能力"二级指标"的 2 阶判断矩阵的 CR 值为 0,构建的实践性课程能力"二级指标"的 4 阶判断矩阵的 CR 值分别为 0.012,0.058,0,0,0,构建的研究性课程能力"二级指标"的 2 阶判断矩阵的 CR 值为 0。在计算过程中,部分专家构建的判断矩阵认为几个指标同等重要,故判断矩阵所有数字均为 1,所构建的判断矩阵具有完全一致性,所以 CR 值也为 0。因此专家构建的教师的课程能力的判断矩阵均通过一致性检验,权重计算有效。

4. 优化后的教师课程能力评价指标体系

结合数据分析结果,我们进一步和专家交流,最终对"课程认识能力、课程理解能力"关键能力表现的描述进行了优化,在原有的教师课程能力框架的基础上增加指标权重,得到优化后的教师课程能力评价指标体系,如表 5-11 所示。

表 5-11　教师课程能力评价指标体系

一级指标及权重	二级指标及权重	关键能力表现
A:认知性课程能力(24%)	A1:课程认识能力(6%)	认识课程的定义、性质、功能,知道有关课程的基本理论
		认识国内外课程改革的发展过程,概述课程改革历史、成就及未来发展趋势
		认识课程改革的指导文件,知道课程改革的前沿信息、指导思想等
	A2:课程理解能力(18%)	理解课程理念,即其对促进课程改革、教学改革、教材改革的指导意义
		理解课程内容,包括其具体构成、逻辑结构及其对课程标准的贡献度等
		理解课程本质及价值,即课程本质特征、课程对教学、学生、社会、学科等方面的意义

续表

一级 指标及权重	二级 指标及权重	关键能力表现
B：实践性 课程能力 （48%）	B1：课程 设计能力 （13%）	依据课程目标，科学规范地表述具体的教学目标
		开发并选择符合课程目标和学生发展规律的课程内容和课程活动
		依据课程标准，制订科学有效的课程实施方案
		设计课程评价方案，如课程评价的依据、评价方法、评价标准等
	B2：课程 组织能力 （8%）	组织已有的课程资源，整合跨学科的课程资源以适应学生需要
		能够依据学生需要合理组织和规划课程活动的类型、方案
	B3：课程 实施能力 （19%）	执行课程计划，即通过课堂教学、学生自学、社会考察等方式获得学习效果
		调试课程实施方案，即依据实际情况对现有课程实施方案进行监控、调整
	B4：课程 评价能力 （8%）	评价课程标准，即评价课程标准对教学实施的指导意义
		评价学科教材，即评价教材内容选择、编排的科学性、适切性等
		评价课堂教学，即评价课堂教学中的师生表现、教学效果等
C：研究性 课程能力 （28%）	C1：课程 反思能力 （13%）	反思课程设计，即反思目标设计的全面性、适宜性，课程方案设计的有效性等
		反思课程实施，反思课程计划执行情况、课程方案调适对学生的适宜性等
		反思课程效果，即反思目标达成度、自身需改进之处、困惑，特殊事件的教学影响等
	C2：课程 研究能力 （15%）	研究课程标准，即能够辩证看待课程标准，提出改进和使用课程标准的建议
		研究学科教材，即能够辩证看待学科教材的发展现状，提出开发和使用教材的建议
		研究课程实施，即能够审视和评价课程实施中的理论和实践问题，并提出改进策略

（三）教师课程能力评价指标体系的应用说明

教师课程能力评价指标体系具有一般性，能够为教师课程能力评价提供参考，同时该指标体系通俗易懂，实用性强，便于教师理解并在课程实践中提升专业能力，在使用时要注意以下几个方面：

1. 课程能力表现应体现学科性与具体性

在教师课程能力评价和培养过程中，不同学科虽然有共性的课程能力指标维度，但也应体现出具体的学科属性。例如，思维素养是语文、英语、物理、地理、生物等学科都强调的核心素养之一，但不同学科教师对思维素养的理解不同。因此，为了更加科学、合理地使用教师课程能力指标体系，发挥其评价和提升教师课程能力的作用，使用者应该结合不同学科的课程性质、课程理念、课程本质特征,赋予课程能力表现的学科性、具体化的表达,使之更切合不同学科的实际。

2. 课程能力培养应兼顾全面性和重点性

教师课程能力的三个一级指标相互联系、相互制约,是有机统一体。要促进教师课程能力的全面发展,三者应齐头并进,不可偏废,这样才能保证其全面发展,但全面发展不等于平均发展,在发展过程中要把握重点。实践性课程能力作为教师课程能力最重要的有机组成部分,在培养和提升教师课程能力时,应予以更多关注,在课程实践中推动认知性课程能力、研究性课程能力提升,实现三大课程能力之间的良性互动,整体提升。

3. 课程能力评价应注意差异性和灵活性

为了彰显对教师课程能力评价的科学性与合理性,在开展评价时,评价者应根据不同地区、不同层次的教师进行灵活诊断,合理调整。在评价开始之前,应科学预估不同区域、不同层次的学校教师的课程能力水平,对教师课程能力的关键表现进行微调。例如,不同地区教师课程研究能力有较大差异,利用课程研究能力关键表现进行诊断时,应当依据客观实际进行调整,适当提高或降低水平要求。

四、必备能力:地理教师教研论文的写作能力与评价[①]

地理教研论文的写作是对地理教研课题进行成果化的过程,是地理教研课题工作的重要阶段。地理教研论文写作的质量水平,直接关乎和影响地理教研课题研究的品质高低与成就大小。在题目确定后,"写出"地理教研论文的主要特点,"突出"地理教研论文的核心概念,"完善"的地理教研论文基本结构是地理教研论文写作的基本要求,也是写好地理教研论文的基本技能。

教学离不开教研,教研需要进行教研论文写作。地理教研论文的写作能力是地理教师的必备能力。深刻理解地理教研论文的主要特点,准确提炼地理教研论文的核心概念,准确表达地理教研论文基本结构是对"必备能力"的基本观察点和评价的主要维度。

(一)深刻理解地理教研论文的主要特点

地理教研论文是以其特有的丰富的内涵区别于其他文本的文体。认识地理教研论文含义、主要特点和基本功能,对于掌握地理教研论文的写作技能具有重要作用。

1. 地理教研论文的含义

地理教研论文是围绕地理教研课题,有计划地搜集文献资料、事实经验,再进行科学加工、整理、论证和概括,从而得出相应结论并以论文的形式表达出来的成果。它具有科学性、地理性、时代性、实用性、创新性和理论性等特点。

我们从地理教研论文的基本含义中可以看出,地理教研论文的写作是一个有次

[①] 李家清.地理教研论文的写作技能:主要特点、核心概念、基本结构[J],中学地理教学参考,2021(7):4-8.

序、多环节、多阶段的研究和写作过程。深刻理解地理教研论文的含义，能为我们掌握地理教研论文写作技能提供启示，也能为我们如何认识地理教研论文和写出特点夯实基础。

2. 地理教研论文的特点分析

地理教研论文的写作要注意体现科学性。这是因为地理教研论文是从确定选题到查阅文献资料，结合经验事实对研究内容进行加工处理得出的结论。这一期间，写作需要以先进的教育思想为指导，要运用观察法、实验法、调查法、经验总结法、统计法等科学的方法进行加工研究，以反映地理教研论文的科学性。

地理教研论文的写作要注意体现地理性。这是因为地理教研论文的地理性（地理教学性）是区别于其他论文的显著特点。地理教研论文旨在揭示地理教学的基本规律，为指导地理教学服务。从教的角度研究，揭示地理教学目的论、资源论（内容论）、过程论、模式论（方法论）、媒体论、评价论的内涵及内在联系。从学的角度研究，探索学生地理学习的心理机制，研究如何帮助学生学会用地理空间视角观察、认识地理世界；学会用地理空间视角分析、处理问题的方式，包括综合视角、区域视角、动态视角、生态视角等。因此，地理教研论文的地理教学性特点也是其基本属性。

地理教研论文的写作要注意体现时代性。这是因为地理教研论文从选题到写作期间的加工研究都会受到时代的影响，需反映时代的诉求。因此，地理教研论文要具有时代性，体现其先进性。

地理教研论文的写作要注意体现实用性。这是因为地理教研论文的研究对象是地理教育教学实践。地理教研论文写作是对地理教育教学中大量的实践活动进行科学总结得出的结论，能为广大地理教师提供新思想、新模式、新方法、新经验，进行指导和运用，正所谓"从实践中来，到实践中去"，因而具有明显的实用性。

地理教研论文的写作要注意体现创新性。这是因为地理教研论文从选题（发现新问题）——研究过程（运用新思想，采用新方法、新手段）——提出新观点——得出新结论，体现了创新性。它也是衡量和评价地理教研论文水平高低、价值大小的主要标准。

地理教研论文的写作要注意体现理论性。这是因为地理教研论文依据大量的经验和事实材料进行的科学总结，形成了一定体系。它揭示了地理教育教学的本质规律（内在联系），从感知（性）上升到理性，从具体表象到抽象概括，具有理论性。体系化是理论性（要素相互连接的整合系统）的基本标志。

以上特点，概括了地理教研论文的应然状态，是目标指向，是论文写作者应该努力实现的，即所谓"写出特点"！

3. 地理教研论文的基本功能

地理教研论文作为地理教研课题的标志性成果，一旦形成，就可能发挥多种作用。

第一，地理教研论文所提出的新思想、新理念、新方法，能够丰富和发展地理教育教学理论。第二，优秀的地理教研论文如能发表在相关杂志上，就能以"物"的形式被保存,成为"固化"的地理教育教研成果,成为可被传承的载体。第三,地理教研论文所提出的新思想、新理念、新方法,是基于前人研究成果的新进展,对于推进地理教育教学改革走向深水区具有重要作用。第四,地理教研论文所提出的新思想、新理念、新方法,能解释和揭示地理教学的复杂过程、内在联系及其规律,在指导教学实践中有利于提高地理教育教学效果。第五,无论是发表在相关杂志上的地理教研论文,还是在多种媒体上展示的地理教研论文,都能大大拓展地理教研学术交流深度、广度,发挥地理教研论文学术影响力。第六,无论发表在杂志上的地理教研论文,还是在多媒体平台上、学术会议上交流的地理教研论文,对于提升论文作者以及作者所在的工作单位的知名度、美誉度,提高地理教师社会影响都会发挥正态的积极的作用。

概而言之,认识、概括、总结地理教研论文的主要特点、基本功能,从地理教研论文写作技能的视角,是能更好地"写出"地理教研论文的,更好地"评价"地理教研论文,更好地"发挥"地理教研论文的功能。

(二)准确提炼地理教研论文的核心概念

如何写好地理教研论文?这与在写作过程中突出地理教研论文的核心概念密切相关。因为,地理教研论文的写作就是围绕论文核心概念展开研究与写作的过程。核心概念是地理教研论文的核心论点,是地理教研论文的逻辑主线,是地理教研论文的创新支点。准确提炼核心概念是进行论文写作和创新的前提。

1. 核心概念是地理教研论文的核心论点

地理教研论文的核心概念一般是指地理教研论文选题和内容中的关键词。通常一篇地理教研论文的核心概念在2~5个左右。它是地理教研论文的核心论点,或者说,地理教研论文就是围绕核心概念所展开的,表5-12罗列了一些案例。

表5-12 地理教研论文题目与核心概念

地理教研论文题目	核心概念(论点)
基于深度学习的地理教学设计	深度学习　地理教学设计
问题式教学在高中地理课堂中的应用初探	问题式教学　高中地理课堂　应用
高中地理实践力评价体系的研究与实践	地理实践力　评价体系、研究、实践
区域地理要素空间形态的地理意义及教学策略	区域地理要素空间形态　地理意义　教学策略
中学地理课堂可视化学习的有效策略	中学地理课堂　可视化学习　有效策略
基于数字化地理课堂观察的师生互动教学改进研究	数字化地理课堂　地理课堂观察

2. 核心概念是地理教研论文的逻辑主线

一篇优秀的地理教研论文往往核心概念明了、逻辑主线清晰。所谓逻辑主线清晰,就是论文的展开做到了顺理成章,符合规律的意思,能够吸引读者,有感染力。而论文的逻辑主线的确立就是围绕地理教研论文中的2~5个核心概念所展开、所深化的。如论文《区域地理要素空间形态的地理意义及教学策略》,其核心概念是:区域地理要素空间形态、地理意义、教学策略。这一篇论文的一级提纲是:一、区域地理要素分类;二、区域地理要素空间形态的地理意义;三、区域地理要素空间形态的教学策略。① 又如,论文《高中地理实践力评价体系的研究与实践》。核心概念是:地理实践力、评价体系、研究、实践。这一篇论文的一级提纲是:一、高中地理实践力的评价要素梳理;二、高中地理实践力的评价标准制定;三、高中地理实践力的评价案例分析。② 论文《区域地理要素空间形态的地理意义及教学策略》的二级提纲,就是在一级提纲基础上的深化,即,一、区域地理要素分类:1.单一地理要素的空间形态;2.复合地理要素的空间形态。二、区域地理要素空间形态的地理意义:1.区域地理要素空间尺度大小的地理意义;2.区域地理要素空间状貌的地理意义。三、区域地理要素空间形态的教学策略:1.树立"形—实"一体的教学观念;2.引导学生建立空间概念;3.激活学生"形—实"一体的地理思维。

3. 核心概念是地理教研论文的创新支点

地理教研论文为什么要创新?什么是创新?创新什么?怎么创新?这些都是论文作者写作之前、写作过程中必须思考和努力解决的几个问题。

为什么要创新?创新是地理教研论文的重要特征、基本标准、历史使命、生命力的表现。什么是创新?创新是以新思维、新发明和新描述为特征的一种概念化过程。从词源学的角度看,它起源于拉丁语。它原有三层含义:第一,更新;第二,创造新的东西;第三,改变。创新什么?地理教研论文的创新可以分为理论创新(提出新观念、新思想)和实践创新(发现或发明新工具、提出新方法或新模式)两个层面。怎么创新?这是一个不良结构问题,因为有多少路径的创新却无标准答案或唯一答案。

地理教研论文创新在写作技能上主要是围绕核心概念展开,或者说,核心概念是地理教研论文的创新支点,是地理教研论文创新的基本路径。

(1) 在核心概念解读中创新

古人曾用"六经注我,我注六经"说法(六经:《诗》《书》《礼》《易》《乐》《春秋》的合称),用以表达写作时作者可以与圣人之言、先贤之言、前人之言间进行互动、诠释、发现、发展、创新。核心概念往往是学科的基本思想、基本理论、基本原理,在阐述、解读,尤其是结合具体问题理解的过程中就会增加新的见解,就有可能孕育着新的理论、新的方法的阐述,即创新。例如,对地理教学中的师生互动、生本取向、学习进阶、地理思维等核心概念能表达出不同层面、深度、广度的理解,提出新的思路,新的见解,就有可能给人以启发。例如,论文《新课程背景下"学习进阶"模式的地理教学设计》。提纲是:一、引言。二、基于"学习进阶"的地理教学设计原理:1.从宏观层面设计知识板块的学习进阶路径(图1略);2.从微观层面设计学习进阶课堂及规划路

---

① 张福彦,袁孝亭.区域地理要素空间形态的地理意义及教学策略[J].地理教学,2019(13):13-15.
② 蒋少卿.高中地理实践力评价体系的研究与实践[J].教育研究与评论(中学教育教学版).2019(11):90-96.

径(图2略)。三"学习进阶"地理教学设计实例。①

从提纲可以看出,论文的写作就是紧紧围绕核心概念"学习进阶"进行一系列的阐述、解读,并结合地理教学设计的具体内容展开的发展和创新,最后以实例展示,实现了新课程背景下"学习进阶"模式的地理教学设计的创新发展。

(2) 在核心概念的总结归纳中创新

地理教学经验很可贵,因为它往往能帮助解决具体的实践问题。但教学经验有局限性,因为它往往是个体的、一时一事的,碎片的、不系统的。所谓理论,就是无数经验的总结概括,往往是体系化的经验,因而理论具有全局性、指导性、引领性。地理教师撰写地理教研论文时将自己的或他人的教学经验进行总结,使之体系化、系统化,成为教学理论,就是创新。

基于某一核心概念的商榷、某一个"热词"的磋议、某一个教学经验研究等进行深入的系统的总结和归纳,揭示其发展规律,提出整合的新观点,具有推进性、启发性,也是一种创新。例如,论文《我国地理教育研究热点年度盘点与展望——基于2019年〈复印报刊资料 中学历史、地理教与学〉转载地理教育论文分析》,其提纲是:一、2019年度论文转载概况;二、地理教育研究的热点及主要观点;三、地理教育研究的未来走向。② 该论文就是在对2019年度转载论文研究内容归纳基础上,提出了具有引导性的地理教育研究未来走向的新观点的。

(3) 在地理教学实践活动研究中创新

地理教学实践活动具有多样性和丰富性,是地理教研论文创新研究的重要领域。围绕某种地理实践活动(核心概念),如地理观察(测)、地理实验、地理调查、地理研学等展开地理教研与写作,都能在地理教学实践活动研究中创新。例如,论文《基于核心素养培养的乡土地理实践活动设计:以"武汉汤逊湖水环境调查"为例》③。又如,论文《基于地理实践力培养的高中地理研学活动设计:以陕北流水地貌研学为例》。④ 再如,论文《乡土地理探究性学习教学设计:以"常德市的穿紫河水污染治理"为例》。⑤

(4) 在比较研究中创新

比较是一种逻辑思维的方式。比较就是鉴别,围绕论文选题的核心概念,进行纵向或横向的比较研究,就可以发现研究对象的共同性和差异性,借以发现新问题,提

---

① 孙智慧.新课程背景下"学习进阶"模式的地理教学设计——以"地球上的大气"知识板块教学设计为例[J].地理教学,2020(9):13-16,20.

② 张家辉,等:我国地理教育研究热点年度盘点与展望——基于2019年《复印报刊资料 中学历史、地理教与学》转载地理教育论文分析[J].地理教学,2020(1):4-8.

③ 梁美盈,王艳婵.基于核心素养培养的乡土地理实践活动设计:以"武汉市汤逊湖水环境调查"为例[J].中学地理教学参考,2020(1):72-75.

④ 孙青,张力.基于地理实践力培养的高中地理研学活动设计——以陕北流水地貌研学为例[J].中学地理教学参考,2020(1):17-19.

⑤ 熊建新,邹小燕,钱丽君.乡土地理探究性学习教学设计:以"常德市的穿紫河水污染治理"为例[J].地理教育,2019(11):13-16.

出此新观念。例如 论文《不同时代地理课程内容的社会学分析》[①]。又如,论文《〈普通高中地理课程标准〉中关于自然地理"内容要求"的比较分析》[②]。再如,论文:《共词分析视角下地理核心素养的研究现状》[③]。这些论文都是围绕论文题目中的某个或几个核心概念展开比较研究,在比较研究中提出新观点、新趋势、新方法等。

(5) 在信息技术应用中创新

新课程改革要求"深化信息技术应用",并指出:信息技术的发展和应用是地理教学改革的助推器,对改变学生学习方式和教师教学方式,帮助学生享有公平而有质量的地理教育具有重要作用。借助大数据、人工智能、"互联网+"等信息技术的学习,是地理教学改革面向未来的学习方式之一。地理教研与写作在信息技术应用研究中会有许多创新。地理教研论文写作可以围绕某种信息技术(核心概念)应用研究进行创新。例如,论文《基于数字地球软件的任务驱动教学探究:以"地图的阅读"为例》[④]。又如,论文《Vlog 在地理课外实践活动中的应用初探》[⑤]。再如,论文《借助 AR 技术开阔学生看世界的"视角"》[⑥]。

(三) 圆满表达地理教研论文的基本结构

地理教研论文的基本结构是作者在论文写作上的谋划、布局和安排。尽管不同性质、不同内容的地理教研论文在表现手法上会存在一些差异,但基本结构是大致相同的。地理教研论文的基本结构由多个要素组成,具体有题目、作者、摘要、关键词、前言、正文、结论、致谢、参考文献、附录等(最重要的必须具备的要素是题目、绪论、本论、结论)。每个要素在论文中发挥着不同的功能。论文写作要准确表达地理教研论文的基本要素,形成完整的论文结构是地理教师必备的写作技能。

题目又称论题。它是论文的核心和灵魂,是论文的标签,所谓"题好一半文",是强调说明题目好是论文好的前提,是对论文内容的精炼概括。论题,也是方便检索、查阅文献的重要线索。论文的题目要求准确、精炼、新颖。例如,题目:地理问题式教学应用偏差与纠正。又如,题目:核心素养取向的地理教学目标设计。再如,题目:高中生地理实践力培养的教学路径。这些都是指向清晰、言简意赅的好论题。

作者。他是署名的意义,是辛勤劳动应得的荣誉,也是论文责任人的标明,文责自负,是论文版权的归属,便于与编辑、读者联系。作者应是在选题和资料的分析和解释、论文中关键性理论的撰写或修改或其他主要内容工作中做出贡献的人。

摘要。摘要在功能上主要是方便未能阅读全文者能对论文内容有粗略了解。摘

---

① 刘星喜.不同时代地理课程内容的社会学分析[J].地理教学,2020(7):11-14.
② 刘洋,黄榕青.《普通高中地理课程标准》中关于自然地理"内容要求"的比较分析[J].中学地理教学参考,2019(10):12-15.
③ 张成孝,张德刚,高源.共词分析视角下地理核心素养的研究现状[J].地理教育,2020(1):12-16.
④ 尹海霞,朱雪梅.基于数字地球软件的任务驱动式教学探究:以"地图的阅读"为例[J].中小学数字化教学,2019(8):13-16.
⑤ 杨青卓,周玉琴.Vlog 在地理课外实践活动中的应用初探[J].中学地理教学参考,2020(4):41-44.
⑥ 徐少春,邱新艳.借助 AR 技术开阔学生看世界的"视角"[J].中学地理教学参考,2019(17):47-49.

要也有一定的检索作用。摘要是对文章讨论的主要问题、研究取得的主要成果进行不加注释和评论的简短陈述。一篇论文的摘要一般在200～300字。摘要要简短陈述,切忌与前言或结论部分雷同、重复。

关键词。一篇地理教研论文一般要求有2～5个关键词,用分号间隔,不必考虑语法结构,不要求连贯表达一个完整的意思。关键词一般来源于论文题目或摘要,也可以源于论文内容。关键词是论文中最核心的专业性概念或词语。关键词能为文献检索提供方便,为论文写作确立核心论点、建立逻辑主线,设立创新点提供依据。

前言也称序言、引言、绪言、绪论等。它是写在正文前面并阐明论文性质的短文。前言的功能在于说明该论文选题研究的背景、缘由、动机、方法、研究意义和价值;简要说明研究的主要问题、研究进展及存在的问题。前言是论文研究的逻辑起点,写好前言对写好论文具有重要作用。

正文是论文的核心部分,是作者运用证据对中心论点论证的过程。正文的写作应该层次清楚,逻辑清晰,不断递进,层次深入。任一层次都应包含论点、论据、论证三要素,有很强的说服力。例如,论文:《高中地理问题式教学的思路与案例探析》的写作,见表5-13。

表5-13 《高中地理问题式教学的思路与案例探析》论文提纲①

地理教研论文题目	核心概念(论点)
一、高中地理问题式教学的基本内涵	三、高中地理问题式教学的思路
1. 设计问题是教学开展的基础 2. 发挥学生主体作用是教学开展的关键 3. 培养地理核心素养是教学开展的目标	1. 问题创设 2. 问题探究 3. 问题解决
二、高中地理问题式教学的实施模式	四、高中地理问题式教学的案例
1. 创设情境,提出问题 2. 自主探究,分析问题 3. 合作交流,解决问题 4. 应用迁移,深化问题	1. 确定主要知识点 2. 使知识问题化 3. 使问题案例化

结论。结论是论文言简意赅的收尾部分,是对正文分析论证的综合概括,是课题解决的答案,是文章的升华,也是文章的精华。结论表达的内容应该是前言中提出的、正文中论证的自然延展的结果,不必刻意引申展开。当然也切忌草草收兵、画蛇添足。此外,对文中探究尚未完成的问题也可以进一步简要说明,提出意见和建议。

致谢。在论文结尾以简短文字对直接或间接帮助的人进行道谢,是表达一种感激和尊重,也是人文情怀的一种体现。

参考文献是指对论文撰写过程中参考和引用的文献进行的标注,规范引用、罗列

---

① 董瑞杰,罗晓斌.高中地理问题式教学的思路与案例探析[J].地理教学.2019(23):41-43,28.

参考文献是科学态度和求实精神,是尊重前人研究成果,也是作者研究水平的表现(凡未经发表的论文或资料均不宜引用)。参考文献的标注方式有文内注(夹注)、页末注(脚注)、文尾注(尾注)等方式。

附录是将重要的原始资料、实验观察等数据列于附录中,意在便于查证,体现研究者科学严谨的态度。

按照系统论的观点,事物的结构决定了事物的功能。当我们认识、理解和掌握了组成地理教研论文的基本结构及其内涵,并在论文的写作过程中,能注意完善结构,发挥每个要素的基本功能,可以说,我们就掌握了地理教研论文的写作基本技能,就能写出自己满意、读者欣赏、有影响力的好论文。

最后需要强调的是:深刻理解地理教研论文的主要特点,准确提炼地理教研论文的核心概念,完整表达地理教研论文的基本结构,既是写好地理教研论文的基本技能,也是地理教师自我评价是否具备地理教研论文写作必备能力的参照。

五、中小学教师资格考试教育教学实践能力考查指向探析[①]

——以地理学科为例

教师资格考试是国家选拔教师候选人的基本方式,教育教学实践能力是教师候选人入门的必备能力。《中学教师专业标准(试行)》强调教书育人和实践能力[②],《中小学和幼儿园教师资格考试标准(试行)》(以下简称《考试标准》)亦重视教师的教育教学实践能力考查。[③] 我国自 2011 年实行中小学教师资格统一考试试点以来,取得了诸多成效:在导向上,统一了国家教师资格考试标准;在观念上,愈加呼吁摒除"假性教育教学能力",培养实践性教师;[④]在实施上,命题逐渐倾向于考查实践类题目,指向能力本位。[⑤] 为了解我国教师资格考试对教育教学实践能力考查的程度及特点,下面以地理学科知识与教学能力(高级中学)为例,通过分析 2012—2018 年教师资格考试的 12 套试题,归纳其考查实践能力指向的特点,并对全国 27 个省市 39 所师范院校的师范生和教学论教师开展问卷调查,归纳其诉求,为考试更具实践性提供参考。

(一)教师资格考试考查教学实践能力的实例分析:以地理学科为例

教育本质上是一种实践,教师本质上是反思性实践者。从教师专业化的角度来看,职前教师的教育实践能力是由反思性实践能力、学业整合能力和行动研究能力共同构成的能力综合体,其能力发展是一个多层次完善的过程。[⑥]

同理,就某个学科而言,这种实践指向也是应然存在的。通过对 2012—2018 年

[①] 李家清,梁秀华.中小学教师资格考试教育教学实践能力考查指向探析——以地理学科为例[J].中国考试,2020(5):73-78.
[②] 史宁中,李广平.中学教师专业标准(试行)解读[M].北京:北京师范大学出版社,2013:6.
[③] 吴伦敦,葛吉雪.中小学教师资格考试标准:背景、目标与内容[J].中国考试,2015(1):25-31.
[④] 张鲁宁.对"假性教育教学能力"能通过国家教师资格考试的反思[J].教育学报,2015(3):46-52.
[⑤] 陈献明,刘超.浅论中小学教师资格考试的功能设计与实践途径[J].考试研究,2014(5):83-86.
[⑥] 户清丽.职前教师教育实践能力发展的层次性解析[J].教育研究,2018(5):93-98.

教师资格考试12套地理学科知识与教学能力(高级中学)试卷进行分析(见表5-14)，可以发现：在理念上，注重考查教师候选人结合具体的教学内容和条件分析，解决地理教学实际问题的能力；在目标上，注重考查教师候选人对地理教学知识的理解与运用能力；在题目设置上，设置选择题和材料题，考查教师候选人对地理学科知识的理解与运用能力，设置简答题和教学设计题考查教师候选人的教学实践能力；在评价导向上，体现了对学业整合能力、反思性实践能力和行动研究能力的考查。

表5-14　2012—2018年教师资格考试地理学科知识与教学能力(高级中学)试卷结构与考查的能力点

题型	题量(个)	题分(分)	考查的实践指向	考查的主要能力点
选择题	25	50	考查对地球、地图、自然地理、人文地理、地理信息技术等地理学科知识的理解与运用	学科知识的理解能力
简答题	1	10	考查对高中地理课程的性质、课程理念、课程目标、课程结构、课程实施等的理解	学业整合能力
简答题	1	14	能根据提供的教学图像或结合高中地理某一具体教学内容绘制教学简图(板图)，并说明运用该图进行教学的教学步骤(要领、要点)和要注意的教学问题	学业整合能力
材料题	1	16	能根据提供的某区域地图(中国或世界)认识区域地理现象、分析和解决地理问题	学科知识的理解与运用能力
材料题	1	16	能根据提供的高中地理某内容教学情境，分析并说明其教学思想(特点)、从学理层面优化教学过程	学业整合能力、反思性实践能力
材料题	1	20	能根据提供的高中地理某教学情境(片段实录)，评价其教学价值或提出优化教学过程设想	行动研究能力、反思性实践能力
教学设计题	1	24	能根据提供的高中地理课程某条内容标准、相应的教材(片段)内容，设计教学目标、教学过程(含教学环节、教学内容、教师活动、学生活动、设计意图)	研究能力、反思性实践能力

1. 指向学业整合能力的考查

学业整合能力是指在具体情境中，考生有效调动所学知识与技能的能力，包括学科专业知识、教学法知识、教学评价、教学设计与实施等基本知识的理解及运用。该项能力由简单到复杂可划分为理解与运用学科知识、与一般教学法知识和技能联结、与学科教学论相关知识和技能联结、迁移到不同教学情境等不同水平的能力。在考试中，学业整合能力是运用地理专业理论知识与地理教学论知识的最基础的能力，也是最广泛出现的，简答题、材料分析题和教学设计题均会涉及对此能力的考查，如案例5-1和案例5-2。

案例 5-1

2015年上半年地理学科知识与教学能力（高级中学）试卷第27题。

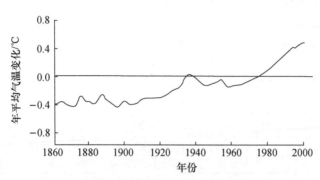

图 5-8　近百年来全球年平均气温变化图

题目要求指导学生读图，并列出教学要点。"教学要点"四字虽简单，却显示出实践导向的重要意义。该题不仅考查教师候选人关于全球气候变化的地理科学知识和读图的基本技能，而且考查整合学科教学法的知识与技能，包括如何引导学生读图，如何抓住教学重点、难点，如何概括地理特征，如何指导学生学会掌握读图技能等。教师候选人需具备较高水平的学业整合能力才能完成该题。

案例 5-2

2017年上半年地理学科知识与教学能力（高级中学）试卷第29题。

陈老师在进行"商品谷物农业"教学时，设计了如下教学环节。

一、播放PPT，呈现日常生活中的食物图片，导入商品谷物农业的概念。

二、展示世界商品谷物农业分布图，引导学生说出商品谷物农业的分布地区。

三、复习提问农业区位因素，分发相关图文资料，引导学生阅读、分析、讨论影响美国商品谷物农业的要素。

四、请学生代表发言。播放PPT，引导学生分析每个要素对美国商品谷物农业的影响，得出美国谷物农业的特点。

五、PPT呈现商品谷物农业的知识框架图，让学生填写。

六、呈现我国东北商品谷物农业的相关图片，布置课外作业：比较我国东北商品谷物农业和美国商品谷物农业的异同。

问题：① 说明第"一"和第"六"两个教学环节的必要性。② 第"五"教学环节的设计有何优点？

案例 5-2 是一道材料分析题,相对于案例 5-1 而言,案例 5-2 的情境更具真实性和复杂性。其中:问题①主要考查考生关于地理教学过程的一般教学法知识;问题②主要考查考生的案例分析与评价能力,以及在不同情境中运用所学知识解决问题的整合能力。该题不仅考查考生在教学中运用地理教学实践的技能,还拓展了对学业整合能力考查的范围。

2. 指向反思性实践能力的考查

教师是反思性实践者,在研究自身经验和改进教育教学行为的过程中实现专业发展。① 反思性实践能力主要考查学生的理性实践和发展性实践两个能力层次,理性实践能力包括常规教学思维、日常教学反思、价值澄清等方面的能力,发展实践能力包括自我调整、敢于批判、提供方法建议等方面的能力。反思性实践能力是教师候选人必不可少的能力,也是甄别教师候选人最为明显的指标之一。只有走进地理教育实践场域,通过亲身的参与和体验才可以获得地理教育的实践性知识,才能解决地理教学实践中出现的问题,如案例 5-3。

案例 5-3

2015 年下半年地理学科知识与教学能力(高级中学)试卷第 30 题。

下面是张老师在"我国太阳能的空间分布"一课中的教学片段。

张老师:(投影"中国年太阳辐射量分布图")我国太阳能的空间分布有什么规律?

王同学:(站起来指着图说)我国太阳能分布规律是西部多、东部少,从东部向西部逐渐增加。

李同学:(站起来反对)老师,我觉得他说错了,或者是地图搞错了。您说过的地势越高,气温越低,青藏高原是我国 7 月平均气温最低的地方,而图中显示那里是太阳辐射量最大,这不是很矛盾吗?所以,我觉得说青藏高原是我国太阳辐射最大的地方,一定是弄错了。

张老师:同意李同学观点的请举手。

(全班近 50 个同学中,有七八个同学举了手)张老师:看来大部分同学还是赞同王同学的意见。对的,我国太阳能分布规律是西部多、东部少,从东部向西部逐渐增加。那么,同学们有没有注意到我国年太阳辐射总量最低的地区是哪里呢?

问题:①张老师的教学有哪些优点?有哪些不足?②请替张老师设计一组追问的问题,引导同学们反思自己的困惑。

---

① 教育部关于大力推进教师教育课程改革的意见[EB/OL]. (2011-10-08)[2020-04-02]. http://ntce.neea.edu.cn/html1/report/1508/332-1.htm.

该题主要考查教师候选人的反思性实践能力,即置身于真实的教学情境(教学片段)思考整个教学过程,并能够对他人或自己的教学行为及行为后果进行价值判断和澄清。比如,问题①需要考生在整合学业能力的基础上根据具体的教学情境作出理性的价值判断,并分析其优点与不足;问题②在理性实践能力的基础上进一步考查发展性实践能力,即根据该情境提出方法、建议,从中体现出考生的教学思想、问题设计能力。该类材料分析题多以问题链的形式出现,分层次考查考生的反思性实践能力。

3. 指向行动研究能力的考查

对于教师候选人来说,行动研究能力是指教师在具体实践过程中,通过行动研究开展问题解决性教学,是问题发现、问题表征和问题解决系列活动中教师能力的体现。[①] 行动研究能力是最高层次的实践能力。该能力的考查历时长,一般适用于项目调查、研究报告等考查形式。在笔试阶段,可以通过考查教学实施策略、教学指导策略、教学设计创新、教学实施等相关能力,考查教师候选人行动研究能力的倾向性。

教学设计能力是相关教师专业标准规定的"六大专业能力"中的首要能力。《考试标准》明确提出:从业者要掌握教学设计、教学实施和教学评价的基本原理和方法,并能在教学实践中正确运用。教学设计能力是教师行动研究能力的具体表现,通过对 12 套试卷进行分析发现,教学设计题的普遍特点是:根据提供的高中地理课程某条内容标准、相应的教材(片段)内容,设计教学目标、教学过程(含教学环节、教学内容、教师活动、学生活动、设计意图)。例如,2015 年下半年第 31 题:阅读人口迁移的文字资料,按要求完成教学目标设计和教学环节设计,并且说出设计理由;2016 年下半年第 31 题:阅读环境承载力图文资料,按要求完成教学目标设计和教学过程设计,并且说出设计理由。

(二)教师资格考试考查教学实践能力的多重意蕴

1. 聚焦发展性,促进教师教育体系的一体化

教师专业发展是一个长久的实践过程,并且是一个多层次不断完善的实践能力发展过程。目前,我国教师资格、教师发展、教师培训等教师教育体系文件虽多,却或多或少存在着政策设计衔接欠缺、教师教育体系之间存在某种程度割裂等问题。[②] 以教师资格考试为抓手,聚焦实践指向,有利于统一协调《中学教师专业标准(试行)》《教师教育课程标准》《中小学和幼儿园教师资格考试标准(试行)》和相关学科知识与教学能力考试大纲等文件精神。着眼实践能力发展的多层次性,通过分层次、分阶段考查学科知识与教学能力,进而促进教师教育体系的一体化发展和教师教育服务基础教育的改革。

2. 增强学科性,统一教师教育课程的多层设置

中小学教师发展的考核评价逐渐由"重知轻行"走向"知行合一",走"学习—实

---

① 户清丽.职前教师教育实践能力发展的层次性解析[J].教育研究,2018(5):93-98.
② 张海钟.教师资格证书考试制度改革与教师教育专业的培养模式改革[J].教育文化论坛,2014(12):42-46.

践—反思—再实践—再反思"的专业化发展之路。① "专业化"有两层含义：一是作为教师所必备的育人能力，二是作为学科教师具备的培养学生学科思维的专业能力。开展以考查学业整合、反思性实践和行动研究能力三者为一体的教师资格考试，有利于增强教师的专业性。由此可见，教师资格考试聚焦实践指向，能反作用于教师教育课程的设置，有利于统一管理整合情境化、主题化和实践化的课程模块；课程设置应注重教师自我反思与评价他人的实践课程，以问题解决为导向的行动研究课程等。

3. 凸显价值性，促进学科教育的良性改革

学科知识与教学能力考试的功能之一是为中学各学科教育输送高素质的教师，把先进、科学的教育教学理念真正落实到教学实践中。考试所体现出来的新课程理念、新教学观念和实践要求有助于推动中学学科教育的改革，促进学科教师教学与中学教育改革的整合。从长远来看，坚持实践指向能凸显中学教育需要的理论与实践相结合的价值需求，促进教师培养和教学改革良性互动发展。

4. 具有协调性，加快实现教师入门标准的规范化

教师资格考试具有多重功能，既是选拔合格教师的入门达标考试，也是选拔具有优秀潜质人才的平台。教师资格考试是师范生和非师范生的教师候选人的选拔途径，在吸引更多的具有优秀潜质的各学科教育人才方面，教师资格考试起了重要的协调作用。教师资格考试具有标准化和规范化的特点，注重实践性能力的考查，能区别不同类型的教师候选人的教学实践能力：一是促使师范生在适度压力下提升能力，兼顾了公平性；二是吸引优质且有教育情怀的非师范生加入，兼顾了开放性；三是促进教师从业后仍不断地更新理念、提高实践力，兼顾了发展性，有利于形成具有开放性的教师教育体系。

（三）教师资格考试考查教育教学实践能力的建议

笔者对全国27个省市39所师范院校的教师和学生进行问卷调查，回收教师有效答卷95份，学生有效答卷1015份。分析数据，得到教师和学生对"地理学科知识与教学能力"考试所体现出的实践导向、专业导向、师范教师教育课程设置与课堂教学改善的满意度平均分分别为1.86分、1.89分（最满意为3分），达到基本满意的程度。结合问卷调查中教师和学生反映出的问题，对进一步完善教师资格考试提出如下建议。

1. 命题理念应紧扣课程改革，进一步强化学业整合能力

《普通高中课程标准（2017版）》提出培养学生核心素养的课程目标，在课程结构、教学要求、学业评价等方面有许多新的变化。教师资格考试应根据这些变化进行适度调整，加大对核心素养理解力、培养力的考查，注重对育人理念的考查。此外，还应以课程改革为重点，强化对学业整合能力的考查，如对问题式教学理念下各种教学方法的理解与应用，对思维结构评价、表现性评价等学业质量分层评价的创造性理解与应用等的考查。

---

① 朱飞.中小学教师专业化发展的内涵审视与实现路径[J].教学与管理，2018(18)：54-56.

2. 进一步完善试卷结构,重视反思性实践能力和行动研究能力

反思性实践能力和行动研究能力是教师候选人专业发展过程中最重要的两种能力,各学科考试应进一步重视对二者的考查。一是在考查范围方面,注重各学科的发展历史和现状考查,以及对基于研究的教学思维的状态和发展的关注。例如,芬兰对教师的自我学习和研究能力要求很高,仍然倾向教师是反思型研究者,要求教师通过学术训练掌握研究方法,将研究方法内化于日常学习和教学中,形成教学思维,并能对自我的行为和决定进行判断。[①] 二是在试题情境设计方面,尽可能组合不同层次的真实教学情境,对于复杂情境应设置综合性较强的问题,更加全面地考查学科教学能力。同时,还应注重对反映学科基本思想和方法的学科核心素养进行考查,如地理学科,在注重板书、板图和板画技能考查的基础上,适当增加对地理工具使用、虚拟技术、野外实习、研学旅行等体现地理实践力素养的考查内容。

3. 优化评分方式,加强阅卷队伍建设

评分的科学性直接影响着考试的整体效果。为提高教师资格考试评分的科学性和公平性,应不断优化评分方式、加强阅卷队伍建设。一方面,不断完善评分标准,细化评分细则,使评分细则更具可操作性,减少主观题阅卷误差;另一方面,不断加强阅卷队伍建设,鼓励师范院校教师参与到各学科的评分工作中,这不仅有助于提高评分的科学性和专业性,还有助于推动教师的教学,最终促进学、考、评、研的一致性和一体化发展。

---

① JANNE S,JARI S,MIKKO P. Theory and Practice in Finnish Teacher Education:A rhetorical analysis of changing values from the 1960s to the present day[J]. Teachers and Teaching,2018,24(1):5-21.

北京大学出版社
教育出版中心 精品图书

21世纪高校广播电视专业系列教材

电视节目策划教程（第二版）	项仲平
电视导播教程（第二版）	程晋
电视文艺创作教程	王建辉
广播剧创作教程	王国臣
电视导论	李欣
电视纪录片教程	卢炜
电视导演教程	袁立本
电视摄像教程	刘荃
电视节目制作教程	张晓锋
视听语言	宋杰
影视剪辑实务教程	李琳
影视摄制导论	朱怡
新媒体短视频创作教程	姜荣文
电影视听语言——视听元素与场面调度案例分析	李骏
影视照明技术	张兴
影视音乐	陈斌
影视剪辑创作与技巧	张拓
纪录片创作教程	潘志琪
影视拍摄实务	翟臣

21世纪信息传播实验系列教材（徐福荫 黄慕雄 主编）

网络新闻实务	罗昕
多媒体软件设计与开发	张新华
播音与主持艺术（第三版）	黄碧云 睢凌
摄影基础（第二版）	张红 钟日辉 王首农

21世纪数字媒体专业系列教材

视听语言	赵慧英
数字影视剪辑艺术	曾祥民
数字摄像与表现	王以宁
数字摄影基础	王朋娇
数字媒体设计与创意	陈卫东

数字视频创意设计与实现（第二版）	王靖
大学摄影实用教程（第二版）	朱小阳
大学摄影实用教程	朱小阳

21世纪教育技术学精品教材（张景中 主编）

教育技术学导论（第二版）	李芒 金林
远程教育原理与技术	王继新 张屹
教学系统设计理论与实践	杨九民 梁林梅
信息技术教学论	雷体南 叶良明
信息技术与课程整合（第二版）	赵呈领 杨琳 刘清堂
教育技术学研究方法（第三版）	张屹 黄磊

21世纪高校网络与新媒体专业系列教材

文化产业概论	尹章池
网络文化教程	李文明
网络与新媒体评论	杨娟
新媒体概论	尹章池
新媒体视听节目制作（第二版）	周建青
融合新闻学导论（第二版）	石长顺
新媒体网页设计与制作（第二版）	惠悲荷
网络新媒体实务	张合斌
突发新闻教程	李军
视听新媒体节目制作	邓秀军
视听评论	何志武
出镜记者案例分析	刘静 邓秀军
视听新媒体导论	郭小平
网络与新媒体广告（第二版）	尚恒志 张合斌
网络与新媒体文学	唐东堰 雷奕
全媒体新闻采访写作教程	李军
网络直播基础	周建青
大数据新闻传媒概论	尹章池

21世纪特殊教育创新教材·理论与基础系列

特殊教育的哲学基础	方俊明
特殊教育的医学基础	张婷

| 融合教育导论（第二版） | 雷江华 |

特殊教育学（第二版）	雷江华 方俊明
特殊儿童心理学（第二版）	方俊明 雷江华
特殊教育史	朱宗顺
特殊教育研究方法（第二版）	杜晓新 宋永宁 等
特殊教育发展模式	任颂羔

自闭谱系障碍儿童早期干预丛书

如何发展自闭谱系障碍儿童的沟通能力	朱晓晨 苏雪云
如何理解自闭谱系障碍和早期干预	苏雪云
如何发展自闭谱系障碍儿童的社会交往能力	吕梦 杨广学
如何发展自闭谱系障碍儿童的自我照料能力	倪萍萍 周波
如何在游戏中干预自闭谱系障碍儿童	朱瑞 周念丽
如何发展自闭谱系障碍儿童的感知和运动能力	韩文娟 徐芳 王和平
如何发展自闭谱系障碍儿童的认知能力	潘前前 杨福义
自闭症谱系障碍儿童的发展与教育	周念丽
如何通过音乐干预自闭谱系障碍儿童	张正琴
如何通过画画干预自闭谱系障碍儿童	张正琴
如何运用ACC促进自闭谱系障碍儿童的发展	苏雪云
孤独症儿童的关键性技能训练法	李丹
自闭症儿童家长辅导手册	雷江华
孤独症儿童课程与教学设计	王梅
融合教育理论反思与本土化探索	邓猛
自闭症谱系障碍儿童家庭支持系统	孙玉梅
自闭症谱系障碍儿童团体社交游戏干预	李芳
孤独症儿童的教育与发展	王梅 梁松梅

21世纪特殊教育创新教材·发展与教育系列

视觉障碍儿童的发展与教育	邓猛
听觉障碍儿童的发展与教育（第二版）	贺荟中
智力障碍儿童的发展与教育（第二版）	刘春玲 马红英
学习困难儿童的发展与教育（第二版）	赵微
自闭症谱系障碍儿童的发展与教育	周念丽
情绪与行为障碍儿童的发展与教育	李闻戈
超常儿童的发展与教育（第二版）	苏雪云 张旭

21世纪特殊教育创新教材·康复与训练系列

特殊儿童应用行为分析（第二版）	李芳 李丹
特殊儿童的游戏治疗	周念丽
特殊儿童的美术治疗	孙霞
特殊儿童的音乐治疗	胡世红
特殊儿童的心理治疗（第三版）	杨广学
特殊教育的辅具与康复	蒋建荣
特殊儿童的感觉统合训练（第二版）	王和平
孤独症儿童课程与教学设计	王梅

21世纪特殊教育创新教材·融合教育系列

融合教育本土化实践与发展	邓猛
融合教育理论反思与本土化探索	邓猛
融合教育实践指南	邓猛
融合教育理论指南	邓猛
融合教育导论（第二版）	雷江华
学前融合教育（第二版）	雷江华 刘慧丽

特殊学校教育·康复·职业训练丛书

（黄建行 雷江华 主编）

信息技术在特殊教育中的应用	
智障学生职业教育模式	
特殊教育学校学生康复与训练	
特殊教育学校校本课程开发	
特殊教育学校特奥运动项目建设	

21世纪特殊教育创新教材（第二辑）

特殊儿童心理与教育（第二版）	杨广学 张巧明 王芳
教育康复学导论	杜晓新 黄昭鸣
特殊儿童病理学	王和平 杨长江
特殊学校教师教育技能	昝飞 马红英

21世纪学前教育专业规划教材

学前教育概论	李生兰
学前教育管理学（第二版）	王雯
幼儿园课程新论	李生兰
幼儿园歌曲钢琴伴奏教程	果旭伟

幼儿园舞蹈教学活动设计与指导（第二版）	董　丽
实用乐理与视唱（第二版）	代　苗
学前儿童美术教育	冯婉贞
学前儿童科学教育	洪秀敏
学前儿童游戏	范明丽
学前教育研究方法	郑福明
学前教育史	郭法奇
学前教育政策与法规	魏　真
学前心理学	涂艳国　蔡　艳
学前教育理论与实践教程	王　维　王维娅　孙　岩
学前儿童数学教育与活动设计	赵振国
学前融合教育（第二版）	雷江华　刘慧丽
幼儿园教育质量评价导论	吴　钢
幼儿学习与教育心理学	张　莉
学前教育管理	虞永平

大学之道丛书精装版

美国高等教育通史	［美］亚瑟·科恩
知识社会中的大学	［英］杰勒德·德兰迪
大学之用（第五版）	［美］克拉克·克尔
营利性大学的崛起	［美］理查德·鲁克
学术部落与学术领地：知识探索与学科文化	［英］托尼·比彻　保罗·特罗勒尔
美国现代大学的崛起	［美］劳伦斯·维赛
教育的终结——大学何以放弃了对人生意义的追求	［美］安东尼·T.克龙曼
世界一流大学的管理之道——大学管理研究导论	程　星
后现代大学来临？	［英］安东尼·史密斯　弗兰克·韦伯斯特

大学之道丛书

市场化的底限	［美］大卫·科伯
大学的理念	［英］亨利·纽曼
哈佛：谁说了算	［美］理查德·布瑞德利
麻省理工学院如何追求卓越	［美］查尔斯·维斯特
大学与市场的悖论	［美］罗杰·盖格
高等教育公司：营利性大学的崛起	［美］理查德·鲁克
公司文化中的大学：大学如何应对市场化压力	［美］埃里克·古尔德
美国高等教育质量认证与评估	［美］美国中部州高等教育委员会
现代大学及其图新	［美］谢尔顿·罗斯布莱特
美国文理学院的兴衰——凯尼恩学院纪实	［美］P.F.克鲁格
教育的终结：大学何以放弃了对人生意义的追求	［美］安东尼·T.克龙曼
大学的逻辑（第三版）	张维迎
我的科大十年（续集）	孔宪铎
高等教育理念	［英］罗纳德·巴尼特
美国现代大学的崛起	［美］劳伦斯·维赛
美国大学时代的学术自由	［美］沃特·梅兹格
美国高等教育通史	［美］亚瑟·科恩
美国高等教育史	［美］约翰·塞林
哈佛通识教育红皮书	哈佛委员会
高等教育何以为"高"——牛津导师制教学反思	［英］大卫·帕尔菲曼
印度理工学院的精英们	［印度］桑迪潘·德布
知识社会中的大学	［英］杰勒德·德兰迪
高等教育的未来：浮言、现实与市场风险	［美］弗兰克·纽曼等
后现代大学来临？	［英］安东尼·史密斯等
美国大学之魂	［美］乔治·M.马斯登
大学理念重审：与纽曼对话	［美］雅罗斯拉夫·帕利坎
学术部落及其领地——当代学术界生态揭秘（第二版）	［英］托尼·比彻　保罗·特罗勒尔
德国古典大学观及其对中国大学的影响（第二版）	陈洪捷
转变中的大学：传统、议题与前景	郭为藩
学术资本主义：政治、政策和创业型大学	［美］希拉·斯劳特　拉里·莱斯利
21世纪的大学	［美］詹姆斯·杜德斯达
美国公立大学的未来	［美］詹姆斯·杜德斯达　弗瑞斯·沃马克
东西象牙塔	孔宪铎
理性捍卫大学	眭依凡

学术规范与研究方法系列

如何为学术刊物撰稿（第三版）	［英］罗薇娜·莫瑞

如何查找文献（第二版）	［英］萨莉·拉姆齐	物理学习心理学	张军朋
给研究生的学术建议（第二版）		中学物理课程与教学设计	王霞
	［英］玛丽安·彼得 等		
社会科学研究的基本规则（第四版）		**21世纪教育科学系列教材·学科学习心理学系列**	
	［英］朱迪斯·贝尔	数学学习心理学（第三版）	孔凡哲
做好社会研究的10个关键	［英］马丁·丹斯考姆	语文学习心理学	董蓓菲
如何写好科研项目申请书			
	［美］安德鲁·弗里德兰德等	**21世纪教师教育系列教材**	
教育研究方法（第六版）	［美］梅瑞迪斯·高尔等	教育心理学（第二版）	李晓东
高等教育研究：进展与方法		教育学基础	庞守兴
	［英］马尔科姆·泰特	教育学	余文森 王晞
如何成为学术论文写作高手	［美］华乐丝	教育研究方法	刘淑杰
参加国际学术会议必须要做的那些事		教育心理学	王晓明
	［美］华乐丝	心理学导论	杨凤云
如何成为优秀的研究生	［美］布卢姆	教育心理学概论	连榕 罗丽芳
结构方程模型及其应用	易丹辉 李静萍	课程与教学论	李允
学位论文写作与学术规范（第二版）		教师专业发展导论	于胜刚
	李武 毛远逸 肖东发	学校教育概论	李清雁
生命科学论文写作指南	［加］白青云	现代教育评价教程（第二版）	吴钢
法律实证研究方法（第二版）	白建军	教师礼仪实务	刘霄
传播学定性研究方法（第二版）	李琨	家庭教育新论	闫旭蕾 杨萍
		中学班级管理	张宝书
21世纪高校教师职业发展读本		教育职业道德	刘亭亭
如何成为卓越的大学教师	［美］肯·贝恩	教师心理健康	张怀春
给大学新教员的建议	［美］罗伯特·博伊斯	现代教育技术	冯玲玉
如何提高学生学习质量	［英］迈克尔·普洛瑟等	青少年发展与教育心理学	张清
学术界的生存智慧	［美］约翰·达利等	课程与教学论	李允
给研究生导师的建议（第2版）		课堂与教学艺术（第二版）	孙菊如 陈春荣
	［英］萨拉·德拉蒙特等	教育学原理	靳淑梅 许红花
		教育心理学	徐凯
21世纪教师教育系列教材·物理教育系列			
中学物理教学设计	王霞	**21世纪教师教育系列教材·初等教育系列**	
中学物理微格教学教程（第三版）		小学教育学	田友谊
	张军朋 詹伟琴 王恬	小学教育学基础	张永明 曾碧
中学物理科学探究学习评价与案例		小学班级管理	张永明 宋彩琴
	张军朋 许桂清	初等教育课程与教学论	罗祖兵
物理教学论	邢红军	小学教育研究方法	王红艳
中学物理教学法	邢红军	新理念小学数学教学论	刘京莉
中学物理教学评价与案例分析	王建中 孟红娟	新理念小学音乐教学论（第二版）	吴跃跃
中学物理课程与教学论	张军朋 许桂清		

教师资格认定及师范类毕业生上岗考试辅导教材

教育学	余文森 王 晞
教育心理学概论	连 榕 罗丽芳

21世纪教师教育系列教材·学科教育心理学系列

语文教育心理学	董蓓菲
生物教育心理学	胡继飞

21世纪教师教育系列教材·学科教学论系列

新理念化学教学论（第二版）	王后雄
新理念科学教学论（第二版）	崔 鸿 张海珠
新理念生物教学论（第二版）	崔 鸿 郑晓慧
新理念地理教学论（第三版）	李家清
新理念历史教学论（第二版）	杜 芳
新理念思想政治（品德）教学论（第三版）	胡田庚
新理念信息技术教学论（第二版）	吴军其
新理念数学教学论	冯 虹
新理念小学音乐教学论（第二版）	吴跃跃

21世纪教师教育系列教材·语文教育系列

语文文本解读实用教程	荣维东
语文课程教师专业技能训练	张学凯 刘丽丽
语文课程与教学发展简史	武玉鹏 王从华 黄修志
语文课程学与教的心理学基础	韩雪屏 王朝霞
语文课程名师名课案例分析	武玉鹏 郭治锋等
语用性质的语文课程与教学论	王元华
语文课堂教学技能训练教程（第二版）	周小蓬
中外母语教学策略	周小蓬
中学各类作文评价指引	周小蓬
中学语文名篇新讲	杨 朴 杨 旸
语文教师职业技能训练教程	韩世姣

21世纪教师教育系列教材·学科教学技能训练系列

新理念生物教学技能训练（第二版）	崔 鸿
新理念思想政治（品德）教学技能训练（第三版）	胡田庚 赵海云
新理念地理教学技能训练（第二版）	李家清
新理念化学教学技能训练（第二版）	王后雄
新理念数学教学技能训练	王光明

王后雄教师教育系列教材

教育考试的理论与方法	王后雄
化学教育测量与评价	王后雄
中学化学实验教学研究	王后雄
新理念化学教学诊断学	王后雄

西方心理学名著译丛

儿童的人格形成及其培养	[奥地利] 阿德勒
活出生命的意义	[奥地利] 阿德勒
生活的科学	[奥地利] 阿德勒
理解人生	[奥地利] 阿德勒
荣格心理学七讲	[美] 卡尔·霍尔
系统心理学：绪论	[美] 爱德华·铁钦纳
社会心理学导论	[美] 威廉·麦独孤
思维与语言	[俄] 列夫·维果茨基
人类的学习	[美] 爱德华·桑代克
基础与应用心理学	[德] 雨果·闵斯特伯格
记忆	[德] 赫尔曼·艾宾浩斯
实验心理学（上下册）	[美] 伍德沃斯 施洛斯贝格
格式塔心理学原理	[美] 库尔特·考夫卡

21世纪教师教育系列教材·专业养成系列（赵国栋主编）

微课与慕课设计初级教程	
微课与慕课设计高级教程	
微课、翻转课堂和慕课设计实操教程	
网络调查研究方法概论（第二版）	
PPT云课堂教学法	
快课教学法	

其他

三笔字楷书书法教程（第二版）	刘慧龙
植物科学绘画——从入门到精通	孙英宝
艺术批评原理与写作（第二版）	王洪义
学习科学导论	尚俊杰
艺术素养通识课	王洪义